미궁에 빠진 세계사의 100대 음모론
Special Edition

미궁에 빠진 세계사의 100대
음모론
Special Edition

초판 1쇄 발행일 • 2007년 12월 10일

초판 4쇄 발행일 • 2012년 1월 20일

지은이 • 데이비드 사우스웰

옮긴이 • 이종인

펴낸이 • 김미숙

기 획 • 이두성

편 집 • 이기홍, 반아람

디자인 • 박선옥, 엄애리

마케팅 • 이광택, 박선영

관 리 • 박민자

펴낸곳 • 이마고

121-840 서울시 마포구 서교동 408-17 DO빌딩 4층

전화 (02)337-5660 | 팩스 (02)337-5501

E-mail : imagopub@chol.com

www.imagobook.co.kr

출판등록 2001년 8월 31일 제10-2206호

ISBN 978-89-90429-60-5 03900

● 값은 뒤표지에 있습니다.

● 잘못된 책은 바꿔드립니다.

9 788990 429605

미궁에 빠진 **세계사의 100대**

음모론

스페셜에디션

Special Edition

데 이 비 드 사 우 스 웰 지 음 ㅣ 이 종 인 옮 김

CONSPI
RACY
THEO
RIES

이마고

새로운 음모론, 건강한 회의주의

독자에게 말할 기회가 주어진다는 것은 작가에게는 항상 큰 기쁨이다. 쓴 글이 누군가에게 읽힌다는 느낌이 없다면 마치 어둠 속에서 아무도 모르게 계속해서 일하고 있는 것처럼 느껴질 것이다. 내가 글을 쓰며 살고 있는 이곳 런던에서 아주 멀리 떨어진 곳의 누군가가 내 책을 읽을 수 있다는 사실을 알고 무척 기뻤다. 그곳이 지난 수년간 영화나 예술 분야에서 내게 굉장한 즐거움을 선사해준 나라인 한국이라는 사실은 특별히 영광스러운 일이 아닐 수 없다.

하지만 어떤 의미에서 내 음모론 연구가 여러 나라 말로 번역되어 읽힌다는 것이 그리 놀랄 일만은 아닐지 모른다. 음모론에 대한 관심은 전 세계적이다. 이란에서 미국까지, 독일에서 러시아까지 모든 나라 사람들이 세상 일이 눈에 보이는 것과 꼭 같지는 않을 것이라는 사실에 열광한다.

인위적인 국경선을 초월하여 수많은 사람들이 뉴스 보도나 정치 성명 같은 공식발표보다도 자신들이 믿고 있는 음모론을 더욱 신빙성 있게 느낀다는 점에서 하나가 된다. 그들은 가난과 기아, 전쟁 같은 세상의 악에 대하여 관료주의가 내놓는 설명보다 더욱 그럴듯한 이유를 음모론이 제시하고 있다고 생각한다.

그렇지만 여전히 대다수의 사람들은 음모론적 세계관을 인정하지 않는다. 그들은 신문에 나지 않는 비밀결사나 숨은 세력이 모든 국가의 정치·경제적 운명을 결정한다는 것을 믿으려 하지 않는다. 학교에서 배우는 역사가 심각한 결함을 안고 있으며, 그것이 우리가 살고 있는 세계 뒤의 숨겨진 실제 원인과 이야기들을 감추는 편집된 현실일 수도 있다는 사실을 직시하고 싶지 않은 것이다.

마피아에 대해 조사하기 위해 시칠리아에 갔을 때, 내가 인터뷰한 몇몇 사람들은 범죄조직과 정치의 뒤엉킨 세계를 파헤치고자 하는 내 부질없는 노력에 대해 '검은 장막 뒤를 엿보려는 짓'이라고 말했다. 실제로 "검은 장막 너머에 무엇이 있나 보려고 해서 득 될 게 하나도 없다."라는 말을 수차례 들었다.

최근 중국 인민해방군 산하의 무시무시한 정보조직 '총참2부'에 관해 조사하면서도 비슷한 이야기를 들었다. 내가 접촉했던 사람은 "이 사람들은 그림자 인간들이라오. 어둠 속에서 무슨 일이 일어나는지 알아서 좋을 게 없지. 그들의 세상을 한번 들여다보면 다시는 태양을 바라보지 못하게 될 거요."라고 충고했다.

여러 가지 의미에서, 1999년 처음 《음모론》을 냈을 때보다 지금에 와서 그러한 충고를 훨씬 더 잘 이해하게 되었다. 1999년에서 첫 개정판이 나온 2004년 사이 세상은 크게 변했다. 개정판에서 이루어진 많은 변화는 몇몇 음모론들이 어떻게 그림자에서 벗어나 햇빛을 보게 되었는지를 반영한다.

어떤 음모론은 이제 합의된 현실을 거부하는 비뚤어진 상상력을 지닌 사람들이 지어낸 단순한 허구라고 치부하기 어렵게 된 것 같다. 엘리자베스 여왕까지도 다이애나 왕세자비의 사망 사건과 관련해 '어둠의 세력' '활동 중인 신비세력'에 대해 언급하자, 이제까지 공상적이고 어처구니없는 농담처럼 보였던 것들이 많은 사람들에게 더 이상 우스갯소리로 들리지 않게 되었다. 그러한 주제에 관해 글을 쓰는 사람으로서, 나라의 상징적인 인물이 우리가 주장했던 말을 그대로 하는 것을 듣는 것은 신선한 충격이었다.

가장 큰 변화는 1989년부터 음모론 연구자들이 추적해온 비밀단체 '알카에다(al-Qaeda)'가 최근의 세계사에서 가장 명백하고 사실적인 음모조직으로 드러났다는 점이다. 미국을 적대시하는 그들의 시나리오는 뉴스의 뒤편에서 그림자처럼 떠돌던 어떤 음모론들은 사실일뿐더러 치명적이기까지 하다는 부인할 수 없는 진실을 드러내는 새로운 지평이 되었다. 9월 11일 아침, 하나의 음모가 세계사를 바꾸었고 음모론에 관한 사람들의 생각을 바꿔놓았다. 그러한 음모론들이 단순히 〈X파일〉을 흥미롭게 만드는 것 이상의 의미를 가짐을 어느 때보다도 많은 사람들이 인정하게 되었다.

2004년에 개정판이 나왔을 때, 오스카 와일드에 관한 이야기는 부시 대통령에 관한 이야기보다 덜 중요하게 생각되었다. 내 마음을 사로잡았으나 더 많은 대중들에게 덜 중요한 이야기가 되어버린 부분을 삭제했다. 미국의 두 번째 이라크 침공이 UFO와 관련이 있다는 따위의 유머러스한 부분도 있으나 새로 추가된 부분 중에 더 어두운 이야기도 눈에 띈다. 데이비드 켈리(David Kelly)의 비극적인 죽음에 관해서는 웃을 수만은 없게 된다.

세상은 잠시도 멈추지 않는다. 그러므로 음모론 연구 역시 그대로 머물러 있어서는 안 된다. 2007년 또 다시 개정판이 나오게 되었고 많은 새로운 사실들이 추가되었다. 불행하게도, 음모론의 세계에서 가장 흥미로운 진전을 대변하는 새로운 사실들을 추가하면서 나는 내 절친한 동료를 잃게 된 것에 대하여 써야만 했다.

아직까지도 뉴스에서 '방사능으로 독살된 스파이'로 불리는 알렉산드르 리트비넨코(Alexander Litvinenko)는 내 추억 속에서 음모론 전문가이자 동료작가의 한 사람으로 남아 있다. 자신의 전문 분야인 러시아 마피아와 보안부에 관한 지식을 나뿐만 아니라 다른 동료들과 기꺼이 나누었던 그의 죽음을 많은 이들이 애도했다. 그토록 분명한 음모를 통해 그가 살해되었을 때 나는 "검은 장막 너머에 무엇이 있나 보려고 해서 득 될 게 하나도 없다."는 사람들의 말을 다른 각도에서 이해하게 되었다.

내가 이 책에 소개된 모든 음모론을 지지하는 것은 아니다. 단지 많은 사람들이 믿고 있는 흥미로운 이야기들의 예로서 그것들을 추적해볼 따름이다. 실제로 20여 년간 전 세계를 누비며 음모론을 연구했으나, 내가 진짜 사실이라고 받아들이기 위해 요구했던 높은 증거 기준을 만족시킨 음모론은 몇 되지 않는다.

리트비넨코의 죽음처럼 명백한 음모를 접하고 나면 이 세계를 배후조종하는 어떤 거대한 숨은 세력이 존재하는 게 아닌가 우려하게 되지만, 그럴수록 건강한 회의주의를 견지하는 것이 매우 중요하다. 하나 혹은 그 이상의 음모가 사실로 드러난다고 해서 이 세상이 음모들로 가득 차 있는 것은 아니기 때문이다. 이 책에 소개된 내용들이 베일에 싸인 그림자의 진실을 드러낼 수도 있다고 여러분의 마음을 기꺼이 여는 것도 중요하지만, 그보다 더욱 중요한 것은 분명한 증거 없는 모든 난센스에 휘둘리지 않도록 마음을 다잡는 일이다.

2007년 12월 런던에서
데이비드 사우스웰

차례
음모론

제4부 역사적 인물과 사건

제5부 의문의 장소

제9부 테크놀로지

제10부 비극적 사건

일러두기

이 책은 중요한 여러 사건의 관련자들이 제기하거나 주장하는 수많은 음모론을 자세히 묘사, 설명하고 있다. 음모론은 그 성격상 진실일 수도 진실이 아닐 수도 있는 의견이다. 이 책은 여기에 소개된 수많은 음모론의 진실이나 정확성에 대하여 일체의 가치판단을 유보했으며, 음모론을 소개하는 과정에서 제시된 여러 사실 사이의 암묵적 관계의 진실이나 정확성에 대해서도 역시 가치판단을 하지 않았다. 따라서 엄격한 의미에서 볼 때 이 책에서 사실로 간주될 수 있는 유일한 사항은 이 책 속의 수많은 음모론들이 실제로 제기되었고 또 많은 언론매체들로부터 주목과 관심을 받았다는 점, 그것 하나뿐이다.

우리가 알고 있는 모든 것은 허위일지도 모른다

당신이 진실이라고 믿어온 많은 것들이 실은 사실이 아니다. 역사는 거짓 투성이다. 세상에는 당신의 접근을 원천적으로 봉쇄한 비밀의 땅이 있으며, 당신의 인생은 태어나는 그 순간부터 기괴한 익명의 힘에 의해 통제된다. 당신은 과대망상증 환자가 아니고 바로 그 때문에 그들은 당신을 공모에 끌어들이려 한다. 모든 것은 음모이고 당신은 그것에 속아왔다.

음모는 당신이 고개를 어디로 돌리든 거기에 잠복해 있다. 멜 깁슨과 줄리아 로버츠는 음모론을 다룬 영화에 출연했다. 거대한 음모 뒤에 도사리고 있는 진실을 캐내어 폭로하는 드라마 〈X파일〉의 멀더와 스컬리는 그 자체로 전 세계적인 문화의 아이콘이 되었다. 누구나 적어도 한 가지 이상의 음모론을 들은 적이 있으며 그들이 알고 있는 음모론이 타당하다고 많은 사람들이 생각하고 있다.

왜 음모론이 이처럼 만연하게 되고 급기야 우리 문화의 일부분이 되었을까? 음모론은 우리가 살아가고 있는 시대에 대한 반작용일 수 있다. 우리는 정보의 홍수 속에서 살아가지만 그것을 다 알기란 쉽지 않다. 또 이 세상에는 무섭거나 이해하기 어려운 사건들이 넘쳐나는데 우리는 무기력하게도 그것들을 제대로 이해하거나 통제하지 못하고 있다. 이런 상황에서 음모론은 현재 벌어지고 있는 사건을 설명해주는 그럴듯한 배후의 이야기를 제공해준다. 따라서 음모의 전말을 자세히 알게 되면 우리의 무기력함은 줄어들고, 우리는 음흉한 모함에 속수무책으로 당하기만 하는 순진한 희생자가 아니라 비밀의 내막을 공유하는 내부자가 되는 것이다.

우리는 어쩌면 천성적으로 음모론을 필요로 하는지도 모른다. 인간은 언제나 적절한 희생양을 만들어왔다. 그렇게 하여 이 세상의 사악한 행위나 나쁜 결과를 소수의 책임으로 돌려버린다. 이것은 음모론의 가장 위험한 측면이기도 하다. 자신과 다른 입장의 사람들을 꼬투리 잡는 교묘한 선동활동을 펴서 그들을 희생양으로 삼는 것이다. 가령 나치를 보라. 음모론의 대가였던 그들은 나치 세력의 모든 사악한 행위나 나쁜 결과를 유대인의 책임으로 돌렸다.

음모론이 이처럼 온 세상에 널리 퍼지게 된 또다른 이유는 음모론에 대한 이야기가 너무나 흥미진진하다는 것이다. 음모론이 아니라면 외계인, 영화배우, 국가원수, 비밀결사 등이 등장하는 짜릿한 이야기를 어디에서 들어볼 것인가? 게다가 음모론은 어쩌면 진실일지도 모른다는 뉘앙스마저 풍긴다. 거대 음모론일 경우 그것이 허위임을 입증하는 것은 사실상 불가능하기 때문에 진실의 뉘앙스는 더욱 강력해진다. 특히 거대 음모론이 하나의 음모이론으로 성공을 거두게 되면 거기에는 반드시 유력한 수사기관이 음모의 배후 조종자로 등장하게 된다.

음모론을 조사연구하다 보면 현재 널리 퍼져 있는 음모론들이 정말 괴상하고 황당무계하다는 느낌을 지울 수가 없다. 하지만 너무나 엉뚱하여 믿어지지 않는 음모론에도 반드시 한두 개의 결정적인 증거는 있게 마련이며 또 상당히 많은 사람들이 그것을 믿기 때문에 그 이론은 널리 퍼져나가게 되는 것이다.

이런 상황을 미리 말해놓았으므로 이제는 다음 사실을 유념해두는 것이 중요하다. 바로 모든 음모론이 처음부터 그것을 꾸며낸 과대망상적인 광신자들만 믿는 이론은 아니라는 점이다. 몇 년 전 미국 정부가 어떤 부끄러운 사실을 감추기 위해 치밀한 음모를 꾸몄다는 이야기가 나돌았다. 1932년부터 미국

빌 클린턴 전 대통령은 재임 중 터스키기 주민들을 대상으로 한 의학실험의 생존자들에게 사과해야 했다.

정부가 매독의 효과를 연구하기 위하여 앨라배마 주 터스키기에 사는 200명의 가난하고 순진한(자신이 실험 대상이라는 것을 모르는) 흑인을 상대로 실험을 해왔으며, 이것을 은폐하려고 필사적으로 노력해왔다는 것이다.

존경받는 연구기관인 '질병예방센터(Center for Disease Control)'가 그 흑인들을 죽게 내버려두고 또 그들의 아내와 자녀에게 그 병을 옮기도록 방치했다는 것은 정말 터무니없는 이야기였다. 아니, 적어도 그렇게 들렸다. 권위 있는 기관이 그런 짓을 하고서, 또 추후에 그런 사실을 감추려고까지 했다는 것은 상식적으로 보아 말이 안 되는 이야기였다. 그러나 이 음모론은 나중에 사실임이 밝혀졌다. 마침내 그 진상이 폭로되었고 클린턴 대통령은 터스키기로 내려가 미국 역사상 엄청나게 수치스러운 이 사건을 겪고 살아남은 유족들에게 사과를 해야 했다.

이제 공식적이고 상식적인 견해가 지배하는 안전한 세계는 잠시 잊고, 괴상하고 충격적이고 황당무계한 음모론의 세계로 들어가 보자. 그러는 동안 터스키기의 사례를 잊어서는 안 될 것이다. 당신이 음모론에 푹 빠질 만큼 완전한 과대망상증 환자는 못된다는 점도 유념하라. 또한 당신이 알고 있는 모든 것이 허위일 수 있다는 사실 역시도.

제1부
유명인의 의문사

커트 코베인 KURT COBAIN

당대의 록 아이콘, 음악계에서 은퇴하려 했기에 살해당하다?

1994년 4월 8일 오전 8시 40분, 한 전기수리공이 시애틀의 호화 저택에 비상등을 고치러 갔다가 커트 코베인의 시신을 발견했다. 사인은 머리를 관통한 총상이었다. 그의 시신 옆에는 주사기와 스푼 등 마약 흡입 기구가 들어 있는 상자가 놓여 있었다. 그의 가슴 위에는 엽총이 놓여 있었고, 그 방에서 유서가 발견되었다고 한다. 그렇다면 명백한 자살사건으로서 종결? 지역 경찰들에게만 그랬다. 음모론자들은 시애틀 경찰의 서툰 조사에 만족하지 못했고, 언론은 코베인의 돌연사 후속 보도에 광분했다.

그룹 '너바나(Nirvana)'의 리드싱어이자 작곡가였던 27세의 코베인은 세계적으로 인정받은 록스타였을 뿐만 아니라 X세대에게 영향을 끼친 당대의 아이콘이었다. 팬들은 코베인을 단순한 스타 이상으로 생각했다. 그들에게 코베인은 지도자이자 영웅이었다. 그의 장례식이 있던 날 시애틀은 교통 마비 상태에 빠졌으며, 전 세계에서 그를 모방한 자살이 잇따랐다. 코베인은 최고 전성기에 사망했다. 수백만 명이 그의 음악에 감동을 받았으며 이러한 엄청난 성공으로 그는 그런지록(grunge rock, 1990년대에 시애틀을 중심으로 시작된 비관적이고 우울한 록 음악—옮긴이) 운동뿐만 아니라 한 세대의 대변인이라는 원치 않은 지위에까지 올랐다.

펑크록은 코베인의 탈출구였다. 마약도 코베인의 탈출구였다. 처음에는 짧은 생애 내내 우울함과 고통 속에 괴로워했던 그가 궁극적 탈출구로서 죽음을 택했을 것이라는 추측이 그의 성격과도 완전히 일치하는 듯 보였다. 그러나 코베인이 늘 괴로워했다는 사실이 익히 알려졌다 해도 많은 사람들은 그의 자살을 믿기 힘들었고, 그의 음반이 계속 팔리듯 그의 사인을 둘러싼 음모론도 눈덩이처럼 늘어났다.

커트 코베인의 죽음과 관련한 수많은 소문 중 공통되는 부분은, 코베인이 죽기 한 달 전쯤 로마의 한 호텔에서 헤로인 과다 투약으로 죽을 뻔한 적이 있을 정도로 불안한 정신 상태였지만 다시 마음을 다잡고 인생을 긍정적인 방향으로 바꾸려 했다는 점이다. 아내이자 동료 록스타인 코트니 러브(Courtney Love)와의 이혼 문제와 딸 양육을 둘러싼 법정 소송이 남아 있었지만 코베인은 겁쟁이같이 행동할 사람이 아니었다. 그는 본래 강인한 성격의 소유자로, 변두리의 백인 노동자 마을에서 세계적인 스타로 스스로의 길을 개척한 사람이었다. 이 사건을 연구한 많은 사람들은 시애틀에 코베인의 돌연한 죽음을 몰고 온 어떤 사악한 힘이 작용했다고 생각한다. 이들은 코베인의 자살을 둘러싼 아직도 풀리지 않은 의문들을 줄기차게 제기하고 있다.

| 정 말 이 상 한 부 분 |

1994년 4월 3일 부활절 일요일, 코트니 러브는 캘리포니아의 사립탐정 톰 그랜트에게 전화를 걸었다. 그 전날 코베인은 엑소더스재활병원을 몰래 빠져나가 비행기를 타고 시애틀로 돌아갔다. 불과 한 달 전에 마약 과다 복용으로 죽을 뻔했고 엽총을 들고 집으로 되돌아올 정도로 남편이 자살할 가능성이 있었음에도 코트니 러브는 자신이 직접 시애틀에 가서 남편을 찾으려고 하지 않았다. 대신 그녀는 그랜트를 고용해 "미국의 아이콘을 구하세요, 그랜트."라는 다소 건방지고 수수께끼 같은 말을 하며 코베인을 찾도록 했다. 그랜트는 4월 7일 새벽 2시 45분과 저녁 9시 45분에 시애틀 저택에서 코베인을 찾아보았지만 차고 위의 온실에 숨겨진 시신을 찾을 수는 없었다. 코베인의 시신은 결국 그 다음날 발견되었다.

| 먼 저 떠 오 르 는 용 의 자 |

코베인의 주변 인물 : 톰 그랜트는 그후 러브의 부탁을 받고 7개월 동안 코베인의 죽음을 조사했는데, 그를 비롯한 많은 사람들은 코베인이 주변 인물 누군가에게 살해당했을 것이라고 믿고 있다. 코베인의 신임을 얻어 가까이 접근할 수 있는 인물, 즉 가족이나 가까운 친구나 고용인이 범인일 것이라고 많은 음모론자들은 믿고 있다.

음반회사 중역 : 코베인은 사실 이 세상을 떠나기보다는 음악계를 떠날 생각을 하고 있었다는 소문이 파다했다. 더 이상 음악 경력에 관심이 없는 살아 있는 스타보다는 사망한 록 아이콘이 베스트 음반 판매 면에서 훨씬 더 유리하다. 음반회사 중역들은 망나니도 고결한 사회의 일원으로 보이게 만들 정도의 도덕관념을 지닌 걸로 유명하다. 따라서 수백만 달러가 걸려 있는 상황에서 코베인이 은퇴하도록 내버려두는 것보다는 그를 살해하는 편이 낫다고 보았을 것이다.

| 다 소   황 당 한   용 의 자 |

커트 코베인 : 다른 로큰롤 음모론과 마찬가지로, 코베인이 아직 살아 있다

커트 코베인(왼쪽)의 죽음은 자살이었을까, 타살이었을까?
코베인이 죽기 전 그의 아내 코트니 러브(오른쪽)는 사립탐정을 고용해 실종된 남편을 찾으려 했다.

고 믿는 음모론자들도 있다. 이들은 코베인의 죽음을 둘러싼 모순들이 그가 아내에게서 도망치기 위해서 자살을 가장했다는 것 그리고 유명인사로서 받는 압박감과 그의 마약 복용 문제 등으로 모두 설명될 수 있다고 여긴다.

군산복합체 : 정치 문제에 무관심한 세대의 대변인 역할을 하던 코베인이 유고슬라비아 전쟁에 대해 반전 태도를 취함으로써 전 세계의 젊은이들을 선동하려고 했다면, 군산복합체(Military Industrial Complex)가 그를 위험인물로 낙인찍었을지도 모른다. 상당량의 무기를 판매하고 대중의 관심을 다른 쪽으로 돌리기 위해서 선제공격이 필요했을 것이다.

| 가 장   그 럴 듯 한   증 거 |

코베인이 자살을 했다는 주장에 의문을 제기하는 수많은 강력한 범죄현장 증거가 있다. 코베인의 신용카드 한 장이 없어졌는데, 사망 추정 시간 이후부터 시신이 발견되기 전 사이에 누군가가 그 신용카드를 쓰려고 했다. 현장에서 발견된 엽총이나 탄피에서 지문이 전혀 발견되지 않았는데, 이는 누군가 엽총을 닦았다는 뜻이다. 또 시신에서 다량의 헤로인이 검출되었는데, 이는 코베인 스스로 총을 쏠 수 없을 정도의 양이었다. 현장에서 발견된 '유서'는 사실 그가 왜 음반계를 떠나려 하는지 그 이유를 설명한 기록이었으며, 필체 전문가들 다수는 코베인이 아닌 누군가가 아내와 딸에 관한 마지막 네 줄을 추가로 썼다고 믿고 있다.

| 가 장   의 문 스 러 운   사 실 |

문제의 온실에서는 코베인의 시신과 함께 드림머신(Dream Machine)이 발견되었다고 한다. '드림머신'이란 전구와 턴테이블, 길고 가는 구멍을 뚫은 원통 판지로 이루어진 최면 도구다. 코베인의 영웅으로 알려진 작가 윌리엄 S. 버로우즈(William S. Burroughs)의 친구인 브리온 기신(Brion Gysin)이 이것을 처음 발명했다. 자칭 '커트를 이해하는 친구들' 이라는 단체는 드럼머신 사용과 자살의 관련성을 보여주는 과거의 사건 기록들이 있다고 지적했다.

| 회 의 론 자 의   견 해 |

심각한 약물 복용 버릇이 있고 총기에도 관심이 있는, 정신적으로 극도로 괴로워했던 한 사내가 자살을 했다는 게 아직도 그렇게 이해하기 힘든가? 한 때 코베인이 총을 입에 물고 있는 사진을 찍었던 걸 생각해보면, 실제로 그가 어느 날 방아쇠를 당겨 삶을 마감한 것은 그리 놀랄 일이 아니다. 어떤 이들에게는 왜 브리트니 스피어스의 음반이 팔리는지 정말 수수께끼겠지만, 코베인의 죽음을 둘러싼 의문점들 속에서도 그의 자살과 돈이 결부되어 있다는 점에는 의심의 여지가 없다.

존 F. 케네디 JOHN F. KENNEDY
시신의 뇌를 없애버리면서까지 감추고 싶었던 진실

1963년 11월 22일은 미국인에게는 쉽게 잊지 못할 날이다. 오늘날까지도 많은 사람들이 존 F. 케네디 대통령이 총격을 당했던 그날에 자신이 무엇을 하고 있었는지 생생하게 기억하고 있다.

그날 댈러스의 날씨는 밝고 따뜻하여 마치 여름 날씨 같았다. 텍사스 교과서보관회사 위의 하늘도 구름 한 점 없이 청명했다. 대통령의 카 퍼레이드 행사를 환영하기에는 아주 알맞은 날씨였다. 그러나 몇 초 뒤 댈러스 중심가의 딜리 플라자를 통과하던 대통령의 리무진을 향해 몇 발의 총알이 날아갔고 그리하여 역사는 영원히 방향을 바꾸었다.

　이 엄청난 암살사건을 조사하는 과정에서 많은 증거가 묵살되었으며, 진상조사기관인 워런 위원회는 대통령이 단독범 리 하비 오스왈드(Lee Harvey Oswald)에 의해 살해되었다는 기존의 주장을 공식적으로 확인해주었다. 그럼에도 불구하고 미국인의 73퍼센트는 아직도 대통령이 음모의 희생자라고 믿고 있다. 또한 미국 하원의 암살소위원회의 보고서도 음모론의 주장을 지지하고 있다. 이 보고서에는 다음과 같이 적혀 있다.

　"본 위원회는 여러 가지 입수 가능한 증거를 토대로 하여 조사한 결과 존 F. 케네디 대통령이 음모에 의해 암살되었다고 믿고 있다."

　케네디 대통령의 암살사건을 면밀히 검토해보면 오스왈드가 단독범이 아니며, 이 사건에 고위층의 은폐 기도가 결정적으로 작용했음을 보여주는 확실한 증거들이 속속 드러난다. 따라서 이제는 음모론이 과연 진실이냐고 묻기보다는 그 음모의 배후가 누구냐고 묻는 것이 표준절차가 되었다.

댈러스에서 운명의 그날. 케네디 대통령이 저격당하기 직전의 순간

미국 정부는 케네디 대통령이 단발의 총알을 맞고 절명했다고 공식발표했
지만, 대통령과 코널리 텍사스 주지사(대통령의 리무진에 같이 탔던 인물)의 몸
에는 일곱 군데의 총상이 있었다. 그 총상의 각도와 탄도(彈道)를 따져보면
단 한 명의 저격범이 저지른 소행이라고 보기에는 너무나 의심스러운 점들이
많다. 설상가상으로 암살범으로 체포된 오스왈드는 재판에 회부되기 전에 암
살되었다.

| 먼 저   떠 오 르 는   용 의 자 |

미국중앙정보국(CIA) : 케네디 대통령은 CIA(Central Intelligence Agency)를 해
체하려는 구상을 가지고 있었다. CIA가 저질러온 부정부패와 쿠바의 카스트
로 제거 실패에 이어, 피그 만 작전(Bay of Pigs, CIA 주도로 반카스트로 쿠바 난민
을 이용해 쿠바를 침공하려던 미국 정부의 작전―옮긴이)의 실패 이후 자신에 대
한 CIA의 적대적 태도 등이 원인이었다. 이러한 사실을 사전에 파악한 CIA
가 자구 차원에서 마피아나 FBI 등과 케네디 암살을 모의했고, 전에 CIA의
이중첩자였던 오스왈드를 저격범으로 차출했다는 주장이다.

쿠바 공산주의자들/소련 국가보안위원회(KGB) : 피델 카스트로와 그의
KGB(Komit Gosudarstvennoy Bezopasnosi) 동지들은 케네디가 쿠바 미사일 위기
에서 승리를 거두자 그점을 오랫동안 못마땅하게 생각해왔으며 복수 차원에
서 케네디 암살을 모의했을 것이다. 이들이 케네디 암살사건에 명백하게 가
담했다는 사실을 CIA와 미국연방수사국(FBI, Federal Bureau of Investigation)은
알고 있었으나 사건이 폭로되어 대중의 분노가 폭발하면 제3차 세계대전이
일어날지도 모른다고 우려하여 이를 쉬쉬하며 덮어버렸을 것이다.

마피아 : 존 F. 케네디와 그의 아우이며 법무장관이던 로버트 F. 케네디
(Robert F. Kennedy)는 조직폭력단에 대한 전쟁을 선포했고, 거의 승리하기 직

전까지 가 있었다. 마피아는 케네디 대통령이 저지른 불륜을 폭로하겠다고 협박했으나 통하지 않자 아예 케네디를 제거하기로 결정했다. 오스왈드가 마피아 조직원들과 연결되어 있다는 것은 잘 알려진 사실이다. 그렇지 않다면 댈러스에서 활동하던 하급 마피아 조직원인 잭 루비(Jack Ruby)가 어떻게 그처럼 간단히 오스왈드를 쏴 죽일 수 있었겠는가?

군산복합체 : 케네디 대통령은 베트남에서 철수할 계획을 가지고 있었는데, 이것은 전쟁 특수를 타고 호황을 누리던 군산복합체를 화나게 했다. 그래서 그들이 대통령 경호실과 마피아 사이의 은밀한 연줄을 동원하여 케네디를 제거하고 그 대신 부통령인 존슨을 대통령 자리에 앉히려는 계획을 진행시켰을지도 모른다. 흥미로운 사실은 대통령의 암살사건이 일어나기 나흘 전에 존슨 부통령이 베트남에 더 많은 병력을 파견했다는 것이다. 이때 존슨은 케네디 대통령의 의견을 완전히 무시했다고 한다.

이외에도 프리메이슨(Freemason), MJ-12(지구인을 납치하는 외계인과의 협상을 전담하는 비밀방위위원회), 리처드 닉슨, 미국의 정유 재벌 등이 케네디 대통령 암살사건의 용의자로 떠오르고 있다.

| 다소 황당한 용의자 |

캐나다 자유당 : 최근 몇 년 사이에 유명한 마피아의 중간 책임자인 루시안 리바드가 잭 루비, 캐나다 자유당 등과 관계가 있다는 증거가 나왔다. 리바드는 과거 오스왈드가 몬트리올을 방문했을 때 그를 알게 되었다. 1964년 리바드가 캐나다에서 투옥되어 미국으로 추방되려고 할 때, 캐나다 법무부의 관리와 캐나다 집권 여당인 자유당의 당원들이 미국 변호사에게 뇌물을 주어 리바드의 석방을 돕게 했다. 물론 캐나다 자유당이 왜 케네디 대통령을 암살하려고 했는지 그 동기는 전혀 알 수 없다. 그렇지만 일부 사람들은 여전히 케네디 살해 음모의 진실을 캐나다에서 찾을 수 있을 것이라고 주장하고 있다.

재클린 케네디 : 대통령 암살사건에 대하여 가장 터무니없어 보이는 음모론은 영부인인 재클린 케네디가 암살을 사주했다는 것이다. 즉 남편의 지속적인 외도행각에 신물이 난 재클린 케네디가 마피아와 짜고 남편을 죽여버림으로써 이혼이라는 공개적인 모욕을 피하려 했다는 것이다.

| 가 장   그 럴 듯 한   증 거 |

음모론에 고개를 끄덕이게 만드는 한 가지 사실은 워런 위원회가 인정한 '단발의 총알 이론'이 현실적으로 불가능하다는 점이다. 위원회의 주장은 이렇다. 오스왈드가 교과서보관회사 건물 6층에서 발사한 총알 한 발이 케네디의 등을 뚫고 들어가 목으로 빠져나왔고, 이렇게 탄도가 바뀌는 과정에서 케네디와 코널리 주지사(대통령 리무진의 조수석에 앉아 있었음)가 일곱 군데나 부상을 입었다는 것이다.

| 가 장   의 문 스 러 운   사 실 |

여러 해 전 전혀 납득할 수 없는 상황에서 케네디 대통령의 뇌가 사라져버리는 사건이 발생했다. 이것은 매우 의심받기 쉬우면서도 간편한 방법이었다. 뇌가 없으니 총탄의 탄도를 다시 현대적인 방법으로 조사해볼 길도 없어져버린 것이다. 만약 첨단장비를 동원하여 정밀하게 조사해볼 수 있었더라면 제2의(혹은 제3의) 저격범이 있었는지 여부를 확실히 알 수 있었을 것이다.

| 회 의 론 자 의   견 해 |

제2의 저격범이 풀로 뒤덮인 언덕에서 총을 쏘았다는 다소 황당한 이야기는 많은 사람들의 상상력을 자극했다. 그래서 기존의 음모론 속에 등장하는 수많은 총상 자국을 한꺼번에 설명하기 위해, 풀로 뒤덮인 언덕에서 30명 이상의 저격범을 보았다고 주장하는 사람까지 나오게 되었다.

브루스 리(이소룡) BRUCE LEE
밝혀지지 않은 사인에 숨은 비밀

때로 죽음은 생전에 유명인사의 주위에 둘러져 있던 음모의 거미줄을 말끔히 걷어가준다. 그러나 오히려 죽음이 더 무성하고 강력한 소문의 거미줄을 만들어내는 경우도 있다.

1973년 7월 후반, 시애틀의 레이크뷰 공동묘지에서 브루스 리의 장례식이 엄숙하게 거행되었다. 당시 브루스 리의 시신에는 영화 〈용쟁호투(龍爭虎鬪, Enter the Dragon)〉에서 입었던 중국의 무예복이 입혀져 있었다. 그의 몸은 땅에 묻혔지만 그의 죽음을 둘러싼 신비마저 함께 묻히지는 못했다.

많은 사람들의 사랑을 받았지만 동시에 적도 많았던 브루스 리는 출세의 정상가도를 달리던 중 32세의 나이에 갑자기 혼수상태에 빠진 뒤 사망했다. 사망 당시 부검이 실시되었으나 의사는 분명한 결론을 내리지 못했다. 그후 여러 명의 의학 전문가들이 이 사건을 다시 검토했으나 의견이 엇갈렸고 단 한 가지 사항에만 합의할 수 있었다. 브루스 리가 뇌부종으로 사망했다는 것이었다.

사망 당일 이른 오후에 브루스 리는 영화제작자 레이먼드 초우의 집을 방문하여 〈사망유희(死亡遊戲, The Game of Death)〉라는 신작 영화에 대하여 두 시간 정도 의논했다. 이어 두 사람은 그 영화에 캐스팅된 대만 출신 여배우 베티 팅페이의 집에 놀러 갔다. 초우는 약속이 있다면서 곧 팅페이의 집을 나섰고 남아 있던 리는 두통을 호소했다.

팅페이는 그에게 알약 에콰제식(Equagesic, 강력한 아스피린의 일종)을 주었고 그는 한참 동안 낮잠을 잤다. 얼마 뒤 초우가 다시 팅페이의 집으로 와서 팅페이와 리를 저녁식사에 초대하겠다고 말했다. 팅페이는 잠들어 있는 리를 깨웠지만 그는 꼼짝도 하지 않았다. 놀란 그들은 리를 퀸 엘리자베스 병원으로 데려갔으나 그는 이미 죽어 있었다.

퀸 엘리자베스 병원의 의사 리세트는 사망 원인에 대하여 브루스 리가 에콰제식의 성분에 민감한 반응을 일으켰기 때문이라고 말했다. 그러나 다른 의사들은 동의하지 않았고, 그리하여 소문 공장이 활발하게 가동되기 시작했다. 이런저런 소문은 홍콩과 전 세계 무예계에 널리 퍼져나갔다.

| 정 말   이 상 한   부 분 |

리의 죽음이 공식적으로 발표되기 몇 달 전부터 홍콩 일대에서는 리가 죽었다는 소문이 파다했다. 워낙 강력한 소문이었으므로 홍콩의 주요 일간지 기자들은 리와 직접 통화를 하며 이런저런 소식을 물어본 다음에야 비로소 생존 사실을 믿을 수 있었다고 한다. 이런 사실은 리의 죽음에 대한 공식적인 발표와는 달리 리의 죽음이 갑작스러운 것이라기보다 예정되어 있었던 것이 아니냐는 의심을 낳았다.

| 먼 저   떠 오 르 는   용 의 자 |

트라이어드 : 1970년대에 트라이어드 같은 중국의 범죄조직은 홍콩의 영화배우들에게서 보호 명목으로 돈을 뜯어냈다. 브루스 리도 이런 보호세를 내라는 요구를 받았으나 과감히 거절했고 그 때문에 괘씸죄로 찍혀 독살되었을 수도 있다. 하지만 브루스 리가 홍콩 사람들 사이에서 인기가 아주 높았기 때문에 트라이어드는 아주 은밀한 방식으로 그를 처치해야 했을 것이다.

비밀 무술의 대가들 : 아주 널리 퍼져 있고 또 그럴듯하다고 여겨지는 추측으로 이런 것이 있다. 브루스 리가 외국인들에게 무술의 비결을 너무 많이 알려주자 이를 괘씸하게 여긴 중국 비밀 무술의 대가들이 사전 예방조치로 그를 살해했다는 것이다. 브루스 리가 중국의 전통 무예도장과 심각한 불화를 빚어온 것은 사실이다. 무술의 대가들이 사용한다는 딤막 무술의 속성상 이 음모론은 좀처럼 사라지지 않고 있다〔딤막(Dim Mak)은 기를 사용해 상대방을 죽음에 이르게 하는 기술로서 부검에서도 그 원인이 밝혀지지 않는다고 한다〕.

다음의 인물이나 기관도 용의자로 떠오르고 있다. 홍콩 영화제작자들, 할리우드의 프리메이슨, 중국 공산당, 브루스 리와 무술시합을 벌였다가 패한 사람들, 영국 정보기관.

| 다 소   황 당 한   용 의 자 |

고대 중국의 귀신 : 소문에 의하면 브루스 리는 자신의 가문이 고대의 저주를 받고 있다고 생각했다. 대대로 맏아들은 귀신에 시달리게 된다는 것이다. 집안에 귀신이 붙어 있다고 강력하게 믿던 가족들은 브루스 리가 태어났을 때 그에게 여자 이름을 붙여주었다고 한다. 말하자면 귀신들을 헷갈리게 만들어 아이를 보호하고자 한 것이다. 이 음모론을 지지하는 사람들은 브루스의 아들 브랜든 리(Brandon Lee)가 갑자기 죽은 사실을 지적한다. 브랜든은 〈크로우(The Crow)〉라는 대작 영화를 찍던 중 수상한 권총사고로 사망했다.

브루스 리 : 보다 어이없는 음모론으로 리가 아직 살아 있다는 이야기가 있다. 유명세의 부담을 피해 또는 트라이어드 갱들의 폭력 등으로부터 도망치기 위해 일부러 죽음을 가장했다는 것이다. 이 음모론을 믿고 있는 사람들은 브루스 리가 언젠가는 돌아올 것이라고 생각한다. 하지만 브루스 리의 살아 있는 모습을 보았다고 주장하는 사람들은 엘비스 프레슬리(Elvis Presley)의 경우와는 달리 별로 없는 편이다.

브루스 리는 사망한 지 30년이 지났지만 여전히 무술계의 전설로 남아 있다.
브루스 리의 아들 브랜든 리(원 안) 역시 영화 〈크로우〉를 찍던 중 의문의 권총사고로 사망했다.

| 가 장 그 럴 듯 한 증 거 |

브루스 리의 죽음에 음모가 개입되었다고 믿게 만드는 한 가지 이유는 그의 죽음을 둘러싼 의학적 증거가 모호하다는 것이다. 그를 갑자기 죽게 만든 뇌부종에 대해 검시 의사의 보고서는 명확한 결론을 내리지 못하고 있으며 다른 전문가들의 견해도 다섯 가지 이상으로 분분하다.

| 가 장 의 문 스 러 운 사 실 |

인터뷰에서 브루스 리는 종종 자신이 일찍 죽을지도 모른다고 말했으며, 때로는 그런 예측을 즐기는 것처럼 보이기도 했다. 그의 아내 린다의 말에 따르면 리는 늙기 전에 죽고 싶어했다고 한다. 그에게 신체적 능력의 상실은 생각만 해도 끔찍한 것이었다. 무술인인 리는 노년이 되어 기력이 쇠진해지고 용맹이 사그라들 것을 피해가는 방법으로 죽음을 생각했을 수 있다. 그리고 그 때문에 일찍 죽기를 바랐을 수도 있다. 또한 그는 가문에 마가 끼어 맏아들마다 귀신들린다는 소문을 너무나 굳게 믿었기 때문에 맏아들 브랜든을 낳았을 때는 전통적인 마법을 이용하여 마귀를 물리치려고 했다.

| 회 의 론 자 의 견 해 |

브루스 리의 죽음을 둘러싸고 의혹을 증폭시킨 결정적인 단서 하나가 있다. 바로 레이먼드 초우가 텔레비전 기자들에게 리의 죽음을 발표할 때, 리가 자택이 아니라 베티 팅페이의 집에서 죽었다는 사실을 감추었다는 점이다. 이 사실을 은폐하려 했기 때문에 많은 사람들이 공식적인 발표 이상의 무언가가 배후에 있을지 모른다고 의심하게 되었다. 그리고 사망 원인인 뇌부종에 대해서도 의학적인 수수께끼가 풀리지 않자 리의 죽음에 무슨 음모가 끼어든 것이 아닐까 하는 의구심이 더욱 짙어졌다.

존 레넌 JOHN LENNON

FBI는 왜 레넌을 그렇게도 싫어했을까

"그 뉴스를 들었을 때 당신이 어디에 있었는지 기억나는가?"라는 설문조사에서 케네디 대통령의 암살사건 다음으로 많은 답을 얻은 것은 존 레넌의 피격 사건이었다.

1980년 12월 8일 저녁 존 레넌이 암살되었을 때, 그의 존재를 알던 사람이라면 누구나 자신이 어디에 있었는지 기억할 것이다. 그 소식은 전 지구촌으로 퍼져나갔고 많은 사람들이 충격을 받았다. 이 세상에서 가장 사랑받는 그룹의 멤버이자 평화애호가인 레넌이 왜 죽임을 당했는지 아무도 이해할 수 없었다.

언론에 공식적으로 발표된 사실은 다음과 같다. 저격범은 마크 데이비드 채프먼(Mark David Chapman)이라는 이름의 정신이상자로, 1960년대 스타들에 대하여 강박적으로 집착했으며 레넌이 악마와 한패라고 확신했다. 정신과에서 60일에 걸쳐 정신 상태에 대한 정밀검사를 받은 후 1년 60일 동안 침묵을 지키던 채프먼은 재판이 시작되기 겨우 몇 시간 전에야 자신이 살인을 저질렀다는 사실을 인정하면서 유죄인정 협상에 나섰다.

그리고 얼마 지나지 않아 음모론자들은 문화계의 세계적인 거목이 쓰러지던 그 비극적인 날 밤에 대하여 다양한 해석을 내놓기 시작했다. 그들이 볼 때 그 사건은 정신이상자의 소행이면서 동시에 거대한 정치적 음모의 결과였다.

| 정 말 이 상 한 부 분 |

채프먼과 같은 보통사람들이 암살에 나서는 한 가지 이유는 유명해지고 싶다는 욕망이다. 하지만 채프먼에게는 그런 욕망도 없었던 것 같다. 그는 범죄

를 저지른 이후 40회 이상의 인터뷰 요청을 거부하면서 "나는 유명해지기를
바라지 않습니다."라고 말했다. 체포되고 난 뒤에 아주 침착한 태도를 유지했
다는 점도 이상하다. 하지만 정말 이상한 점은 그가 하와이와 뉴욕의 두 주요
공항에서 몸에 권총을 지닌 채 어떻게 금속 탐지기를 피했느냐 하는 것이다.
바로 이 점에 많은 음모론자들이 주목하고 있다.

| 먼 저   떠 오 르 는   용 의 자 |

FBI : 고인이 된 FBI 국장 J. 에드거 후버(J. Edgar Hoover)는 거의 병적일 정
도로 레넌을 싫어했다. 심지어 닉슨 대통령의 수석보좌관에게, 레넌을 체포한
후 국외로 추방시키려고 하니 도와달라고 요청했을 정도이다. FBI는 1970년
대 내내 레넌을 엄중 감시했고 미국 시민권을 얻으려는 그의 노력을 좌절시키
려고 했다. 레넌에 관한 FBI 파일은 아직도 비밀로 분류되어 있다. 레넌에 관
한 정보가 영국 정보부의 레넌 정보와 관련이 있기 때문이다. 만약 이 유명한
가수를 죽이려는 음모가 실제로 존재했다면 FBI가 그런 음모에 한몫 했으리
라고 추정하는 것은 그리 무모한 생각이 아니다.

우익 활동가들/군산복합체 : 존 레넌이 암살을 당한 시기는 로널드 레이건
(Ronald Reagan)이 대통령에 당선된 지 얼마 되지 않았을 때였다. 당시 레이건
대통령은 미국의 군사적 영향력을 늘리기 위해 예산을 크게 증액하려는 계획
을 세우고 있었다. 따라서 공격적인 외교정책을 펼쳤는데, 이에 반대하는 사
람들이 많을 것으로 예상되었다. 그리고 이런 계획은 당연히 노련한 평화운
동가인 레넌의 저항을 불러올 것이 너무나 뻔했다. 레넌이 1960년대에 했던
것처럼 젊은이들을 선동하여 반정부세력을 조직한다면 그것은 정말 곤란한
일이었다. 그래서 우익 활동가들과 군산복합체의 일부 세력은 그의 입을 틀
어막을 계획을 세웠다.

CIA : 채프먼은 CIA와 긴밀한 관계를 맺고 있는 방위산업체에서 일한 적이
있었다. 또한 그가 최면을 당한 적이 있다는 증거도 나왔다. 이렇게 볼 때 채

존 레넌과 오노 요코. 존 레넌은 자신의 급진적인 정치관 때문에 표적이 되었을지 모른다.

프먼이 레넌을 죽인 배후를 캐는 사람들은 CIA의 불법적인 전문 킬러 양성 프로젝트—MK 울트라—를 의심스럽게 보기도 한다.

| 다 소 황 당 한 용 의 자 |

사탄의 세력: 존 레넌은 다코타 주의 한 아파트 건물 바로 옆에서 총에 맞았다. 그 아파트 단지는 적(敵)그리스도의 탄생을 다룬 로만 폴란스키(Roman Polanski) 감독의 영화 〈악마의 씨(Rosemary's Baby)〉의 배경으로 나왔던 곳이기도 하다. 또한 폴란스키 감독의 아내이며 영화배우이고 당시 임신 중이던 샤론 테이트(Sharon Tate)는 희대의 살인마 찰스 맨슨(Charles Manson) 일당에 의해 처참하게 살해되었다. '비틀스(The Beatles)' 광이었던 맨슨은 그들의 노래 가사에 묵시론적인 해석을 곁들여 괴상한 사이비 교리로 삼으며 사람들을 선동한 인물이다. 이와 같은 정황을 감안해보면 레넌의 암살이 사탄과 관련이 있는 것이 아닐까 하는 해석이 가능해지는데, 실제로 채프먼은 레넌을 적그

리스도라고 생각하고 있었다. 이런 섬뜩한 공시성(共時性, 인과적으로 전혀 관계가 없는 사건들이 동시에 벌어질 수 있다고 주장하는 것—옮긴이) 때문에 다음과 같은 주장이 생겨났다. 사탄 혹은 사탄을 숭배하는 그룹의 조직원들에게 세뇌당한 채프먼이 레넌을 총으로 쏴 죽이게 되었다는 것이다.

기독교 근본주의자들 : 레넌을 적그리스도라고 생각한 사람은 채프먼뿐만이 아니었다. 레넌이 "우리 비틀스는 신보다 더 크다(혹은 우리는 예수 그리스도보다 더 인기가 있다)."라고 발언한 이래 일부 기독교 근본주의자들은 레넌이 미국에 성애, 마약, 로큰롤의 복음을 퍼뜨려서 젊은이들을 타락시키려는 어둠의 세력이라고 확신하게 되었다. 일본인 애인 오노 요코와 동거에 들어간 이후 집 안에만 머물러 있던 레넌이 다시 각광을 받으며 화려하게 등장하자, 근본주의자들은 그가 영원히 침묵하도록 만드는 것이 좋겠다고 판단했다.

| 가 장   그 럴 듯 한   증 거 |

사람들이 '정보공개법(Freedom of Information Act)'을 들이대며 FBI에게 레넌에 관한 파일을 공개하라고 압박했음에도 불구하고 FBI가 강력하게 반발했다는 점이 수상하다. 지금까지도 레넌에 관한 파일은 전혀 공개되지 않고 있다. 국가안보 때문이라는 FBI의 설명은 과대망상적 증세로만 보이던 음모론자들의 주장에 오히려 신빙성을 더해준다.

| 가 장   의 문 스 러 운   사 실 |

폴 매카트니(Paul McCartney)가 사실은 사망했고 그후 비슷한 얼굴의 사람으로 대체되었다고 믿는 음모론자들은 그 죽음의 단서를 찾기 위해 비틀스의 노래 가사와 앨범의 표지를 샅샅이 조사했다. 마찬가지로 레넌 암살사건의 미스터리를 파고드는 소수 연구자들 역시 각종 사진과 노래를 철저히 조사한 결과 중요한 것을 발견했다. 미국에서 처음 발매된《마법의 신비 여행(Magical

Mystery Tour)》의 앨범 소책자에는 존 레넌의 사진과 그 옆에 "가기에 가장 좋은 방법은 MD&C를 통하는 것이다."라는 그의 설명이 있다. MD&C가 마크 데이비드 채프먼(Mark David Chapman)의 머리글자라는 점에서 사람들은 이것을 공시성의 기이한 사례 혹은 엄청난 음모론의 확실한 증거라고 해석하고 있다.

| 회 의 론 자 의   견 해 |

위에서 제시된 음모론들은 다음과 같은 명백한 사실을 애써 외면하고 있다. 미국은 원래 총기관리법이 느슨하기로 유명하다. 그리고 정신이상자는 유난히 레넌 같은 유명인사들에게 집착하는 경향이 있다. 이 두 가지 사실을 종합해보면 위에서 제시된 그 어떤 음모론 못지않은 그럴듯한 설명을 내놓을 수 있을 것이다.

폴 매카트니 PAUL MCCARTNEY
비틀스 앨범에 숨어 있는 매카트니의 죽음에 대한 암시

당신이 세계에서 가장 유명한 음악인의 한 사람이고 또 당신의 이름이 대중음악 애호가들에게 널리 알려져 있다면, 당신 주위에 이상한 소문이 떠도는 것은 그리 놀랄 일도 아니다. 20세기의 유명인사들이라면 누구나 겪는 현상이기 때문이다.

1960년대 후반, 언론은 전세계의 비틀스 애호가들에게 이상한 소문 하나를 전했다. 폴 매카트니는 사실 죽었으며 그를 아주 닮은 윌리엄 캠벨(William Campbell)이라는 사람이 그의 역할을 대신하고 있다는 소문이었다.

이런 음모론은 맨 처음 디트로이트의 디스크자키인 러스 기브(Russ Gibb)에 의해 제기되었다. 그는 청취자들에게 비틀스의 음악을 잘 들어보면 단서를 찾을 수 있을 것이라고 말했다. 단서 찾기의 구체적인 사례는 음반을 거꾸로 들어보는 것이었다. 가령 비틀스의 《화이트 앨범(White Album)》에 들어 있는 노래인 〈넘버 나인, 넘버 나인(Number Nine, Number Nine)〉을 거꾸로 틀어보면 "죽은 사람을 대신하여"라는 가사가 들려온다는 것이었다.

이 소문이 퍼져 나가는 속도는 아마 오노 요코의 머리카락이 자라는 속도보다도 빨랐을 것이다. 수백만 명의 비틀스 팬들과 새로운 흥밋거리를 찾던 사람들은 엄청나게 많은 시간을 허비해가며 폴 매카트니가 죽었다는 새로운 단서를 찾아나섰다. 심지어 비틀스와는 거의 관계가 없어 보이는 곳에서도 음모론의 증거를 찾으려고 혈안이었다. 그 결과 여러 가지 단서가 나타나 그들의 의심을 확인해주었다. 폴 매카트니는 죽은 것이 틀림없으며 그 사실을 감추기 위해 엄청난 음모가 진행 중이라는.

| 정 말   이 상 한   부 분 |

이제는 고전이 된 《서전트 페퍼스 론리 하츠 클럽 밴드(Sergeant Pepper's Lonely Hearts Club Band)》 앨범에서 폴 매카트니는 OPD라는 이니셜이 새겨진 완장을 차고 있다. 이 OPD는 '사망선고(Officially Pronounced Dead)'의 약어로 널리 사용되는 말이다.

| 먼 저   떠 오 르 는   용 의 자 |

비틀스 : 매카트니가 죽었다는 음모론이 비틀스에 의해 만들어진 것이라는 주장이다. 실제 비틀스의 음악 앨범에는 매카트니의 죽음을 상징하는 단서가

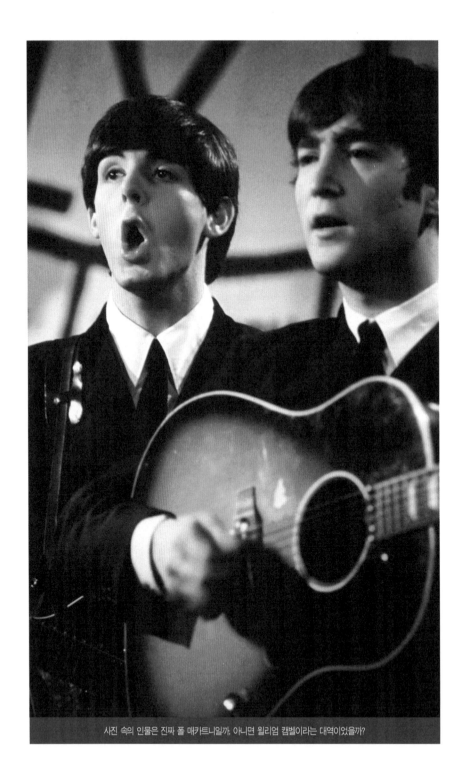

사진 속의 인물은 진짜 폴 매카트니일까, 아니면 윌리엄 캠벨이라는 대역이었을까?

여기저기 깔려 있다. 하지만 보다 회의적인 입장의 음모론자들은 비틀스가 일종의 형이상학적인 장난으로 그것들을 삽입했다고 보고 있다. 비틀스는 폴 매카트니가 마하리시(인도의 종교적 지도자로서 정신갱생운동을 실시했으며 초월명상을 가르쳤다. 비틀스가 마하리시 밑에서 명상을 공부했기 때문에 마하리시의 이름이 사람들에게 널리 알려졌다―옮긴이)의 방식에 따라 정신적으로 사망했다가 다시 탄생했다고 믿었다. 매카트니의 이 정신적 재탄생과 죽어버린 과거의 육신은 비틀스 내부에서 하나의 조크가 되었고, 그들은 음악 앨범의 표지와 노래 가사에 모호한 방법을 써서 그 사실을 표현하게 된 것이다.

음반회사: 매카트니가 죽었다는 소문으로 집단 히스테리가 발생했다. 사람들은 폴의 죽음과 관련된 단서와 증거를 미친 듯이 찾기 시작했고, 그 일에 거의 우스꽝스러울 정도로 집착했다. 여러 명의 음모론자들은 이것이 비틀스의 인기를 지속시키기 위한 음반회사의 홍보선전용 술수라고 말했다. 만약 이 말이 사실이라면 매카트니 사망 소동은 현대의 가장 흥미로운 홍보전략의 하나로 손꼽힐 수 있을 것이다. 심지어 음모론이 사기라고 생각하는 사람들조차도 이런 이야기를 듣는 것을 좋아하기 때문이다.

CIA: 많은 사람들이 CIA와 비틀스는 사이가 좋지 못했다고 생각한다. CIA는 비틀스가 전세계에 끼치는 거대한 영향력을 못마땅하게 생각하고 그 영향력을 영원히 없애버리고 싶어했다. CIA는 비틀스를 추종하는 거의 종교적이고 열광적인 집단에 대해 사회를 심각하게 위협하는 존재로 보았다. 사실 존 레넌은 "비틀스가 예수 그리스도보다도 인기가 있다."라고 발언하여 물의를 일으킨 바 있었다. 비틀스는 1960년대에 음악적으로나 사회적으로 신적인 존재였고 CIA가 볼 때 기성체제에 위협을 주고 있는 집단임에 틀림없었다. 결국 CIA는 폴 매카트니를 죽여서 비틀스를 해체시키려고 했는데 이 계획은 수포로 돌아가고 말았다. 왜냐하면 다른 세 명의 비틀스 멤버가 윌리엄 캠벨을 영입하여 죽은 매카트니를 대신했기 때문이다. 참고로 캠벨은 폴 매카트니 닮은 꼴 대회에서 우승을 한 인물이었다.

| 다 소 황 당 한 용 의 자 |

엘비스 프레슬리 : 신빙성이 좀 떨어지는 음모론으로 엘비스 프레슬리가 CIA를 고용하여 폴 매카트니를 죽였다는 이론이 있다. 비틀스가 미국에 상륙하면서 거대한 인기몰이를 시작하자 그는 질투를 느꼈고 동시에 자신의 인기에 위협을 느꼈다. 비틀스가 미국에서 활동하기 전만 해도 그는 타의 추종을 불허하는 로큰롤의 제왕이었다. 그래서 폴 매카트니의 제거라는 아주 극단적인 무리수를 두었을 수도 있다. 프레슬리는 미국 정부 내의 고위직들에게 인기가 높았고 또 강력한 연줄을 갖고 있었다. 따라서 그가 매카트니 사망설의 배후에 있었다 하더라도 그 일 때문에 자신의 노래 〈제일하우스 록(Jailhouse Rock)〉처럼 감옥에서 처량한 신세로 있게 되었을 것 같지는 않다.

악마 : 악마가 매카트니를 죽였다는 주장은 미국의 대학 교수 글레이저가 맨 처음 제기한 것이다. 비틀스가 이 세상에 처음 나올 때 매카트니는 악마를 상대로 계약을 체결했는데, 엄청난 성공을 거두게 해준다면 그 대신 자신(매카트니)의 목숨을 내놓기로 했다는 것이다. '롤링 스톤스(The Rolling Stones)'의 브라이언 존스(Brian Jones)와 마찬가지로 매카트니도 성공의 대가를 지불해야 했다는 이야기이다. 1960년에 악마론에 휩싸였던 것은 록스타만이 아니었다.

| 가 장 그 럴 듯 한 증 거 |

『미시건 데일리(The Michigan Daily)』의 기자 프레드 라부어(Fred Labour)는 매카트니의 사망 근거로 《애비 로드(Abbey Road)》 앨범의 표지를 내세웠다. 이 표지 사진을 보면 비틀스 멤버가 이제 막 공동묘지를 떠나는 장례식 일행의 모습을 하고 있다는 것이다. 하얀 옷을 입은 존 레넌은 목사를 상징하고, 조지 해리슨은 산역꾼(무덤 파는 사람), 링고 스타는 장의사 역이다. 물론 맨발의 매카트니는 시체이고 관 속에 들어가 있어 일행과는 함께 행동할 수 없는 신세여야 한다. 여기서 폴의 대역이 존재한다는 주장이 제기되었다.

| 가 장   의 문 스 러 운   사 실 |

그의 죽음과 관련되었다고 알려진 많은 가사들 중에서 특히 한 가사가 눈에 띈다. 〈유리 양파(Glass Onion)〉라는 노래에서 레넌은 "폴은 왈루스(The Walrus was Paul)"라는 가사를 노래부른다. 왈루스(Walrus)는 그리스어로 '시체'라는 뜻이다.

| 회 의 론 자 의   견 해 |

소위 단서라고 제시된 것들의 품질이 지극히 의심스럽다. 《애비 로드》 앨범의 표지에는 자동차 번호 28 IF가 나와 있는데, 어떤 사람들은 이것을 가리켜 폴 매카트니가 아직까지 살아 있으면 28세가 된다는 뜻으로 해석했다. 하지만 정말 그가 죽었다고 보고 그의 살아 있을 때의 나이를 따진다면 28세가 아니라 27세가 되어야 한다. 대부분의 비틀스 음반을 거꾸로 틀어보면 너무나 이상하고 막연한 소리가 나서 아무 가사를 들이대도 그게 그것일 정도로 비슷하게 맞아떨어진다. 의심이 곧 암귀(暗鬼)를 만들어낸다는 말이 있듯이 어떤 단서를 정말로 열심히 찾으면 어떻게든 찾아내게 된다는 그런 이야기이다. 그리고 그 어떤 대타도 매카트니의 뛰어난 음악적 재능을 흉내내지는 못했을 것이다. 기대에 못 미치는 매카트니의 솔로 활동이 대타설의 명백한 증거라고 일부 음모론자들이 주장하고 있기는 하지만 말이다.

마릴린 먼로 MARILYN MONROE

먼로의 죽음과 미국의 안보는 어떤 관련이 있었을까

1962년 5월 19일, 존 F. 케네디 대통령은 뉴욕의 매디슨 스퀘어 가든에서 공식적인 생일 축하 파티를 열었다. 이 파티에는 여러 유명인사를 비롯해 1만 5000명 이상의 하객이 참석했으며, 여배우 마릴린 먼로가 케네디 대통령을 위해 〈해피 버스데이(Happy Birthday)〉 노래를 불렀다. 그녀가 들려준 숨막힐 듯한 섹시한 속삭임은 대중문화에서 하나의 전설처럼 회자되고 있다.

그 후 몇 달 뒤인 1962년 8월 4일, 36세의 이 여인〔본명 노마 진 모텐슨 (Norma Jean Mortenson)〕은 사망했다. 발견 당시 그녀는 알몸에 실크 침대시트가 덮여 있는 상태였고, 화장대 위에는 강력한 신경안정제〔바르비투르산(酸)〕병이 텅 빈 채로 나뒹굴고 있었다. 마릴린 먼로는 진정한 할리우드의 전설이었고 전 세계 최초의 섹스 심벌이었다. 하지만 이런 전설 뒤에는 고통받는 영혼의 비극적인 이야기가 숨겨져 있었다. 그녀는 알코올 중독자였고 유명하고 힘센 남자들에게 평생 시달려야 했다. 이런 여러 가지 정황은 그녀 스스로 목숨을 끊었다는 사실을 뒷받침해주는 것들이다.

하지만 일부에서는 마릴린 먼로의 자살이 너무나 절묘한 시점에 너무나 깔끔한 방식으로 이루어졌다고 의심하기도 한다. 존 F. 케네디 대통령, 로버트 F. 케네디 법무장관, 마피아, CIA, FBI의 입장에서는 그녀가 영원히 침묵하기를 바랄 만한 이유가 충분히 있었다. 타살을 해놓고 완전범죄를 만드는 가장 좋은 방법은 그것을 자살 혹은 사고로 꾸미는 것이다.

음모론자들은 단 한순간도 그녀가 자살 혹은 사고에 의해 사망했다고 믿지 않았다. 이들의 의견 가운데 공통적으로 일치하는 한 가지 사항이 있다. 바로 그녀를 죽인 구체적 방식에 대한 것으로, 베개로 얼굴을 짓누른 채 바르비투르산 액을 강제 주사해서 죽였을 것이라는 내용이다.

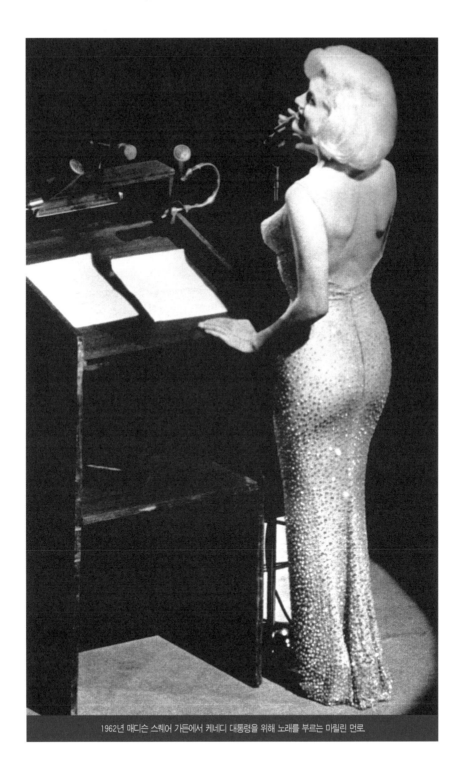

1962년 매디슨 스퀘어 가든에서 케네디 대통령을 위해 노래를 부르는 마릴린 먼로.

|정 말 이 상 한 부 분|

마릴린 먼로가 죽고 나서 여러 해가 지난 뒤 먼로가 시차를 두고서 존 F. 케네디와 로버트 F. 케네디 두 사람을 상대로 정부 노릇을 했다는 것이 밝혀졌다. 케네디 대통령의 동생 로버트 케네디 법무장관이 더 이상 형을 만나지 말라고 먼로를 설득하러 갔다가 오히려 그녀와 사랑에 빠져버렸던 것이다. 당연히 CIA와 FBI는 국가 안보를 위협하는 존재이자 대통령의 명성에 먹칠을 할수 있는 위험 인물로 그녀를 엄중 감시했다. 이들의 개입 정도나 그녀가 죽기 전 마지막 며칠에 관한 증거들의 조작 또는 은폐 가능성을 고려해보면 먼로의 타살설이 전혀 근거없는 것만은 아니다.

|먼 저 떠 오 르 는 용 의 자|

CIA : 마릴린 먼로는 케네디 대통령의 정부 노릇을 하면서 중요한 국가 기밀을 많이 알게 되었고 그것이 국가 안보에 잠재적인 위협이 되었다. 이 사실을 알고 있는 CIA는 그녀를 철저히 감시했다. 그녀가 알고 있는 국가기밀이 마피아 세력을 동원하여 쿠바의 카스트로를 제거하려 했던 CIA의 계획이었는지 혹은 외국의 국가수반들을 위협한 과거 CIA의 활동이었는지, 그것은 불확실하다. 하지만 CIA 요원들이 은밀히 암살 계획을 수행하는 것이 이제 공공연한 비밀이 된 것처럼, 이 금발 미녀를 CIA가 아주 가까이에서 감시했다는 것 또한 명백한 사실로 판명되었다.

마피아 : 먼로는 케네디 대통령과 그의 동생인 법무장관 로버트 케네디, 기타 마피아의 강력한 두목들—그 중에는 막강한 시카고 마피아의 보스 샘 지앙카나도 포함되어 있다—과 잠자리를 함께했다. 그 때문에 먼로는 미국의 가장 막강한 사람들을 파괴할 수도 있는 정보를 갖게 되었다. 그녀가 로버트 케네디와의 내연관계를 정리하자, 마피아는 그녀가 더 이상 이용가치가 없다고 판단했다. 게다가 그녀는 술만 먹으면 무슨 말을 어떻게 뱉어낼지 알 수

없는 여자였다. 먼로가 위험한 수다쟁이라는 것을 알고 있던 마피아는 그녀를 침묵시킬 필요가 있었다.

FBI : 먼로는 로버트 케네디를 위협하여 내연관계를 지속시키려고 했다. 그녀는 툭하면 법무장관실로 전화를 걸어서 로버트 케네디를 바꿔달라고 졸랐다. 또는 더욱 대담하게도 존 F. 케네디 대통령을 위협했을지도 모른다. 가령 케네디 대통령이 시카고 범죄조직의 도움으로 그 지역의 표를 얻음으로써 대통령에 당선되었다는 사실을 폭로하려고 마음먹었을 수도 있다. FBI의 책임자인 J. 에드거 후버는 케네디 가에 우호적이지는 않았지만, 자칭 애국자로서 먼로 때문에 국가가 스캔들의 나락으로 떨어지는 것을 예방해야겠다고 생각했을지도 모른다. 그리고 일단 먼로 제거에 성공하면 그는 벼락출세한 케네디 형제들의 약점을 잡아서 사실상 자신의 개인 경찰 조직 비슷하게 되어버린 FBI의 국장 보직을 계속해서 보장받을 수도 있을 터였다.

| 다 소 황 당 한 용 의 자 |

가톨릭 교회 : 케네디 가문이 절대 신임하던 가톨릭 교회는 CIA 및 범죄조직과도 연결되어 있었다. 케네디 대통령은 미국 역사상 최초의 가톨릭 신자 출신 대통령이었고, 교회는 백악관에 입성한 가톨릭 신자를 보호하기 위하여 최선의 노력을 다했다. 일부 인사들은 가톨릭 교회가 케네디를 너무나 보호하고 싶어한 나머지 그의 정부인 금발 여배우의 살해를 배후에서 조종했을지도 모른다고 추측하고 있다.

맨 인 블랙 : 맨 인 블랙(MIB, Man In Black)은 원래 가톨릭 사제를 말하는 것인데, 가톨릭 교회를 용의자라고 보지 않는 사람들을 위해 또다른 용의자가 제시되었다. 마릴린 먼로가 UFO 음모의 보안 유지 담당자인 맨 인 블랙(제2부 참조)에 의해 제거되었을 것이라는 주장이다. 만약 케네디 대통령이 외계인에 대한 진실을 알고 있었다면 먼로에게 그 이야기를 해주었을 것이다. 그리고 그녀가 이를 발설하게 될 것 같자 그녀의 죽음으로 이어지는 일련

의 사건들이 벌어지게 되었다.

|가 장 그 럴 듯 한 증 거|

최근에 1960년 당시의 법적 문서들이 새로 발견되었다. 이 문서에 의하면 케네디 가문은 먼로의 어머니 글래디스 베이커(Gladys Baker)를 위한 신탁기금으로 먼로에게 60만 달러를 주기로 약속한 듯하다. 조건은 케네디 대통령과 마피아 두목인 샘 지앙카나의 긴밀한 연결관계(샘 지앙카나의 정부인 주디 캠벨이 동시에 케네디 대통령의 정부 노릇을 하면서 두 사람 사이에서 연락병 노릇을 했다)에 대한 철저한 보안 유지였다. 금발의 여배우가 사망한 후 이 약속은 취소된 듯하며 관련 문서들도 모두 은폐되었다가 최근에야 비로소 뜨거운 법정 공방의 주제로 떠오른 것이다. 이 문서의 진위 여부에 대한 논란은 아직도 계속되고 있다. 하지만 문서에 사용된 잉크, 종이, 서명 등에 대한 테스트 결과는 모두 진품일 가능성을 확인해주고 있다. 만약 이 문서의 내용이 사실로 확정된다면 케네디 가문이 금발 미녀의 사망에 관여했음을 보여주는 가장 강력한 증거가 될 것이다.

|가 장 의 문 스 러 운 사 실|

마릴린 먼로가 죽기 전에 마지막으로 집에서 맞이한 방문객이 로버트 케네디와 할리우드 배우인 피터 로포드(Peter Lawford)였다는 소문이 무성하다(이 소문은 막연한 정황 이상의 증거도 제시하고 있다). 피터 로포드는 패트 케네디(Pat Kennedy)와 결혼한 사람이므로 케네디 가문의 일원이다. 또한 소문에 의하면 로버트 케네디와 로포드를 수행한 제3의 인물이 있었는데, 이 사람은 검은 옷을 입었고 의료 가방을 들고 있었다고 한다. 만약 먼로 사망의 배후를 캐고자 한다면 이 신비한 인물의 정체를 밝히는 것이 필수적이고 또 사건 해결에 핵심적인 열쇠가 될 것이다.

피터 로포드(가운데)와 로버트 케네디(오른쪽)는 마릴린 먼로가 죽기 전에 마지막으로 만난 사람들이었다.

| 회 의 론 자 의　 견 해 |

　마릴린 먼로의 죽음에 대해서는 여러 가지 무관한 사항들을 연결하여 그럴듯한 윤곽을 그려낼 수도 있다. 그녀는 정부의 고위직 인사들과 내연관계를 맺었고 또 마피아와도 연결되어 있는 등 시사하는 바가 많다. 하지만 그렇다고 해서 그것이 음모론을 뒷받침하는 결정적인 증거가 될 수는 없다. 1962년 8월 무렵, 알코올 중독에 빠져 심신이 망가져 있었다. 생애 마지막에 해당하는 이 시기의 먼로에게는 약물 남용에 의한 사고사나 절망에 빠진 자살 등이 얼마든지 일어날 만 했다. 이 은막의 여신은 평생 동안 자신의 주위에 전설을 만들고 신비한 분위기를 유지했는데, 음모론은 그런 할리우드식 신화 만들기 과정의 한 부분이라고 할 수 있다. 그런 신화 만들기는 당사자가 죽었다고 해서 금방 중지되는 것은 아니고 그 후에도 긴 여운을 만들어낸다.

짐 모리슨 JIM MORRISON

죽음인가, 죽음을 가장한 은둔인가

짐 모리슨은 도마뱀 왕, 록의 신, 1960년대의 샤먼적 정신 등 다양한 별명을 가진 음악가였다. 그 당시 음악계의 뛰어난 별임에 틀림없는 모리슨에게는 늘 신비한 분위기가 감돌았다. 1971년 7월 4일 모리슨이 파리의 아파트에서 사망하자 그런 분위기는 더욱 증폭되었다. 실제로 많은 음모론자들이 그의 돌연한 죽음은 모리슨의 생애에서 가장 커다란 신화라고 생각했다. 어떤 사람들은 이런 전설적인 인물이 이 세상에서 사라진 것을 심장마비 정도로는 설명할 수 없다고 주장한다.

5년 동안 하늘을 찌르는 명성을 쌓은 후에 모리슨은 그룹 '도어스(The Doors)' 활동을 잠시 접었다. 당시는 전설적인 앨범 《LA 우먼(LA Woman)》을 제작함으로써 소속사인 엘렉트라 레코드 회사에 대한 계약 의무를 완수한 뒤였다. 이 그룹은 모리슨이 LP 음반의 믹싱(음악의 최후 조정) 단계에서 해외로 가버린 것을 다소 불만스럽게 생각했지만 그것이 그룹의 해체로까지 이어지리라고는 생각하지 않았다. 그들은 모리슨이 적당한 시기에 파리에서 돌아올 것이라고 예상했다.

LA에서의 생활을 따분하게 여기던 모리슨은 예술의 도시인 파리로 건너가 영감을 얻어보겠다는 계획을 세웠다. 그는 프랑스 남부지역의 낡은 교회 하나를 사서 깨끗이 수리한 다음 영구적인 근거지로 이용하고 싶다는 이야기를 자주 했다. 그리고 미국에는 일거리가 있을 경우에만 건너가겠다는 이야기도 했다. 그는 시와 아이디어가 적힌 공책, 자신이 작업 중이던 세 편의 영화 필름, 희곡을 쓰겠다는 계획 등을 가지고 파리로 건너갔다.

모리슨은 오랜 여자친구인 파멜라 코슨(Pamela Courson)과 함께 파리에 아파트를 얻었다. 그는 글을 쓰며 연극에 단역으로 출연했고 엄청나게 많은 양의 술을 마셔댔다. 그리고 미국과는 달리 밖에 나가도 아무도 알아보는 이 없는 파리에서의 생활을 만끽했다.

이 무렵 그는 이제 인생의 방향을 바꾸어볼 때가 되었다고 종종 말하곤 했다. 또한 지금까지의 생활에서 완전히 벗어나 바람처럼 자유롭게 훌훌 여행이나 다니고 싶다는 말을 입버릇처럼 중얼거렸다.

여러 해에 걸친 과도한 음주, 마약 복용, 기타 신체적 학대가 모리슨에게 치명적인 결과를 초래한 것은 사실이지만, 그래도 그의 갑작스러운 죽음—심장마비에 의한 사망으로 기록되었다—은 많은 사람을 놀라게 했다. 그 때문에 그가 과연 사망한 것인가 의문을 품는 사람들이 생겨나게 되었고 한두 가지 기이한 사항들이 공식적으로 알려지면서 의문은 더욱 증폭되었다.

| 정 말   이 상 한   부 분 |

모리슨의 여자친구를 제외하고 그의 친한 친구들은 모리슨의 시신을 보지 못했다. 공식적인 사망확인서가 발급된 이후에도 일부 친구들과 가족들은 그가 정말로 이승과 인연을 끊었는지 의아해했다.

| 먼 저   떠 오 르 는   용 의 자 |

짐 모리슨 : 모리슨과 사업계약을 맺은 몇몇 음악계 인사들은 그의 죽음이 자작극일지도 모른다고 생각했다. 그가 살아 있다면 반드시 이행했어야 할 골치 아픈 계약들로부터 간단히 풀려나기 위해 일부러 죽음을 꾸몄다는 것이다. 실제로 모리슨은 자신을 알아보는 사람이 아무도 없는 파리에서 사는 것을 아주 행복하게 여겼다.

그는 LA를 떠나온 이후 자신의 얼굴이 널리 알려질 만한 광고나 인터뷰 촬영 등을 일체 피했다. 또한 자신의 명성으로부터 도망치고 싶다는 말도 자주 했다. 자신의 죽음을 꾸미는 것은 그런 목적을 달성하기 위한 가장 좋은 방법이었을 것이다.

짐 모리슨의 친구들 : 모리슨의 사망에 대해 착오와 혼란이 생기게 된 것은 그의 친구들이 진짜 사망 원인인 약물 남용 사실을 감추려 했기 때문이라고 말하는 이들도 있다. 이 음모를 꾸민 주역은 모리슨의 여자친구인 고(故) 파멜라 코슨이다. 그녀가 파리의 마약중독자들이 단골로 다니는 술집인 '로큰롤 서커스'에서 쓰러진 모리슨을 경찰에 신고도 하지 않은 채 아파트로 옮겨왔다고 전해지고 있다. 스캔들과 경찰 조사를 피하기 위해서였다. 이러한 정황은 화장실의 욕조에서 의식을 잃은 모리슨을 '발견'했다는 그녀의 말에 의해서도 뒷받침된다. 그녀는 사건 직후 구급요원들이 아니라 모리슨의 친구들에게 먼저 전화했었다.

| 다 소 황 당 한 용 의 자 |

FBI : 모리슨이 미국에서 활약할 때 FBI는 그를 엄중 감시했다. 당시 FBI 국장 에드거 후버는 모리슨이 "혼란을 사주할" 가능성이 있다는 점을 지적한 보고서를 여러 번 받았다. 그 무렵 FBI는 젊은이들을 선동하고 마약 흡입을 권유하는 자, 국가 안보에 위협적인 세력과 자주 접촉하는 자에 대하여 감시를 하고 있었는데, 모리슨은 그 두 범주에 모두 해당되었다. 음모론자들은 모리슨의 사망(설)을 둘러싼 저 기이한 상황들에 FBI가 관련되어 있다고 추측한다. FBI는 그가 미국으로 다시 돌아와 사회적 혼란을 야기하는 것을 원하지 않았기 때문이다.

전세계적인 마녀 숭배 : 모리슨은 주술에 깊은 관심을 가지고 있었고 마녀 숭배의식에 적어도 한 번 이상 참가했던 것으로 알려져 있다. 음모론자들은 이 사실을 지나치게 과장하여 모리슨이 디오니소스 의식(儀式)에 살아 있는 희생물로 바쳐지기 위해 납치되었다는 이야기를 하기도 한다. 그러니까 마녀 숭배라는 검은 음모의 희생자가 되었다는 이야기이다.

| 가 장   그 럴 듯 한   증 거 |

이런 음모론들을 듣고 있노라면 넌더리가 나기도 한다. 하지만 모리슨의 경우 공식적인 발표를 액면 그대로 받아들일 수 없는 정황증거가 있다. 우선 부검이 실시되지 않았다. 또 그를 잘 아는 사람들―밴드의 멤버인 레이 맨자렉(Ray Manzarek)을 포함하여―은 그가 아직도 살아 있다고 믿으며 또 그가 록스타의 생활을 그만 집어치우고 싶다고 자주 말했던 사실을 중시한다. 하지만 가장 그럴듯한 증거는 모리슨이 '매장'된 지 일주일쯤 지나서 그의 여자친구인 파멜라 코슨이 UP 통신의 기자에게 모리슨이 투병을 위해 파리 교외의 전문병원에 입원중이라고 말했다는 점이다.

| 가 장   의 문 스 러 운   사 실 |

그가 실제로 사망했는지 확인하기 위해 모리슨의 무덤을 개봉해 그 시체를 꺼내는 것은 사실상 불가능하다. 그렇게 하자면 유가족의 승인을 받아야 하는 것은 물론, 일곱 명의 프랑스 추기경으로부터 각각 허락을 받아야 한다. 하지만 추기경들은 이런 문제에 대해 승인을 해주지 않기로 유명하다. 페르 라셰즈 공동묘지는 무덤 개봉과 관련된 이런 엄격한 규정을 철저히 지키고 있다. 아마도 이 때문에 짐 모리슨이 그곳을 선택했을지도 모른다.

| 회 의 론 자 의   견 해 |

생애 말년에 짐 모리슨은 엄청나게 불어난 체중, 과도한 흡연, 지나친 음주 등으로 위태로운 삶을 영위하고 있었다. 게다가 마약을 상시 복용했으며 천식 예방약까지 매일 먹고 있었다. 이런 상태에 있는 사람이 갑자기 죽는다는 것은 그리 놀랄 일도 아니다. 이렇게 말하면 좀 심하게 들릴지 모르지만 돌연사는 필연적인 결과이다.

엘비스 프레슬리 ELVIS PRESLEY

그는 FBI의 비호 아래 살아 있다?

엘비스 프레슬리의 죽음에 대해, 그가 1977년 8월 16일 약물 과다 복용으로 사망했다는 공식발표가 있었다. 그는 바지를 무릎까지 내린 채 화장실 변기에 앉아서 죽은 채로 발견되었다. 낡을 대로 낡은 육체를 훨훨 벗어난 것이다. 빈 껍데기 같은 그의 시신은 그레이스랜드의 저택에 묻혔다.

그러나 음모론자들의 생각은 다르다. 로큰롤의 제왕이 죽었다는 소문은 대중을 속이기 위한 기만전술이고, 프레슬리는 아직도 멀쩡하게 살아 있으며, 전 세계 여러 지역에서 그를 보았다는 사람이 속출하고 있다는 것이다.

엘비스 프레슬리의 죽음이 많은 사람에게 충격을 준 것은 틀림없다. 42세라는 비교적 젊은 나이에 죽었고 또 그가 한평생 괴짜 같은 행동을 계속 해왔기 때문이다. 그의 죽음을 둘러싸고 약간의 신비스러운 요소가 있는 것도 사실이다.

| 정 말   이 상 한   부 분 |

프레슬리의 사망이 발표된 지 두 시간 후에 그를 영락없이 빼닮은 사람이 존 버로스(John Burrows)라는 이름으로 부에노스아이레스 행 비행기 표를 구입했다. 실제로 이 이름은 프레슬리가 생전에 자주 사용했던 가명이었다. 닉슨 대통령을 만나기 위해 워싱턴에 갔을 때도 그는 이 가명을 썼다. 당시 방문에서 그는 FBI 본부를 찾아가 동료 연예인들에 대한 비밀정보를 제공하겠다는 뜻을 밝혔고 그리하여 마약단속반의 명예위원으로 위촉되었다. 존 버로스가 출국 당시 국무부의 특별문서를 휴대하고 있었다는 소문이 나돌았는데, 이 때문에 그는 다름아닌 엘비스 프레슬리이며 새로운 삶을 시작하기 위해 남미로 도망친 것이라는 이야기가 나오게 되었다.

| 먼 저 떠 오 르 는 용 의 자 |

엘비스 프레슬리 : 음모론의 진원지는 다름아닌 프레슬리 자신이다. 당시 이 로큰롤의 제왕은 명성이라는 감옥에 갇힌 죄수와 다름없었다. 그는 사람들의 눈을 피하기 위해 차의 트렁크에 몸을 감추어야 하는 자신의 신세가 너무나 지겨웠다. 또 몸이 아파서 병원에 입원이라도 할라치면 수많은 팬들이 몰려들어 극성을 부리는 것에도 진저리가 났다. 이제 42세가 된 프레슬리는 내리막길에 접어들었지만 너무 자존심이 강하여 그 점을 내색할 수도 없었다. 그러니 전에도 총기 오발 사고를 가장하여 자신의 죽음을 꾸며낸 적이 있던 그가 한 번 더 자살극을 꾸몄고 계획이 완전무결하게 성공했다고 추측하는 것도 크게 무리가 있는 생각은 아니다.

FBI : 엘비스 프레슬리는 죽기 얼마 전에 마피아와 긴밀한 관계를 맺고 있는 회사에 투자했다가 큰 돈을 잃었다. 이에 프레슬리는 정부와 협조하여 마피아의 비행을 폭로해야겠다고 마음먹었다. FBI는 프레슬리가 제공한 마피아 정보를 이용하여 대대적인 마피아 소탕 작전에 나선 다음 그의 가짜 죽음을 연출했고, 또 아주 특별한 증인의 극비 이주 프로그램에 따라 그에게 새로운 삶을 제공했다.

| 다 소 황 당 한 용 의 자 |

햄버거 체인 회사 : 엘비스 프레슬리의 가짜 죽음이 창의적이면서 과격한 마케팅 전략의 일환일 수도 있을까? 한적한 숲 속의 햄버거 가게에서 치즈버거를 굽고 있는 엘비스 프레슬리의 모습을 보았다는 소문이 나돌자, 엘비스 팬들은 너도나도 그 햄버거 가게를 찾아갔고 그리하여 그 햄버거 체인은 일약 유명해졌다. 그렇다면 프레슬리의 죽음은 프레슬리 본인과 햄버거 체인

음모론자들이 가장 좋아하는 두 사람, 닉슨 대통령과 엘비스 프레슬리의 아주 특별한 악수.

회사의 합작품일까? 프레슬리는 파파라치와 유명세로부터 완전히 해방되어 느긋하게 치즈버거를 즐길 수 있으니 좋고, 햄버거 회사는 불경기를 맞아 고전하던 업계의 매출이 갑자기 늘어나게 되었으니 이것이야말로 누이 좋고 매부 좋은 거래가 아닌가.

뉴 월드 오더 : 어느날 엘비스 프레슬리가 농장을 사들였다는 소문이 나돌면서 많은 문화 관측통들은 그가 갈수록 종교적인 인물로 변해가고 있다고 확신하기에 이르렀다. 이 와중에 프레슬리를 그리스도에 비유하는 책들이 출간되어 일약 미국의 베스트셀러로 부상했다. 그러자 프레슬리의 일거수일투족이 영적인 기운을 풍기는 것처럼 보였고, 수많은 팬들이 자신의 제왕을 숭배하기 위한 성소를 짓기에 이르렀다. 또 그레이스랜드를 방문하는 것을 하나의 성지순례처럼 여겼다는 것은 부인할 수 없는 사실이다. 만약 당신에게 약간 과대망상가의 기질이 있다면 '뉴 월드 오더(New World Order)'라는 집단이 미래의 새로운 종교적 기반을 닦기 위해 엘비스 음모론을 꾸며냈다는 주장을 자꾸만 떠올리고 싶을 것이다. 그런데 과연 뉴 월드 오더가 극저온(極低溫) 냉동기술로 프레슬리를 얼려두었다가 때가 되었을 때 지구의 새로운 메

시아로 부활시키고자 한다는 주장을 믿을 수 있을까?

MJ-12 : 엘비스 음모론은 저마다 괴이한 구석이 있으나 그와 로즈웰 UFO 추락사건을 연결짓는 시나리오는 아무리 엘비스 음모론이라고 하더라도 좀 지나친 감이 없지 않다. 로즈웰은 1947년 UFO가 불시착하고 또 미국 군부에서 외계인의 시체를 회수해간 장소라고 주장되는 곳이다. 그렇다면 프레슬리와 로즈웰은 어떻게 연결되는 것일까? 미 해병대 홍보영화에 프레슬리가 출연했을 때 바레트라는 미군 사진사와 알게 되었는데, 그가 바로 죽은 외계인의 시체를 촬영했다는 사진사라는 것이다. 기구한 이야기 전개를 좋아하는 음모론 열광자들에 의하면 이 사진사가 프레슬리에게 죽은 외계인의 사진을 보내주었고 UFO 관련 정보에 대하여 총체적인 보안을 책임지는 조직인 MJ-12가 일급 비밀을 알고 있는 프레슬리를 처치할 수밖에 없었다는 것이다.

| 가 장   그 럴 듯 한   증 거 |

엘비스(Elvis)의 이름이 라이브스(Lives, 여러 번의 삶)를 재배열한 것임은 논외로 하더라도, 그의 시신을 넣었다는 900파운드 무게의 관(공기를 냉각시키는 기계가 갖추어진 관)은 정말 그럴듯한 증거가 아닐 수 없다. 엘비스 프레슬리의 유가족은 어떻게 그가 사망한 바로 다음날 주문제작한 900파운드짜리의 관을 내놓을 수 있었을까? 그런 엄청난 관을 미리 준비할 정도로 대비가 철저했으면서도 어머니 옆에 묻어달라는 프레슬리의 기본적인 요청마저도 무시해버린 것은 또 어떻게 된 일일까? 사망하기 며칠 전 프레슬리는 밤중에 여러 영안실을 방문했다고 한다. 왜 그랬을까?

| 가 장   의 문 스 러 운   사 실 |

묘비에 새겨진 프레슬리의 이름도 철자가 잘못되어 있다. 그의 정식 이름은 엘비스 아론 프레슬리(Elvis Aron Presley)인데 묘비명에는 아론이 통상적인 표기방식에 따라 에이(a) 자가 하나 더 들어간 아론(Aaron)으로 되어 있다. 그러나 프레슬리 가문에서는 전통적으로 에이 자가 하나만 들어간 아론을 사용해왔다. 아들이 태어나 출생신고를 할 때 호적에 중간 이름이 에이 자 두 개의 아론으로 기재되자 프레슬리의 아버지는 온갖 노력 끝에 그것을 바로잡았다고 한다. 그런데 정작 묘비명에는 에이 자가 두 개나 떡하니 들어가 있다. 엘비스 프레슬리의 유가족이 제왕의 묘비에 이런 결정적인 실수를 허용했다는 것은 참으로 이상한 일이다.

| 회 의 론 자 의   견 해 |

엘비스 프레슬리는 죽었다. 죽은 사람은 편히 쉬게 해야 한다.

다이애나 왕세자비 PRINCESS DIANA

사고 직전 운전기사의 계좌에 예치된 거액의 출처는?

다이애나의 죽음은 전 세계 사람들에게 충격을 주었으며 온 영국 국민이 슬퍼했다. 영국 왕실에 대해 무관심한 사람들조차도 지구상의 문화적 아이콘이 된 여인의 비극적 죽음에 애도를 표시했다.

처음에 그 사고는 비운의 교통사고 그 이상도 이하도 아니었다. 1996년 8월 31일 밤, 다이애나는 애인인 도디 알 파예드(Dodi Al Fayed)와 함께 리츠 호텔(파예드의 아버지 모하메드 알 파예드가 소유한 호텔)에서 저녁식사를 했다. 자정 직전 두 사람은 다이애나의 경호원인 트레버 리즈-존스를 대동하고 호텔을 나섰다. 그들은 밖에서 대기중인 30여 명의 파파라치를 따돌리기 위해 뒷문으로 빠져나갔다. 그들을 태운 방탄 벤츠 차의 운전사는 리츠 호텔의 경비 책임자인 앙리 폴(Henri Paul)이었다.

벤츠는 파리 시내를 질주했고, 한 파리 관광객이 비디오 카메라로 잡은 사진에 의하면 평범해 보이는 시트로엥 차가 그 뒤를 따라갔다. 대기중이던 파파라치들은 곧 속았다는 것을 알아차리고 오토바이로 벤츠를 뒤쫓기 시작했다. 몇 분 간의 추격전이 이어진 다음 벤츠는 과속으로 퐁 드 랄마 터널로 들어섰다. 그 다음에 우리가 아는 것은 다이애나, 도디, 앙리 모두 이 세상 사람이 아닌 채로 그 터널에서 나오게 되었다는 사실이다. 프랑스 경찰당국은 즉시 조사에 착수했으나 아직껏 사건에 대한 공식 발표를 하지 않고 있다. 하지만 전 세계 언론은 즉각적인 논평을 내놓았다. 술 취한 운전사, 추격하는 파파라치, 안전벨트 미착용 이렇게 세 가지 악재가 만들어낸 비극적인 자동차 사고라고.

1997년 8월 31일의 비극적인 사건이 일어난 이틀 후 BBC 월드 서비스는 다이애나 왕세자비를 죽이려는 음모가 있었다는 소문을 전했다.

BBC가 조롱하듯 소개한 내용은 리비아의 지도자 무아마르 카다피가 연설 도중 이번 '사건'은 프랑스와 영국이 합작해 꾸민 것이라고 주장했다는 것이다. 카다피가 제시한 이유는 두 나라 모두 다이애나가 무슬림 남자와 결혼하는 것을 원치 않았기 때문이라는 것이다. 음모론은 그녀가 죽던 날 밤부터 무성히 불어나기 시작했다. 대부분의 음모론은 다이애나가 죽던 날의 이상한 행동을 지적하고 있다. 그녀가 영국의 주요 일간지 기자에게 깜짝 놀랄 만한 소식이 있으니 준비하고 있으라고 말했다는 것이다.

| 정 말 이 상 한 부 분 |

2002년 11월, 다이애나의 집사였던 폴 버렐(Paul Burrell)이 올드 베일리 법정에 증인으로 출석해 다이애나에 관한 여러 껄끄러운 사실들을 폭로하려 하자, 여왕이 직접 그를 만류하려 나섰다. 나중에 알려진 바에 의하면, 다이애나

다이애나 왕세자비의 사망 소식은 온 영국 국민을 슬픔에 잠기게 했다.

의 사망 직후 여왕은 버렐을 만나 장시간 이야기를 나눴다고 한다. 여왕은 버렐에게 "이 나라에는 우리가 전혀 알지 못하는 세력이 움직이고 있다네."라고 〈X파일〉에서나 나올 법한 말들을 써가며 신중할 것을 경고했다. 그 경고 때문에 버렐은 다이애나가 죽기 10개월 전쯤 그에게 보낸 편지를 2003년 10월까지도 대중에게 공개할 수 없었다. 그 편지의 내용은 이렇다.

"내 삶에서 지금의 이 특별한 시기는 가장 위험한 때이기도 합니다. 누군가가 브레이크를 고장 내어 자동차사고로 날 식물인간으로 만들려는 계획을 꾸미고 있어요. 찰스가 재혼할 수 있도록 말이죠."

다이애나의 놀라운 예언은 단순한 사고가 아니라 어떤 음모에 의해 그녀가 희생되었으리라는 믿음을 부추긴다.

| 먼 저 떠 오 르 는 용 의 자 |

해외정보국(MI6) : 영국 정보부인 MI6 내의 과격분자들이 영국 왕실의 체면을 지키려는 목적에서 그녀를 제거했을 수 있다. 언제 윈저 왕가의 허위를 폭로하여 왕실을 파괴할지 모르기 때문이다. 당시 다이애나는 이슬람교로 개종하여 이슬람 기성체제의 대표주자인 모하메드 알 파예드의 아들과 결혼할 예정이었다. 게다가 그녀가 도디의 아이를 임신했을지도 모른다는 소문까지 나돌았다. 일이 이 지경에 이르자 MI6 내의 과격분자들은 거사를 단행했다.

군산복합체 : 다이애나는 지뢰의 해악에 대해 1인 전쟁을 벌이고 있었다. 이는 자신의 안전을 위태롭게 만들었을 뿐만 아니라 영국 내에서도 '위험한 떠버리'라는 정치적 비난을 사게 했다. 군산복합체는 지뢰를 판매하는 일보다 기존에 매설된 지뢰를 제거하면서 더 많은 돈을 벌고 있었지만 다이애나가 궁극적으로 군수산업 전반을 물고 늘어질까봐 두려워했다. 세계에서 가장 영향력 있는 평화운동가로 변신할지도 모르는 여자를 아예 싹부터 잘라버리는 것이 그들로서는 아주 현명한 방법이었으리라.

또다른 용의자로는 CIA, 이슬람 근본주의자들, 사담 후세인, 프리메이슨(다이애나는 다리 밑에서 죽었는데 다리는 프리메이슨의 중요한 상징이다), IRA(아일랜드 공화국군, Irish Republican Army) 등이 있다.

| 다 소 황 당 한 용 의 자 |

26인 위원회 : 이 조직은 미국과 영국의 첩보요원들로 구성된 비밀단체일 것이라고 추정되고 있다. 본부가 영국 브리스틀에 있는 것으로 알려진 이 위원회는 미국과 영국이 보다 강력한 혈맹관계가 되기를 바라는 고위 비밀집단의 하수인 노릇을 하고 있다. 아마도 다이애나의 엄청난 인기와 기성체제에 대해 거침없이 비판하는 모습을 보면서 이대로 두었다가는 그들의 은밀한 계획에 커다란 걸림돌이 될 것이라고 판단하게 되었을 것이다.

다이애나 왕세자비 : 또다른 황당한 가설로는 다이애나가 자신의 죽음을 거짓으로 꾸몄다는 설이 있다. 그렇게 하여 대중의 시선으로부터 완전히 해방된 뒤 도디와 자유로운 생활을 영위하기를 원했다는 것이다. 당연히 이런 소박한 희망사항을 뒷받침해줄 만한 객관적인 증거는 별로 없다.

| 가 장   그 럴 듯 한   증 거 |

운전사 앙리 폴이 알코올 허용치보다 무려 세 배나 높게 술에 취해 있었다는 주장이 제기되었다. 그 주장을 믿지 않는 앙리 폴의 유가족은 두번째 혈액 검사를 요청했다. 그 결과 그의 혈액에서 거의 치명적인 수치의 일산화탄소가 검출되었으며 그가 벤츠의 운전대를 잡기 전에 이미 몸 안에 그 정도 수치의 일산화탄소가 있었을 것이라는 결론이 나왔다. 리츠 호텔의 보안 비디오에 의하면, 그날 밤 폴은 술에 취해 있지 않았고 또 일산화탄소 중독으로 비틀거리지도 않았다. 앙리 폴과 관련된 미스터리는 그가 사망 직전 자신의 은행계좌에 16만 4000프랑을 예치했다는 사실이 밝혀지면서 더욱 증폭되고 있다.

2003년 다이애나와 도디 사망 사건에 관한 영국 하원의 조사가 있을 거란 발표가 났을 때 음모론자들은 그 책임자가 마이클 버지스(Michael Burgess)라는 사실에 적잖이 실망했다. 그가 왕실의 검시관이기도 하였기에 많은 이들이 과연 진실이 밝혀질까 하는 의문을 가졌다. 그의 편파적인 입장에 대한 강력한 항의 때문에 검시관이 결국 엘리자베스 버틀러-슬로스(Elizabeth Butler-Sloss) 여사로 교체되었으나 결정적인 심문이 비공개로 이루어지는 등, 이 조사는 신뢰를 얻지 못했다.

2006년 12월, 전 런던경찰청장 스티븐스 경의 지휘 아래 이루어진 훨씬 독립적인 공식조사는 이 사건이 "우리가 생각하는 것보다 훨씬 더 복잡한 사건"이라고 인정했다.

| 가 장 의 문 스 러 운 사 실 |

사고는 퐁 드 랄마 터널에서 발생했다. 그런데 이 터널 윗부분은 메로빙거 왕조 시대(500~751)에 신성한 이교도 의식(儀式)을 행하던 장소였다. 시옹 수도원(Prieur de Sion)이나 템플 기사단(Ordre des Templiers) 같은 비밀결사들은 메로빙거 왕가를 비롯해 유럽의 진정한 왕족들이 모두 예수 그리스도의 후예라고 주장하고 있다. 다이애나 스펜서의 친정인 스펜서 가문도 여기에 포함된다(이에 따르면 영국의 현재 왕실인 윈저 가는 그리스도의 혈통이 아니다—옮긴이). 또한 역사적인 정보들을 보면 메로빙거 왕가의 창시자인 메로비스가 여신 디아나(로마 신화에 등장하는 여신. 영어로는 다이애나—옮긴이)도 숭배했다고 추정되고 있다. 영국의 왕세자비가 자신의 이름과 똑같은 여신의 예배 지역에서 사망했다는 것은 한편으로는 기이한 일이다.

| 회 의 론 자 의 견 해 |

다이애나가 임신한 상태였다고 해도, 그것이 곧 그녀를 죽이고자 하는 음모가 있었다는 근거는 되지 못한다. 오토바이를 탄 파파라치가 뒤따라오지 않는다고 할지라도 파리 시내를 고속으로 달리는 것은 위험한 일이다. 게다가 시속 120마일로 달리는 차 주위에 카메라 플래시가 계속해서 터지고 또 승객들은 안전벨트조차 매지 않았다고 해보라. 이런 상황에서 교통사고가 났다면 굳이 음모론을 들이대지 않아도 현장에서 즉사한 이유를 충분히 설명할 수 있다. 다이애나의 비극적인 죽음을 전해들었을 때 그녀의 팬들은 그 소식을 하나의 평범한 교통사고로 받아들일 수가 없었을 것이다. 다이애나의 목숨을 앗아간 파리의 교통사고는 왜 음모론이 생겨나게 되는지를 잘 설명해주는 완벽한 사례이다. 이런 음모론이 없다면 우리는 죽음의 통속성과 무차별성에 그냥 노출되어버리는 것이다.

시드 비시어스 SID VICIOUS
살해 현장에 있었던 제3의 인물

1978년 10월 12일, 첼시 호텔의 100호실에 들어선 뉴욕의 경찰관은 끔찍한 광경을 목도했다. 화장실 세면기 아래에 속옷만 입은 채 온몸이 피투성이가 된 여자가 엎드려 있었던 것이다.

그 여자의 이름은 낸시 스펀젠(Nancy Spungen)이었다. 그녀는 복부에 단 한 차례의 자상(刺傷)을 입고 살해되었다. 그녀의 남자친구 시드 비시어스는 마약에 취해 제정신이 아니었다. '섹스 피스톨스(Sex Pistols)'라는 유명한 펑크 밴드의 베이스 주자인 그는 스펀젠을 살해한 혐의로 기소되었으나 나중에 5만 달러의 보석금을 내고 석방되었다.

비시어스[본명 존 사이먼 리치(John Simon Ritchie)]와 낸시 스펀젠의 로맨스는 록 음악계에 악몽과도 같은 사건을 남겼다. 당초 비시어스를 스카우트한 사람은 맬컴 맥라렌(Malcolm McLaren)이었다. 맥라렌은 영국의 삐딱한 청소년들에게 깊이 파고들 수 있는 섹스 피스톨스라는 밴드를 구성하면서 새 멤버로 비시어스를 데려왔던 것이다(밴드 이름은 맥라렌이 런던에서 운영하고 있던 옷가게 '섹스'에서 따온 것이다).

비시어스는 이내 대중문화의 태풍의 눈으로 부상했다. 섹스 피스톨스는 영국에 펑크 록의 붐을 일으키며 모든 잘못된 자들(30세 이상의 어른들)을 분노하게 만드는 노래를 계속 발표했다. 〈영국의 무정부 상태(Anarchy in the UK)〉와 〈신이여 여왕을 구하소서(God Save The Queen)〉 같은 노래를 발표하고 또 텔레비전과 기타 매체에 나가서 격렬한 비판의 목소리를 드높인 결과, 섹스 피스톨스는 마치 원자폭탄처럼 전 세계 대중문화의 기반을 송두리째 뒤흔드는 존재가 되었다.

한쪽에서는 그의 베이스 연주실력에 대한 문제 제기들이 있었지만 그는 이

미지에 더 치중하는 면모를 보였다. 가령 무대 위에서 면도날로 온몸을 북북 긁어 피를 흘린다거나 아니면 무대 위에서 느닷없이 오줌을 싸는 해프닝 등을 벌였다. 그는 무정부상태를 대변하는 소년이었고 그래서 많은 신생 펑크 로커들로부터 아낌없는 사랑을 받았다.

비시어스는 낸시 스펀젠이라는 미국 소녀에게 완전히 사로잡혔다. 그녀는 섹스 피스톨스의 단원이면 누구라도 상관없이 자신의 애인으로 삼겠다는 일념으로 영국에 건너왔다. 그녀와 비시어스는 1977년에 처음 만나 곧 애인 사이가 되었고 마약을 남용하면서 섹스에 몰두하는 관계로 발전했다. 스펀젠에 대한 비시어스의 사랑, 스펀젠의 비타협적인 성격 등이 상승작용을 일으켜 밴드는 거의 해체되기 직전까지 갔다.

섹스 피스톨스의 미국 순회공연이 실패를 거듭하는 와중에 리드싱어 조니 로튼(Johnny Rotten)이 화를 내며 영국으로 돌아가는 일이 발생하자 아예 공연 자체가 중단되었다. 그리하여 비시어스와 스펀젠은 뉴욕의 첼시 호텔에 투숙하게 된 것이었다.

스펀젠이 사망한 후 비시어스는 절망감에 사로잡혀 자살을 시도하면서 자신의 팔뚝을 칼로 북북 그어댔다. 하지만 자살은 미수에 그쳤고 그후 헤로인(비시어스의 어머니는 그가 경찰의 마약 끄나풀에게 걸려들까봐 그에게 직접 헤로인을 주었다고 한다) 남용으로 1979년 2월 2일 생을 마감했다. 겨우 21세의 나이였다.

| 정 말   이 상 한   부 분 |

비시어스가 죽은 뒤 어느 정도 시간이 흐르자 두 명의 헤로인 중독자가 비극적으로 죽은 것 이상의 무엇인가가 있다고 보는 사람들이 서서히 나타나기 시작했다. 그들은 심지어 비시어스가 스펀젠을 죽이지 않았다고 말하기까지 한다.

펑크록계에서 가장 유명한 커플이었던 시드와 낸시.

| 먼 저 떠 오 르 는   용 의 자 |

첼시 호텔에 투숙한 성명 미상의 인물 : 스펀젠이 죽기 직전 그녀와 비시어스는 모두 마약에 중독된 상태였다. 이런 사정을 감안할 때, 비시어스가 아닌 다른 사람이 스펀젠을 죽였을 가능성도 있다. 비시어스는 정신이 몽롱한 상태였으므로 살인이 저질러지고 있다는 것도 의식하지 못했을 것이다. 그리고 이 사건이 법정으로 가게 되어 진실이 밝혀질까 두려웠던 진짜 범인은 비시어스의 어머니로 하여금 아들에게 치사량의 헤로인을 사주게 해서 그가 영원히 입을 다물도록 만들었을 것이다.

예전의 친구와 동료 : 일부 음모론자들은 비시어스의 예전 친구나 동료들이 그에게 치명적인 헤로인을 주사하여 죽게 만들었다는 주장을 편다. 그가 뉴욕의 악명 높은 교도소에서 장기복역하는 고통을 겪지 않도록 일종의 배려 차원해서 그랬을 것이라는 추측이다. 그가 이름만 비시어스('지독한'의 의미)였지 뉴욕 교도소의 열악한 환경을 견뎌낼 정도로 독하지는 못하다고 보았던 것이다.

| 다 소   황 당 한   용 의 자 |

CIA와 FBI : 앞에서 사회적 불안을 야기할 수 있는 대중문화 스타를 제거하기 위해 CIA와 FBI가 공모하여 존 레넌을 제거했다는 음모설을 설명했다. 동일한 논리에 입각하여 비시어스는 맹위를 떨치던 펑크 록이 추구하는 무정부 상태의 대변인이었기 때문에 제거해야 할 필요가 있었다. 젊은 엘비스 프레슬리가 미국 청년들에게 예의바름의 모델이었다면, 비시어스는 파괴와 혼란의 모델이 될 소지가 있었다. 어떤 음모론자들은 CIA 혹은 FBI가 존 레넌 같은 거물을 제거하는 프로그램을 본격적으로 실시하기 전에 연습 삼아 시드 비시어스를 죽였다고 보기도 한다. 레넌과 비시어스는 공교롭게도 둘 다 뉴욕에서 죽었다.

| 가 장   그 럴 듯 한   증 거 |

스펀젠과 비시어스가 서로에게 고통을 주는 뒤틀린 관계였다고는 하지만 주위 사람들은 스펀젠이 비시어스에게 누구보다도 소중한 애인이었음을 인정하고 있다. 아무리 환각상태였다고 해도 스펀젠을 죽인다는 것은 도저히 비시어스다운 행동이 아니었다. 스펀젠의 사망 직후 그녀의 어머니와 나눈 전화통화에서 비시어스는 그 사건에 대하여 전혀 언급하지 않았다. 평소 스펀젠을 사랑하는 태도로 보아 그녀의 죽음에 대해 깊은 죄책감을 느꼈을 법한데(만약 실제로 죽였다면), 비시어스는 어떻게 그처럼 자신의 고통을 감쪽같이 숨길 수 있었을까? 무엇보다도 비시어스는 자제심이 강한 사람이 아니었다.

| 가 장   의 문 스 러 운   사 실 |

아들의 유골 가루를 가지고 영국으로 돌아가던 비시어스의 어머니가 히드로 공항에서 유골함을 떨어뜨렸다는 소문이 떠돌았다. 그리고 이때 바닥에 쏟아진 유골 가루의 상당부분이 환기구 속으로 빨려들어갔다고 한다.

| 회 의 론 자 의   견 해 |

젊어서 죽은 모든 록스타가 '권력기관'의 음모로 유명을 달리했다고 주장하는 이야기에는 낭만적인 측면이 있다. 하지만 죽음은 비극적 스토리의 필연적 결말, 그 이상도 이하도 아닌 경우가 얼마든지 있다. 시드 비시어스는 음악적 재능이라고는 거의 없는 젊은이였다. 그는 맥라렌이 섹스 피스톨스를 창설하던 당시 마침 거기에 있었기 때문에 스타가 되었다. 그가 존 레넌이나 짐 모리슨 못지않게 미국 사회에 위협이 될 수도 있었다는 생각은 지나친 것이다. 비시어스는 펑크 세대의 '소년'이었을 뿐, 그 이상은 아니었다. 아무래도 그의 죽음에 대한 진정한 원인은 헤로인과 그에 못지않게 위험한 미디어의 해악에서 찾아야 할 것이다.

샤론 테이트 SHARON TATE

희대의 살인마 찰스 맨슨은 무죄?

사랑과 평화에 관한 1960년대의 꿈은 1969년 9월 9일 밤 영원히 산산조각 나버렸다. 할리우드 여배우이자 로만 폴란스키의 아내 샤론 테이트가 자신의 집에서 네 명의 친구들과 함께 무참히 살해되었다는 뉴스가 전해진 다음날 아침은 많은 이들에게 깨어 있는 악몽과도 같았다.

경찰이 조사를 하러 왔을 때 폴란스키 부부의 거처에서 목격된 광경은 끔찍함 그 자체였다. 범인들의 살해 방법은 너무도 잔인했다. 죽은 이들은 총을 맞은 뒤에도 구타를 당하고 칼로 찔렸는데 명백하게 의식(儀式)적인 요소들이 있었다. '돼지들에게 사형을' '일어나라' '힐터 스켈터(Healter Skelter)' 〔원래는 비틀스의 노래 〈헬터 스켈터(Helter Skelter)〉에서 온 것으로 범인은 이 말을 닥쳐올 인종간의 전쟁과 학살을 뜻하는 말로 사용했다—옮긴이〕라는 말들이 피해자의 피로 벽에 쓰여 있었고 시신 중 하나에는 '전쟁(War)' 이라는 단어가 새겨져 있었는데, 그것을 새긴 포크도 함께 꽂혀 있었다.

테이트가 임신 중이었으며 출산을 겨우 2주 앞둔 상태였다는 사실은 그 처참한 사건에 단지 또 하나의 끔찍함을 덧붙이는 것이었다. 다음날 밤, 언론이 모방살해로 추정한 또 하나의 제의적인 사건이 일어나 두 사람이 더 희생되자 캘리포니아와 미국 중부 지역의 주민들은 공포에 빠져들었다.

당시 사회적 혼란에 대한 제도권의 인식을 고려해 볼 때, 그러한 살인사건들이 정치적인 성격을 띠고 있다는 설이 급속히 퍼진 것도 놀랄 일이 아니다.

미국의 급진적인 테러집단 웨더멘(Weathermen, 밥 딜런의 노래 〈Subterranean Homesick Blues〉의 가사에서 따온 이름)이 1969년을 '포크(fork)의 해'로 선언한 것도 그런 인식을 퍼뜨리는 데 일조했다. 따라서 흑표범단(Black Panthers)이나 급진적인 히피들이 경찰의 첫번째 용의자 명단에 올랐다.

9월 12일 살인사건에 대한 공포가 고조되고 있을 때, 경찰은 그와는 상관없는 대규모 자동차 절도범 일당을 일망타진하고자 데스밸리의 바커 랜치(Barker Ranch)를 급습했다.

체포된 26명 중에는 옷장에 숨어 있다가 문 아래쪽에 낀 머리카락 때문에 발각된 찰스 맨슨(Charles Manson)이라는 사내가 있었다. 그곳에서 검거된 이들 대부분은 찰스 맨슨을 거의 메시아로 생각하며 '맨슨 패밀리'를 결성한 광적인 젊은 여성들이었다.

그후 3개월이 지나면서 맨슨 패밀리의 멤버이자 스트립댄서였던 사탄주의자 수전 앳킨스(Susan Atkins)가 감방 동료에게 털어놓은 말들과 악명 높은 캘리포니아의 오토바이 갱 스트레이트 세이튼스(Straight Satans)가 흘린 비밀을 바탕으로 해, 맨슨은 수사기관이 지목한 가장 유력한 용의자로 떠올랐다. 기이한 교주이자 자동차 절도단 두목이었던 그가 추종자들로 하여금 샤론 테이트와 그녀의 친구들을 살해하도록 부추겼다는 것이다.

1969년 12월, 빈센트 부글리오시 검사는 '히피들의 두목' 맨슨을 공모 혐의로 기소했다. 그는 맨슨이 비틀스의 《화이트 앨범》(그중에서도 특히 〈Piggies〉와 〈Helter Skelter〉)의 가사가 자신을 위해 쓰였으며, 자기로 하여금 세계의 종말을 이끌도록 했다고 믿는다는 점을 지적했다. 재판은 수전 앳킨스를 비롯한 맨슨의 추종자들이 흑표범단을 함정에 빠뜨리고 세계의 종말을 알리는 인종전쟁을 시작하고자 사건을 저질렀음을 증명하려고 애썼다.

부글리오시의 기소는 결실을 거두었다. 맨슨이 살인을 저지른 어느 누구와도 특정한 관계가 있음이 입증되지 않았지만 그는 수감되었고, 계속되는 가석방 심리에도 2007년 현재까지 만기를 채우지 못하고 있다.

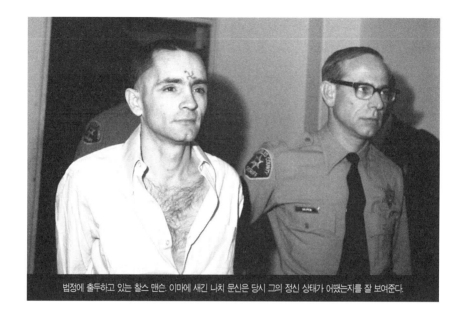

법정에 출두하고 있는 찰스 맨슨. 이마에 새긴 나치 문신은 당시 그의 정신 상태가 어땠는지를 잘 보여준다.

| 정 말   이 상 한   부 분 |

바커 랜치에 있는 맨슨의 아지트에 경찰이 들이닥쳤을 때 대구경 권총과 기관총을 비롯한 많은 무기들이 발견되었다. 만일 맨슨 패밀리가 샤론 테이트와 친구들을 살해했다면 왜 22구경(5.5mm)을 사용했을까? 왜 사격연습용으로나 쓰이는 작은 권총을 사용했을까? 많은 무기전문가들은 다른 치명적인 무기들이 쌓여 있었음에도 어째서 고도로 훈련된 이들만 효과적으로 사용할 수 있는 그런 총을 골랐는지 고개를 갸우뚱하지 않을 수 없었다. 누군가 다른 이들이 범행을 저질러놓고 맨슨 패밀리에게 혐의를 뒤집어씌운 것은 아닐까.

공권력이 맨슨에 대해 이미 알고 있었음은 의심할 여지가 없으며, 그의 체포 작전이 미리 수행될 수도 있었다. 살인사건이 있기 일주일 전에 계획되었던 바커 랜치의 급습은 취소되었다. 전 LA 경찰 부서장 프레스턴 길로리는 작가 폴 크래스너에게 이렇게 말했다.

"우리는 맨슨과 그의 추종자들을 체포하지 말라는 명령을 받았습니다. 상부에서는 그가 곧 흑표범단을 공격할 것이라고 생각했으므로 그를 내버려둔 것이었죠."

| 먼 저 떠 오 르 는 용 의 자 |

리처드 닉슨 : 대통령 선거운동 중 테이트의 살인사건으로 인해 야기된 시민들의 공포가 어떻게 작용했는지 그리고 맨슨의 재판을 통해 닉슨이 얻게 된 반사이익이 얼마나 컸는지 지켜본 음모론자들은 그가 이 사건에서 모종의 역할을 했다고 믿는다. 그들은 이 살인사건이 대중에게 공황 상태를 조성함으로써 닉슨이 그동안 주창해온 강력한 법질서 체계의 필요성을 강조하고 저항문화에 대한 반감을 선거의 기조로 삼고자 꾸며낸 조작극이라고 믿는다.

사탄주의자들 : 사건이 있던 무렵 캘리포니아에서는 많은 사탄주의 집단이 활동하고 있었다. 범인들이 보인 제의적 살해 방법과 사탄주의적 색채를 띤 폴란스키 감독의 〈악마의 씨〉를 생각해볼 때, 시시껄렁한 록스타 범법자를 추종하는 자들보다는 타락한 천사의 우두머리를 추종하는 자들이 살인자로서 더 그럴듯해 보였다. 테이트 자신도 〈악마의 눈(Eyes of Devil)〉이라는 영화에서 맡은 역할을 통해 사탄주의와 관련을 맺기도 했다.

FBI : CIA와 FBI는 흑표범단을 공공질서를 위협하는 범죄 행위들과 연루시키고자 암암리에 작전을 수행했다. 1968년 9월, FBI 국장 에드거 후버는 흑표범단을 "국가의 치안을 가장 위협하는" 존재로 규정했다. 그는 흑표범단에 흠을 내기 위한 불법적인 캠페인을 용인했으며 다른 범죄집단과 싸움을 붙이기도 했다. 어쩌면 폴란스키 감독의 집에서 일어난 살육이 그러한 작전의 불똥이 엉뚱하게 튄 결과일지도 모른다.

| 다 소 황 당 한 용 의 자 |

최후심판교회 : 최후심판교회(The Process Church of The Final Judgement)라고

알려진 이 기이하고 은밀한 종교집단은 신에게 이르는 길은 악마인 루시퍼의 본을 받는 것이라고 믿었으며 맨슨에게 영향을 주었다. 로버트 '디그림스턴' 무어라는 사람이 이 집단을 공동으로 세웠으며 미국 내의 조직을 담당했다. 맨슨은 그들의 LA 기관지에 글을 쓴 적이 있으며 수감 중에 이 집단 회원들의 방문을 받기도 했다. 이러한 이유로 그들이 테이트 살해를 둘러싼 일련의 사건들에 관여했다고 믿는 이들이 있다.

할리우드의 섹스숭배자 : 피해자이자 테이트의 옛 남자친구였던 제이 세브링(Jay Sebring)은 사도-마조히즘적 집단성교 취향과 코카인 거래로 잘 알려진 인물이었다. 어떤 음모론자들은 할리우드의 섹스숭배자들이 자신들의 마약과 섹스에 관련된 추문들을 폭로하겠다고 위협한 세브링을 없애고자 이 살인극을 사주했다고 주장한다. 세브링이 직접 촬영한 포르노 영상이 사라졌다는 등 당시 온갖 소문이 나돌았으며, 그와 가깝던 동업자들이 살인사건이 나고 몇 달 후 숨을 거두었다는 점은 특기할 만하다.

케네스 앵거 : 후에 폴란스키는 사건이 있고 나서 얼마간 이런저런 친구들과 동업자들을 의심했다고 털어놓았다. 터프가이인 스티브 매퀸조차 사건의 배후에 할리우드 내부의 누군가가 관련되어 있다는 의혹이 든 나머지 제이 세브링의 장례식에 총을 숨겨 지니고 갔다고 한다. 그 누군가가 바로 영화감독이자 오컬트 신도였던 케네스 앵거(Kenneth Anger)라고 믿는 이들이 있다. 그의 전 동거인이자 마술 파트너였던 바비 '큐피드' 보솔레일이 이후 맨슨 패밀리와 관련된 또 다른 살인사건으로 무기징역을 선고받았기 때문이다. 앵거는 이미 주술을 통해 롤링 스톤스를 저주했던 일로 유명했으며, 폴란스키의 〈악마의 씨〉에 불만을 품은 오컬트 신도들과도 관련이 있었다.

| 가 장 그 럴 듯 한 증 거 |

맨슨의 재판 과정은 법적인 절차나 정의와는 동떨어져 만신창이가 되었다. 그 사건은 아마도 1970년의 LA에서보다 스탈린 치하의 소련에서 더욱 공정한 심리가 이루어졌을 것이다. 아직 심리가 진행 중이었고 어떠한 판결이 내려지기도 전이었지만 닉슨은 이미 "맨슨은 유죄"라고 공식적인 자리에서 언급했다. '유죄 판결이 내려지기 전까지는 결백하다.' 라고 말해왔던 대통령의 원칙이 온데간데없어졌다는 사실도 맨슨이 단지 기이한 음모의 기이한 희생양일 뿐이라는 이론을 제기하는 이들에게 확신을 더해주고 있다.

| 가 장   의 문 스 러 운   사 실 |

캘리포니아 음악협회 회원들은 맨슨의 여러 가지 다른 면을 알고 있었다. 그는 전에 감옥에 있을 때 악명 높은 갱단의 유일한 생존자였던 앨빈 '크리피' 카피스에게서 기타를 연주하는 법을 배웠다. TV 쇼 밴드 '몽키스'의 멤버를 뽑는 오디션에서 떨어지기는 했으나 자신의 음악적 재능 덕분에 '비치 보이스'를 만나게 되었으며 밴드 멤버인 데니스 윌슨의 말리부 맨션에서 얼마간 지내기도 했다. 윌슨은 맨슨을 '마법사'라고 불렀으며 비치 보이스는 맨슨이 작곡한 노래를 사서 비공식 음반에 넣기도 했다. 1994년 록 뮤지션 트렌트 레즈너는 테이트가 살해되었던 바로 그 집에 '돼지(Le Pig)'라는 이름의 스튜디오를 만들어 '나인 인치 네일스(Nine Inch Nails)'의 히트 앨범 《하향 나선(The Downward Spiral)》을 녹음하기도 했다.

| 회 의 론 자 의   견 해 |

메시아적 미망에 사로잡혀 추종자들에 둘러싸인 채 상습적으로 마약을 복용하며 사막에서 살고 있던 패배주의적 범죄자에 관해서라면, 어떤 다른 음모론이라도 마약으로 인한 환각 상태에서 저질러진 무의미한 범죄일 뿐이라는 주장만큼이나 설득력을 가질 것이다.

데이비드 아이크 DAVID ICKE

MI5에 고용되어 역정보를 퍼뜨린다고 의심받은 음모론자

음모론자들 중에서 데이비드 아이크만큼이나 극과 극의 상이한 반응을 불러일으킨 인물도 드물 것이다. 마치 특정 음식에 대해 그렇듯 그에 대해서도 아주 좋아하거나 혐오하거나 둘 중 하나이지, 이도저도 아닌 미지근한 반응을 보이기란 힘든 것 같다.

외계인이나 오컬트 비밀결사 그리고 세상의 모든 악이 단 하나의 집단에 의해 꾸며진 거대한 음모라는 식의 황당한 이야기를 좋아하지 않는 비교적 소박한 음모론 연구가들은 그의 이름만 듣고도 입에 거품을 물 정도로 혐오를 한다. 반면에 정반대에 선 음모론자들, 현실에 관한 합의된 기존의 생각들을 모조리 거부하는 이들 사이에서 아이크는 영웅 대접을 받는다. 작고한 퀸 마더(현 영국 여왕의 어머니)가 외계에서 온 파충류였다는 그의 발언은 그들에게 용기 있는 행동이지 결코 정신 나간 사람의 헛소리가 아니었다.

내가 전에 기자였을 때 아이크를 인터뷰한 적이 있어서 그에 대한 개인적인 견해를 가지고 있다. 그의 음모론자로서의 이력을 고려할 때 그가 한 이상한 발언들과 황당한 생각들부터 눈에 띄었던 게 사실이다. 그러나 1990년 이후 줄곧 누가, 무엇이 세계를 조종하고 있는가를 폭로하는 것이 자신의 역할이라고 주장하는 아이크에 대한 나의 생각이 바뀌게 된 사건이 있었으니, 때는 2004년이었다.

음모론 연구자들 모두 적어도 몇 명의 정보원(주로 국가 정보조직의 비밀요원)을 가지고 있다. 물론 어느 정도 잘못된 정보를 얻으리라 예상해야겠지만 그들이 제공하는 정보들이 때로 실마리가 되기도 하고 어떤 정보의 사실 여부를 확인하는 데 도움을 주기도 한다. 내가 한 정보원을 만나 한잔 하던 중 아이크 자신이 괴소문에 시달리고 있음을 처음 알게 되었다. 내 정보원은 아

데이비드 아이크의 저서와 강연을 통해 파충류 외계인의 존재를 믿는 많은 이들이 생겨났다.

이크가 MI5를 위해 일하고 있다는 기괴한 음모론을 피력했다. 그에 따르면 아이크는 음모론 연구 전체에 대한 신뢰를 떨어뜨리기 위해 일부러 부시 대통령이나 엘리자베스 2세가 파충류 외계인이니 하는 이야기를 흘리고 다닌다는 것이다. MI5는 아이크에게 그런 기이한 얘기를 계속 퍼뜨린 대가로 돈을 지불함으로써 더 실제적인 음모론들조차 대중들의 눈에 그저 우스꽝스럽게 보이도록 만들려 한다는 것이다.

처음에 나는 그 이야기를 지나가는 말로 하는 줄 알고 흘려들었다. 그러나 다른 저자들도 비슷한 얘기를 들었다고 한다. 급기야 몇몇 음모론자들은 아이크가 영국 정보부와 관계가 있으며 MI5가 음모론자들 사이의 대화를 녹음한 도청 테이프를 가지고 있다는 것을 공개적으로 말하기 시작했다. 실제로 MI5는 음모론 연구자들 중 비밀리에 활동하는 극우 파시스트들을 감시하기 위해서 이 일을 하고 있었고, 자신들을 감시하고자 하는 자들을 감시하는 것은 당연한 일이기도 하다. 지난 수년 간 CIA가 UFO 연구 분야에서 실제로 해왔듯이, 특정한 주제를 더욱 미심쩍게 하고 엉뚱한 루머를 퍼뜨리는 데 음모론자들을 동원하는 것이 상당히 유용할 수 있다.

데이비드 아이크를 MI5의 앞잡이로 보이게 만든 어떤 은밀한 조작이 정말 있었다 해도 그것은 비현실적인 멜로드라마처럼 전개되었던 이 사람의 삶의 가장 최근 에피소드일 뿐이다. 아이크는 확실히 믿기 어려운 여정을 밟아왔다. 그의 첫 직업은 코번트리시티 팀의 골대를 지키는 프로축구선수였다. 다리 부상으로 선수 생명이 끝난 후 그는 기자가 되었고 스포츠 리포터를 하다가 BBC의 앵커가 되었다. 명성이 절정에 달했을 때 그는 녹색당의 활동가가 되기 위해 방송국을 떠났다. 1990년 그는 수차례에 걸쳐 영혼의 메시지를 전달받았다고 한다. 1991년에는 대중 앞에 나서서 자신이 "예수의 영혼과 소통하는 통로"라는 따위의 말을 함으로써 전국적인 웃음거리가 되었다.

많은 연구가들이 아이크가 9/11 테러와 같은 사건에서 자신의 음모론을 입증할 만한 흥미로운 증거들을 발견해낸 것을 인정하기도 했으나, 그가 자주 현실적인 근거를 갖기에는 너무나 허술한 증거들에 의존했던 것이 사실이다. 아이크는 아이들을 미국 정치가들의 성노예로 키우기 위해 심리 조종(mind control) 프로그램이 존재한다고 한 마크 필립스라는 인물의 주장을 반복하기도 했다. 말할 필요도 없이 마크 필립스는 그 주장을 뒷받침할 만한 어떠한 증거도 찾아내지 못했다. 아이크가 파충류 외계인 얘기뿐 아니라 이러한 주장들을 널리 퍼뜨리고 다님으로써 다른 음모론들 역시 언론의 조롱거리로 만들었다는 점을 부인하기는 어렵다.

| 정말 이상한 부분 |

만일 데이비드 아이크가 단순한 과대망상증 환자이며 우스꽝스러운 것이 지나쳐 이미 현실에서 멀리 떨어진 어딘가를 헤매고 있는 것에 불과하다면 어째서 누군가가 그를 모함하려고 그토록 애써 노력할까? 아주 의심스런 경

로를 통해 수집한 정보를 떠들어대고 다른 차원에서 온 파충류 인간의 존재
를 믿는 따위로 그의 신뢰성에는 이미 충분히 흠이 가 있지 않나? 그의 책을
사 읽고 대중강연을 듣는 고작 수천 명의 이들에게서 그의 명성을 깎아내리
고자 '역정보 요원'이라고 모략한다는 것은 아무래도 이상한 일이다. 아이크
가 아무에게도 위협이 되지 않고 쓰레기만을 지껄일 뿐이라면, 왜 굳이 그의
명성을 실추시키려 할까?

| 먼 저   떠 오 르 는   용 의 자 |

파충류 외계인 : 일부 음모론자들은 유명 가문들과 비밀결사들을 통해 영향
력을 행사하는 고등 파충류 외계인들에 의해 이 세계가 조종되고 있다는 아
이크의 주장을 뒷받침한다. 그들은 아이크를 비방하는 모든 음모와 시도들은
인간 비밀요원들의 전 세계적인 조직망을 통해 모든 일을 벌이는 이 파충류
외계인들의 소행이라고 주장한다.

영국 왕실 : 아이크는 우리가 사람으로 믿고 있는 영국 왕족의 몇몇 인물들
이 사실은 도마뱀 인간이라고 반복적으로 주장해왔다. 만일 당신이 엘리자베
스 여왕과 같은 권력을 가진 위치에 있고 전에 축구선수에 불과했던 어떤 이
가 당신과 당신의 돌아가신 어머니를 파충류라고 한다면 어떻게 하겠는가?
아마도 보안요원을 시켜서 그 사기꾼의 평판을 떨어뜨리려 하지 않을까?

MI5 : MI5는 아이크가 자신들이 도마뱀 인간들의 사주를 받아 일하고 있다
고 떠벌리고 다니며 계속 그들을 주시하고 있는 것에 넌덜머리가 나서 아마
도 자발적으로 음모론자들을 공격할 수 있는 루머(실제로는 MI5를 위해 일하고
있다는)를 퍼뜨리기로 결정했을지 모른다.

| 다 소   황 당 한   용 의 자 |

좌파 음모론자들 : 좌파 성향의 음모론자들은 아이크가 다른 음모론 연구마

저 우스꽝스런 것으로 만들고 있다고 계속 불평을 해왔다. 또한 그들은《생물학적 유대인》이라는 저서를 쓴 유스타스 멀린스 같은 작가들과 아이크가 관계하는 것도 비판했다. 아이크를 모함하는 선전을 하고자 좌파 음모론자들이 은밀하게 공모할 만한 충분한 이유가 있었던 것이다.

유대인 비방 반대 운동가들 : 유대인 비방에 맞서 싸우는 많은 집단들이 아이크를 반유대주의자로 비난해왔다. 그들은 그가 도마뱀에 관해 말할 때 실제로는 유대인에 관해 말하고 있다고 단언했다. 아이크는 항상 그들의 이런 주장을 부인해왔으며, 이러한 비판도 그의 높아가는 유명세를 막지 못했다. 이들 중 일부가 자신들이 위험한 반유대주의자라고 간주한 인물을 음해하고자 작전을 바꾼 것일까?

| 가 장   그 럴 듯 한   증 거 |

1991년 대중의 웃음거리가 돼버리고 나서 수년이 지난 후 그의 명성의 일부가 회복되었다. 2007년 텔레비전 다큐멘터리 〈데이비드 아이크 : 그가 옳았는가?〉가 방송되었으며 워터보이의 〈데이비드 아이크를 동정함〉이란 노래가 만들어지기도 했다. 아이크는 20권이 넘는 저서를 펴냈는데, 이 책들을 통해 전 세계에 그의 생각을 따르는 이들이 생겨났다. 그가 역정보를 퍼뜨리는 요원이라는 소문이 퍼지기 시작한 것은 점점 더 많은 사람들이 9/11 테러사건에 대한 그의 폭로를 진지하게 받아들이고 이른바 '테러와의 전쟁'이 음모의 결과였다는 것이 알려지면서부터였다. 다시 명성을 얻게 되자마자 그는 이제껏 발표한 16권에 관한 저작권 분쟁에 휘말리는 등 그의 견해를 피력하는 데 또 다른 장애물을 만나게 되었다.

| 가 장   의 문 스 러 운   사 실 |

음모론에 기반을 둔 아이크의 몇 가지 예언들이 들어맞으면서 그것들이 일종의 계시처럼 들리게 되었다. 2001년 1월에 그는 "미국이 이번 행정부 임기 내에 또 다른 조작된 전쟁에 휘말리더라도 놀랄 것은 없다. 대중들의 마음속에 그런 행위를 정당화시키는 괴물들이 생겨날 것이다."라고 썼다. 또한 "2002년 이전에 미국은 대도시에 대한 공격에 직면할 것이다."라고 덧붙이기도 했다. 그는 이미 1998년에 "이슬람 세계를 서양과의 성전에 참전하도록 자극하여 제3차 세계대전을 일으키려는 계획이 존재한다."라고 예언했다.

| 회 의 론 자 의   견 해 |

이상한 겉치장을 떼어버리고 잘 들어보면, 아이크의 메시지는 정치가들의 거짓말들에서 깨어나 정신을 차려야 하며 사랑으로 세상의 모든 악과 맞서 싸워야 한다는 요지이기도 하다. 인간이 체제에 의해 이용당하고 있으며 텔레비전에 의해 세뇌당하고 있고 스스로를 얽매는 환상에서 벗어나려면 사랑이 필요하다고 역설하는 어떤 사람이 권력을 가진 자들에 의해 위험한 급진분자로 취급당하리라는 것은 어렵지 않게 짐작할 수 있다. 만일 데이비드 아이크를 모함하려는 고의적 흑색선전(그의 말이 완전히 헛소리라거나 그가 다른 누군가의 명령에 의해 행동한다는 등의 뉘앙스를 풍기는)의 흔적이 전혀 없다면 오히려 이상할 것이다. 게다가 일부 음모론자들이나 영국의 정보원들에게 비난을 받는 것은 커다란 훈장을 받는 것이나 진배없지 않은가.

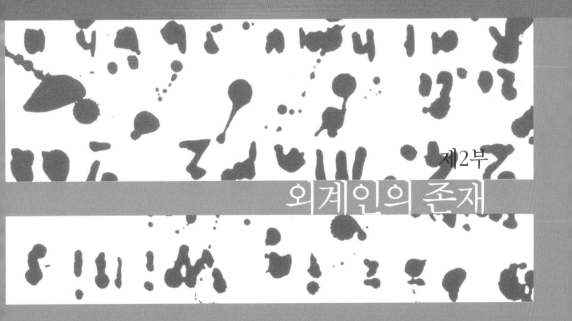

제2부
외계인의 존재

외계인의 납치 행각 ALIEN ABDUCTIONS

외계인의 생체실험 대상이 된 사람들

오늘날 무수히 많은 사람들의 꿈자리를 뒤숭숭하게 만드는 가장 흔한 음모론은 어느 날 자신이 외계인에게 느닷없이 납치될지도 모른다는 것이다. 평화로운 삶을 살던 전세계의 수많은 선남선녀들이 어느 날 갑자기 외계인에게 납치되어 인생을 비극적으로 끝맺게 될 수도 있다. 집에서 순식간에 외계인의 비행접시에 납치되거나 낯선 환경으로 끌려간 그들은 외계인의 손에 끔찍한 학대를 당하는 것으로 알려져 있다. 이런 납치설이 더욱 무시무시하게 느껴지는 것은, 피랍자들이 외계인에게 아무 저항도 하지 못하고 꼼짝없이 당하게 되기 때문이다. 속셈을 알 수 없는 외계인에게 끌려가면 온갖 생체실험을 당한 다음에 살해된다고 한다.

외계인에 의한 납치 사건을 조사하는 연구자들은 피랍자들의 공통된 경험을 살핌으로써 그 납치 사건들을 분류하려고 시도해왔다. 첫번째 부류의 납치사건은 인간의 신체를 납치해 가는 경우이다. 이 경우 피랍자는 마치 신경안정제를 과다복용한 것처럼 온몸에 힘이 다 빠진 채 외계인의 비행접시에 옮겨지는 자신의 모습을 지켜볼 수밖에 없다고 한다. 또한 피랍자들은 소형비행기나 이상야릇한 형태의 견인 광선 혹은 서로 다른 공간을 연결시켜주는 '문(門)' 같은 것을 통해 자신의 몸이 옮겨지는 경우도 있다고 말한다. 어떤 피랍자들은 벽 같은 단단한 물체를 직접 통과하여 이동했다고도 말한다.

또다른 납치 형태는 인간의 생체에너지를 추출해가는 경우이다. 이 경우 피랍자의 생체에너지 또는 의식이 외계인의 고도로 발달된 기술에 의해 피랍자의 신체로부터 분리된다고 한다. 생체에너지 추출은 주로 피랍자의 몸 주위를 하얀색 내지 청백색 광선으로 감싸거나 아예 몸에다가 그런 광선을 투과시키는 식으로 진행된다고 한다. 외계인들은 이렇게 추출한 피해자의 의식을 주로 다른 신체에 주입해두었다가 실험이 끝나면 원래의 몸으로 되돌려놓는다고 한다.

그 외의 납치 형태로는 텔레파시를 통해 자각몽(自覺夢, Lucid Dream)을 꾸게 하는 방식도 있다고 한다. 이러한 방식은 직접적으로 신체를 납치하는 것은 아니지만 그에 못지않은 파괴적인 효과를 발휘한다고 한다. 외계인은 텔레파시 메시지나 시각적 이미지를 이용하여 피해자의 정상적인 꿈 대신 자각몽을 집어넣는다. 생체에너지를 추출하는 경우와 마찬가지로, 이 경우에도 피랍자는 각성상태에서 이따금 자신의 머리 위 천장으로부터 하얀 광선이 뿜어져 나오는 것을 볼 수 있다고 한다.

역사적으로 이런 납치사건들이 꾸준히 보고되어왔지만 최근 들어 그 발생 빈도가 더욱 높아지는 듯하다. 그리고 인류에게 이런 사악한 납치 범죄를 저지르는 자들—그들이 외계인이든 혹은 누구든—또한 점점 더 악랄해지는 경향을 보이고 있다.

| 정 말   이 상 한   부 분 |

외계인에 의한 납치 사건과 관련된 이야기들 가운데에는 쉽게 이해할 수 없는 유사한 개념들이 등장한다. 그 가운데에서도 가장 흥미로운 것은 '시간을 잃어버린다'는 개념이다. 많은 피해자들이 갑자기 시간감각을 상실했다는 증언을 하고 있다. 그들은 자신의 손목시계를 확인한 후에야 비로소 자기도 모르는 사이에 몇 분 혹은 몇 시간이 지나가버린 것을 발견했다고 한다. 이런 류의 사건을 겪은 사람들은 자신들의 삶에 설명할 수 없는 틈새가 생겼다는 느낌을 받는다고 한다. 그들 중에는 심지어 자신이 납치되었다는 느낌조차 가지고 있지 않은 사람도 있다. 그런데도 그들은 자신이 그 시간에 어디에 있었는지를 설명할 수 없다는 사실을 발견하고는 당황해한다. 마음의 방어벽을 허물어뜨리거나 최면을 걸면 그제서야 자신이 목격한 끔찍한 진실을 기억해내기 시작하는 것이다.

| 먼 저   떠 오 르 는   용 의 자 |

외계인 그레이 : 그레이(Grey)는 납치 시나리오에서 가장 많이 등장하는 외계인이다. 참외 모양의 머리, 눈꼬리가 치켜올라간 검은 눈을 가진 그레이는 외계인 음모론에서 핵심적인 존재이다. 이들이 왜 인간을 납치하는지에 대해서는 해석이 분분하다. 현 인류의 후예로서 지구의 파멸을 막기 위해 미래에서 왔다는 낙관적인 해석에서부터, 멸종이나 열성화의 위기에 처한 자신의 종족을 구원하기 위해 지구인에게서 정액과 난자를 뽑아가는 괴물이라는 비관적인 해석에 이르기까지 그들의 정체에 대한 가설은 다양하다. 비관론에 따르면 그레이는 생식능력을 상실한 클론(복제생물)의 일종으로 이해된다. 그레이는 종족을 보존하기 위해 인간들과의 교배를 희망하고 있다는 것이다.

미국 정부 : 머제스틱 12(Majestic 12, 통칭 MJ-12)는 미국 정부 내에서 강력한 영향력을 행사하는 그림자 단체이다. 이 단체는 그레이와 긴밀히 협조하면서 그레이의 기술을 전수받는 대신 그들의 인체실험을 묵인해온 것으로 의심받고 있다. 이런 밀월관계 덕분에 미국 정부가 B-2 스텔스 폭격기나 F-117 스텔스 폭격기 같은 고도로 발달된 무기를 제작할 수 있었던 것으로 추정된다.

외계인에게 납치된 사람들은 정작 외계인은 보지 못했지만 군사요원이나 군사시설들은 보았다고 회상했다. 이러한 점들은 미국 정부와 그레이의 협약이 정말 기술 이전에만 국한되는 것인지, 아니면 미국 정부가 일부 국민들의 마음을 조종하려는 별도의 속셈이 있는 것은 아닌지 하는 의문을 불러일으켰다.

그런데 이 과정에서 MJ-12는 아주 강력한 역정보(逆情報)를 유포하는 전략을 구사하면서 UFO에 대한 조사나 그레이의 정체를 밝히려는 노력을 망신 혹은 조롱거리로 만들어버림으로써 오히려 그런 음모론들의 신빙성을 높이는 효과를 낳았다. 음모론자들은 그 결과 외계인에 의한 계속적인 납치,

인간을 납치하는 외계인으로 가장 널리 알려진 그레이.

납치된 수천 명의 사람들이 겪는 비참한 생활, 미국 정부에 대한 계속적인 기술 전수 등이 가능해졌다고 주장한다.

|다소 황당한 용의자|

돌고래 : 그레이는 돌고래의 미래형 후예이거나 어떤 사악한 목적을 가지고 우리의 시대로 여행해온 돌고래의 유전자가 기형적으로 발달한 결과일지도 모른다는 추측도 있다. 그레이와 돌고래의 유사점은 피부 색깔이나 결이 비슷하고, 적을 물리칠 때 초음파를 사용한다는 것이다(또한 그레이는 납치된 사람들을 제압하기 위하여 '응시하는 눈빛'을 활용하기도 한다).

|가장 그럴듯한 증거|

납치를 당한 다음 집으로 돌아온 피해자들은 흔히 자신들의 콧구멍 혹은 신체의 다른 부분에 작은 금속장치가 박혀 있는 것을 발견하게 된다. 설사 이 금속장치를 콧구멍에서 무사히 제거한다고 해도 그것이 어디에서 온 것인지는 여전히 분명하지 않다. 그 소형 장치에 사용된 금속의 성분은 현대과학으로는 알아낼 수 없기 때문이다. 그리고 왜 이런 소형 장치를 심어놓았는지도 미스터리이다. 그것은 추적 장치인가 아니면 또다른 장치인가?

|가장 의문스러운 사실|

피랍자들이 말하는 공통적인 경험과 그레이라는 존재, 의학적 실험, 소형 금속장치 등은 분명 일반인들을 당황하게 만든다. 외계인에 의한 납치 사건을 다룬 책, 영화, 보고서들이 봇물처럼 쏟아져나오고 있는 상황을 예의주시하다보면 드러난 사건과 음모설의 이면에 숨겨져 있던 어떤 진실이 곧 드러날 것 같다는 느낌을 준다.

| 회 의 론 자 의 　견 해 |

　외계인의 존재에 대한 이와 같은 집착 현상은 19세기 말에도 있었다. 당시에는 외계인에 의한 납치설이 아니라 요정(妖精)에 의한 납치설이 유행했다는 점만이 다를 뿐이다. 세기말에는 늘 이런 현상이 있어왔는데 밀레니엄까지 겹쳤기 때문에 더욱 강렬한 외계인 납치설이 나오는 것인지도 모른다.

가축의 떼죽음 CATTLE MUTILATIONS
떼죽음 당한 가축의 사체에 남아 있는 삼각형의 의미

　지난 수십 년 동안 전세계의 목축업자들은 무섭고도 불가해한 문제에 시달려왔다. 가축들이 떼죽음을 당한 뒤 잔인하게 훼손되는 사건들이 발생한 것이다. 가축들이 도살되어 엄청난 재정적 손실을 입는 것도 큰 문제였지만 그런 잔인한 도살과 사체 훼손의 배경에 모종의 의도가 있지 않을까 하는 의문을 낳았다. 하지만 그 의도가 무엇인지는 여전히 베일에 가려져 있다.

　가축이 떼죽음을 당하는 사건은 대부분 미국(주로 뉴멕시코 주)에서 발생했지만 푸에르토리코, 남아메리카, 캐나다 등지에서도 보고되고 있다. 가축의 떼죽음과 관련된 세부사항은 사건마다 다르지만 상당한 공통점도 가지고 있어서 동일한 세력에 의한 집단범행이 아닐까 하는 의구심을 낳고 있다. 도살된 동물들의 사체는 종종 피가 모두 사라진 채로 발견되었다. 또한 외과수술용 도구 같은 것을 사용하여 동물의 특정 부위를 절단해간 것도 발견되었다. 뿐만 아니라 달군 쇠로 지져서 필요한 부분만 살짝 도려낸 흔적도 여기저기서 발견되었다. 주로 눈 같은 감각기관이나 생식기관, 배뇨기관이나 소화기관 등 사체의 특정 부위만을 절단해 갔다.

1만 마리 이상의 가축이 도살된, 이 잔인한 현상을 두고 수많은 가설이 제기되었다. 가축이 전염병에 걸렸거나 육식동물 또는 암소 도살을 노리는 난폭한 젊은이들의 소행으로 보지 않는 목장주라면 정체 미상의 가학적인 성향을 가진 세력이 밤중에 몰래 가축들에게 접근해 내장을 빼간다는 설명을 수용할 수밖에 없을 것이다.

| 정 말   이 상 한   부 분 |

떼죽음을 당한 가축들의 사체에서는 대개 특별한 표시가 발견되지 않는다. 예외가 있다면 사체에 삼각형 표시가 남아 있는 경우가 간혹 있다는 것이다. 일부 사체에는 갈고리를 박았던 표시가 남아 있어서, 실제로 떼죽음이 발생한 곳은 가축들의 사체가 발견된 곳이 아닌 다른 곳일지도 모른다는 의구심을 자아내고 있다.

| 먼 저   떠 오 르 는   용 의 자 |

UFO : 외계인(가령 그레이)이 인간의 유전자 풀(Gene Pool, 어떤 생물집단이 보유한 유전정보의 총량―옮긴이)을 지원받아 그들의 종을 살리기 위한 방법을 모색 중이라는 설이 가축의 떼죽음 현상에 적용되었다. 외계인들은 인간의 것과 상당히 유사한 소의 피와 내장을 유전자 조작 실험에 이용했을 수도 있다. 좀더 낙관적인 설로는 외계인들이 소를 이용한 방사능 피폭실험을 실시하여 핵전쟁으로 인한 파멸로부터 인간을 구제하려고 한다는 것이다. 이 가설은 외계인에게 납치되었던 사람들의 주장에 의해 뒷받침되고 있다. 그들은 외계인들에게 납치되어 각종 실험을 당하던 중 UFO 내부에 소들이 실려 있는 것을 보았다고 한다. 그리고 가축의 떼죽음 사건이 발생하기 직전 밤하늘에서는 UFO가 종종 발견되었고, 가축들도 그런 밤이면 심하게 불안해했다

외과수술을 하듯 정확하게 피도 흘리지 않고 소를 절단하는 것은 어떻게도 설명이 불가능한 부분이다.

고 한다. 이런 이야기를 듣다보면 소들은 겉으로 드러난 것보다 UFO와 더 많은 관련이 있는 듯하다.

검은 헬기 : 가축들이 떼죽음을 당하기 직전 정체불명의 검은 헬기가 나타나서 탐사광선으로 가축들을 놀라게 만든다고 한다. 이처럼 검은 헬리콥터는 가축들이 정체불명의 비행체에 실려 어디론가 끌려가 도살된 다음 원래 있던 들판에 버려진다는 음모론에 자주 등장한다. 이 정체불명의 헬기는 종종 미국 정부의 비밀 프로그램, 혹은 뉴 월드 오너의 계획과 연결되어 해석되기도

한다. 미국 정부가 강력한 화학무기를 실험하기 위해서 정부의 규제 방침에 저촉되지 않는 범위 내에서 동물을 대상으로 실험을 한다는 것이다.

사탄주의자들 : 가축의 떼죽음과 관련하여 맨 처음 용의선상에 오른 세력으로 사탄주의자들이 있다. 이들이 사법당국의 지속적인 추적에 스트레스를 받은 나머지, 인간 대신 소를 사악한 의식(儀式)에 사용하게 되었다는 것이다. 하지만 이에 대한 결정적인 증거는 발견된 것이 없다.

| 다 소   황 당 한   용 의 자 |

자연의 육식동물들 : 가축들의 사체는 정교한 외과용 수술도구 같은 것으로 내장을 절단당한 채 발견되었지만 사체 주위에는 수상하게 여길 만한 어떤 발자국도 남아 있지 않았다. 하지만 일각에서는 늑대나 코요테, 기타 정체불명의 야수들이 범인이라는 이야기도 나돌고 있다.

엘 추프라카브라 : 엘 추프라카브라는 중앙아메리카에 널리 알려진 신화상의 괴물인데, 그 이름의 의미는 '염소를 먹는 자'라는 뜻이다. 이 괴물이 식단의 범위를 넓히기 위해 소들을 공격했을 수도 있다는 설도 제기되었다.

정체불명의 동물 전염병 : 아직까지 정체가 알려지지 않은 동물 전염병이 원인이라는 설도 있다. 아주 강력하고 전염 속도가 빠른 바이러스가 단 하룻밤 사이에 동물의 내장과 피를 완전히 제거한 다음 아무런 흔적도 남기지 않고 사라졌을 수도 있다는 것이다.

| 가 장   그 럴 듯 한   증 거 |

내장기관을 정확하고 깨끗하게 잘라냈다는 것, 사체의 피를 완전히 뽑아냈다는 것, 이 두 가지만 봐도 야수들의 소행이라기보다는 고도로 발달된 어떤 기술이 개입된 것으로 보는 편이 더 설득력이 있다. 상처를 불로 지졌다는 것은 레이저 절단기를 사용했다는 뜻일 수도 있다. 흥미로운 사실은 이런 레이

저 기술은 가축의 떼죽음이 처음 보고된 1970년대 초에는 아직 개발되지 않았다는 것이다. 혈액 제거 작업도 아주 완벽하게 진행되어 사체 주위에는 단한 방울의 피도 떨어져 있지 않았다. 이것은 군대 혹은 외계인의 소행을 의심하게 한다. 단지 동물의 다리에 가끔씩 갈고리의 흔적을 남겼다는 것이 실수라면 실수였다.

| 가 장   의 문 스 러 운   사 실 |

동물의 사체가 원래의 들판에 내던져진 후에 다른 동물들은 그 주위에 얼씬도 하지 않았다. 그런데 무엇이 근본적으로 잘못된 것인지는 모르지만, 까마귀나 독수리와 같이 썩은 고기를 잘 먹는 새들도 갑작스럽게 떼죽음을 당한 이런 사체에는 몰려들지 않았다.

| 회 의 론 자 의   견 해 |

외계인들이 인간과 이종교배를 하는 데 왜 소의 피를 필요로 할까? 고릴라나 유인원을 납치하는 것이 더 설득력이 있지 않을까? '삼각위원회' 소속으로 각국 정부에 침투해 있는 고위관리들이라면 이런 정도의 실험용 동물은 손쉽게 입수할 수 있었을 것이다. 가령 관련 연구소를 방문하여 아무런 이유를 말하지 않고도 붉은털원숭이 몇 마리 정도는 쉽게 가져올 수 있을 것이다. 가축의 떼죽음은 미스터리 서클(잉글랜드 남부지역을 비롯한 세계 각지의 밀밭이 마치 원반이 내려앉은 것처럼 원형으로 쓰러져 있는 현상)의 변형이라고 할 수 있지 않을까? 그러니까 의료장비와 진공청소기 등 각종 필요한 장비를 갖춘 고도로 조직화된 짓궂은 무리가 한적한 밀밭에 나가서 미스터리 서클을 만드는 것이 지겨워진 나머지 별안간 그 대상을 소로 바꾼 것이 아닐까?

할리우드의 외계인 ALIENS IN HOLLYWOOD

외계인의 홍보장, 테마파크

외계인들은 지구의 연예산업에 대해서도 적극적인 관심을 가지고 있을까? 만약 우리 지구인들 사이에 숨어 있는 외계인들이 가끔 정체를 드러내고싶을 때, 연예산업은 훌륭한 통로가 되지 않을까?

외계인의 존재를 지구인에게 가장 완곡하게 알려줄 수 있는 방법은 무엇일까? 가장 손쉬운 방법으로는 텔레비전이나 영화, 드라마, 다큐멘터리 등을 통해 외계인의 존재를 일반대중에게 널리 알리는 것을 꼽을 수 있다. 그리고 그런 작업에 가장 적합한 장소는 아무래도 세계 영화산업의 중심지인 할리우드가 될 것이다.

최근 몇 년 동안 공상과학영화, 외계인의 존재를 다룬 각종 텔레비전 드라마와 다큐멘터리가 무수하게 제작되어 봇물 터지듯 공개되었다. 예를 들어 〈인디펜던스 데이(Independence Day)〉〈스페이스(Space : Above And Beyond)〉〈브이(V)〉 같은 영화나 드라마는 '갑자기 나타난 외계인이 지구를 지배하려 한다.'는 주제를 다루고 있다. 대개 갑자기 나타난 외계인이 지구인을 죽이고 지구정복을 꿈꾸다가 마침내 지구인의 저항으로 격퇴된다는 내용으로 구성되어 있다. 한편 〈하늘의 불(Fire In The Sky)〉〈X파일〉 등의 주제는 '언제 나타났는지 모르는 외계인이 기이한 일을 벌인다.'는 것이다. 사람들은 이와 같은 영화나 드라마에 등장하는 외계인을 아주 무서운 존재로 여긴다. 하지만 외계인들은 지구에 어떤 심각한 해악을 저지르지는 않는다. 그리고 결국 외계인들은 과학적인 작업만 할 뿐 그리 나쁜 존재는 아니라는 사실이 밝혀진다. 심지어 〈X파일〉에서도 지금까지 외계인이 해로운 존재라는 이야기는 나오지 않았다. 마지막으로 〈맨 인 블랙(Men in Black)〉〈E. T.〉〈코쿤(Cocoon)〉 등에서는 '우리의 이웃에 사는 외계인'이라는 주제를 다루고 있는데, 소규모로 지구에 도착하는 외계인들은 알고 보면 인간에게 아주 우호적인 존재라는 것이다.

이러한 드라마가 던지는 메시지는 분명하다. 갑자기 대규모로 등장한 외계인들은 사악한 자들이지만, 소규모로 외딴 지역에 은밀하게 나타나는 외계인들은 인간의 친구라는 것이다. 이것은 그레이에게 아주 유리한 홍보가 아닐 수 없다. 몸집이 작고 눈이 크며 코가 없는 그레이는 소규모로 지구에 건너왔기 때문에 미국 정부와의 기술교환협상의 일환으로 우리 인간을 대상으로 생체실험을 벌일 수 있다는 것이다.

할리우드와 음모론을 연결시키는 음모론자들의 설명은 이렇다. 일단 영화와 드라마를 통하여 일반대중이 외계인과의 접촉에 익숙하게 만든다. 그런 다음 실제 있었던 사건들을 몇 년에 걸쳐 발표한다. 먼저 "불가해한 어떤 것"이 발견되었다고 공식적으로 발표한 다음 뜸을 들여가며 외계인 소식을 조금씩 전하다가 맨 나중에 가서는 "우리는 외계인들을 발견했고, 그 외계인들은 현재 여기에 있다."라고 최종 발표하는 것이다. 외계인의 존재에 대해서 전에

할리우드는 최근 외계 침입자들이 등장하는 다양한 영화를 제작했다.

는 회의적이던 저명한 과학자들도 이제는 태도를 바꿔, UFO를 목격했다는 것은 지구상에 외계인이 존재한다는 증거가 될 수 있다는 것 그리고 미국항공우주국(NASA, National Aeronautics and space Administration)의 우주비행사들이 불가사의한 물체를 목격했다는 사실을 1988년에 공식적으로 발표했다. 이것은 외계인 알리기 작전의 전반부가 이미 시작되었다는 뜻일까? 만약 그렇다면 그것은 인류를 위해 좋은 일일까, 아니면 나쁜 일일까?

| 정 말 이 상 한 부 분 |

이러한 음모론이 널리 퍼져나간 데에는 테마파크와 영화사들이 상당한 역할을 했다. 그 가운데 어떤 회사는 미국 전역을 순회하는 우주전시회를 기획 중이라고 한다. 이 전시회는 외계인과의 만남에 초점을 맞추고, 로즈웰 사건은 실제로 발생한 사건으로서 미국 정부와 그레이 사이에 음모가 있었다는 '사실'을 널리 홍보할 예정이라고 한다. 어떤 사람들은 이 전시회를 가리켜 UFO의 실체를 미국 정부가 공식적으로 인정하기 위한 대중 계몽용 전시회라고 말하기도 한다.

| 먼 저 떠 오 르 는 용 의 자 |

외계인 그레이 : 삼각형 머리, 타원형 눈, 약간 찢어진 입을 가진 이 회색 외계인은 대중문화를 통해 우리에게 널리 알려져 있다. 그들은 피부의 색깔이 회색이기 때문에 그레이라는 이름을 얻게 되었다. 연구 목적으로 지구에 왔다고 알려진 그들은 로즈웰 UFO 추락사건 이래 미국 정부와 긴밀히 협조하면서 목적한 바 연구를 수행하고 있다고 한다. 미국 정부는 그레이들이 서로의 기술 발달에 관심을 갖고 있으리라고 생각했을지 모르나 그레이는 좀더 음흉한 속셈, 가령 인간과 교배하려는 목적을 가지고 있었는지도 모른다.

미국 정부 : 미국 정부는 인체생리학과 심리조작술에 대한 실험을 꾸준히 해

왔는데, 이 실험에 대한 일반대중의 관심을 다른 곳으로 돌리기 위해 외계인이라는 개념을 만들어냈다는 설이 있다. 대중의 머릿속에 그레이의 신화를 심어놓음으로써 미국 정부 소속의 과학자들은 부정적인 여론을 우려할 필요 없이 각종 음험한 연구를 계속할 수 있었다는 것이다. 그런 과학자들의 궁극적인 목표는 물론 전세계를 제패하는 데 유익한 무기를 개발하는 일일 것이다.

| 다 소 황 당 한 용 의 자 |

외계인 노르딕 : 노르딕(Nordic)은 그레이와 마찬가지로 외계인인데 종이 다르다. 그들의 생김새는 과거에 히틀러의 나치 세력이 외치던 최우수 종족과 비슷한데 대체로 키가 크고 근육질이며 짧은 금발을 한 인간과 비슷한 종족이라고 한다. 노르딕은 그레이가 자신들의 괴이한 목표를 달성하기 위해 미국 정부와 협조하고 있다는 사실을 알고 있다. 인간을 돕고자 하는 노르딕은 그레이의 목적을 비난하면서 그 괴이한 목적을 폭로하려고 한다. 할리우드는 이들 친그레이 파와 친노르딕 파 영화들이 공방전을 벌이는 전투장이다. 물론 누가 더 강한지는 매표소의 매표 현황으로 판가름날 것이다.

| 가 장 그 럴 듯 한 증 거 |

위에서 언급한 테마파크는 입장객들에게 외계인 시체의 복제품을 보여준다는 계획까지 세워놓고 있었다고 한다. 메이저 연예회사의 회장을 지낸 한 유력 인사는 이 테마파크를 널리 홍보하기 위해 모 방송국에서 제작한 다큐멘터리 프로그램에 출연하여 이렇게 주장했다. "미국 정부는 비밀 실험실에 외계인의 비행접시(물론 로즈웰 사건 때 추락한 것)를 보관해두고 있는데 그 사실을 지금껏 은폐해왔습니다. 그러나 우리는 머지않아 외계인을 직접 만나게 될 것입니다." 이렇게 말한 회장이나 그의 소속회사는 외계인에 대한 자신들의 정보를 확신하고 있었음에 틀림없다. 그렇지 않았더라면 공개 다큐멘터리에서 그런 주장을 폈을 리가 없다.

| 가 장 의 문 스 러 운 사 실 |

백악관에서 영화 〈E. T.〉의 특별 시사회가 열렸을 때였다. 이때 이 영화를 본 레이건 대통령은 스티븐 스필버그(Steven Spielberg) 감독을 돌아보면서 이 렇게 말했다고 한다. "이 방 안에 있는 세 사람만 저 영화가 사실이라는 걸 알 고 있지요."

| 회 의 론 자 의 견 해 |

세티(SETI, Search for Extra-Terrestrial Intelligence)는 우주공간에서 지적인 생물 체의 증거를 찾는 단체이다. 이 단체에 소속된 닥터 세드 쇼스탁(Seth Shostak) 은 어느 연예회사의 홍보물에 실린 '외계인의 존재는 진실' 운운하는 글에

세티(SETI)의 세드 쇼스탁 박사.

너무나 화가 나서 개인적으로 그 회사의 회장에게 "당신의 회사는 온 세상의 어린이들을 오도하고 있다."며 항의했다고 한다. 또한 냉소적인 관찰자는 이런 지적을 하기도 한다. "일반대중이 공상과학영화와 외계인 전시회에 몰려들면 들수록 영리를 추구하는 회사들은 돈벌이에만 더 열을 올릴 것이다."

이라크의 UFO UFOS OVER IRAQ

미국이 이라크를 침공한 진짜 이유는 외계인의 첨단기술 때문?

1998년 12월 6일, 바그다드 상공에 예광탄이 터졌다. 1991년 첫번째 걸프전쟁에서 사담 후세인을 축출하지 못한 이후 후세인에 대항하는 '미적지근한 전쟁' 이 간헐적으로 계속 이어졌다. 연합군이 이라크 수도에 공습을 감행한 것은 '사막의 여우 작전' 의 일환이었으며, 첫번째 걸프전 때와 마찬가지로 이 공습은 CNN을 통해 전 세계 텔레비전 시청자들에게 생방송으로 보도되었다. 그러나 그날 밤 CNN 보도에는 사막의 여우와 관련된 긴급 뉴스뿐 아니라 바그다드 상공을 도는 UFO도 등장했다. CNN이 촬영한 화면을 보면 UFO는 대공포 공격을 피해 움직였다.

UFO 연구단체들이 이것을 UFO의 존재를 증명하는 강력한 증거로 여기며 기뻐하고 있을 때 일부 음모론자들은 이 사건을 훨씬 더 확대해석했다. 점점 더 많은 음모론자들이 이라크에서 목격된 UFO와 2003년 미국의 이라크 침공 결정 사이에 확실한 연관이 있다고 믿게 되었다. 이라크 북부 '비행 금지 구역' 에서 영국과 미국 공군이 이라크 시설을 계속 정찰하고 폭격하는 과정에서, 전투기 조종사들은 여러 차례 UFO를 목격했으며 지구의 어떤 전투기보다도 훨씬 빨리 움직이는 비행체가 레이더에 포착된 사례도 수차례 나타

일부 보고서에 따르면 미국 조종사들은 이라크 전투기보다 신비한 빛과 더 많은 전투를 벌였다고 한다.

났다. 또한 연합군은 첫번째 걸프전에서 UFO를 이라크 전투기로 착각하여 교전을 벌였다고 한다.

1998년 사우디아라비아에서 미국 항공기가 국적을 알 수 없는 비행체를 격추시켰다는 보고서도 나왔다. 공식적으로는 전투기라고 알려진 이 비행체 추락 장소의 주민들은 미군 기술자들이 추가 조사를 위해 잔해를 수거하는 동안 그 지역을 떠나 있으라는 명령을 받았다. 그러나 주민들은 마을을 떠나기 전에 그 비행체가 원형이며 엔진이나 날개가 없는 것을 분명히 보았다고 주장하고 있다. 이들은 그 물체의 큰 잔해가 깃털처럼 가벼웠다고도 했다.

한 러시아 정보원이 UFO가 이라크에 추락했고 사담 후세인이 외계인의 기술을 역이용하는 프로그램을 진행 중이라고 암시함으로써, 음모론은 뜻밖의 방향으로 전개되었다. 처음에는 완전히 공상이라고 일축되었던 이런 주장과 관련된 수많은 음모론이 점차 표면화되기 시작했다. 그런 음모론 중에는, 사담 후세인이 그 미지의 비행체 탑승자들에게 은신처로 자신의 가장 안전한 궁인 칼라테줄룬디(Qalaat-e-Julundi) 성채를 제공했다는 주장도 있다. 후세인이 혁명으로 권력을 차지한 후 이 예전 왕가의 성채는 새로운 독재자의 궁이 되었다. 3면이 수직 벼랑이고 바로 그 밑으로는 소(小) 자브 강이 흐르는 언덕에서 있어 이미 이라크 최고의 난공불락을 자랑하는 칼라테줄룬디였지만, 기존의 건물 아래에 거대한 지하 벙커가 새로 건설되었다. 후세인이 그곳에 그 손님들을 모셨다는 소문이 나온 직후 자브 강 골짜기에 사는 사람들은 하늘에서 이상한 빛, '춤추는 유령'을 보았다고 말하기 시작했다. 이 빛은 밤에만 보였으며 이때 특별한 이유 없이 많은 사람들이 사망했다고 한다.

미국이 두번째 걸프전을 일으킨 공식적인 이유를 믿으려고 애쓰던 사람들 중 일부는 이라크가 보유했다는 대량살상무기가 미국이 이라크 침공을 위한 구실로 지어낸 커버스토리에 불과하다고 여긴다. 미국이 대대적인 전쟁을 일으킨 실제 이유는, 미군이 1947년 로즈웰 추락사고 때 역공학(reverse engineering)을 이용해 소련보다 우위의 기술을 발달시켰듯이 사담 후세인도 추락한 외계 비행물체를 이용해 미군보다 우위의 기술을 발달시킬 가능성이 있기 때문에 이를 막으려 한 것이라고 그들은 생각한다.

| 정 말   이 상 한   부 분 |

미군이 바그다드에서 전투를 벌이던 중 공군 제101사단 제3여단 소속의 군인들이 소 자브 강 골짜기에서 타원형 UFO의 사진을 찍었다. 성스러운 도시 나자프 가까이에서 UFO를 목격한 주민들은 그것이 '알리의 무덤'을 보호하기 위해 알라의 은총의 정원에서 왔다고 믿었다. '알리의 무덤'이라는 나자프의 이슬람 사원은 실제로 예언자 무함마드의 사위 알리의 무덤 위에 지어졌는데, 전쟁 중에 공군 제101사단과 연합군이 칼라테줄룬디의 성채를 겨냥해 소 자브 강 골짜기 주변을 맹폭했지만 이 이슬람 사원은 기적적으로 아무런 손상도 입지 않았다.

머제스틱12(MJ-12) : 로즈웰 UFO 추락사고의 은폐와 그것의 역공학 배후로 알려진 이 단체는 비밀리에 미군 참모총장들을 통제한다고 여겨진다. 또한 이 단체는 조지 부시 대통령이 CIA 국장이었을 당시부터 부시 가문과 가까운 관계였다. 미국이 정말 외계인의 지식을 이용해 1947년부터 초강대국이 된 것이라면 그들은 사담 후세인이 이를 침해할 수도 있다는 점을 용납할 수 없었을 것이고 이라크 침공 구실을 만들어서라도 추락한 UFO를 직접 빼앗으려고 했을 것이다.

미군이 이라크에서 찾던 것이 정말 대량살상무기뿐이었을까?

파충류 외계인 : 드라콘계(Draco System)에서 온 파충류 외계인은 세계를 지배하는 엘리트들과 비밀리에 손을 잡았다는 의혹을 받고 있다. UFO 목격자들이 자주 보았다고 하는 그레이 외계인들과 전쟁을 한다고 알려진 이 파충류 외계인들은 미군과 정부의 협력자들에게 사담 후세인으로부터 은신처를 제공받은 그레이 외계인들을 찾아내도록 지시했을 것이다. 파충류 외계인들은 이라크에서 자신들의 극적인 힘을 발휘해 신분을 드러내기보다는 전쟁이 벌어진 틈을 타서 행동하려 했을 것이다.

| 다 소 황 당 한 용 의 자 |

프랑스 정부 : 프랑스와 이라크 정권은 좋은 관계를 유지했으며, 부시가 후세인 정권을 몰아내지 못하도록 프랑스가 막을 수 있었다면 사담 후세인은 프랑스 관계자들과 협상하여 UFO 기술을 공유했을 것이다. 그리고 만약 후세인이 프랑스와 UFO 기술을 공유했다면 유럽의 전 세계 장악 시도를 프랑스가 선도할 수 있게 되었을 것이다. 이라크 전쟁이 일어날 때까지 프랑스는 이라크를 확실하게 지원했으며 콜린 파월 미국 국무장관은 프랑스가 그에 대한 응징을 당하게 될 것인가 하는 질문에 '그렇다'고 대답했다.

| 가 장 그 럴 듯 한 증 거 |

미국이 전쟁 후에 5억 달러를 들여 이라크를 조사했지만 대량살상무기를 발견하는 데는 실패했다. "이라크 정권은 계속해서 지금까지 만들어진 어느 것보다 치명적인 무기를 보유하고 있으며 이 무기가 인류 전체를 위협한다는 것은 분명하다."라고 한 부시 대통령의 주장은 이전부터 의심스러웠다. 부시 행정부가 이라크 무기에 대해 주장하는 거의 모든 사항이 유엔 사찰단에 의해 사실이 아닌 것으로 판명되었는데도 미국이 굳이 전쟁을 일으킨 것은 군사 공격을 해야 할 숨은 동기가 있었다는 걸 암시한다.

고대 수메르 설형문자를 해석할 수 있는 세계에서 몇 안 되는 사람 중 한 명인 제카리아 시친은 현재 이라크가 차지하고 있는 지역에서 발달한 수메르 문명이 어떻게 인류보다 진보한 종족의 지원을 받았는지 고대 문서를 보면 알 수 있다고 한다. '아눈나키'(수메르어로 "하늘에서 지구에 내려온 이들"이라는 뜻)라는 이들이 존재했다는 것은, 사담 후세인이 이 지역에서 외계 생명체의 도움을 받은 첫번째 통치자는 아니라는 뜻이다.

| 회 의 론 자 의   견 해 |

미국이 힘을 확대하여 21세기를 확실히 장악하려고 한 것일까? 사담 후세인이 치명적인 무기를 보유하고 있다고 허세를 부린 것에 대한 미국의 맞불작전일까? 미국의 석유회사들을 대신한 전쟁일까? 조지 W. 부시 대통령이 아버지보다 자신이 이라크를 더 잘 혼내주었다고 아버지에게 증명하려던 것일까? 두번째 이라크전의 실제 이유가 무엇이든 간에 UFO 추락으로 설명할 가능성은 가장 희박하지 않은가?

맨 인 블랙(MIB) MEN IN BLACK/MIB

UFO가 나타나면 어김없이 그들이 찾아온다

만약 당신이 UFO를 발견하고 경찰에 신고한다면 노골적인 조롱이나 당신의 혈중 알코올 농도에 대한 질문, 친구들의 뜨악한 표정, 주간지 가십거리로

영화 〈맨 인 블랙〉도 은밀한 선전 프로그램의 일환이었을까?

당신을 취재하고 싶다는 기자의 전화 등 갖가지 반응을 접하게 될 것이다. 하지만 이런 주위의 반응보다 더 난처하고 무서운 일은 맨 인 블랙(MIB)의 방문을 받는 것이다.

　MIB는 오래 전부터 UFO의 목격 및 기타 주변상황과 관련하여 이야기되는 인물들이다. MIB는 UFO 목격자가 경찰이나 신문사에 신고한 직후 그의 집 앞에 나타나 좀전에 본 것에 대해 침묵하라고 위협한다고 한다. 그리고 UFO 목격과 관련된 자료는 즉시 그들에 의해 압수된다. 어떤 때는 목격자가 관계당국에 신고하기도 전에 집 앞에 나타나 위협을 한다. 그들은 목격자가 자신의 생각을 정리하기도 전에 찾아와 무슨 일이 벌어졌는지 다 알고 있는 사람들처럼 행동한다. MIB는 노골적인 협박에서 완곡한 암시에 이르기까지 다양한 방식으로 자신들의 의사를 전달한다. 하지만 그 내용에 위협을 내포하고 있다는 점에서는 동일하다.

"당신의 입을 꼭 다물고 있어라. 그렇지 않으면 후회하게 될 것이다."

맨 인 블랙은 검은 양복, 검은 모자, 검은 안경을 착용하는 그들의 외양 때문에 얻은 이름이다. 이런 위협적인 분위기는 그들이 타고다니는 검은 차만 봐도 실감할 수 있다. 그들은 검은색 뷰익이나 캐딜락, 링컨과 같은 차를 몰고 다닌다. 그들은 올리브색, 회색, 검은색 등 다양한 얼굴빛을 가지고 있는 것으로 알려졌으며, 약간 처진 눈에 컴퓨터 합성음 같은 목소리로 말하고, 로봇과 같은 동작으로 움직인다고 한다. 그리고 모두 중년의 신사로 보여 나이를 가늠하기가 힘들다고 한다. 그들의 분위기는 '기이하다'는 한마디로 요약된다.

그런데 그들이 난데없이 눈 앞에 나타나 무서운 위협을 하고 돌아갔다는 이야기는 무성하지만 막상 MIB에 대한 결정적인 증거는 UFO의 증거만큼 찾아보기가 힘들다.

| 정 말   이 상 한   부 분 |

MIB는 분명 지구인은 아닌 듯하다. 그 증거는 손 안에 든 동전을 녹여버리고 숲 속의 새에게 노래를 불러주었다는 등 MIB를 묘사한 보고서에서 발견할 수 있다. 어떤 보고서에는 의자에 앉아 있는 MIB의 다리 관절이 커다란 초록색 와이어로 연결되어 있는 것을 보았다는 목격담이 기록되어 있기도 하다. 또한 진흙탕을 뛰어온 MIB의 몸에 흙이 하나도 묻어 있지 않았다는 보고도 있다. 아주 추운 날, 그들이 얇은 외투 하나만을 걸치고 나타났지만 추위를 전혀 느끼지 못하는 것처럼 보였다는 기록도 있다.

| 먼 저   떠 오 르 는   용 의 자 |

외계인 : 외계인들이 지구상에서 자신들의 활동을 비밀에 붙이기 위하여, MIB를 시켜서 UFO 목격자들을 입다물게 한다는 설이 있다. MIB가 로봇 비

숫하게 움직이고 또 기계 합성음을 낸다는 점을 감안하면 MIB는 지구인이 목격한 UFO의 외계인들이 만들어낸 인조인간으로 보인다. 한편 MIB를 외계인으로 보는 사람도 있다. 그들은 MIB를 그레이들이나 홀록(Horlock, 영혼이 없는 파충류)들과 같은 종족으로 간주한다. 그 때문에 MIB가 인간과 접촉할 때 그런 기이한 태도를 보인다는 것이다.

미국 정부 : 외계인과 적극적으로 협력하고 있는 미국 정부가 MIB와 그들의 기이한 태도를 활용하여 UFO 목격 신고를 억압하려고 한다는 설도 있다. MIB는 실제로 영화배우들인데 일부러 기이하고 어색한 태도를 연출하여 UFO 목격자의 심리적 · 정서적 상태를 더욱 위축시킨다는 것이다. 또는 MIB를 소속이 없거나 아니면 소속의 추적이 불가능한 정부요원이라고 보기도 한다. 그들은 어떤 정부기관에도 매여 있지 않기 때문에 미국의 '권력기관'은 인권침해라는 비난을 교묘하게 피해 갈 수 있다는 것이다.

| 다 소   황 당 한   용 의 자 |

시리우스 혹성 : '호루스의 눈'이라는 상징은 시리우스 혹성에 충성하는 비밀결사의 표시이다. 이 상징이 일부 MIB의 몸에서 목격되었고 또 일부 MIB는 자신이 '세번째 눈의 국가(The Nation of The Third Eye)'에서 일한다고 말했다고 한다. 그들이 시리우스의 주민 증가를 위한 계획에서 어떤 역할을 하는지는 불분명하다. 한편 시리우스라는 별은 태양신전 교단의 주된 상징이기도 하다. 이 교단의 교주 조셉 맘브로(Josepe D. Mambrow)는 추종자들에게 불을 통해 죽으면 그들의 죄가 모두 사면을 받게 되고 은하계를 건너가 시리우스라는 새로운 행성에 도착하게 된다고 가르쳤다. 1994년 이 교단의 신자 53명이 스위스와 퀘벡에서 집단자살했다. 이 가운데 세 명의 10대 소년이 부모를 따라 시리우스 행성으로 여행하기를 거부하고 도망침으로써 이 사건의 진상이 알려지게 되었다.

UFO 목격자 : 만약 UFO 목격이 목격자 자신의 정신착란에 의한 것이라면

MIB의 출현은 그 착란의 연속이라고 볼 수 있다. 아마도 목격자는 자신이 헛것을 보았다는 점에 무의식적인 죄책감을 느끼고 MIB라는 징벌자를 마음속에서 만들어냈는지도 모른다.

| 가 장   그 럴 듯 한   증 거 |

  MIB의 힘은 과소평가될 수 없다. 그들은 비행접시를 전문적으로 연구하는 잡지인 『스페이스 리뷰(Space Review)』를 폐간시켰고, 또 목격자를 심문하는 과정에서 독가스를 발사하여 질식시키기까지 했다고 한다. 사진, 비디오, 목격자의 증언 등 외계인이 정말로 존재한다는 움직일 수 없는 증거를 내놓는 것이 가능했지만 모두 MIB의 무자비하고 효율적인 활동에 의해 말살되고 말았다고 한다. 최근의 연구 조사 결과 MIB의 계보가 엘리자베스 여왕 시절까지 거슬러 올라간다는 사실이 발견되기도 했다.

고대 이집트의 상징 '호루스의 눈'이 MIB의 몸에서 목격되었다.

| 가 장   의 문 스 러 운   사 실 |

MIB가 타고 다니는 차들의 전형적인 특징은 차 안에서 외계인의 것인 듯한 초록색 빛이 뿜어져 나온다는 것이다. 또 그들이 입고 있는 옷은 지구의 그 어떤 옷감들과도 다른 이질감을 주는 '번쩍이는' 소재로 만들어진 것이라고 한다.

| 회 의 론 자 의   견 해 |

별과 별 사이를 자유롭게 여행할 수 있고 납치된 사람의 기억을 순식간에 말끔히 없애버릴 수 있는 능력, 이런 기막힌 능력을 갖춘 외계인이 정말 존재한다고 치자. 그렇다면 왜 그들은 MIB를 목격자의 집으로 보내 문을 일일이 두드리게 하는 등 아까운 시간을 허비하는가? 차라리 살인광선 한 방으로 목격자를 간단하게 처치해버리는 것이 더 낫지 않을까?

달의 비밀기지 SECRET BASES ON THE MOON
어두운 달 사진에 숨겨진 나치의 비밀 기지

인류에게 달은 언제나 매혹적이었다. 달은 시인들에게는 낭만적인 영감의 원천이었고 과학자들에게는 천문학적 호기심의 대상이었다. 그런데 달이 제3제국(나치)의 비밀기지였다면? '글쎄…….' 하고 의심스럽게 생각하는 사람이 많을 것이다. 하지만 이 음모론은 사실일지도 모른다.

소문에 의하면 1942년 초 나치는 거대한 로켓 비행접시를 타고 달에 착륙했다고 한다. 나치가 만든 이 비행접시는 직경 60미터, 높이 45미터에 10층에 달하는 승무원 침실을 갖추고 있으며 달에 착륙하자마자 지하기지를 건설하기 시작했다고 한다. 그들은 유럽에서 점점 세력을 잃게 되자 보완책으로 달 표면에 막강한 거점을 확보하려 했던 것이다.

달 식민지 건설사업은 1940년대 내내 계속되었고 나치는 거대한 행성간 비행접시를 이용하여 사람과 원자재를 실어 날랐다고 한다. 1945년 제2차 세계대전이 끝나자 독일은 남극의 노이 슈바벤란트(Neu Schwabenland) 기지에서 우주사업을 계속했다. 나치의 달 식민지 건설사업은 세계의 다른 나라들도 충분히 인지하고 또 협조하는 가운데 지금까지 계속되고 있다고 한다.

| 정 말 이 상 한 부 분 |

어디서 이런 소문이 시작되었을까? 이 소문이 어느 정도 신빙성을 획득하게 된 것은 달의 대기가 건조하지도 않고 또 공기가 없는 것도 아니라는 데서 찾아볼 수 있다. 다시 말해서 달에는 공기와 물이 있어서 생물이 존재할 수 있다는 것이다. 이 가설에 의하면 달에서 걸어다니기 위해서는 우주복을 입어야 할 필요가 없다. 청바지, 티셔츠, 운동화만 있으면 된다. 이 가설의 지지자는 이런 의문을 제기한다. "달에 습기가 없다면 어떻게 미국인 우주비행사가 달 표면에 그런 커다란 발자국을 남길 수 있었을까?"

| 먼 저 떠 오 르 는 용 의 자 |

독일의 나치 : 1940년 초 연합국에게 패배할 것을 예감한 나치가 작전기지를 달로 옮겨서 제3제국의 장기적인 식민지 건설을 도모하기 시작했다고 한다. 히틀러가 초자연적이고 환상적인 것을 좋아했다는 점을 감안할 때 이런 계획은 영 가능성이 없는 것은 아니었다. 단지 좀 황당무계하다는 것이 문제이기는 하다.

추축국 일본과 이탈리아 : 독일은 제2차 세계대전 중 동맹국과 긴밀한 협조를 유지했고 그래서 이탈리아와 일본에 최신식 무기 정보를 나눠주었다. 독일에서 만든 로켓의 설계도가 이탈리아의 실험시설에서 주기적으로 테스트되었고, 또 1945년 7월 전쟁이 끝나갈 무렵 독일의 U-보트는 새로운 발명품을 일본의 연구개발 부대에 넘겨주었다. 그 발명품은 공 모양의 날개 없는 비행기기였다. 일본은 독일의 설명대로 그 기계를 조립했지만 작동 방법은 제대로 알지 못했다. 어렵사리 작동을 시켜놓자 그 기계는 강한 화염을 내뿜으면서 하늘로 날아가 가뭇없이 사라져버렸다. 일본의 과학자들은 크게 충격을 받았지만 곧 모든 일을 잊어버렸다. 그러나 그 후 1946년 1월 약 100명 정도의 일본인들과 독일인들이 또다른 비행접시를 타고 달을 향해 날아갔다고 한다. 그들은 추락 위기를 아슬아슬하게 모면하여 달 착륙에 성공했다고 한다.

| 다 소   황 당 한   용 의 자 |

NASA : NASA는 달의 대기권에 대해 거짓말을 하고 있는지도 모른다. 그 이유는 다른 나라의 탐사를 미리 막아서 달의 개발사업을 독점하려는 의도 때문이다. 이 소문은 가지를 쳐 1950년대 미국과 소련은 달에 기지를 세웠는데, 그때 이미 달에 가 있던 나치의 영접을 받았다는 풍설로까지 발전했다.

브릴회 : 브릴회(Vril Society)는 나치 당의 초창기 통치철학 정립을 위해 기괴한 이데올로기를 많이 제공했던 비밀결사이다. 이 브릴회에는 히틀러 정권의 고위 공직자, 주요 기업가, 예언을 강력하게 신봉하는 사람들 등이 가입되어 있었다. 브릴회는 비행접시 개발에 자금을 댔고 그 결과 비행접시에 브릴이라는 이름이 붙게 되었다는 이야기가 전해진다. 브릴회의 일부 회원들은 자신들이 기원전 4500년경 수메르에 착륙한 아리안족의 후예인 동시에 신으로 간주되었던 외계인의 후손이라고 믿었다. 그렇다면 달에 기지를 건설했다는 나치의 배후세력은 브릴회라고 보아야 할까?

외계인 : 일부 음모론자들은 나치의 달 기지 건설을 외계인들이 도왔다고

믿고 있다. 그들은 나치와 외계인들이 협력관계를 맺고 있었던 것이 틀림없다고 보고 있다. 즉 나치가 유전학과 로켓학에서 혁혁한 발전을 이룰 수 있었던 것은 외계인들의 도움을 받았기 때문이라는 것이다. 이와 관련해 히틀러를 실제로 도와준 외계인은 어떤 종족인가를 놓고 많은 논쟁이 벌어지기도 했다. 음모론자들은 그레이보다 아리안족을 닮은 노르딕일 가능성이 많다고 보고 있다. 그러나 나치가 자행한 인체실험이나 기괴한 의학연구 등이 그레이들이 좋아하는 유형의 실험이라는 점을 감안할 때, 그레이 가운데 존재하는 사악한 한 무리가 나치에 협조했을 가능성도 배제할 수 없다는 설도 있다.

| 가 장   그 럴 듯 한   증 거 |

지구에서는 볼 수 없는 달의 뒷면을 찍은 사진들은 왜 그렇게 적을까? 혹시 그곳에서 미풍에 나부끼고 있을 거대한 나치 깃발을 은폐하려는 의도 때문은 아닐까? 그러나 달 기지 음모론에 신빙성을 더해주는 자료는 다른 종류의 사진들이다. 최근에 발견된 제2차 세계대전 중 찍은 UFO 사진들을 보면 나치가 제작한 비행접시는 전형적인 외계인용 비행접시와 닮은 점이 아주 많다는 것을 알 수 있다. '브릴 오딘 7' 혹은 '하우네부 II' 같은 환상적인 이름을 달고 있는 비행접시들은 유명한 페네문데 로켓기지와 같은 비밀기지에서 개발되었다. 여기에서 일하던 독일의 과학자들은 제2차 세계대전 후 대부분 NASA의 창립 멤버가 되었다. 이들이 만약 나치가 연합국에게 승리할 경우 페네문데 기지를 우주항구 겸 식민지 건설사업의 전초기지로 삼으려 했다는 것은 잘 알려진 사실이다.

| 가 장   의 문 스 러 운   사 실 |

1969년 7월 24일 인간이 처음으로 달에 발을 내디딘 이래 근 30년 동안 달 탐사여행의 별다른 성과가 보고되지 않고 있다. 이것은 혹시 나치와 소련, 미

페네문데의 V2 로켓. 정말 나치는 달에 보낼 만큼 발달한 비행접시를 개발했을까?

국이 달에 건설 중이라는 수용인구 약 4만 명의 달 식민지에 대한 세상의 관심을 다른 곳으로 돌려보기 위한 작전의 하나가 아닐까?

| 회 의 론 자 의 견 해 |

음모론자들은 나치의 거대한 비행접시가 '공짜 에너지 타키온 추진력'으로 움직인다고 말한다. 그러나 이런 거대한 추진력은 사람들의 눈을 피하기 어렵다. 하지만 로즈웰 UFO 추락사건에서 얻은 역공학이나 달의 뒷면에 대한 사진 등을 둘러싸고 떠도는 소문을 감안할 때 이 음모론에 대한 의구심을 떨쳐버리기가 쉽지 않다.

렌들섬 추락사건 THE RENDELSHAM LANDING
유럽 전체를 핵폐기장으로 만들 뻔했던 정체불명의 비행체

냉소주의자들은 음모론자들이 "내가 그렇게 말했죠?"라고 자랑스럽게 말할 수 있는 오직 그 순간만을 기다리며 산다고 야박하게 말한다. 그러나 외계인 음모론 연감에서 음모론자들이 기뻐 날뛰며 "내가 그렇게 말했죠? 음모가 있었다고! 이제는 공식화되었어요."라고 말할 수 있는 사례는 단 하나뿐이다. 바로 렌들섬 사건이다.

1980년 12월 27일 미확인비행물체가 영국 입스위치 근처 벤트워터스와 우드브리지 미 공군기지 옆 렌들섬 숲의 개간지에 추락했다. 당시 미군기지 부사령관이었던 찰스 홀트(Charles Halt) 중령과 그의 부하 여러 명이 이 추락사건을 목격했다. 영국군 레이더가 이를 감지했으며 여러 물리적인 증거를 남겼다. 12년 후 영국 의회 감시단은 영국 정부가 위의 사실들을 모두 은폐하려고 했다고 판정했다. 2002년 의회 민원조사관 앤 에이브러햄(Ann Abraham)은 영국 국방부가 렌들셤 증인들의 주장에 대한 세부사항 발표를 거부했으며 사건 내용이 알려지는 것을 막으려고 공모했다고 결론내렸다.

이 사건은 '영국판 로즈웰 사건'으로 알려졌을 정도로 UFO 목격 사건 중 가장 중요한 것으로 간주되고 있다. 두 사건 모두 극비의 미국 핵 관련 국방 구조물과 연결된 군사기지 근처에서 발생했다는 점은 그저 우연의 일치일 뿐일까.

이 사건은 정부의 사실 은폐 시도가 증명된 유일한 외계인 음모설이며, 다른 어떤 사건보다도 많은 목격담이 믿을 만한 군인들에게서 나왔다.

성탄절 다음날 자정 직후, 노퍽 주 와튼 영국 공군기지의 레이더 화면에 갑자기 렌들셤 숲 근처에 나타난 어떤 물체가 잡혔다. 이 숲 변방의 공군기지 두 곳을 미 공군이 빌려서 핵무기를 대량 비축해 놓았기 때문에, 벤트워터스 기지의 레이더에 경고 표시 없이 이 물체가 갑자기 사라졌다가 다시 나타나자 불안이 가중되었다. 이 수상한 비행체가 다른 추적장소들에서도 계속해서 레이더에 잡히는 동안, 헌병 세 명은 비행장 후문 밖의 숲에서 빛이 나는 것을 보고 비행기 추락사고가 염려되어 그쪽으로 다가갔다. 당시 부사령관이었던 홀트 중령은 그날 밤 보고서에 다음과 같이 썼다.

"그들은 숲 속에서 불타오르는 수상한 물체를 목격했다고 보고했다. 금속성 외관에 삼각형으로 너비는 2~3미터, 높이는 2미터라고 했다. 이 물체는 숲 전체를 하얀빛으로 비추었다. 꼭대기에서는 붉은빛이 깜박였고 아래쪽에서는 푸른빛이 발했다. 이 물체는 하늘을 떠다니거나 서 있다가 순찰병들이 다가오자 나무들 사이를 헤치고 사라졌다. 이때 근처 농장에 있던 동물들은 광란 상태가 되었다."

다음날 밤 홀트 중령은 순찰대와 함께 가서 그 물체가 발견된 숲 바닥에서 함몰 부분 세 곳을 찾아냈다. 통상적인 수준의 10배나 되는 방사능이 발견되었으며 조사 도중 그 물체가 다시 나타났다. 이 사건이 일어나고 여러 해가

지나서 홀트는 그 물체를 발견한 날 밤에 녹음한 18분간의 오디오테이프를 공개했다. 특히 순찰대의 장교 한 명이 비행체를 보고 "저 색깔 좀 봐! 빌어먹을!" 하고 소리친 순간은 듣기에도 오싹하다. 또 이 테이프에는 한동안 주변 지역의 전력 공급을 중단시킨 비행물체의 광선을 보고 공포에 질린 사람들의 증언이 담겼고, 이 지역의 다른 군 관계자는 이 사건을 카메라와 비디오카메라로 기록했다.

이렇게 완벽한 증언과 물적 증거들이 있기 때문에 독자들은 대중이 결국 그 미확인비행물체가 실제로 존재했음을 알게 되었으리라고 생각할 것이다. 그러나 그후 몇 년 동안 미군과 영국군 모두 렌들섬 숲 사건을 은폐하기 위해 할 수 있는 모든 일을 했다. 마치 다른 어두운 요소가 음모론에 관련되어 침묵을 강요하는 것 같았다. 군 당국은 이 사건을 증언하거나 사건에 대해서 알고 있는 사람들을 위협하고 평판을 떨어뜨렸다. 1983년 정보공개법에 따라, 홀트 중령이 영국 국방부에 적어 보낸 문건 사본이 공개되자 음모론 연구자들은 처음으로 중요한 기회를 잡았다. 이 퍼즐의 첫 부분이 공개되면서 비로소 진실 공방이 시작되었다.

| 정 말 이 상 한 부 분 |

둘째날 밤의 착륙에 대한 미군들의 증언이 점점 더 늘어나고 있을 때, 미 공군 보안순찰병 래리 워런(Larry Warren)은 비행물체의 조종사 셋이 고위 장교들과 의사소통하는 모습을 보았다고 밝히기까지 했다. 다음날 아침 그와 동료들은 방사능 노출 정도를 검사받았으며 '이상한 빛'을 보았다고만 적혀 있는 진술서에 서명하도록 지시를 받았다. 국가안전보장국(NSA) 요원들이 이 진술서를 준비했으며 래리 워런 등에게 무엇을 보았는지 말하지 말라고 경고했다.

| 먼 저 떠 오 르 는 용 의 자 |

NSA : NSA는 영국에 있는 이 미 공군기지에 큰 영향력을 끼쳤으며 렌들섬 사건의 비밀을 지키는 데 핵심 역할을 했다. NSA는 외계인 그레이와 접촉하며 첨단기술 교환 프로그램을 계획했다. 그래서 렌들섬 사건도 통상적인 비즈니스 만남일 뿐이었는데 홀트 중령과 부하들이 목격하고 만 것이다.

프로젝트 피닉스 : 미 국방부 산하 첨단연구프로젝트국이 수행하는 극비 프로그램 '프로젝트 피닉스(Project Phoenix)'에는 적군을 교란시키고 사기를 떨어뜨리기 위해 아주 그럴듯한 환각을 만드는 첨단 극초단파, 레이저, 홀로그램 무기 개발도 포함된다. 렌들섬 사건은 이 무기들이 정예 부대의 사기에 어떤 영향을 주는지 평가할 뿐만 아니라 정예 부대의 충성도를 실험해보려는 시도였을 것이다.

미국 핵 폭격기와 UFO 목격이 연관되어 있는 렌들섬 사건에 음모가 있음은 분명하다.

| 다 소   황 당 한   용 의 자 |

평행 우주 여행자들 : 중세 때 렌들섬 인근 지역에 피부색이 녹색인 아이 두 명이 발견되었다. 어떤 사람들은 그것을 보고 이 서퍽 지역이 평행 우주의 또 다른 지구로 가는 출입문일 거라고 추측했다. 렌들섬 방문자들은 외계에서 온 것이 아니라 특별한 차원의 세계에서 온 방문자들이었을지 모른다. 어느 경우든 그 방문자들은 길을 잘못 들어섰든지 아니면 지구에 정찰 활동을 하러 왔을 것이다.

제타 레티큘러인들 : 제타 레티큘러(Zeta Reticula)에서 온 그레이 외계인들이 미군 기지를 정찰하고 있을 때 미군은 시리우스계에서 온 파충류 외계인들과 비밀 동맹을 맺은 상태였다. 그런데 제타 레티큘러인들의 우주선에 문제가 생겨서 적군의 부대 뒤에 착륙하여 수리를 할 수밖에 없었던 것이다. 그러나 제타 레티큘러인들은 운이 좋았다. 렌들섬 군인들은 외계인들이 전쟁 중이라는 사실을 모르고 우주 파충류 외계인들의 불구대천 원수를 그냥 돌려보냈던 것이다.

| 가 장   그 럴   듯 한   증 거 |

레이더, 땅에 남은 흔적, 대량 방사능 수치 등 명백한 물적 증거가 있는데도 나중에 군부 등은 사람들이 8킬로미터 떨어진 오퍼드 네스 등대의 불빛에 홀린 것에 불과하다고 주장했다. 땅이 함몰된 것은 토끼가 판 굴이었을 뿐이며 방사능은 자연에서 나타나는 수준이었다는 것이다. 군사첩보요원들과 암암리에 활동하는 '맨 인 블랙' 뿐만 아니라 정부 당국도 여러 증인들을 해고하고 비방하고 감시하고 위협했다. 만약 군인들과 민간인들이 등대를 착각한 것뿐이라면 너무 지나친 처사가 아닌가!

| 가 장 의 문 스 러 운 사 실 |

작가이자 사교계 가십 칼럼니스트였던 조지나 브루니(Georgina Bruni)는 렌들섬 사건에 관한 음모론 연구가로 변신하여 이 사건에 대한 고전적 저서를 썼다. 1997년 한 사교 모임에서 브루니는 마거릿 대처 전 영국 총리에게 렌들섬 사건에 대해 질문할 기회를 잡았다. 대처는 렌들섬에 대한 질문을 받자 화를 내며 브루니에게 저주를 퍼부었다.

"당신은 절대 사람들에게 말할 수 없을 거야."(이 말이 그대로 렌들섬 사건을 다룬 그녀의 책의 제목이 되었다―옮긴이)

| 회 의 론 자 의 견 해 |

유럽 전체를 방사능폐기장으로 만들 만한 핵물질을 비축하고 있는 공군기지 가까이에 이상한 물체가 착륙한 것에 대해 영국 정부와 미군이 공모하여 함구했다는 사실이 그렇게 놀라운가. 만일 놀란 사람이 있다면 손을 들어보라.

로즈웰 UFO 추락사건 ROSWELL
50년 뒤에야 미 공군이 로즈웰 사건 보고서를 작성한 이유

1947년 7월 3일, W. W. 맥 브레이즐(W. W. Mac Brazel)은 자신이 소유한 드넓은 뉴멕시코 목장에서 방목하는 양떼를 살펴보기 위해 말을 타고 밖으로 나갔다. 전날 밤 폭풍우가 있었기 때문에 양떼의 안전이 걱정되었던 것이다. 말을 타고 가던 그는 자신의 방목장 한쪽에서 기이한 현상을 목격하게 되있다. 폭이 수십 미터가 넘는 커다란 웅덩이가 패어 있었던 것이다. 브레이절은 의아해하면서 그 웅덩이 일대에 흩어져 있던 이상한 물질 하나를 수거해 이웃사람에게 보여주었다. 그 물질이 정부 프로젝트에서 나온 것인지 아니면 UFO에서 떨어진 것인지 분간하기 어려웠던 브레이즐은 인근 로즈웰의 보안관 조지 윌콕스(George Wilcox)에게 자신이 목격한 장면을 신고했다. 브레이즐은 이렇게 하여 20세기의 아주 유명한 음모론의 단초를 열었다.

로즈웰 사건의 진실은 그 후 정부의 얼버무림과 목격자들의 모호한 태도로 인해 베일에 가려지게 되었다. 확실한 사실은 보안관 윌콕스가 그 사고현장을 509폭탄부대의 정보장교인 제스 마클(Jesse Marcel) 소령에게 보고했다는 것이다. 그 후 미 육군 항공대가 사고현장에서 파편을 수거하는 며칠 동안 그 일대의 출입이 철저히 통제되었다. 1947년 7월 8일, 미 육군 항공대는 그 파편이 '비행접시'에서 나온 것이라고 발표했다. 하지만 다음날 미국 정부는 그 발표를 신속히 철회했고, 그 이상한 파편은 비행접시에서 나온 것이 아니라 추락한 기상관측용 기구에서 나온 것이라고 정정 발표했다.

여기서 사건은 일단락되는 듯했다. 미국 정부는 사건이 그쯤에서 종결되기를 희망했다. 그러나 이상한 소문이 나돌기 시작했고 정부와 군 수뇌부가 침묵을 지키자 그 소문은 점점 힘을 얻기 시작했다. 떠도는 이야기 가운데에는 이런 것들이 있었다. "실제로 비행접시의 파편이었는데 정부가 그 사실을 은폐하고 있다." "추락한 비행접시에는 외계인들이 타고 있었고 그들 가운데 대부분이 사망했지만 일부는 숨이 붙어 있었다."

로즈웰 사건이 일어난 지 50년 이상이 흘렀다. 음모론은 무성히 자라나 정부 당국을 따끔따끔 찌르는 가시가 되었다. 마침내 미 공군은 1994년 6월 24일 〈로즈웰 보고서―사건 종료〉라는 공식적인 보고서를 내놓았다. 음모론의 세계에서 최대의 판도라 상자로 알려진 로즈웰 사건에 영원히 종지부를 찍기 위해서였다.

하지만 그런 노력은 당연히 성공하지 못했다.

| 정 말 이 상 한 부 분 |

미 육군 항공대가 파편 수거 작업을 하던 바로 그 시각, 로즈웰 영안실에 근무하던 장의사 글렌 데니스(Glenn Dennis)는 인근 군부대 비행장에서 몇 통의 전화를 받았다. 항공대의 장례담당 장교가 바깥에 오래 방치된 시체를 조직의 손상 없이 안전하게 보관하는 방법을 여러 차례 물어왔던 것이다. 그는 또한 밀봉할 수 있는 소형 관을 여러 개 주문했다.

| 먼 저 떠 오 르 는 용 의 자 |

미국 정부: 추락한 UFO는 미국 정부의 입장에서 볼 때 기술적 횡재가 아닐 수 없었다. 그래서 미국 정부는 그 사건을 가능한 한 비밀에 부치고자 했다. 어떤 사람들은 로즈웰 추락 사고로 인해 미국 군부가 추락한 비행접시의 미스터리를 풀 수 있었고, 그 과정에서 역공학과 외계인의 과학기술을 획득하게 되었다고 추측하기도 했다. 외계인 덕분에 미 군부가 신무기를 개발할 수 있었고 중력을 극복하는 능력까지 갖추게 되었다는 것이다. 또한 트루먼 대통령이 추락 현장을 방문했을 뿐만 아니라 살아남은 외계인들과 대화를 나누기도 했다는 소문도 있었다. 그 직후 트루먼 대통령은 로즈웰에서 수거한 파편을 포함한 UFO 추락 파편들을 모두 수거하여 익명의 다국적 신디케이트에 보관하도록 지시했다고 한다. 이 신디케이트는 오늘날까지도 모든 UFO 관련 기술을 통제하고 있다고 한다.

외계인들을 조사한 기록을 담은 비밀문서에 의하면 미국 정부는 외계인들에 대한 정보를 빼내기 위해 로즈웰의 외계인 생존자를 죽지 않을 만큼 고문했다고도 한다.

또다른 음모론으로는 미국 군부가 앨버트 아인슈타인(Albert Einstein)의 중력장 이론을 적용하여 개발한 비밀 비행기를 몰래 테스트하다가 추락 사고를 일으켰다는 설이 있다.

외계인 그레이 : 그레이가 자신들의 종을 보존하기 위하여 인간을 실험대상으로 하여 유전자 조작을 계속하고 있다는 음모론은 줄기차게 쏟아져 나오고 있다. 그중에는 그레이가 인간이 원자폭탄(1945년)을 사용할 정도로 기술 수준이 높아진 것에 놀랐을 것이라는 설도 있다. 그들의 놀라움은 마치 인간이 우지(Uzi) 소총을 든 애완용 햄스터 쥐를 보았을 때의 놀라움과 비슷했으리라는 것이다. 결국 그레이는 군부대 주위의 정찰활동을 강화하기 시작했고, 로즈웰에서 추락 사고가 일어난 것도 바로 그런 정찰활동 과정에서 일어난 안전사고였다는 것이다. 아마 정찰중이던 두 대의 비행접시가 서로 충돌했거나 아니면 벼락에 맞아 추락했을지도 모른다.

| 다 소   황 당 한   용 의 자 |

소련 : 제2차 세계대전 후 냉전이 한창일 때, 소련은 나치 독일로부터 훔친

해리 트루먼 대통령(왼쪽)은 로즈웰 외계인과 만나 대화를 나누었다고 한다.
오늘날 로즈웰은 외계인 소문을 듣고 찾아오는 이들의 대표적 관광지가 되었다(오른쪽).

기술을 이용하여 탄도미사일 개발 능력을 완벽하게 가다듬었을 것이라는 설도 제기되고 있다. 로즈웰에 추락한 파편은 바로 미사일 개발로 군사력을 증강시킨 소련이 시도한 미사일 공격의 실패한 잔해물일 수도 있다.

지구 내부의 두더지 인간 : 지구의 내부는 텅 빈 공간인데 거기에도 지표면과 마찬가지로 커다란 땅덩어리와 태양과 여러 개의 대양(大洋)까지 존재한다는 설이 있다. 이 가설에 의하면 지구 내부에 사는 종족이 지구 표면에 사는 사람들의 핵실험을 보고는 그레이 못지않게 놀랐다고 한다. 이 '두더지 인간'들이 정찰차 비행접시를 타고 극지방에 존재하는 거대한 구멍을 통해 밖으로 나왔는데, 그만 비행접시가 추락했을 수도 있다는 것이다.

| 가 장 그 럴 듯 한 증 거 |

미 공군이 '최종보고서'를 발표했다는 것은 군부도 양심의 가책을 느꼈다는 것을 의미한다. 만약 로즈웰 사건에 대해 떠도는 이야기들이 그들의 말대로 아무것도 아닌 유언비어라면 무엇 때문에 돈과 노력을 들여가며 또 세간의 노골적인 조롱을 견디어가며 그런 보고서를 발간했겠는가? 로즈웰 사건 이후 이루어진 트랜지스터의 발명과 같은 일련의 갑작스럽고 비약적인 기술의 발전도 의혹을 증폭시키는 강력한 요인이라고 할 수 있다.

| 가 장 의 문 스 러 운 사 실 |

군용 비행장에 있는 병원으로 차를 몰고 나갔던 로즈웰의 장의사 글렌 데니스는 그곳에서 이상한 그림이 새겨진 파편 조각들을 여러 개 보았다. 그는 군 병원의 간호사와 대화를 나누던 중 그녀로부터 외계인의 시체에 대한 설명을 들었다고 말했다. 그녀는 심지어 진료판 위에다 시체의 그림까지 그려 보였다고 했다. 며칠 뒤 그 간호사는 이상하게도 영국의 모 병원으로 전보발령을 받았고 그 후 자취를 감추었다.

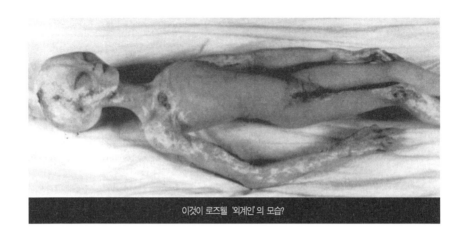

이것이 로즈웰 '외계인'의 모습?

이른바 '목격자들'의 황당무계한 이야기와 로즈웰에 추락한 외계인의 시체 부검 비디오를 확보하고 있다는 이야기 등이 떠돌아다니고 있다. 이러한 소문은 이 괴이한 사건에 전혀 다른 의미를 부여하고 있다. 말하자면 순회 서커스단이 마을을 찾아온 것과 같은 축제 분위기를 만들고 있는 것이다. 엘비스 프레슬리가 죽은 후에 살아 있는 엘비스 프리슬리를 보았다고 떠드는 사람이 꽤 있었던 것처럼, 로즈웰에 떨어진 이상한 비행체의 파편이나 외계인을 보았다는 사람도 그에 못지않게 많다.

거대한 은하괴물 SPACE SABOTAGE
우주탐사선의 잇따른 오작동 사고의 주범은?

지구 밖의 행성으로 여행한다는 것은 언제나 어려운 일이다. 하지만 그런 어려움이 필요 이상으로 과장되고 있는 것은 아닐까? 혹시 누군가 또는 어떤 존재가 인류의 우주비행을 자꾸만 방해하고 있는 것은 아닐까? 이러한 의심은 NASA 내에서도 널리 퍼져 있어서 직원들 사이에서는 이처럼 불가사의하면서도 파괴적인 세력을 가리켜 '거대한 은하괴물' 이라고 부르는 농담까지 나돌았다. 그렇다면 과연 이런 농담이 단순한 농담에만 그칠 것인가, 아니면 훨씬 더 무서운 어떤 세력이 존재한다는 사실을 암시하는 계기가 될 것인가?

우주비행에서는 사고나 실종, 기술적 결함 등의 발생빈도가 매우 높은 편이다. 따라서 정부의 자금지원을 받지 않는 민간에서는 우주비행을 할 엄두도 내지 못한다. 인공위성의 간단한 전선이 녹아버리는 사고에서 챌린저 호 폭발 사고에 이르기까지 거대한 은하괴물의 공격은 국적과 지역을 가리지 않는다. 따라서 미국이든 소련이든 우주비행을 추진한 국가는 모두 이 은하괴물의 마수를 피하지 못했다.

최근에 발생한 우주에서의 사고 가운데에는 허블 우주망원경 사고도 있다. 아무리 성능이 뛰어나다고 하는 망원경도 일단 우주공간에 나서면 제 기능을 발휘하지 못하고 해상도가 낮은 사진을 보내오는 경우가 비일비재했다. 그런 망원경을 수리하기 위해 막대한 비용이 투입되었다. 하지만 허블 우주망원경이 보내온 사진들 중에는 망원경의 지지자들이 주장하듯 획기적인 사진은 한 장도 없었다. 그에 따라 막대한 자금을 투입하여 그 뛰어나다는 망원경의 필터를 최고급으로 바꾼 것도 결국은 망원경의 결함을 감추기 위한 평계가 아니었냐는 비난이 끊이지 않고 있다.

1993년 발사된 화성탐사선에도 은하괴물의 짓으로 추측되는 이상이 발생했다. 이 탐사선은 화성에서 아직도 신비에 싸인 사이도니아 지역을 좀더 근접촬영하라는 임무를 띠고 있었다. 그런데 막 화성궤도에 진입하던 탐사선이 갑자기 작동을 멈추어버렸다.

이외에도 소련의 코랄브 11호와 스푸트니크 2호의 폭발, NASA의 마리너 3호의 화성궤도 신입 실패와 마리너 8호의 대서양 추락 그리고 아폴로 13호의 실패와 우주왕복선 내부에서 발생한 화재로 인한 우주비행사의 사망 등 사고가 끊이지 않았다. 이처럼 끊이지 않는 우주개발 사고들은 인간이 놀라울 정도로 무력하다는 증거이거나 아니면 거대한 은하괴물이 전 은하에 걸쳐 방해의 마수를 뻗치고 있다는 암시로 여겨진다.

| 정 말   이 상 한   부 분 |

은하괴물의 쓴맛을 가장 톡톡히 본 것은 바로 화성탐사선들이었다. 그 가운데에서도 사람들을 제일 당혹스럽게 한 것은 화성의 두 위성 중 작은 위성인 포보스(Phobos)를 관측하기 위해 1988년 소련이 발사한 두 대의 탐사선이 겪은 운명이었다. 소련 사람들은 이 위성이 보여주는 공전궤도의 불규칙한 패턴에 깊은 관심을 가지고 있었고, 그 패턴을 보면서 포보스가 인공적인 건축물 혹은 속이 텅빈 위성일 것이라고 생각했다. 소련이 먼저 발사한 포보스 1호는 지구를 떠나 화성으로 가는 길에 실종되었다. 다음에 발사한 포보스 2호는 화성의 궤도에 무사히 진입하여 포보스 위성에 접근해가면서 촬영을 하였다. 그러나 위성 표면에 드리워진 원통형의 그림자 사진을 찍은 직후 탐사선은 파괴되고 말았다. 이 탐사선이 마지막으로 보낸 사진은 너무나 민감한 내용을 담고 있어서 일반대중에게 공개될 수 없다는 판정을 받았다. 마지막 사진이 전송되어온 날 밤, 러시아 정교회 사제들은 모스크바의 포보스 2호 통제실로 초빙되어 사진에 대한 토론에 참석했다고 한다.

| 먼 저   떠 오 르 는   용 의 자 |

NASA : 좀 비정하게 들릴지는 모르지만, 이러한 사고들로 인해 인명이 희생되었기 때문에 다음과 같은 이야기가 나돌고 있다. NASA에 잠입한 미국 정부의 첩자들이 탐사작업을 일부러 방해했다고 한다. 그렇게 한 이유는 그 우주계획으로 인해 지구에 숨어 있는 외계인의 존재를 일반인이 알게 되는 것을 미국 정부 핵심인사들이 원하지 않기 때문이라는 것이다. 소련에서도 우주계획과 관련하여 이와 유사한 의혹의 목소리가 터져나오고 있다.

우주산업의 경쟁업체들 : 커다란 이익을 남길 수 있는 정부사업은 으레 모든 업체들이 탐내는 사업이다. 따라서 치열하고 살벌한 입찰경쟁이 벌어질 수밖에 없다. 여기에서 성공을 거두는 최선의 방법은 늘 그렇듯이 고의적인 훼방을 포함해 모든 가능한 수단을 동원하여 경쟁업체를 깎아내리는 것이다. 정부계약을 낙찰하면 엄청난 돈벌이가 보장되는 판에 몇 사람 죽는다고 해서 신경쓸 업체가 과연 몇이나 되겠는가.

그 외에도 FBI나 MJ-12 같은 첩보기관의 공작이라는 설도 있고 인간의 철저한 무능력이 원인이라는 설도 있다.

| 다 소 황 당 한 용 의 자 |

외계인 그레이 : 그레이에게는 지구를 우주에서 고립시켜야 할 이유가 있었다. 그레이는 그들을 지배하던 외계 종족으로부터 도망쳐나온 반항 노예이거나 아니면 인간의 유전물질을 이용하여 그들의 복제된 신체의 열성화를 막고 종족 번식을 꾀하려는 외계인들로 추측된다. 그러므로 그들 자신은 물론이거니와 특히 그들의 지배종족에 대해 인간이 관심을 가지고 그토록 쉽사리 진실에 다가가도록 방치하지만은 않았을 것이다.

화성인 : 화성 탐사 계획과 관련하여 그토록 많은 사고가 발생했다는 것은 결코 우연의 일치라고 할 수 없다. 화성에 기념물이 있다면 그것은 화성에 생명체가 있었다거나 아니면 지금도 있을 수 있다는 가능성을 시사한다. 그 생명체는 남의 간섭을 극도로 싫어하거나 아니면 적당한 때를 기다려 자신들의 존재를 알리고 싶어했던 것인지도 모른다. 화성 근처에서 우주탐사선의 고장이나 실종, 갖가지 오작동과 같은 사고 사례가 많은 것을 보고 NASA 직원들은 화성과 소행성대 사이에 거대한 은하괴물이 살고 있을지도 모른다는 농담

천문학적인 비용이 드는 우주탐사선 발사 다수가 사고로 끝난다.

을 하곤 한다. 어쩌면 이 괴물은 우주탐사선에 불만을 품은 화성인일지도 모르겠다.

| 가 장   그 럴 듯 한   증 거 |

1992년 9월 25일에 화성탐사선을 발사하기 직전 NASA 기술자들은 탐사선에 대한 정기점검을 실시하던 중 탐사선 안에 금속 조각, 흙, 종이, 섬유, 깁스 붕대 등의 쓰레기가 어지러이 흩어져 있는 것을 보고 깜짝 놀랐다. 그 당시 허리케인 앤드루가 이 지역을 강타하기는 했지만 그 정도의 폭풍에 휩쓸려 쓰레기들이 탐사선 안으로 날아든다는 것은 불가능한 일이었다.

| 가 장   의 문 스 러 운   사 실 |

1998년 7월 갈릴레오 우주선이 목성의 위성 중 하나인 유로파를 스쳐 지나가는 순간 갑자기 정보 전송이 중단되었다. 그 이후로 오랫동안 유로파는 화성과 함께 생명체가 살고 있을지도 모르는 별로 거론되며 사람들의 관심을 받아왔다.

| 회 의 론 자 의   견 해 |

우리 인간은 가정용 VCR조차도 제대로 작동시키지 못해 쩔쩔맨다. 그런 인간이 만든 우주선에 사고가 발생하는 것이 그리도 놀라운 일일까?

당신은 이 세상이 너무 빨리 돌아가고 있다고 생각해본 적이 있는가? 인류가 이토록 짧은 시간에 어떻게 이 엄청난 기술적 발전을 이룩했는가 하는 의문을 가져본 적이 있는가? 20세기 초반에 와서야 극히 초보적인 비행기를 간신히 하늘에 띄웠던 인류가 그 후 70년도 못 되어 달에까지 갔다 왔다는 사실에 꺼림칙한 불안감을 느껴본 적은 없는가?

인류가 20세기에 들어와 그토록 엄청난 기술적 도약을 이루었다는 사실은 정말 이해하기 어렵다. 따라서 인류의 기술적 비약에 관한 문제는 20세기 주요 음모론의 또 한 가지 표상이 되고 있다. 과학계는 이러한 발전을 자축하면서 그것이 과학자들의 근면성실한 연구자세 덕분이라고 말한다. 하지만 지난 수십 년 동안의 '혁신적인 기술들' 을 돌아보면 과학자들의 근면성실보다는 모종의 힘이 '개입' 되지 않았을까 하는 의심을 자아낸다.

사실 많은 음모론자들은 오늘날의 비약적인 기술 발전은 과학자들의 탐구정신과 근면성실보다는 외계인의 도움 덕분일 것이라는 생각을 가지고 있다. 일반대중은 그 배경과 이유를 정확하게 알지 못하지만 아무튼 세계 각국의 정부들이 외계인의 기술을 역공학하고 있다는 것이다. 다시 말해 각국 정부의 주도 하에 외계인의 발달된 기계나 장비들을 역순으로 뜯어본 다음 거기서 얻은 기술의 단초를 각국 정부가 노리는 목표에 응용하고 있는 것이다. 이런 외계인의 지식 덕분에 인간은 순수한 자기 실력만으로는 상상도 못했던 고도의 기술적·문화적 수준에 오를 수 있었다. 하지만 이런 첨단기술을 갖게 된 우리 현대인은 아직 불을 가지고 노는 어린아이와 같아서 언젠가는 큰 화상을 입을 수도 있는 위험에 노출되어 있는 셈이다.

| 정 말 이 상 한 부 분 |

슈퍼컴퓨터의 발명과 달 착륙을 성공시킨 아폴로 계획 등 인간이 이룩한 대부분의 기술적 비약은 1947년 이후에 이루어졌다. 그런데 우연의 일치인지 아닌지는 모르지만 1947년은 미국 정부가 뉴멕시코 주 로즈웰에서 추락한 UFO의 잔해를 수거한 해이기도 하다.

| 먼 저 떠 오 르 는 용 의 자 |

미국 정부 : 1947년 뉴멕시코 주 로즈웰과 코로나 근처에 UFO가 추락했고 그 잔해물을 미국 정부가 재빨리 수거해갔다는 소문이 오랫동안 세상에 떠돌았다. 당시 소련과 냉전 중이던 미국은 군사적 우위를 선점하기 위해 필사적인 노력을 기울이고 있던 때였으므로 추락한 비행접시에서 발견한 외계인의 기술에 대한 역공학을 통해서 새로운 활로를 모색했을 것이라는 추측도 있었다. 대부분의 역공학은 네바다 주에 있는 비밀 군장비 실험장인 악명 높은 51구역에서 실시된 것으로 추정된다.

외계인 그레이 : 그레이들이 인간을 마음대로 납치하여 생체실험하는 것을 묵인해주는 대가로 미국 정부가 외계인으로부터 높은 기술을 전수받았다는 이야기가 있다. 바로 이 때문에 UFO 목격 신고나 외계인에 의한 납치 사건과 관련된 신고들이 미국 정부로부터 노골적이고 위협적인 조롱을 당했던 것인지도 모른다. 미국 정부는 진상을 그런 식으로 덮어나가려고 했다. 다시 말해 기술과 자본의 축적을 위해 무고한 인명이 희생된 것이다.

| 다 소 황 당 한 용 의 자 |

시간여행자 : 시간여행자는 미래에서 현재로 여행을 오는 사람들이다. 이들이 높은 수준의 과학기술을 가져다주었을 수도 있다. 그들은 미래의 기술을

우리에게 미리 알려줌으로써 그들이 살고 있는 미래를 더 나은 세상으로 만들고 싶었을 것이다. 또다른 음모론에 의하면 미국 정부가 단기간의 시간여행을 실시하여 가까운 미래로 가서 현재의 인간들도 충분히 개발할 수 있는 기술을 미리 가져왔다고도 한다. 또 어떤 음모론자들은 차원여행이 존재한다고 주장한다. 차원여행자들이 우리보다 발전된 차원으로 가서 그 차원의 발전된 기술을 가져왔다는 것이다.

인자한 외계인: 지구에 숨어 있는 인자한 외계인들이 잔학한 외계인들의 지구 침공에 대비하여 세계의 강대국들에게 지구를 지킬 수 있는 기술을 전해주었다는 설도 있다. 그런 대표적인 과학기술이 우주전쟁용 인공위성이라는 것이다. 따라서 오늘날 우리의 일상생활을 편리하게 해주는 이동전화, 전자레인지, 가정용 컴퓨터와 같은 제품들은 외계인의 과학기술에 대한 역공학을 수행하는 과정에서 생겨난 부산물에 지나지 않는다고 할 수 있다. 또는 정부가 발주한 비밀국가방위사업을 수행하던 방위산업체들이 우연히 획득한 보너스라는 설도 있다.

| 가 장 그 럴 듯 한 증 거 |

오늘날의 놀라운 기술 발전을 선도한 결정적인 기술은 바로 트랜지스터 기술인데, 이 트랜지스터는 로즈웰에 추락한 비행접시의 기술을 역공학하여 직접 획득한 것이라는 소문이 있다. 외계인의 선진과학을 적용하여 만들어냈다고 여겨지는 불길한 결과물에는 B-2 스텔스 폭격기를 포함한 미군의 신무기들도 포함되어 있다.

| 가 장 의 문 스 러 운 사 실 |

미국 네바다 주에 있는 51구역 근처에서 UFO를 연상시키는 이상한 광선을 보았다고 신고한 시민들이 있었다. 또 1992년에는 NBC 뉴스팀이 하늘을 날아가는 기이한 물체를 촬영했다고 한다. 그들은 촬영을 방해하는 군인들과 한동안 실랑이를 벌여야 했으며, 결국 군인들에게 카메라와 비디오 장비를 몰수당했다. 어떤 사람들은 외계인이 목격되거나 외계인의 활동이 의심되는 지역에 자주 출몰하는 검은 헬기의 추적을 받기도 했다.

| 회 의 론 자 의　견 해 |

역공학 음모론이 지닌 한 가지 문제점은 우리 인간을 매우 영리한 존재로 가정한다는 점이다. 역공학 음모론에 의하면 우리가 시간을 거슬러 올라가 크로마뇽인들에게 펜티엄 노트북이나 차고 문을 열어주는 리모컨 또는 안마기 등을 건네주었을 때 그들도 그런 기계들에 대한 역공학을 시도하여 10년 안에 크로마뇽인용 마이크로소프트를 발견할 수 있다는 논리가 성립된다. 하

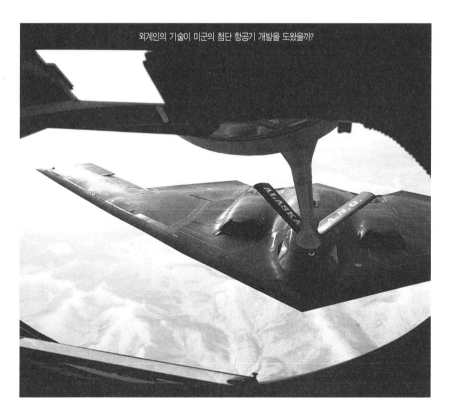
외계인의 기술이 미군의 첨단 항공기 개발을 도왔을까?

지만 과연 실제로 그런 일이 가능할까? 이런 물건들을 발견한 크로마뇽인은 아마 크게 불평을 터뜨리면서 그것들을 누군가의 머리에 던져버릴 것이다. 아니, 혹시 안마기 정도는 보관할지도 모르겠다.

제3부

암살 혹은 실종

아멜리아 에어하트 AMELIA EARHART

태평양 상공에서 사라진 최초의 여성비행사

아멜리아 에어하트는 항공계의 총아, 언론계의 유명인사, 전세계 여성의 귀감이었다. 그녀는 여성으로서는 최초로 남성들이 장악하고 있던 항공분야에 진출하여 수많은 비행 신기록을 세운, 용기와 우아함을 동시에 구비한 여성이었다. 당시 대공황이라는 경제적 시련에 어려움을 겪고 있던 미국인들은 용감한 에어하트를 사랑했고 그 결과 그녀는 미국의 영웅으로 부상했다. 그리고 1937년 에어하트가 비행기로 세계일주를 하다가 갑자기 실종되는 사건이 발생하자 전 미국인은 슬픔에 빠져 그녀의 죽음을 애도했다.

아멜리아 에어하트는 1897년 7월 24일 미국 캔자스 주 애치슨에서 부유한 가문의 딸로 태어났다. 이후 그녀는 캐나다 토론토에서 단기 간호학교를 다녔고 제1차 세계대전 중에는 자원하여 군 병원 간호사로 근무했다. 1920년 가족과 함께 캘리포니아로 이사한 그녀는 캘리포니아의 한 항공대회를 참관한 것을 계기로 평생에 걸친 비행기 사랑의 첫발을 내디디게 되었다. 속성 과정에 들어가 비행기 조종술을 재빨리 습득한 그녀는 2년 뒤 여성 최초로 고도 1만 4000피트를 비행하는 기록을 세웠다. 그 후 경력이 쌓이면서 비행기 조종사로서의 그녀의 명성도 높아져갔다.

1928년 뉴욕의 출판업자인 조지 퍼트넘(George Putnam)은 그녀에게 영국과 미국을 연결하는 대서양 횡단 '우정' 비행에 여성 최초로 동참해달라는 요청을 했다. 그녀는 그 요청을 적극적으로 받아들여 또다른 최초의 기록을 세웠다. 그 뒤 그녀는 대서양을 최초로 횡단한 비행기 조종사 찰스 린드버그(Charles Lindbergh)의 이름을 따서 '레이디 린디'라는 애칭으로 불렸다. 하지만 '우정' 비행에서 자신이 승객 노릇밖에 하지 못했다고 생각한 에어하트는 그 애칭을 달가워하지 않았다.

에어하트는 자신의 비행기 조종능력을 입증하는 기록들을 연속적으로 세워나갔다. 1928년에는 미국 동부에서 서부까지 미 대륙을 횡단하는 최초의 비행에 성공했다. 1931년에는 오토자이로(회전날개항공기 혹은 자이로콥터라고도 한다—옮긴이)를 타고 고도 1만 4000피트를 나는 기록을 세웠다. 한 해 뒤인 1932년 에어하트는 혼자서 대서양을 횡단하여 아일랜드에 착륙했다. 그 일로 그녀는 순회강연의 명강사가 되었고 허버트 후버(Herbert Hoover) 대통령과 미 의회로부터 칭송받는 여성이 되었다. 또한 여성으로서는 최초로 공군 수훈십자훈장을 받기도 했다. 하지만 아직도 그녀에게는 커다란 도전이 남아 있었다. 바로 비행기를 타고 세계일주를 하는 것이었다.

1937년 6월 1일, 에어하트는 세계일주를 하기 위해 '록히드 엘렉트라' 비행기를 몰고 플로리다 주 마이애미를 출발했다. 항법사 프레드 누넌(Fred Noonan)을 옆에 태운 그녀는 먼저 푸에르토리코로 출발했다. 그 후 두 사람은 남아메리카를 거쳐 아프리카로 날아갔고 이어 홍해로 향했다. 1937년 6월 29

뉴펀들랜드에서 이륙하기 전의 아멜리아 에어하트

일, 에어하트 일행은 뉴기니에 도착하여 태평양을 횡단하는 긴 여행에 나설 준비를 완료했다. 이제 세계일주를 반쯤 끝내고 미국으로 날아갈 일만 남은 것이다. 그들은 그리니치 표준시로 0 : 00시에 뉴기니를 출발했다. 그 즈음 미국의 해양경비정 이타스카 호는 하와이 근처의 하우랜드 섬 주위를 선회하면서 에어하트 일행과 미국 간의 무선 연락기지 역할을 수행하고 있었다.

그러나 하와이 진주만을 떠난 에어하트는 미국 동부해안에 영영 도착하지 못했다. 그녀는 오전 7시 42분에 이타스카 호에 메시지를 보내 경비정이 잘 안 보이며, 비행기의 연료도 떨어져가고 있다는 것을 알렸다. 오전 8시 45분에 간단한 메시지가 다시 도착했으나 그 후에는 완전한 침묵이었다. 라디오로 그녀의 소식을 추적하던 미국 시민들은 경악했다. 당황한 루스벨트 대통령은 수색대를 급파하라고 지시했다. 66대의 비행기와 9척의 배로 구성된 수색대는 뉴기니 해역을 샅샅이 뒤졌지만 아무것도 찾지 못한 채 1937년 7월 18일 공식적으로 해산되었다. 아멜리아 에어하트와 프레드 누넌은 그렇게 지상에서 완전히 사라져버렸다.

| 정 말   이 상 한   부 분 |

평소에 아주 침착한 그녀답지 않게, 에어하트는 진주만 근처의 한 비행장을 이륙하면서 조종 실수를 했다. 그 결과 비행기의 착륙장치가 크게 손상되었다. 그것은 아주 불길한 징조였다. 그녀가 태평양에서 실종되던 당시 조종했던 비행기도 바로 그 비행기였다.

| 먼 저   떠 오 르 는   용 의 자 |

아멜리아 에어하트 : 에어하트는 세계일주 비행 도중 이질을 앓고 있었던 것으로 알려졌다. 그 때문에 판단력이 흐려져서 추락했는지도 모른다. 또한 자살 가능성도 점쳐진다. 언론의 끈질긴 추적과 대중의 높은 기대감 때문에

심신이 피곤해졌을 가능성도 있다. 어쩌면 그녀는 스스로 사라진 것인지도 모른다. 사람들의 눈에서 멀리 떨어진 곳에 은둔하여 혼자 조용히 살고 싶었는지도 모른다. 일부 음모론자들은 그녀가 지금 어느 외딴 섬에서 원주민 어부와 결혼하여 평화롭게 살고 있다고 말하기도 한다.

나치 : 에어하트가 루스벨트 대통령의 비밀지령을 받고 전세계의 나치 활동을 감시하는 업무를 수행했다는 이야기도 나오고 있다. 따라서 세계일주 비행으로 위장한 정찰활동 도중 독일군의 포격에 추락했거나 아니면 생포되었을 수도 있다는 것이다. 루스벨트 대통령이 그런 대규모 수색대를 현지에 급파한 것도 스파이 임무를 띤 에어하트가 보관했을지도 모르는 미국에 관한 민감한 정보를 회수하거나 아니면 그녀가 수집했을 나치에 관한 유용한 첩보를 입수하기 위한 조치였다고 보는 사람들도 있다.

|다 소 황 당 한 용 의 자|

시간의 함정 : 에어하트는 버뮤다 삼각지대와 같은 시간의 함정 속으로 빨려들어갔다는 설도 있다. 이 때문에 그녀의 비행기와 이타스카 호 사이에 무전 교신이 잘 안 되었고 그녀는 정신이 혼란해졌다는 것이다. 어쩌면 그녀의 비행기는 과거나 미래의 어떤 시간 속으로 빨려들어가버렸는지도 모른다.

일본군 : 이것은 나치 음모론에 편승하여 등장한 음모론이다. 일본군이 그녀를 납치하여 저 악명높았던 일본의 라디오 방송 〈도쿄의 장미〉를 진행하도록 강요했다는 것이다. 〈도쿄의 장미〉는 제2차 세계대전 당시 여자 목소리로 진행되던 일본의 전시 선전 방송으로, 미군들의 사기를 크게 꺾어놓았다.

미국 정부 : 만약 에어하트가 미국의 스파이였다면 그녀는 미국의 일급 정보를 알고 있었을지도 모른다. 이에 두려움을 느낀 미 공군은 그녀를 살해하기 위해 비행기를 격추시킨 다음, 이를 위장홍보하는 차원에서 거창한 수색대를 조직하여 수색하는 척했다는 것이다. 더 나아가 수색대는 그런 위장홍보를 틈타 모든 증거를 인멸해버렸을 것이라고 추측된다.

이밖에 UFO, 바다괴물 등도 용의자로 점쳐졌다.

| 가 장   그 럴 듯 한   증 거 |

두 미국 시민의 행적을 찾기 위해 이례적으로 대규모 군 수색대가 파견되었음에도 불구하고 에어하트가 탄 비행기의 파편이나 유류품은 전혀 발견되지 않았다. 그래서 에어하트가 예정항로에서 완전히 벗어났다거나(하지만 이 추측은 그녀의 놀라운 비행 솜씨를 고려하면 신빙성이 없다), 비행기는 추락한 것이 아니라 지구의 표면에서 갑자기 사라졌다거나, 또는 군 수색대가 무엇인가를 발견했지만 그것을 감추고 있다거나 하는 등등의 다양한 추측이 나오고 있다.

| 가 장   의 문 스 러 운   사 실 |

에어하트가 실종되고 나서 일주일 후, 태평양에 떠 있던 민간인용 배나 군함의 무선 담당자들이 가드너 섬 인근에서 흘러나오는 조난 신호를 들었다. 에어하트가 이 섬에 불시착했을 수도 있으나 이 섬에서는 아무것도 발견되지 않았다. 그런데 사건 발생 60년 뒤 연구자들은 이 해역에서 에어하트의 옷으로 보이는 물품을 발견했다고 주장했다. 하지만 이 주장은 의문을 불러일으킨다. 그런 물건이 있었다면 왜 전에는 발견하지 못했을까?

| 회 의 론 자 의   견 해 |

시속 130킬로미터의 속도로 날아가던 경비행기가 해수면과 갑자기 충돌하는 것은, 자동차가 같은 속도로 시멘트 벽을 들이박는 것과 비슷한 충격을 입는다. 여기에 상어나 굶주린 바다 물고기 등을 감안하면 더 이상의 미스터리는 없게 된다.

지미 호파 JIMMY HOFFA
마피아와 거래한 노조위원장의 최후

미국 트럭운송노동조합의 위원장을 지낸 지미 호파의 실종사건은 북아메리카 도시 지역에서 하나의 전설이 되었다. 그가 실종된 후 시체가 발견되지 않았기 때문에 그의 소재를 둘러싸고 끊임없는 추측이 일었다. 더욱 이상한 것은 호파가 살해되었다는 데는 누구나 동의했지만 정작 살해범은 체포되지 않았다는 사실이다. 디트로이트 경찰서에서 FBI에 이르기까지 많은 수사기관들이 범인을 잡으려고 애썼지만 모두 실패했다. 살인범의 정체는 호파가 묻힌 장소 못지않게 미스터리로 남아 있다.

본명이 제임스 리들 호파(James Riddle Hoffa)인 지미 호파는 1913년 2월 14일 인디애나 주 브래질에서 태어났다. 그는 식료품 체인업체인 크로거에서 창고 관리인으로 일한 후 직종별 노동조합인 트럭운송노동조합 국제형제회에 가입했다. 노동조합 내에서 착실히 출세의 길을 걸은 호파는 1957년 마침내 위원장으로 선출되었으며 1971년까지 그 직위를 유지했다.

위원장으로 근무하는 동안 호파는 마피아와 관계를 맺고 불법적인 사건에 관여했다. 케네디 행정부 시절 로버트 F. 케네디 법무장관은 1950년대와 1960년대에 호파가 저지른 부정행위를 수사했고, 그 결과 호파는 배심원 조작 혐의로 기소되었다(재판이 진행되는 동안 호파는 트럭회사로부터 뇌물을 받았다는 혐의가 추가되었다).

1967년 호파는 연방교도소에서 8년 징역형을 선고받았으며 3년 뒤인 1970년 닉슨 대통령에 의해 감형되어 가석방되었는데, 조건은 1980년까지 노조 활동에 개입하지 않는다는 것이었다.

하지만 호파는 그 조건을 무시했고 트럭운송노동조합을 재장악하기 위한 행동에 나섰다. 1975년에 호파는 거의 성공 일보 직전까지 갔으나 그것은 마

마피아와 거래한 노조위원장 지미 호파.

피아가 구상하고 있는 트럭운송노동조합의 미래가 아니었다.

호파가 위원장으로 재직하던 시절 그와 마찰이 많았던 라 코사 노스트라(시칠리아계 미국 마피아)는 호파의 후임인 프랭크 피츠시먼스(Frank Fitzsimmons) 현 위원장이 자신들에게 더 고분고분할 것이라고 예상하고 그를 지원했다. 하지만 호파의 노조활동을 제한하는 조건이 해제될 전망인데다, 트럭운송노조 내의 호파 지지세력이 만만치 않아서 호파가 다시 위원장에 취임할 가능성이 높아졌다.

1975년 7월 30일 수요일, 호파는 미시간 주 디트로이트의 식스마일 로드에 있는 메이처스 레드폭스 레스토랑까지 차를 몰고 나갔다. 그는 그곳에서 누군가를 만나기로 했는데 정확하게 그 사람이 누구인지는 밝혀지지 않았다. 호파가 굉장히 의심이 많은 사람인 점을 감안하면 그가 만난 사람은 그가 확실하게 신임하는 사람이었을 것이다. 그는 오후 2시 30분경 레스토랑의 주차장에서 마지막으로 목격되었다. 실종된 이후 그는 신화와 추측 속에서만 존재하고 있다.

| 정 말 이 상 한 부 분 |

지미 호파가 묻힌 곳에 대해서는 구구한 억측이 난무한다. 죽은 자에게 모욕이 될 만한 장소에서부터 기괴한 장소에 이르기까지 다양한 추측이 나오고 있다. 미시간 호수 깊은 곳에 수장되었다는 설도 있으며, 도널드 프랑코스(Donald Frankos)가 『플레이보이(Playboy)』 잡지와의 인터뷰에서 밝힌 것처럼 뉴욕 자이언츠 미식축구 경기장의 골대 근처에 매장되어 있다는 설도 있다. 더 그럴듯한 추측으로는 호파의 시체가 쇼핑센터의 지하에 매장되었다는 것이다. 한편 FBI는 호파가 디트로이트 자동차 생산공장의 부글부글 끓는 아연 용광로 속에서 숨을 거두었다는 추측을 가장 그럴듯한 것으로 받아들이고 있다.

| 먼 저 떠 오 르 는 용 의 자 |

마피아 : 마피아는 트럭운송노동조합을 잘만 이용하면 큰돈을 벌 가능성이 있었다. 특히 미국 트럭운송노동조합의 연금기금은 엄청난 규모였다. 따라서 비협조적인 호파가 트럭운송노동조합을 장악하면 마피아로서는 엄청난 소득원을 상실하고 막대한 재정적 손실을 입을 처지였다. 또한 호파가 노조활동 금지령을 해제받는 조건으로 마피아의 트럭운송노동조합 내 개입 실태를 정부에 보고하기로 했다는 소문이 나돌았다. 이런 소문만으로도 호파는 마피아의 복수 대상이 되기에 충분했다.

토니 프로벤자노 : 호파는 마피아 두목 몇 명을 개인적으로 화나게 했는데, 그 두목들 중에는 토니 프로벤자노(Tony Provenzano, 줄여서 '토니 프로')도 있었다. 토니는 호파와 함께 감옥에서 복역하던 때부터 호파에게 악감정을 품고 있었기 때문에 출감한 뒤 청부살해업자를 동원하여 호파를 살해했을 것이라는 의혹을 샀다. 그런 의혹은 호파가 실종되던 날의 알리바이를 확실하게 확보하기 위하여 온갖 노력을 아끼지 않았다는 사실로 인해 더욱 증폭되었다.

처키 오브라이언 : 처키 오브라이언(Chuckie O' Brien)은 호파가 레드폭스 레스토랑에서 만나려고 했던 인물인지도 모른다. 호파를 살해한 배후세력이 호파의 신임을 받는 오브라이언을 미끼로 내세웠을 가능성이 있었기 때문이다. 오브라이언은 호파의 집에서 성장했고 사실상 양아들이나 다름없었으므로 호파는 그를 경계하지 않았을 것이다. 오브라이언이 마피아에게 빚을 지고 있다는 첩보를 입수한 경찰이 오브라이언을 조사하기도 했다는 사실이 이런 추측을 가능케 했을 것이다.

노동조합 간부들 : 호파가 다시 위원장으로 당선되면 지위가 위태로워질 노조 간부들이 청부살해업자를 동원하여 그를 죽였을 수도 있다.

기타 용의자로 떠오르는 인물로는 토니 자칼로네(Tony Giacalone)와 조지프 자칼로네(Joseph Giacalone) 등이 있다.

| 다 소   황 당 한   용 의 자 |

미국 트럭운송노동조합 : 부패한 호파의 재등장을 원하지 않는 일부 노동조합 사람들이 호파를 제거하기로 결심했을 수도 있다. 노동조합 내에서의 호파의 인기를 감안하면 호파가 위원장에 당선될 가능성이 높았기 때문이다. 그렇다면 위원장 취임을 막는 방법은 암살밖에 없었다.

FBI : 근거가 좀 빈약하기는 하지만 FBI와 연루되어 있다는 설도 있다. FBI는 호전적인 호파가 미국 내에서 아주 강력한 힘을 발휘하는 노동조합의 위원장으로 다시 취임하는 것을 원하지 않았다는 것이다. 특히 호파가 치안기관에 대하여 많은 불만을 품고 있다는 점을 감안할 때 더욱 요주의인물이 될 수밖에 없었다. 이처럼 FBI가 호파의 실종에 적극적으로 개입했기 때문에 이 사건이 시원하게 해결되지 못했다는 것이다.

| 가 장   그 럴 듯 한   증 거 |

처키 오브라이언이 호파가 실종되던 날 몰았던 차를 FBI가 확보했다. 그 차는 조지프 자칼로네 소유의 신형 머큐리 브로엄이었다. 경찰견은 이 차의 뒷좌석에서 호파의 냄새를 맡았으며 호파의 피와 피부조직을 발견했다. 그런데 오브라이언은 그 피가 친구에게 주려고 가져가던 생선에서 흘러나온 것이라고 설명했다.

| 가 장   의 문 스 러 운   사 실 |

마피아의 방식을 잘 알고 있던 호파는 모르는 사람의 차는 절대로 타지 않았을 것이다. 어쩔 수 없이 타게 되었다면 마지막까지 저항했을 것이다. 호파의 실종 스토리에는 음울한 배신의 요소가 깃들어 있다. 호파를 죽이거나 죽도록 유도한 사람이 누구든 그는 호파가 굳게 신임하던 사람이었을 것으로 추정된다.

| 회 의 론 자 의   견 해 |

늑대와 함께 달리는 사람은 언젠가는 늑대에게 물리게 되어 있다. 호파 실종사건과 마피아의 전형적인 저격사건 사이에는 유사점이 많다. 그 두 사건 사이에 차이점이 있다면 단지 증거가 있느냐 없느냐 하는 것뿐이다. 그리고 살해범의 침묵이 그런 불확실한 음모론을 더욱 강화하고 있다. 만약 호파의 시체가 발견되었더라면 그 살해 사건은 마피아가 일으킨 유혈참극의 역사에서 각주 정도에 머물렀을 것이다. 마피아 음모론의 관점에서 볼 때 호파 실종사건은 그리 큰 사건이 아니다. 다만 일부 음모론 열광자들이 공연히 이 사건을 침소봉대하고 있는 것이다.

마틴 루터 킹 MARTIN LUTHER KING

왜 암살 전날 갑자기 킹에 대한 경찰의 경호가 중단되었을까

그는 평화를 사랑하는 사람이었다. 하지만 이 세상을 더 좋은 곳으로 만들려고 노력한 대부분의 사람들이 그랬던 것처럼 그의 생애는 갑작스럽게 끝나고 말았다. 마틴 루터 킹 박사는 1960년대에 민권운동을 적극적으로 전개하면서 감동적인 연설을 많이 한 뛰어난 웅변가였다. 1963년 8월 28일에는 워싱턴에서 20만 명의 사람이 운집한 가운데 민권촉진을 위한 행진을 주도했고 또 전국 곳곳의 교회를 방문하여 흑인의 인권신장을 위한 연설을 많이 했다. 그는 거의 불가능해 보이는 목표를 위해 용감히 싸웠다. 그가 달성하려고 한 목표는 피부의 색깔과 상관없이 남녀 모두에게 동등한 권리를 부여하는 것이었다. 격동의 1960년대 내내, 대부분의 미국 사람들은 킹의 꿈이 결코 실현되지 못할 것이라고 생각했다.

킹은 미국인들의 고집과 무지에 맞서 지성과 동정심이라는 의외의 무기를 가지고 싸웠다. 그는 자신의 소신과 원칙에서 한 발짝도 물러서지 않았고, 흑인은 백인과 똑같이 미국 시민으로 대접을 받아야 한다고 주장했다. 그런 주장은 흑인은 이류 시민이고 그 이상의 대접은 곤란하다고 생각하는 백인들을 화나게 만들었다. 킹의 조용하면서도 끈질긴 요구는 KKK단(Ku Klus Klan)에서 FBI에 이르는 미국의 보수세력들에게 깊은 공포감을 안겨주었다. 그는 그처럼 강력한 세력들을 적으로 만들었고, 그 세력들은 자신들이 아는 유일한 방식, 즉 적을 영원히 침묵시키는 방식으로 그를 패배시켰다.

1968년 4월 킹은 멤피스의 로레인 모텔에 투숙했다. 한 달 전인 3월 멤피스에서 벌인 항의시위가 폭력사태로 번져 중단되자 다시 시위를 주도하기 위해 이 도시로 달려온 것이었다. 그는 이번의 항의 시위는 지난 3월의 전철을 밟아서는 안 된다고 생각했다. 3월에 멤피스에 머물렀을 때 그는 백인 소유의 호텔에서 묵었다는 비난을 받았다. 그 비난이 타당하다고 생각한 킹은 흑인 우범지대에 위치한 흑인 소유의 모텔 로레인에 투숙했다.

1968년 4월 4일 저녁, 로레인 모텔의 2층 발코니에 서 있던 킹은 갑자기 저격을 당했다. 그렇게 하여 미국 사회의 현상유지를 위협하는 존재는 사라졌다. 멤피스 출신의 범인 제임스 얼 레이(James Earl Ray)가 살인 혐의로 체포되었다. 레이는 모텔 근처의 하숙집 욕실에서 킹에게 총을 쏘았다고 자백했다. 하지만 바로 그때부터 레이가 과연 진짜 암살범이냐 하는 의혹이 일기 시작했다.

| 정 말   이 상 한   부 분 |

의혹의 근거는 가난했던 제임스 얼 레이가 킹을 살해한 직후 세계일주 여행을 떠났다는 사실이었다. 어디서 갑자기 돈이 생겼는지 캐나다, 영국, 포르투갈 등을 여행했던 것이다. 런던의 히드로 공항에서 체포되었을 때에도 그는 벨기에로 향하던 길이었다.

| 먼 저   떠 오 르 는   용 의 자 |

FBI : FBI 국장 에드거 후버는 킹이 미국에서 가장 위험한 인물들 중 하나라고 생각했고 또 그런 생각을 조금도 감추지 않았다. 즉 FBI가 킹의 영향력 있는 지위를 박탈하기 위해 킹이 불륜을 저지르는 것으로 추정된 장소에 비밀리에 도청기를 설치했다는 것이다. 그들은 그렇게 도청한 테이프를 가지고 킹을 위협하여 위선자라는 모욕을 당하기 싫으면 자살하라고 윽박지를 계획이었다는 것이다. 하지만 그런 협박이 통하지 않자 그들은 결국 최후의 수단을 선택했으리라는 것이다.

CIA : 킹의 암살범은 CIA 요원이라는 이론이 제기되었다. 멤피스 경찰로 변장한 CIA 요원이 킹을 살해했고 레이는 그 죄를 대신 뒤집어쓴 희생양이라는 것이다. 이런 CIA의 개입설은 레이가 체포 당시 여러 장의 가짜 신분증을 가지고 있었다는 사실이 뒷받침해주었다. 그와 같이 위조된 신분증들은 CIA에 있는 신분증 위조 전문가의 작품이라는 이야기가 널리 나돌았다.

KKK단 : 킹은 KKK단이 미워하는 짓만 골라 했다. 그는 KKK단의 왜곡된 흑인관을 정면으로 거부했고 그들의 편협한 세계관을 맹렬히 공격했다. KKK는 그런 킹을 살해함으로써 미국 남부의 흑인공동체에게 확실한 경고의 메시지를 보냈다는 것이다. 그럼으로써 KKK가 인정하는 한도를 벗어나 미국 사회에서 출세하는 흑인에게는 어떤 종말이 기다리고 있는지 보여주려 했다는 것이다.

|다 소 황 당 한 용 의 자|

멤피스 경찰 : 멤피스는 킹에게 우호적인 도시가 아니었다. 1968년 3월의 흑인시위가 폭력사태로 끝나면서 멤피스 경찰은 물론 도시 전체가 킹에게 적대적인 감정을 갖게 되었다. CIA 요원이 멤피스 경찰을 가장하여 킹을 살해했다는 소문이 나돌았는데 CIA까지 갈 것도 없이 현지 경찰이 직접 나서서 그를 해치웠다는 이야기도 있었다. 멤피스 경찰도 인종차별 문제와 상관없이 이 민권운동 지도자에게 불만이 많았다는 것이다. 암살사건이 발생하기 직전, 멤피스 경찰국장의 사무실에 군부요원들이 많이 모여 있었다는 사실도 특기할 만하다.

킹의 핵심 측근 : 킹을 죽여야 한다는 음모가 킹의 지지 그룹 내에서도 확산되어 있었다는 소문이 있다. 킹의 핵심 측근들 중 여러 명이 경찰 혹은 FBI의 첩자였으며, 킹이 살해된 직후 그들이 범인에게 인근 하숙집(레이가 킹을 암살했다고 추정되는 곳)의 열려진 창문을 가리켜줌으로써 진짜 살해범이 감쪽같이 사라지도록 도움을 주었다는 것이다.

마피아 : FBI가 마피아와 접촉하여 킹을 죽여주면 100만 달러를 주겠다는 제안을 했다는 소문도 있다. 마피아는 케네디 대통령이 암살된 직후 FBI가

일을 '엉망'으로 그르쳤다는 수수께끼 같은 핑계를 대면서 그 제안을 거부했다고 한다. 하지만 만약 FBI가 보상금 액수를 더 올려 불렀다면 그들의 생각이 바뀌었을지도 모른다.

| 가 장 그 럴 듯 한 증 거 |

민권운동 지도자(킹)에 대한 암살 위협이 점증하고 있는데도 멤피스 경찰은 킹이 살해되기 하루 전날 킹에 대한 경찰의 경호를 슬그머니 중단했다.

| 가 장 의 문 스 러 운 사 실 |

암살사건이 발생한 후 하숙집에서 레이를 실제로 보았다고 주장하는 유일한 증인은 찰스 스티븐스(Charles Stephens)뿐이다. 다른 증인들은 스티븐스가 당시 술에 너무 취해 있어서 과연 레이를 보았을까 의문을 제기하고 있다. 스티븐스의 아내는 남편의 증언을 부정하면서 그녀가 하숙집에서 본 사람은 레이가 아니었다고 주장했다. 하지만 관계당국은 스티븐스의 증언을 받아들였다. 남편과는 엇갈리는 주장을 고집하던 스티븐스 부인은 정신병원에 강제 입원되었다.

| 회 의 론 자 의 견 해 |

1960년대에 벌어진 암살사건 가운데 정부가 개입한 것이 분명하다고 여겨지는 사건 1위와 2위는 마틴 루터 킹의 암살사건과 로버트 F. 케네디의 암살사건이다. 이 두 사건을 처리한 수사기관들은 특유의 오만한 태도를 그대로 드러냈다. 킹의 암살자가 내던진 보따리가 제임스 얼 레이의 것이라고 수사기관이 밝히는 데만 무려 15일이나 걸렸다. 수사기관이 이렇게 꾸물대는 바람에 레이는 유유히 수사망을 빠져나가 세계일주를 떠날 수 있었던 것이다.

로버트 F. 케네디 ROBERT F. KENNEDY
범인은 앞에 있었지만 총알은 뒤에서 날아왔다

1968년 6월 5일 자정 무렵, 로스앤젤레스에 소재한 앰버서더 호텔 주위에는 즐거운 분위기가 넘쳐흘렀다. 매력적이고 카리스마 넘치는 이상주의자인 민주당 소속 상원의원 로버트 F. 케네디가 대통령 후보 지명을 위한 캘리포니아 예비선거에서 승리한 것이다. 그는 수많은 미국인들의 꿈을 성취하면서 곧 백악관에 입성할 것 같았다. 그의 형 존 F. 케네디가 8년 전에 그랬던 것처럼 말이다. 로버트 케네디는 호텔 직원들, 지지자, 일반대중의 환호와 축하인사 속에서 경호팀의 경호를 받아가며 의기양양하게 호텔의 식품저장실로 가던 길이었다. 바로 그 순간 그의 대통령을 향한 꿈은 비극적인 종말을 맞이했으며 수많은 미국인들의 꿈도 식품저장실의 타일바닥에 떨어져 산산조각이 났다.

경호원들은 거의 초인적인 힘을 발휘하는 자그마한 저격범을 제압하기 위해 대단한 곤욕을 치렀다. 마침내 암살범 시르한 비샤라 시르한(Sirhan Bishara Sirhan)이 식품저장실 바닥에 꼼짝 못하고 붙잡혔다. 필사적으로 저항하던 시르한은 갑자기 온순해지면서 순순히 체포되었다. 경찰서에 연행된 시르한은 무슨 일이 벌어졌는지 기억이 나지 않는다며 최면당한 사람처럼 횡설수설했다.

로스앤젤레스 경찰서는 그 암살사건을 서둘러 조사하여 정신병자 시르한의 단독범행이라는 결론을 내렸다. 5년 전 케네디 대통령을 쏴 죽인 리 하비 오스왈드의 경우처럼 말이다. 법원도 경찰의 판단에 동의했다. 시르한은 유죄판결을 받고 교도소에 수감되었다. 관계당국의 입장에서 보면 사건이 종결된 것이었지만 음모론자들이 볼 때 로버트 케네디 암살사건은 분명 되짚어보아야 할 사건이었다.

| 정 말   이 상 한   부 분 |

얼핏 보기에 로버트 케네디 암살사건은 전말이 다 드러난 듯한 단순한 사건이었다. 무엇보다도 시르한이 사건현장에서 손에 권총을 쥔 채 현행범으로 체포되었다. 하지만 이 사건의 단순함은 여기서 끝나고 만다. 그런데 시르한은 로버트 케네디 상원의원을 저격하기에 적당하지 않은 위치에 있었다. 상원의원은 등 뒤에서 총에 맞아 절명했는데 모든 목격자는 시르한이 상원의원의 앞에 있었다고 증언했다. 또 증인들은 시르한의 권총과 케네디 상원의원 사이의 거리가 30~150센티미터 정도였다고 증언했지만, 부검 결과 로버트 케네디는 3~8센티미터밖에 안 되는 아주 가까운 거리에서 총에 맞은 것으로 판명되었다.

| 먼 저   떠 오 르 는   용 의 자 |

CIA : 많은 사람들이 의심하는 것처럼 CIA가 존 F. 케네디 대통령의 암살사건에 개입되어 있다면 이 정보기관은 분명 로버트 케네디의 백악관 입성을 두려워할 충분한 이유를 가지고 있는 것이 된다. 그가 대통령에 당선된다면 틀림없이 형의 피살 원인을 밝히려 할 것이고 만약 그렇게 된다면 미국 정부의 공식 진상파악기구였던 워런 위원회의 발표는 교활한 은폐전술에 지나지 않았다는 사실이 드러날지도 모르는 일이다. 즉 로버트 케네디 상원의원의 암살은 케네디 대통령이 사실상 군부 쿠데타에 의해 제거되었음이 밝혀지는 것을 두려워 한 CIA에서 벌인 일이라는 것이다.

마피아 : 로버트 케네디는 형 존 F. 케네디 행정부 시절 법무장관을 지내면서 성공적인 마피아 소탕작전을 벌였다. 그들은 로버트 케네디가 마릴린 먼로와 내연의 관계를 맺었던 사실을 폭로하겠다고 위협했으나 실패로 돌아가자, 로버트 케네디가 집권하면 마피아 소탕작전을 더욱 강경하게 밀어붙일지도 모른다는 점을 우려했을 것이다. 이런 경우 마피아의 전통적인 해결방안

백악관 입성의 꿈에 다가갔던 로버트 F. 케네디.

은 권총과 저격수였다.

군산복합체 : 로버트 케네디는 대통령에 당선되면 베트남 전쟁을 종식시키겠다고 공약했다. 군산복합체는 베트남 전쟁 덕분에 엄청난 수익을 올리고 있었기 때문에 무슨 수를 써서라도 그의 백악관 입성을 막고 싶었을 것이다.

| 다 소 황 당 한 용 의 자 |

MJ-12 : 머제스틱 12라고도 하는 이 조직은 학계의 원로들과 군 장성들로 구성된 비밀결사인데, UFO와 외계인에 관한 진실이 알려지는 것을 미리 막기 위해 온갖 작전을 펼치는 배후세력으로도 의심받았다. 이미 존 F. 케네디 대통령을 암살했다는 의심을 받고 있던 MJ-12는 로버트 케네디가 대통령이 되면 MJ-12와 그레이 외계인들과의 거래 관계를 폭로할지도 모른다고 우려하여 암살에 나섰을 수도 있다.

신(新)나치 : 일부 음모론자들은 흑인유권자와 백인유권자에게 골고루 인기가 있는 로버트 케네디가 미국의 흑백분열을 종식시키고 차별과 증오가 없는 희망의 나라를 만들 수 있는 뛰어난 대통령 후보라고 생각했을 것이다. 하지만 그런 나라는 나치즘을 추종하는 자들이 원하는 나라가 아니었다. 그래서 신나치 음모단은 미국 첩보기관 내의 인맥을 최대한 활용하여 그들이 가장 무서워하는 적을 처치했을 수도 있다.

| 가 장 그 럴 듯 한 증 거 |

암살현장의 문틀에 나 있는 총알 구멍들은 FBI 현장조사 사진에도 나온다. 이 사진들을 면밀하게 검토해보면 암살자 시르한의 총구에서 나온 것보다 더 많은 총알이 발사되었음을 알 수 있다. 경찰은 이런 탄흔이 있었다는 사실을 결코 밝히지 않았다. 로스앤젤레스 경찰서의 형사들이 수거한 총알들을 다른 경찰관들이 분명 목격했는데도 말이다. 문제의 문틀은 시르한의 재판이 끝난 직후 법원의 명령으로 철거되었다.

| 가 장   의 문 스 러 운   사 실 |

  법원에 제출된 심리분석평가서에 의하면 시르한은 범행 당시 최면에 걸려 있었다고 한다. 공식적인 자료에 의하면 시르한은 자기최면에 걸려 있었다고 하는데, 많은 사람들이 이 사실을 의심한다. 최면 전문가였던 고(故) 윌리엄 브라이언(William Bryan)이 자신이 직접 시르한에게 최면을 걸었다며 자랑했다는 말도 나돌았다. 시르한이 최면에 걸렸다는 사실은 그 자체로는 사소한 일일지도 모른다. 하지만 최면 상태에서 자동기술(記述)된 시르한의 일기에 디샐보라는 이름이 계속 나온다는 것은 중요한 단서이다. 윌리엄 브라이언이 최면을 걸었던 사람들 중 가장 유명한 인물이 '보스턴의 교살자' 앨버트 디샐보(Albert DiSalvo)였다는 사실은 어쩌면 우연의 일치가 아닐지도 모른다.

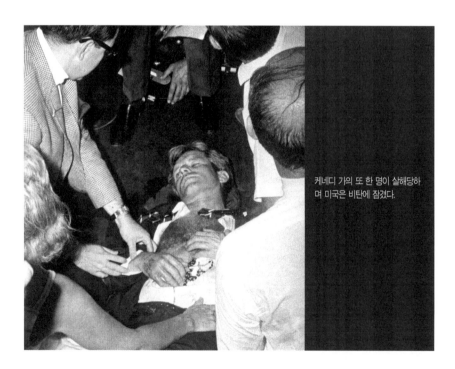

케네디 가의 또 한 명이 살해당하며 미국은 비탄에 잠겼다.

| 회 의 론 자 의   견 해 |

로버트 케네디에 관한 음모는 회의적으로 논평하기가 정말 어려운 사건이다. 그래도 굳이 논평하자면, 모두 알다시피 미국은 권총을 입수하기가 아주 쉬운 나라이다. 이런 상황에서 양심범을 자처하는 정신병자가 저지를 수 있는 일을 과소평가하는 것은 위험하다. 특히 유명인사의 경호가 아주 엉성할 때 정신병자는 그를 살해하여 덩달아 유명한 사람이 되고 싶다는 강한 유혹을 느끼게 된다.

찬드라 레비 CHANDRA LEVY

워싱턴 고위 정치인과 내연의 관계였던 미모의 여직원의 의문사

미 연방정부의 인턴사원이었던 찬드라 레비의 유골 일부가 2002년 5월 워싱턴 DC의 한 공원에서 발견된 것은, 레비가 아무런 흔적 없이 실종된 지 거의 13개월이 지난 후였다. 유골이 발견되면서 실종사건은 살인사건으로 바뀌고, 정치 스캔들은 본격적인 음모론으로 발전했다. 레비가 워싱턴에 와서 2000년 9월 연방교정국의 인턴 일을 시작했을 때 그녀의 나이는 겨우 22세였다. 몇 주 후에 친구들은 레비를 민주당 의원 개리 콘디트(Gary Condit)에게 소개했다. 콘디트는 레비의 고향 캘리포니아 선거구 의원이었다. 이 운명적인 만남을 계기로 두 사람은 얼마 지나지 않아 내연의 관계가 되었다.

콘디트 의원은 1989년에 미국 의원이 되었고, 레비와 만나기 시작할 때는 이미 장성한 자녀 둘을 둔 기혼남이었다. 워싱턴의 유력 정치인으로서 콘디트 의원은 보수파와 온건파의 선거연합을 주도했다. 또 그는 방첩기관과 관련된 여러 위원회에 소속되었으며, 하원정보특별위원회 위원으로서 CIA를 감독하는 일을 했다. 그러나 음모론 연구가들이 신체의 일부를 내놓고서라도 얻고 싶어할 정보를, 레비가 콘디트 의원과의 내연 관계를 통해서만 접할 수 있었던 것은 아니다. 그녀는 연방교정국에서 오클라호마 폭파범 티모시 맥베이(Timothy McVeigh)의 사형 집행을 언론에 공개하는 일을 맡았다. 〔냉소적인 음모론자들은 맥베이가 죄를 뒤집어쓴 것에 불과하다고 믿었기 때문에 그를 리 하비 맥베이(케네디 저격범으로 알려진 리 하비 오스왈드와 마찬가지로 죄를 뒤집어쓴 것이라는 뜻—옮긴이)라고 불렀다.〕레비는 이 수감자와 관련된 연방교정국의 기밀 기록을 볼 수 있었다.

2001년 4월 23일 레비는 갑자기 인턴 직을 그만두었다. 일주일 후 회원권을 반납하려고 워싱턴 스포츠클럽에 간 것이 그녀가 생전에 마지막으로 보인 모습이었다. 레비를 걱정한 부모가 2001년 5월 5일 경찰에 신고하자 경찰은 레비의 아파트를 수색해 어디엔가 가려고 미리 챙겨둔 여행가방을 찾아냈지만 레비의 흔적은 없었다. 공식적으로 레비는 실종된 것으로 발표되었지만, 콘디트에 대한 의혹이 불거지기 시작했다. 콘디트는 경찰과 레비 부모의 질문을 받고 처음에는 레비와 내연의 관계인 사실을 부인했다. 그러나 진술에 모순점이 드러나기 시작하자 그는 결국 레비와 성관계를 맺었음을 경찰에 시인했다.

1년이 지난 후에도 레비는 여전히 실종된 상태였으며, 이 사건으로 콘디트 의원은 정치적으로 큰 타격을 받았다. 그는 결국 자신의 참모였던 데니스 카도자(Dennis Cardoza)에게 민주당 예비선거 후보 자리를 빼앗겼다. 결국 레비의 시신이 발견되었지만, 레비 가족과 경찰과 음모론자들이 궁금해하는, 레비가 실종된 이유에 대해서는 해답을 찾을 수가 없었다.

| 정 말 이 상 한 부 분 |

록크릭 공원(Rock Creek Park)에서 개를 산책시키던 한 남자가 레비의 유골

개리 콘디트 전 의원(왼쪽)은 찬드라 레비와의 내연관계로 정치 생명에 타격을 받았다.
찬드라 레비(오른쪽)는 어렸을 때부터 스파이가 되고 싶어했다.

을 발견했다. 그곳은 경찰이 전에도 수색했던 곳이며, 레비가 생전에 조깅을 하던 길에서 불과 274미터 떨어진 곳이었다. 레비가 실종되던 날, 1823년에 농가로 지어져 현재는 공원 사무실로 쓰이는 클링글 맨션(Klingle Mansion)에 관한 웹사이트를 검색한 사실을 발견한 경찰은 이 공원에 수사의 초점을 맞추었다. 시신이 땅에 묻혀 있지도 않았는데 어떻게 발견되는 데 13개월씩이나 걸릴 수가 있을까?

| 먼 저   떠 오 르 는   용 의 자 |

CIA : 콘디트가 CIA 감독 역할을 했던 것을 염두에 두는 많은 사람들은 그가 임무 수행 중에 발견한 무언가가 레비의 죽음을 초래했을 것이라고 믿고 있다. 레비가 사라짐으로써 콘디트가 CIA에 힘을 발휘하지 못하게 되었을 뿐만 아니라 CIA는 콘디트에게 그가 알고 있는 사실을 다른 누군가에게 알린다면 어떤 운명에 처하게 될지 경고할 수 있었나.

FBI : 레비가 실종된 당시에 FBI의 티모시 맥베이 수사에 대한 의문이 제기되고 있었다. FBI의 증거 은폐와 관련한 법정 공방 때문에 맥베이 사형 집행 날짜가 연기되었다. 레비가 사형 관련 업무 도중 맥베이에 관한 어떤 사실을 발견한 것이 FBI가 그녀의 실종 사망 사건에 관여하게 된 원인이 아닐까?

공화당 : 힐러리 클린턴(Hillary Clinton) 전 영부인도 성공한 민주당 정치인들에 대해 "광범위한 우익의 음모"가 있다고 말했다. 따라서 공화당의 누군가가 어린 인턴과의 부적절한 성관계라는 중상모략을 통해 콘디트의 의석을 빼앗고 민주당 정치세력을 끌어내리려고 찬드라 레비 사건 전체를 꾸몄다고 믿는 사람들이 있는 것도 놀랄 일은 아니다.

| 다 소 황 당 한 용 의 자 |

모사드(Mossad) : 레비는 어렸을 때부터 스파이가 되고 싶어했고 그녀와 가족들은 이스라엘과 관계가 깊었다. 어떤 음모론자들은 레비가 이스라엘의 정보기관인 모사드에 고용되어 워싱턴의 최고위층에까지 침투해 주요 정치인들을 협박했다고 믿고 있다. 이스라엘의 적대국이나 미국이 이를 알아챘다면 분명히 레비를 제거할 동기가 되었을 것이다.

콘디트 참모진 : 음모론이 모두 국제정치와 관련이 있어야만 하는 것은 아니다. 음모는 아주 지엽적이고 사적인 이유에서 생겨날 수 있다. 따라서 콘디트 의원 참모 한 명이 자기 자신이나 민주당을 위해 콘디트 의원의 스캔들을 폭로하려고 찬드라 레비 사건을 꾸몄을지 모른다.

| 가 장 그 럴 듯 한 증 거 |

콘디트가 하원정보특별위원회 위원으로서 주의를 요하는 자리에 있었으며 기밀로 분류된 정보를 접할 수 있었던 점을 생각할 때, 찬드라 레비 사건의 가장 놀랍고 의심스러운 점은 미 비밀정보기관이 레비의 실종사건에 어째서 별로 관심을 보이지 않았는가 하는 것이다. 아마 다른 나라에서 해외 정보와 밀접한 관련이 있는 정치인과 깊은 관계였던 연방교정국의 인턴이 실종된다면, 그 인턴에게 무슨 일이 일어났는지 알아내려고 애쓰는 것은 비단 음모론자들만은 아닐 것이다. 미국의 안보를 책임지는 비밀기관이 진지하게 조사를 하지 않았기 때문에 많은 사람들은 이 사건이 완전히 은폐되었다고 확신하게 되었다. 이들은 미 비밀정보기관이 사건을 조사하지 않는 이유는 이미 해답을 알고 있기 때문이며, 그 기관 사람들은 자신들 이외의 다른 누구도 사실을 알기를 원치 않는다고 믿는다.

| 가 장 의 문 스 러 운 사 실 |

찬드라 레비 사건을 담당한 FBI 수사관은 브래들리 J. 개럿(Bradley J. Garrett) 특별요원이었다. 개럿은 이미 일부 음모론 연구자들의 관심을 끈 인물이었다. 그는 버지니아 주 랭글리의 CIA 본부 밖에 주차된 차 안에서 CIA 요원들을 살해한 혐의로 파키스탄인 아이말 카시(Aimal Kasi)를 기소하는 데 핵심적인 역할을 했다. 그는 또 한 명의 젊은 여성 인턴 메리 케이트린 마호니(Mary Caitrin Mahoney)의 의문사를 수사했다. 마호니는 워싱턴 DC의 스타벅스에서 전문가의 기술로 보이는 총격을 받고 사망했다. 해결되지 않은 문제가 남아 있는 음모론 두 가지에 FBI 요원이 연루되었다면 그는 운이 정말 나쁜 사람이거나 음모론 연구자들의 의혹을 받을 만한 인물일 것이다. 그런데 두 가지도 아닌 세 가지에 연루되었다면? 드라마 〈X파일〉의 폭스 멀더도 그렇게까지 운이 나쁘지는 않을 것이다.

| 회 의 론 자 의 견 해 |

아무나 공격해대는 정체 모를 흉악범이 젊은 여자 한 명을 살해한다. 기혼의 정치인이 미모의 젊은 인턴과 성관계를 맺어 경력에 오점을 남긴다. 안다

깝게도 이런 일은 그리 보기 드문 사건이 아니다. 이런 두 헤드라인이 찬드라 레비와 관련된 것이 단지 우연의 일치였다 해도, 음모론자들은 우려할 만한 어떤 문제점을 찾아내려고 할 것이다. 포기하시라! 워싱턴 DC는 시궁창에서 새로운 문제를 캐내지 않아도 될 만큼 충분히 뒤틀려 있고 비밀이 많다.

데이비드 켈리 DAVID KELLY
왜 1년 만에 스무 명의 생물학자가 죽었을까?

한 정부 과학자가 기자에게 인기 없는 전쟁을 국민들에게 납득시키기 위해 증거를 조작한 사실을 폭로하고 난 뒤 의심스러운 상황에서 죽은 채로 발견된다. 이것은 마치 할리우드 스릴러 영화의 플롯 같다. 그러나 이런 일이 실제로 발생하여 최근 가장 주목받는 음모론으로 발전했다. 영국 정부의 무기 전문가 데이비드 켈리 박사가 왼쪽 손목이 칼로 그어진 채 자택 근처의 벌판에서 주검으로 발견된 것이다.

켈리는 죽기 몇 주 전, 이라크 관련 BBC 보도의 취재원이라고 정부가 의심하는 것으로 밝혀져 언론의 주목을 받았다. 그는 평소 기자 브리핑 업무도 맡고 있었지만, 영국 정부가 이라크 무기 보유 관련 보고서를 '조작했다'는 주장을 두고 일어난 정부와 BBC 간의 충돌에 자신이 핵심적인 인물로 대두된 것에 큰 충격을 받았다.

옥스퍼드 대학에서 수학한 미생물학자 켈리는 영국 정부의 무기확산통제 사무국의 과학 자문이었다. 그는 1994년부터 1999년까지 이라크에서 유엔의 생물학전 수석 고문으로 있기도 했다. 노벨상 후보에 오르기도 한 켈리는 머리가 아주 좋아서 "뇌로 물을 끓일 수 있다."는 말을 들을 정도였다. 유엔 무기 사찰관으로 있을 때 이라크의 방사능물질을 발견하기도 했다. 켈리가 자신의 역할을 아주 훌륭하게 수행하자 사담 후세인은 그를 이라크에서 쫓아내야 한다고 말했다고 한다.

켈리가 '공무원 복무 규정'을 위반하고 블레어 총리의 대량살상무기 주장에 의문을 제기한 BBC 기사의 취재원이라는 사실이 폭로된 후, 그는 거대한 정치 스캔들의 중심인물이 되었다. 그는 7월 15일 외교특별위원회에 출석하여 증거를 공개해야만 했다. 켈리 박사는 이틀 후 오후 3시에 부인에게 평소처럼 산책을 나가겠다고 말하고 집을 나섰다. 그가 밤 11시 45분까지도 귀가하지 않자 가족들은 경찰에 연락했다.

다음날 템스밸리 경찰은 켈리 박사 실종 사실을 발표한 직후에 옥스포드셔 자택 근처의 해로다운힐 숲 속에서 시신 한 구를 발견했다. 블레어 총리가 일본에서 기자회견을 통해 켈리의 죽음에 대한 질문에 힘들게 답변하는 동안, 경찰과 MI5 요원들은 '관련 문서'를 찾으려고 이 세균전 전문가의 자택을 뒤졌다.

켈리의 사망이 명백한 자살로 신속하게 발표된 후에도 일반 대중들이 켈리의 죽음을 둘러싼 정황에 대해 여러 가지 추정을 하고 언론도 이 사건에 초점을 맞추자 영국 정부는 특별조사위원회를 구성할 수밖에 없었다. 허튼 경

데이비드 켈리 박사는 이라크전 증거 조작 폭로로 갑자기 전 세계 언론의 주목을 받고는 괴로워했다.

(Lord Hutton)이 이끈 특별조사위원회가 켈리 사망의 정황과 정부의 정보보고서 수정설에 대해 조사하기 위해 결성되었다.

러시아를 대표하는 과학자이자 켈리의 옛 동료인 세르게이 리바코프(Sergei Rybakov) 교수는 켈리의 자살 주장에 대해 즉각적으로 의구심을 나타냈다. 리바코프 교수는 다음과 같이 주장했다.

"데이비드는 낙천적이며 아무리 극한의 스트레스를 받는 상황에서도 결코 냉정을 잃지 않았다. 그가 자살했을 리 없다."

리바코프 교수의 주장은 켈리가 죽기 넉 달 전, 미국과 영국이 이라크를 침공하면 자신은 "아마 숲 속에서 죽은 채로 발견될 것이다."라고 예견했다는 사실을 특별조사위원회가 발견하자 설득력을 얻었다. 켈리는 2003년 2월 제네바 군축회의에서 영국 대사 데이비드 브로셔와 대화를 나누던 중 이와 같이 소름끼치도록 정확한 예언을 했다.

| 정 말   이 상 한   부 분 |

켈리 박사가 자신의 죽음을 예견했고 사랑하는 아내에게 유서를 남기지 않

켈리의 시신이 발견된 해로다운힐의 사건현장. 과연 켈리의 죽음은 자살일까, 타살일까?

앉았으며 자살에 반대하는 바하이교 신자였다는 점 이외에 죽기 전에 보낸 이메일도 문제가 된다. 허튼 위원회는 켈리 박사가 숲 속으로 걸어가기 몇 시간 전에 한 미국 기자에게 "여러 명의 사악한 배우들이 게임을 하고 있다."라고 경고하는 이메일을 보낸 사실을 알아냈다.

| 먼 저   떠 오 르 는   용 의 자 |

해외정보국(MI6) : 정치 음모 연구가들은 국가안보기관이 자신들 세계의 어두운 면모를 폭로하려는 사람들에게 본보기로 삼기 위해 켈리를 살해했다고 믿고 있다. 투표로 선출된 관리가 이 살해를 승인했는지의 여부에 상관없이, 많은 사람들은 MI6 요원이 암살했을 가능성이 가장 높다고 생각한다. 켈리 박사가 MI6를 위해 러시아와 이라크 망명자들로부터 보고를 듣는 일을 맡아 왔기 때문이다.

국방정보국(DIA) : 미국과 영국이 사담 후세인의 소위 '대량살상무기'를 추적하기 위해 만든 이라크조사단에서 켈리 박사가 일했기 때문에, 그는 미국 국방부 산하 국방정보국과도 접촉했다. 켈리 박사는 이라크와 관련한 경험이 많았으며 후세인의 생물무기 프로그램 책임자 리하브 타하(Rihab Taha)를 심문한 적도 있었다. 그는 이라크전 후에 전쟁을 정당화한 국방정보국의 증거가 잘못되었음을 증명할 수 있었다. 망신을 당할 위험에 처한 국방정보국으로서는 켈리 박사를 살해할 동기가 충분했고 많은 음모론자들은 미국 국방정보국이 미국의 다른 비밀정보기관들에 비견할 만큼 살인에 능하다고 보고 있다.

| 다 소   황 당 한   용 의 자 |

이라크 첩보기관 : 켈리 박사는 이라크 군과 정보기관 측에서 볼 때 눈엣가시였다. 켈리의 활동으로 사담 후세인은 분개했으며 미국은 이라크가 결코 대량살상무기 프로그램을 완전히 버리지 않았을 것이라고 생각하게 되었다.

따라서 이라크의 동면첩보원들이 미국의 침공 후에 이 침공이 일어나도록 도운 데 대한 보복으로 켈리를 죽였을지도 모른다. 이것이 사실이라면 이라크 첩보기관은 켈리에 대해 보복하고 블레어 정부를 곤혹스럽게 만들었을 뿐만 아니라 미국과 영국의 경쟁 첩보기관들이 켈리의 살해에 관여했을 가능성이 높다고 의심을 받는 분위기까지도 조성한 셈이다.

13부대(Unit 13) : 영국의 블랙옵스(black ops) 암살단의 이름이라고 알려진 13부대는 미국 군산복합체와 강력하게 연결돼 있으며 MI6의 이탈 요원들과 영국 공군특수부대원들로 구성되어 있다. 그들은 정치적인 암살로 '성가신' 개인들을 제거한다는 비난을 받았다. 13부대는 특히 북아일랜드에서 "비밀요원에 의한 암살"을 많이 저질렀으며 반역자로 생각되는 사람들을 증오하는 것으로도 악명이 높다. 13부대원 중 몇몇이 블레어 총리를 배신한 켈리를 처벌하기로 또는 세균전 연구에 관여한 사람들의 이익을 보호하기로 결정했을 것이다.

| 가 장   그 럴 듯 한   증 거 |

템스밸리 경찰서의 마이클 페이지(Michael Page) 부서장은 허튼 위원회에서 누군가가 켈리의 죽음에 관여했으리라 생각하지 않는다고 말했다. 그러나 페이지의 부하 경찰들 몇 명은 나와 비공개 대화를 나누던 중 이와 다른 의견을 밝혔다. 켈리가 안보상 위협이 되는 위치였지만 켈리의 동태를 감시하는 경찰이나 MI5, 기타 첩보기관이 없었다는 점은 분명히 이상하다. 당국이 켈리를 감시하지 않은 것은 분명히 기본 규칙 위반이다.

어떤 경찰관들은 켈리 박사가 손목을 그은 후에 어떻게 핏자국을 전혀 남기지 않고 걸어가 숨을 수 있었는지 의아해했다. 이들은 켈리의 시신이 발견된 곳에 검은 옷을 입은 세 사람이 있었다는 보도에 대해서도 우려한다. 나중에 경찰로 해명되었지만 이 세 사람 중 한 명이라고 오해받은 경찰관은 허튼 위원회에서 검은 옷을 입은 세 사람이 누구든 템스밸리의 경찰관은 아니라고 분명히 증언했다. 또 한 가지 수상한 사실은 켈리 박사의 치과의가 켈리 박사가 죽은 후 경찰에 신고한 내용이다. 이상하게도 켈리 박사의 치과 기록이 그가 죽은 날 잠겨 있던 서류 보관함에서 사라졌다가 다음 일요일에 다시 나타났다.

| 가 장 의 문 스 러 운 사 실 |

일부 음모론 연구자들은 켈리의 죽음이 이라크와 별로 관련이 없으며 1년 동안 세계적인 미생물학자 20여 명이 사망하게 된 더 큰 음모의 일부라고 생각한다. 이들 과학자 대부분이 전에 켈리와 함께 일했다. (러시아 출신의 망명 과학자 블라디미르 파세크니크(Vladimir Pasechnik)가 그랬듯, 이들은 켈리에게 연구를 보고했고 켈리는 다시 이를 MI6에 보고했다.) 이렇게 미심쩍게 사망한 것으로 기록된 미생물학자들로는 베니토 케(마이애미에서 구타당하고 사망), 로버트 M. 슈워츠('살해 의식'에 따라 칼에 찔려 사망), 응구옌 반 세트(실험실 냉장고에서 사망), 타냐 홀츠마이어(동료 미생물학자 구양 황(Guyang Huang)에게 사살당함. 이후 구양 황 자신도 권총 자살) 등이 있다.

| 회 의 론 자 의 견 해 |

허튼 위원회는 켈리 박사 사망을 둘러싼 여러 의혹에 답을 하는 데 실패했다(어떤 이들은 의도적으로 실패했다고 말하기도 한다). 결국 이 훌륭한 인물의 비극적인 죽음은 그 자신의 탓으로 돌려졌다. 허튼 경은 국방부가 고용인에 대한 임무를 소홀히 하지 않았다는 결론을 내렸으며, 사실상 이 사건은 종결되었다.

도로시 킬갈렌 DOROTHY KILGALLEN
케네디 대통령의 죽음을 파헤치던 여기자의 죽음

존 F. 케네디 암살사건(1963년)을 둘러싼 온갖 의문의 죽음들 가운데 도로시 킬갈렌의 죽음처럼 궁금증을 유발하는 사건도 없을 것이다. 케네디 대통령의 암살사건과 관련된 그 후의 수많은 죽음들과 킬갈렌의 비극적인 죽음을 구분해주는 특징은 그녀가 언론계의 스타였다는 점이다. 그녀는 케네디 대통령 암살사건 이전에도 이름이 널리 알려진 민완기자였다. 하지만 그녀의 죽음이 증명하듯이, 아무리 유명인사라 할지라도 어떤 특별한 사람들의 비위를 건드리면 목숨을 부지하기가 어렵다.

킬갈렌의 기자 경력은 1931년 허스트 신문 신디케이트에 수습기자로 입사하면서 시작되었다. 처음에 그녀는 여성 관련 기사들을 썼다. 하지만 그녀는 타고난 야심과 기량을 발휘하여 성차별의 한계를 극복했고 좀더 중요한 기사를 다루게 되면서 유명한 샘 셰퍼드 재판 등 굵직한 사건을 취재하기도 했다(샘 셰퍼드 사건은 1960년대의 인기 있는 드라마 〈도망자〉의 배경이 되었고 이후 해리슨 포드가 주연한 영화로도 만들어졌다).

킬갈렌은 1급 기자가 된 것에 만족하지 않고 텔레비전 방송국으로 옮겨가 인기 프로그램 〈왓츠 마이 라인(What's My Line?)〉의 패널로 활약하면서 뉴욕 라디오의 한 프로그램을 맡아 진행하기도 했다. 이 라디오 프로그램은 1945년 처음 시작된 이래 인기가 아주 높아 그 후 약 20년 동안이나 방송되었다. 킬갈렌은 날카로운 재치와 지성으로 많은 사람들을 매혹시켰고 그래서 고정 팬이 아주 많았다.

킬갈렌은 케네디 대통령 암살범인 리 하비 오스왈드를 쏴 죽인 잭 루비의 재판을 방청하면서 죽음에 이르는 길로 첫 발걸음을 내딛게 된다. 1964년 댈러스에서 벌어진 루비의 재판에 참석한 후 킬갈렌은 언론에 보도되는 것 이상의 음모가 있다고 확신하게 되었다. 그녀는 자신의 일간지 고정 칼럼인 〈브로드웨이의 소리(The Voice of Broadway)〉에서 이러한 의문을 제기한 뒤 댈러스로 가서 잭 루비를 인터뷰했다. 그녀는 그 인터뷰에 고무되어 J. D. 티펫(J. D. Tippet, 범행을 저지르고 달아나던 오스왈드의 총에 맞아 죽은 것으로 추정되는 댈러스의 경찰관), 잭 루비, 버나드 와이스먼(Bernard Weissman, 케네디 대통령을 싫어한다고 공언하던 인물) 이렇게 세 사람이 서로 연루되어 있다는 칼럼을 썼다. 킬갈렌은 칼럼에서 케네디 대통령 암살사건이 일어나기 일주일 전에 이 세 사람이 잭 루비의 누드쇼 클럽에 모였다고 언급했다.

킬갈렌이 이런 오싹한 정보를 쏟아내자 FBI는 그녀의 뒤를 캐면서 취재에 압박을 가하기 시작했다. 하지만 그녀는 위축되지 않고 취재를 계속해나갔다. 킬갈렌은 사건정보를 좀더 캐내기 위해 뉴올리언스로 떠났고 그렇게 수집한 정보를 바탕으로 책을 펴낼 생각이었다. 킬갈렌의 이런 행보는 분명 케네디 대통령 암살사건의 배후세력에게 위협을 주었을 것이고 그것이 피살의 빌미가 되었을 것이다.

도로시 킬갈렌은 1965년 11월 8일 자신의 침대에서 죽은 채로 발견되었다. 그녀의 죽음에 대한 공식적인 설명은 '우연사(偶然死)'였다. 부검 결과 그녀의 체내에서 에탄올과 바르비투르산이 다량 검출되었다. 결국 신경안정제 과다복용에 의한 자살로 판정되었다.

하지만 평생의 대작이 될지도 모를 책을 쓰려 했던 그녀가 왜 갑자기 자살을 택한단 말인가? 과연 그녀의 죽음은 우연사일까? 아니면 많은 사람들이 의심하는 것처럼 케네디 대통령 암살사건에 관한 위험한 정보를 너무 많이 수집했기 때문에 피살된 것일까?

| 정 말 이 상 한 부 분 |

킬갈렌이 수집한 파일들, 가령 잭 루비와의 인터뷰 녹취록이나 뉴올리언스에서 수집한 정보 등은 언론에 배포되지 않았다.

| 먼 저 떠 오 르 는 용 의 자 |

FBI : 에드거 후버 국장은 킬갈렌의 뒷조사를 직접 명령했다. 후버 국장은 그녀가 케네디 대통령 암살사건에 관한 정보를 얼마나 캐냈는지, 특히 루비가 워렌 위원회에서 한 증언을 킬갈렌이 발표할 예정인지 등을 알아보라고 지시했다. 잭 루비의 증언은 킬갈렌이 세상에 보도하기 전에는 1급 비밀로 분류되어 있었다. 따라서 킬갈렌은 FBI의 협박에도 굴하지 않고 케네디 대통령 암살사건의 배후(FBI도 포함)를 철저히 밝히려 했기 때문에 살해되었다는 것이다.

마피아 : 케네디 대통령 암살사건의 또다른 용의자인 마피아가 킬갈렌을 죽여놓고 자살인 것처럼 꾸몄을 가능성도 있다. 마피아가 독자적으로 사건을 진행했을 수도 있고 아니면 FBI나 CIA의 지시를 받아가며 암살했을 수도 있다.

그 외에 군산복합체, 친(親)카스트로 쿠바인, 반(反)카스트로 쿠바인 등이 용의자로 떠오른다.

| 다 소 황 당 한 용 의 자 |

리처드 콜마 : 킬갈렌의 남편인 리처드 콜마(Richard Kollmar)는 그녀가 사망한 시각에 아파트에 함께 있었다. 그러나 그는 다음날 정오가 될 때까지 아내의 시체를 발견하지 못했다고 증언했다. 당시 킬갈렌이 가수 자니 레이(Johnny Ray)와 연애 중이라는 소문이 널리 퍼져 있었다. 소문에 의하면 그녀는 레이에게 전화를 걸어 세기의 기삿거리를 확보했지만 전화로는 자세한 이야기를 하기가 좀 거북하다고 말했다고 한다. 이렇게 볼 때 아내의 외도에 질투를 느낀 남편이 킬갈렌의 죽음에 어떤 역할을 했을지도 모른다.

질투심을 느낀 경쟁 언론인들 : 킬갈렌은 자신의 취재활동이 가져올 엄청난 파장에 대해 잘 알고 있었고 또 그것을 공공연하게 언급하고 다녔다. 특종기사 하나가 기자로서의 성공을 좌지우지하는 치열한 저널리즘의 세계에서 라이벌들이 그녀를 제거해야겠다고 마음먹었을 수도 있다.

| 가 장   그 럴 듯 한   증 거 |

킬갈렌은 침대에서 책을 읽다가 죽은 것으로 판명되었다. 그러나 그녀는 독서용 안경을 쓰고 있지 않았고, 또 그 안경은 팔을 뻗으면 잡을 수 있는 거리에 있지도 않았다. 게다가 읽고 있던 책은 그녀가 이미 읽었다고 친구들에게 말했던 책이었다. 더욱 이상한 것은 죽은 킬갈렌이 아직 화장도 지우지 않은 상태였다는 것이다. 그녀는 잠들기 전에 반드시 화장을 지우는 습관이 있었다.

JFK 암살을 조사한 워런 위원회. 킬갈렌은 워런 위원회가 대중을 우롱하며 속인다고 폭로하려 했다.

킬갈렌의 죽음 직후 그녀의 가까운 친구인 얼 T. 스미스(Earl T. Smith)도 의문의 죽음을 맞았다.

진실을 보도하는 것은 좋다. 단 그것이 승인된 진실이어야 기자는 안전할 수 있다.

필립 테일러 크레이머 PHILIP TAYLOR KRAMER
획기적인 컴퓨터 보안 능력을 개발한 록스타의 실종

거짓 죽음을 꾸며내 스스로 사라져버린 록스타의 이야기는 외계인, 프리메이슨, CIA 못지않게 음모론자들의 단골 메뉴이다. 미국의 록 밴드 '아이언 버터플라이(Iron Butterfly)'의 베이스 연주자가 갑자기 사라진 사건을 놓고 음모론이 무성한 것도 그리 놀라운 일이 아니다. 그러나 필립 테일러 크레이머는 평범한 록스타가 아니었다. 그 때문에 그의 실종은 걸핏하면 증발하거나 사라지는 일반 뮤지션들과 관련된 음모론보다 훨씬 더 신비감을 자아낸다. 크레이머는 1970년대의 뛰어난 록 뮤지션일 뿐만 아니라 수학과 컴퓨터의 천재였다. 그는 실제로 핵미사일 기술을 개발하는 프로젝트와 관련된 미국 정부의 일을 맡기도 했다.

크레이머는 1995년 2월 12일 실종될 때까지 몇 주 동안 획기적인 발명품을 만들어낼 수 있을 것 같다며 들떠 있었다. 믿을 만한 소식통에 의하면 그 획기적인 고안은 프랙탈 데이터 압축이나 광통신 분야와 관련된 것이었다. 이 두 분야에서의 기술 발전은 과학산업의 미래를 크게 바꾸어놓을 것으로 예상되었다.

그가 사라지던 날 오전, 크레이머는 친구를 맞으러 밴을 몰고 로스앤젤레스 국제공항으로 향했다. 그를 맨 마지막으로 목격한 인물은 병원에서 암으로 투병 중인 크레이머의 장인이었다. 크레이머는 장인에게 조그마한 기계장치 하나를 맡겼다고 전해진다. 또한 그가 공항 주차장의 주차요금을 내지 않았다는 사실은, 그가 공항에 도착하여 약 45분을 지체했으며 또 만나기로 한 친구를 만나지 않았다는 뜻이 된다. 그는 실종되기 전에 가족과 친지들에게 전화를 걸어 이상한 말을 했다. 그의 마지막 전화는 비상전화 교환원에게 건 것이었는데 이런 말로 끝맺었다고 한다. "난 자살할 겁니다. 그리고 모든 사람들이 O. J. 심슨은 무죄라는 걸 알았으면 좋겠어요. 범인은 다른 자들입니다."(O. J. 심슨은 미국의 유명한 흑인 미식축구 선수인데 이혼한 백인 아내와 그녀의 남자친구를 살해한 혐의로 기소되었다. 여러 가지 정황증거로 미루어 그가 범인일 것으로 추정되나 증거 불충분으로 무혐의 방면되었다―옮긴이).

크레이머는 신용카드, 은행카드, 휴대전화 등을 소지하고 있었는데 그가 실종된 1995년 2월 12일 이후에는 사용되지 않았다. 엘비스 프레슬리의 경우처럼 햄버거를 뒤집는 크레이머의 모습을 보았다는 목격자들도 없었다. 실종된 록스타와 관련된 음모설에서는 반드시 나중에 그 록스타를 보았다고 하는 사람들이 나타나게 마련인데 크레이머의 경우에는 신기하게도 그를 목격했다고 나서는 사람이 없다.

| 정 말 이 상 한 부 분 |

그룹 아이언 버터플라이를 함께 만들었고 크레이머의 가까운 친구였던 론 부시(Ron Bushy)는 크레이머가 사라지던 날 마지막으로 그와 대화를 나눈 몇

안 되는 사람들 중 하나이다. 크레이머의 실종 직후 론 부시는 이렇게 말했다. "나는 그가 미국 정부나 외국 정부 또는 회사 등에 의해 납치되었다고 생각합니다." 부시는 크레이머가 납치된 것은 그가 고안해냈다는 수학적 발명품이 물질을 순간이동시키는 기능을 가지고 있었기 때문이라고 말했다. 부시는 또 이렇게 말하기도 했다. "우리는 '광속으로 사물을 이동시켜주는 빔(beam)'에 대해 의논했습니다."

| 먼 저   떠 오 르 는   용 의 자 |

국가안전보장국 : 국가안전보장국(NSA, National Security Agency)은 통신기술의 성질을 바꾸어놓거나 NSA의 암호해독 능력에 영향을 미치는 컴퓨터 기술에 관심이 많았다. 만약 크레이머가 프랙탈압축 방식을 완성시켰다면 그 기술 덕분에 획기적으로 발전할 암호학은 NSA의 강력한 슈퍼컴퓨터로도 감당이 되지 않았을 것이다. 그렇듯 침투 불가능한 컴퓨터 보안 시스템의 등장을 달가워하지 않은 NSA가 외국 정부보다 한 발 앞서 크레이머를 납치했을 가능성이 있다.

컴퓨터 회사 : 만약 크레이머가 프랙탈 압축 분야에서 획기적인 발명을 했다면 그것은 컴퓨터 산업에 혁명을 가져올 것이 분명했다. 다시 말해 주요 컴퓨터 회사들이 수백억 달러를 투자한 현재의 소프트웨어와 모뎀, 칩이 무용지물이 될 가능성이 있었다. 재정파탄을 우려한 일부 주요 컴퓨터 회사들은 크레이머가 발명품을 일반에 공개하기 전에 미리 막을 필요가 있었을 것이다.

| 다 소   황 당 한   용 의 자 |

크레이머 : 실종된 록스타들은 자작실종극을 꾸몄다는 의심을 받는데 크레이머도 예외는 아니다. 일부 음모론자들은 그가 재정적 곤란을 느껴 지하로 잠적했다고 보는 반면, 또다른 이들은 크레이머가 가족들을 보호하고 또 정부

나 기타 세력의 방해 없이 연구를 계속하기 위해 은신했다는 설을 내놓았다.

외계인 : 크레이머의 연구가 공상과학소설의 예언들 가운데 상당부분을 실현시킬 수 있다는 점을 감안할 때, 그레이 외계인이 크레이머를 납치했다고 주장하는 음모론자의 주장은 그리 놀라운 것도 아니다. 만약 크레이머가 그 획기적인 발명품의 비밀을 공개해버리면 그레이들이 그동안 차지하고 있던 기술적 우위가 대단히 위태로워질 수 있기 때문이었다.

| 가 장   그 럴 듯 한   증 거 |

오하이오 출신의 하원의원 제임스 A. 트래피컨트 주니어(James A. Traficant Jr.)는 FBI에 크레이머 실종사건을 조사하라고 두 번이나 요청했다. 특히 크레이머가 핵 관련지식을 갖고 있다는 점을 감안할 때, 그의 실종은 단순한 실종사건이 아니라 국가안보가 걸린 문제로 보아야 한다고 주장하면서 강력하게 수사를 요청했다. 이런 하원의원의 지적이 아니더라도 방위산업과 긴밀한 관계가 있는 과학자의 실종은 충분히 조사해볼 만한 사건이었다. 이런 점은 FBI나 정보 관련기관들이 충분히 알고 있는 사실로서, 특히 실종된 과학자가 미국 핵미사일의 유도체제를 고안한 인물일 때에는 조사의 필요성이 더욱 높아진다. 그런데도 수사당국이 크레이머의 실종에 대해 미온적이다 못해 거의 무관심한 태도를 취했다는 것은 정말 이상한 일이다.

| 가 장   의 문 스 러 운   사 실 |

크레이머는 실종되기 며칠 전 아내 제니퍼에게 이렇게 말했다. "여보, 우리는 이제 벽 뒤에 숨어서 살아야 할 것 같아. 사람들이 나를 노리고 있어." 그의 이런 피해망상증은 분명 근거가 있는 듯했다. 같은 과학자인 그의 아버지 레이먼드 크레이머(Raymond Kramer)는 이렇게 말했다. "우리 연구실이 여러 번 외부인들의 침입을 받았고, 그 침입자들은 내 아들 필립이 연구하던 '획기적인 발명품'에 관한 정보를 얻기 위해 우리 컴퓨터의 보안 시스템을 해킹하려고 했으나 실패했어요."

| 회 의 론 자 의   견 해 |

여러 가지 정보를 종합해볼 때, 실종 몇 주 전부터 크레이머는 극심한 스트레스를 받았고 불면증에 시달렸다는 것을 알 수 있다. 크레이머가 이처럼 심신이 불안정한 상태에서 자신이 누구인지 의식조차 못한 채 정처없이 방황했을 수도 있을 것이라고 보는 사람들도 있다. 일부 냉정한 회의론자들은 O. J. 심슨이 무죄라고 믿을 정도로 얼빠진 사람이라면 심한 정신장애를 일으켜 자살했을지도 모른다고 말한다.

루칸 경 LORD LUCAN
부유한 도망자 생활을 즐기고 있는 영국 귀족

도망자가 일으킨 진기한 실종사건의 하나로 루칸 7세 백작인 리처드 빙엄(Richard Bingham)의 실종을 꼽을 수 있다. '행운의 사나이' 루칸은 귀족 중의 귀족이었고 전문적인 도박사였으며 방탕한 생활을 좋아하는 한량이었다. 영국 상류층에서 발이 넓기로 소문난 루칸은 워낙 사치스러운 취미를 향유하다 보니 엄청난 빚을 지게 되었다. 그는 아내와 별거를 하게 되었고 세 명의 자녀에 대한 양육권을 놓고서 치열한 법정공방을 벌였다.

1974년 11월 7일 밤, 루칸의 자녀를 돌보던 보모인 29세의 샌드라 리벳(Sandra Rivett)이 루칸의 집에서 쇠파이프에 맞아 살해되었다. 루칸의 아내 베로니카 루칸(Veronica Lucan)은 보모의 비명소리를 듣고 현장으로 달려갔다가 그녀 역시 공격을 받아 크게 부상을 당했다. 피투성이가 된 베로니카 루칸이 인근의 술집에 비틀거리며 나타나 남편이 보모를 살해했다고 말하자 그 일대가 발칵 뒤집혔다.

돈도 없고 여권도 없었던 루칸 경은 그날 밤 자신은 결백하다는 쪽지를 남긴 채 친구의 차를 빌려 타고 사라졌다. 피 묻은 차는 나중에 뉴헤이번의 부두에서 회수되었다. 루칸을 마지막으로 본 사람은 루칸의 집에서 30킬로미터 떨어진 어크필드 마을에서 그를 보았다고 증언했다. 루칸은 금치산 선고를 받았지만 법적으로는 생존인물로 처리되어 있고 그래서 체포영장이 유효한 상태이다. 이 때문에 상원에서 아버지의 의석(議席)을 물려받을 수가 없게된 루칸의 아들은 공식적으로 아버지의 사망선고를 내려달라는 소송을 제기하기도 했다.

|정말 이상한 부분|

엘비스 프레슬리의 경우와 비슷하게 전세계 여러 곳에서 루칸을 보았다는 사람들이 나타났다. 시칠리아의 산등성이를 걷고 있는 루칸을 보았다거나 남아프리카에서 살고 있는 루칸을 보았다는 신고가 여러 번 접수되었다. 런던 경시청은 약 70건에 달하는 신고를 모두 추적하고 있다. 25년 전 돈 한푼 없이 달아난 루칸이 아직까지도 살아 있다면 그는 현재 60대가 되었을 것이다.

|먼저 떠오르는 용의자|

죽은 루칸 경 : 가장 흔한 음모설은 루칸 백작이 죽었다는 것이다. 아내를 죽이려다 미수에 그치고 엉겁결에 달아난 그는 절망과 후회 속에서 자살을 했으리라고 추측된다. 해안까지 차를 몰고 간 그는 아마도 영국해협에 몸을 던져 익사했을지도 모른다.

지금까지도 실종 중인 루칸 경.

살아 있는 루칸 경 : 이 시나리오에 따르면 루칸은 부유한 친구인 제임스 골드스미스(James Goldsmith) 경의 도움을 받아 영국 남부해안에서 개인 비행기를 타고 프랑스로 건너갔다고 한다. 국경 단속이 느슨한 편인 유럽에서는 여권 없이 돌아다니기가 비교적 쉬웠을 것이다. 루칸은 이렇게 유럽을 거쳐 아프리카의 보츠와나로 가 현재 그곳에서 살고 있다고 한다. 유서 깊은 명문가의 귀족이 재판으로 명성에 먹칠을 하는 것을 원하지 않은 사람들이 분명 있었을 것이다. 루칸은 그들의 도움을 받아가며 호화롭지는 못하지만 편안하게 살고 있을 것이라고 사람들은 말한다.

| 다 소   황 당 한   용 의 자 |

프리메이슨 : 루칸이 프리메이슨인지는 확실하지 않지만 많은 귀족들이 이 비밀결사에 참여하고 있는 것은 사실이다. 루칸의 유죄 여부가 불확실하고 또 공개재판을 미리 막고 싶은 마음이 간절했던 프리메이슨은 '행운의 사나이' 루칸을 영국에서 빼낸 뒤 지구상의 한적한 곳에서 은밀하게 살아가도록 조치했을지도 모른다.

미오니아 : 미오니아(Meonia)는 영국 귀족가문의 혈통을 보존하고 또 신비한 방법으로 영국의 국가체제를 유지하려는 비밀결사이다. 루칸은 이 미오니아의 회원이었을 가능성이 크다. 회원인 루칸이 곤경에 빠진 것을 보고 미오니아는 감옥행이 유력한 그를 구조하는 것이 조직의 의무라고 생각했을 수도 있다.

| 가 장   그 럴 듯 한   증 거 |

루칸에게 법적 사망선고를 내려달라는 요청이 여러 번 제기되었음에도 불구하고 영국 경찰은 그 요청을 들어주지 않았다. 런던 경시청은 루칸이 남아프리카의 보츠와나에 살고 있을지도 모르며 또 그의 자녀들이 이 지역을 자주 여행했다는 사실을 예의주시하고 있다고 말했다. 경찰의 말을 뒤집어보면 루칸의 도피처를 자세히 파헤치고 싶으나 수사비용이 부족해 하지 못하고 있다는 이야기가 된다. 그러나 현재 30대인 루칸의 자녀들은 경찰의 설명이 터무니없다며 비난하고 있다.

| 가 장   의 문 스 러 운   사 실 |

런던 경시청의 은퇴한 형사과장 알렉 에드워즈(Alec Edwards)는 전국 규모의 한 일간지에서 이렇게 말했다. "루칸이 발견되지 않기를 바라는 힘센 사람들이 있습니다. …… 아마도 루칸의 체포가 가져올 역풍을 우려하는 것 같습니다."

| 회 의 론 자 의   견 해 |

실종된 뒤 약 25년이 지나는 동안 루칸의 이미지는 비극적인 영웅의 모습과 비슷해졌다. 만약 그가 대중 앞에 나타나 자신의 도피 이야기를 책으로 써

정글 배리(Jungle Barry)로 알려진 이 히피는 자신이 루칸 7세 백작이라고 주장했지만 사실이 아니었다.

174

냈다면 큰 돈을 벌 수 있을 것이다. 사실 그는 대중 앞에 나타나더라도 손해보다는 이득이 더 많을 사람이다. 그를 심정적으로 동정하는 사람들도 오늘날처럼 스캔들이 만연한 시대에 루칸이 대중 앞에 나타난다고 해서 손해를 보지는 않을 것이다. 만약 루칸 백작이 유죄 혐의를 벗을 수 있다면 그는 진정한 영국의 영웅이 될 것이다. 이제 루칸 사건은 더 이상 스캔들도 아니며 따라서 그를 숨겨주는 일 역시 그리 보람 있는 일이 아닐 것이다.

리 하비 오스왈드 LEE HARVEY OSWALD
암살자의 입을 막기 위한 또 하나의 암살

미국 역사책에 의하면 리 하비 오스왈드는 1963년 11월 22일 텍사스 주 댈러스의 텍사스 교과서보관회사의 창문에서 존 F. 케네디 대통령을 암살했다. 그리고 45분 뒤 오스왈드는 댈러스 경찰서 소속의 경찰관 J. D. 티펫을 살해했고 그 후 영화관에서 영화를 보다가 체포되었다. 이틀 뒤 대통령 살해범에게 분노를 느낀 잭 루비에 의해 오스왈드 자신도 살해되었다. 케네디 대통령 암살사건의 공식 조사기구인 워렌 위원회가 발표한 암살사건의 전말은 여기에서 끝이 났다. 죽은 오스왈드는 단독범이었고 배후는 없었으며 사건은 그것으로 종결이었다.

그러나 댈러스에서 벌어진 사건에 관한 음모론이 무성하게 가지를 치면서 오스왈드의 단독범행이라는 설명은 터무니없다는 주장이 곳곳에서 제기되었다. 오스왈드에 대한 미스터리도 무성하다. 암살사건 며칠 전의 오스왈드의 행동을 대충 살펴보기만 해도 이치에 맞지 않는 일들이 너무 많고 또 의심스러운 부분도 많아서, 그것들만으로도 또 한 권의 음모론 책을 만들어낼 수 있을 정도이다.

1957년 10월 26일, 오스왈드는 캘리포니아 주 샌디에이고에서 해병대에 입대했다. 해병대 근무 시절 그는 소련이라는 국가와 그 나라의 정치에 매혹되었다. 1960년 9월 13일 해병대를 불명예 제대한 오스왈드는 미국 국적을 포기하고 소련으로 이주하겠다고 선언했다. 그는 한 달 뒤 모스크바에 도착했다. 그 뒤 민스크로 가서 KGB 대령의 딸인 마리나와 결혼했다. 그러나 얼마 지나지 않아 소련 생활에 대한 흥미가 사라진 오스왈드는 1962년 아내와 함께 미국으로 돌아왔다. 미국 내에서 이 직업 저 직업을 전전하던 오스왈드는 1963년 4월 19일 댈러스에서 에드윈 워커(Edwin Walker) 소장의 암살미수 혐의를 받기도 했다.

1963년 8월 9일 오스왈드는 뉴올리언스에서 '쿠바를 공정하게 대하자.' 라는 팸플릿을 돌리다가 화가 난 쿠바인들과 싸움이 붙었고, 그의 이런 정치적인 견해 때문에 경찰에 체포되기도 했다. 아내인 마리나의 친구(CIA에 연줄을 갖고 있는 망명 러시아인)가 주선을 해준 덕분에 오스왈드는 댈러스의 텍사스교과서보관회사에 면접을 보았고 자신의 과거를 속여 1963년 10월 15일 교과서보관회사에 취직할 수 있었다. 그 이후의 이야기는 역사책에 등장하는 하나의 역사가 되었다. 하지만 그것이 과연 진정한 역사일까?

| 정 말 이 상 한 부 분 |

케네디 대통령을 암살하기 직전에 눈에 띈 오스왈드의 행적에 대해 서로 상반되는 내용의 신고가 들어왔다. 텍사스 자동차 세일즈맨 앨버트 가이 보가드(Albert Guy Bogard)는 다음과 같은 내용을 신고해왔다. 보가드에 의하면 오스왈드는 사건 직전 차를 사겠다면서 시운전을 했는데 그때 곧 큰돈을 벌게 될 것이라고 말했다고 한다. 하지만 이 당시 오스왈드는 운전면허를 가지고 있지 않았다. 그리고 또다른 사람은 오스왈드가 댈러스의 한 사격장에서 자신의 사격실력을 과시하면서 다른 손님의 과녁을 정확하게 명중시켰다는

리 하비 오스왈드를 저격하는 잭 루비. 그가 단독으로 이런 범행을 저질렀다고 믿는 사람은 거의 없다.

신고를 해오기도 했다. 이것은 오스왈드가 해병대 시절 사격실력이 신통치 않았다는 사실과 맞지 않는다. 어쩌면 이 '오스왈드들'은 암살사건의 배후세력이 '오스왈드는 진짜 명사수이고 암살의 목적의식이 뚜렷했다.'는 의식을 사람들에게 심어주기 위해 날조한 가짜일지도 모른다.

| 먼 저 떠 오 르 는 용 의 자 |

마피아 : 잭 루비는 재클린 케네디가 공개재판의 고통을 당하지 않도록 오스왈드를 쏴 죽였다고 말했다. 하지만 잭 루비 자신이 마피아 요원이었다는 증거가 속속 드러났다. 케네디 대통령 암살사건과 관련하여 마피아의 소행일지도 모른다고 생각하는 그럴듯한 음모론이 많이 제기되었다. 이렇게 본다면 잭 루비가 오스왈드를 죽인 것은 우연의 일치가 아닐 수도 있다. 잭 루비는 케네디 암살사건의 배후가 마피아임을 감추기 위해 오스왈드를 죽인 것인지도 모른다.

FBI와 CIA : 오스왈드는 소련으로 이주하기 전부터 FBI의 감시를 받고 있었다. 러시아인이 되고 싶다는 그의 소망 때문에 해병대에서 불명예 제대했음은 널리 알려진 사실이다. 그렇기 때문에 CIA는 완벽한 희생양 한 명을 확보한 셈이었다. '적국 소련을 위해 일하는 단독 암살범이 대통령을 암살했다.' 이런 설명은 언론의 구미에도 딱 들어맞는 것이었다.

| 다 소 황 당 한 용 의 자 |

KGB : KGB는 오스왈드가 법정에 서면 공산당에서 활동한 그의 배경과 KGB와의 관계가 낱낱이 드러날 것임을 알고 있었다. 만약 그렇게 되면 소련은 케네디 대통령 암살사건의 배후로 지목될 것이 틀림없었다. 이런 이유로 KGB는 잭 루비를 고용해 오스왈드가 법정에 나서지 못하도록 막은 것인지도 모른다.

| 가 장 그 럴 듯 한 증 거 |

만약 오스왈드가 정치적 목적으로 케네디 대통령을 살해했다면 그는 왜 자신의 행동을 떳떳이 시인하면서 자신의 공로를 주장하지 않았을까? 그는 잭 루비에게 살해당할 때까지 자신이 음모의 희생자라고 줄기차게 주장했다. 이것은 정치적인 광신자의 태도라고 볼 수 없다. 잭 루비가 그를 죽인 것은 너무나 잘 짜인 각본—진실의 은폐—에 들어맞는 듯한 행동으로, 의심을 사기에 충분하다.

| 가 장 의 문 스 러 운 사 실 |

CIA는 1957년 일본 아츠기에 주둔 중인 미군을 상대로 마인드콘트롤(심리조종) 테스트의 일환인 LSD 실험을 했다고 한다. 오스왈드는 이 당시 일본 주둔 해병대에서 근무하고 있었다.

| 회 의 론 자 의   견 해 |

배후야 어찌 되었든 오스왈드가 케네디 대통령을 쏜 것은 사실이기 때문에 분노에 찬 미국인(잭 루비)이 복수심에 불타 오스왈드를 처치했다는 추측은 나름대로 일리가 있다. 그렇다고 해서 오스왈드와 관련된 음모론을 모두 다 믿어버린다면 결국에는 '오스왈드가 타이타닉 호를 침몰시켰다' '오스왈드가 아무개 집 앞에 던져진 오늘 아침 조간신문을 훔쳐갔다' '오스왈드는 알고보니 복제인간이더라' 등의 이야기도 모두 믿어야 할 것이다.

제레미어 듀건 JEREMIAH DUGGAN

음모론의 대가 라루슈의 소행인가, 그를 음해하려는 모함인가?

2003년 3월 27일, 에리카 듀건은 잠을 이루지 못했다. 불안한 꿈을 꾸었고 흥분과 동요 속에서 잠을 깨었다. 아직 4시 30분밖에 안 되었으나 차를 끓이러 아래층으로 내려갔다. 그녀는 뒤척이던 잠자리에서의 불길한 꿈의 징조가 마치 뒤를 따라다니고 있는 듯한 느낌을 떨칠 수 없었다.

몇 분 안 지나 전화벨이 울렸다. 수화기 너머 모두가 '제리'라고 부르는 아들 제레미어의 지친 목소리가 들려왔다.

"엄마, 문제가 생겼어요. 아주 심각해요. 여기서 벗어나고 싶어요. 이 단체 아시죠? 내겐 너무 버거워요. 더 이상 견딜 수가 없어요. 벗어나고 싶어요."

그녀가 뭔가를 물어보기도 전에 전화가 끊겼다. 그녀가 아는 바로는 파리에서 공부를 하고 있는 스물두 살의 영국인 학생인 아들은 이라크 전쟁을 반대하기 위한 보임에 참석하기 위해 파리를 잠시 떠나서 유럽 어딘가에 가 있었다.

아들 제레미어 듀건의 사진을 들고 있는 에리카 듀건. 그녀는 아들의 사망이 단순한 자살이라는 것을 인정하지 않고 있다.

곧 다시 전화가 걸려왔다.

"어디 있는 거니, 제레미어?"

"비스바덴."

"철자가 어떻게 되는데?"

"W, I, E, S……."

거기서 다시 전화가 끊겼다.

그리고 40분이 채 지나지 않아 제레미어 듀건은 사망했다. 후에 운전자들과 면담을 한 경찰에 따르면 제레미어는 비스바덴에서 5킬로미터 정도 떨어진 베를리너 가(街)의 2차선 도로를 달려가고 있었다. 돌진하는 자동차를 향해 뛰어든 그는 쓰러져버렸고 곧이어 지나던 차에 치어 사망한 것이었다.

독일 경찰이 에리카에게 아들의 죽음이 단순한 자살이라고 알려주자 그녀는 곧 의심을 했다. 나중에 제리는 좌파 반전 모임이 아니라 실러 협회(Schiller Institute)에서 주최한 행사에 참석했던 것으로 밝혀졌다. 음모론 연구자들 사이에서 실러 협회는 린든 라루슈 주니어(Lyndon Larouche Jr., 부유한 경제학자이자 오늘날 세계에서 가장 널리 알려진 음모론 연구자 중 하나)와 관련된 조직으로 유명했다.

이전에 공산주의자였으나 파란만장한 정치적 역정을 거쳐 지금은 우파가 되어버린 라루슈의 삶은 정말 흥미진진하다. 1976년부터 여덟 번이나 미국 대통령선거에 출마했던 영원한 대통령후보인 그는 사기와 탈세로 1988년부터 1994년까지 6년간 복역하기도 했다. 정치적인 입장 때문에 그를 반유대주의자 혹은 작은 히틀러라고 묘사한 이들과의 승산 없는 소송에 휘말렸으며, 페이퍼클립 작전에 의해 전후 미국으로 건너온 독일의 로켓 과학자들과 거래를 하기도 했다.

제리가 실러 협회의 행사에 참석한 것은 '라루슈 운동(Larouche Movement)' 조직원들의 회유 때문이었다. 단지 반전 모임이라고 생각했던 이곳이 뭔가 그 이상의 것을 숨기고 있다는 것을 깨달은 것은 라루슈가 케네디의 암살에 대해 언급했을 때였다. 실러 협회의 한 회원이 에리카에게 전한 바에 따르면, 그 모임에서 한 연사가 유대인 조상을 둔 때문에 나치가 되지 못한 이들이 전쟁을 획책한 것이라는 내용의 발언을 하자 제리가 자리에서 벌떡 일어나 "저도 유대인인데요."라고 항의했다고 한다.

모임이 끝나고 나서도 제리는 라루슈 조직이 주최한 '간부학교' 세미나에 참석하고자 계속 남아 있었다. 어머니에게 전화를 걸기 전 그는 파리에 있는 여자친구 마야에게 전화를 해서는 "너무 힘들어. 무엇이 진실이고 무엇이 거짓인지 더 이상 모르겠어. 팔다리가 너무 아파. 그들은 컴퓨터를 이용해서 사람들에게 실험을 하고 있어."라고 말했다.

에리카가 아들의 사망 원인을 캐고자 했을 때 실러 협회의 운영자 중 한 사람은 "개개인의 행동에 우리가 모두 책임을 질 수는 없죠. 아드님은 정신적인 문제가 있었던 것 같습니다."라고 말했다. 또한 그들은 런던에 있는 정신문제 연구소인 태비스톡 연구소(Tavistock Institute) 측에서도 제레미어 듀건의 문제를 알고 있었다고 독일 경찰에 진술했다. 제리는 15년 전 부모가 이혼할 무렵, 가족치료센터로 유명한 이 연구소에서 부모와 함께 치료받은 적이 있었다.

에리카 듀건은 실러 협회의 임원들이 제리의 여권을 가지고 있었고 어째서 그렇게 된 것인지 이유를 설명하지 못하자 점점 더 무엇인가 이상하다는 확신을 갖기 시작했다. 제리를 친 자동차들이 도로에 남긴 흔적으로 볼 때, 보고된 속도보다 실제로는 훨씬 느린 속도로 주행하고 있었다는 점 역시 논리적으로 설명이 되지 않는 부분이다.

| 정 말   이 상 한   부 분 |

1974년 라루슈의 추종자들은 그가 세운 정치단체의 전 회원 중 하나가 라루슈를 죽이도록 세뇌받았다고 폭로했다. 그 암살자가 태비스톡 연구소에서 개발된 기술로 영국 정보기관에 의해 세뇌당했다는 것이었다. 라루슈는 종종 영국에 해로운 음모론을 퍼뜨리고 다녔는데, 엘리자베스 여왕이 전 세계적인 마약 밀매와 관련이 있다고도 했으며 영국 왕실이 자신을 살해하라는 명령을 내렸다고도 했다.

라루슈의 추종자들이 한목소리로 모종의 음모가 있다고 자주 말해왔던 세 가지 요소, 즉 영국인, 유대인 그리고 태비스톡 연구소가 제레미어에게 딱 들어맞는다는 것은 기이하기만 하다. 2006년 라루슈는 라루슈 운동과 제레미어 듀건의 죽음을 연계시키는 것은 토니 블레어와 미국 부통령 딕 체니의 지지자들이 자신을 음해하기 위해 날조한 각본의 일부라고 주장하며, 이 사건을 둘러싼 음모를 암시했다. 라루슈에 따르면 이것은 "더 이상의 언급이 필요하지 않을 정도로 너무나 명백한 조작"이라는 것이다.

| 먼저 떠오르는 용의자 |

라루슈 운동 내부인 : 제레미어 듀건의 사망을 둘러싼 정황을 연구한 많은 이들은 당연하게도 라루슈 운동 내부인들이 꾸민 어떤 음모에 의해 그가 죽음을 맞이했다고 생각한다. 제리가 그 조직의 범죄행위와 관련된 사실을 발견한 것이 이유가 되었으리라고 본다.

엘리자베스 2세 : 음모론을 주장하는 라루슈의 추종자들은 라루슈 운동을 음해하기 위해 엘리자베스 여왕이 직접 제리의 살해를 지시했다고 떠들어댄다. 그들은 이 살인사건이 윈저 가에 비밀리에 보고를 하는 '위원회(The Committee)'라고 불리는 영미 비밀결사 요원들에 의해 저질러졌다고 믿고 있다.

| 다소 황당한 용의자 |

그린 나치 : 라루슈는 '인간에 의한 지구온난화' 가설에 대한 지속적인 비판자였다. 그를 지지하는 이들 중에는 제레미어 듀건과 관련한 모든 이야기가 그린 나치(Green Nazis)의 고위층 인사들이 그의 명성에 해를 입히고 자신들의 거짓말을 폭로할 기회를 주지 않기 위해 만들어낸 허구라고 주장한다.

반(反)우주개발 단체 : 어떤 음모론자들은 라루슈가 전 나치 로켓 과학자들을 옹호하고 금성 정복, 전략방위구상(SDI) 및 화성 개발을 열렬히 지지한 것 때문에 우주개발에 반대하는 전세계 권력 엘리트들의 표적이 되었을 거라고 주장한다. 이러한 음모설에 따르면 그들은 우주개발을 방해하려는 자신들의 계획을 폭로하는 것을 막기 위해 라루슈를 함정에 빠뜨렸다는 것이다.

시온주의자 군대 : 라루슈는 비방반대연맹(Anti-Defamation League)이나 시몬 비젠탈 센터(Simon Wiesenthal Center) 같은 단체들에 의해 반유대주의자로 낙인찍힌 바 있다. 일부 극우 음모론자들은 시온주의자 군대(Zionist Forces) 같은 비밀결사가 라루슈 운동이 극단적인 반유대주의임을 증명하기 위해 제레미어 뉴건과 그의 죽음을 이용했다고 주장한다.

| 가 장 그 럴 듯 한 증 거 |

2007년 3월, 에리카 듀건측 변호인들은 권위 있는 병리학자들에 의해 작성된 두 개의 새로운 법의학 증거 보고서를 제출했다. 그들이 발견한 것은 제리의 사망이 단순한 자살이라는 주장과 모순되는 것이었다. 보고서에 따르면, 제리를 친 자동차나 도로 어디에서도 피부나 혈액, 옷 등의 흔적이 발견되지 않았으며, 타이어 자국을 비롯하여 제리가 차와 부딪혔음을 보여주는 그 어떤 증거도 없었다. 제리의 머리에는 구타로 보이는 상흔이 있었는데, "그것은 절대로 자동차사고로 생길 수 있는 성질의 것이 아니었다."

| 가 장 의 문 스 러 운 사 실 |

태비스톡 인간관계 연구소가 응용심리학 분야에서 순수하게 교육적인 연구와 상담 업무를 행하는 단체라는 것은 의심의 여지가 없어 보인다. 그럼에도 라루슈 지지자들과 일부 음모론 연구자들은 이 단체의 수상쩍은 면에 주목한다. 1946년 영국의 정신건강 전문가들에 의해 설립된 이 단체는 미국의 도덕적, 영적 그리고 경제적 몰락을 야기하고자 한다는 의혹을 받아왔다. 비틀스와 최후심판교회의 탄생에서부터 미국 고위 정치가들의 세뇌에 이르기까지 모든 것의 배후에 그들이 있다는 것이다.

| 회 의 론 자 의 견 해 |

실러 협회의 강연에 참석할 정도로 미친 놈이라면 당연히 자살할 만했을 것이라고 말할 냉혹한 회의론자들도 있을 것이다. 그러나 아무리 편협한 회의론자라 할지라도 법의학 증거자료를 보고 난다면 뭔가 음모가 있을지 모른다는 것을 부정하기는 어려울 것이다.

알렉산드르 리트비넨코 ALEXANDER LITVINENKO

핵물질로 독살당한 전 러시아 스파이, 푸틴을 범인으로 지목하다!

어떤 음모들은 카메라의 플래시처럼 폭발적인 결말로 이어지곤 한다. 그리하여 전세계 대중들의 문화적 기억 속에 그 강렬한 잔상을 각인시킨다. 1960년대를 살았던 사람들에게 케네디 암살사건에 대한 보도를 들었을 때 어디서 무엇을 하고 있었는가에 관한 기억을 소재로 이야기를 늘어놓는 것은 매우 흔해 빠진 일이다. 나의 세대에게는 존 레넌의 암살사건에 대한 뉴스를 들은 순간이 그와 같은 선명한 기억을 남겼다. 그리고 지금의 10대들에게는 2001년의 9/11 테러사건이 그러할 것이다.

2006년 11월 24일을 내가 선명히 기억하는 것은, 나 자신과 기묘하게 연결되었던 또 하나의 음모의 희생자가 마지막 숨을 내쉬던 순간이었기 때문이다. 그날 밤 나는 런던의 번화가에 있는 한 바에서 술을 마시며 십만 개의 불빛이 눈 아래로 휘황찬란하게 빛나고 있는 동화 같은 광경을 바라보고 있었다. 자정이 조금 못 되어 집으로 돌아오니 자동으로 켜진 텔레비전의 BBC뉴스에서 "오늘 저녁 9시 23분에 알렉산드르 리트비넨코가 사망했습니다."라는 소식이 흘러나왔다.

갑자기 나는 감정이 격앙되어 그의 아내와 아들을 떠올렸고 그를 살해한 자에게 분노를 느꼈으며 내 자신도 언젠가는 죽게 될 거란 생각이 들었다. 그가 사망한 순간부터 세상은 그를 '핵으로 독살된 러시아의 스파이'라는 제하의 기사로만 기억하겠지만, 나에게 그는 음모론에 관한 책들을 함께 썼던 동료이기도 했다. 뿐만 아니라 내 책《조직범죄의 역사(The History of Organized Crime)》를 위해 러시아의 정치가들과 범죄집단에 대한 정보를 입수해주기도 했다. 그는 흔히 짐작할 수 있는 그런 음모론자가 아니었다. 정치적인 망명으로 영국에 이주해 살기 전에 그는 KGB의 후신인 러시아 연방보안부(FSB)의 중령으로 일했다. 1998년 11월 17일, KGB와 FSB에서 12년간 충실히 복무하던 리트비넨코는 다른 4명의 장교들과 함께 자신들이 보리스 옐친의 측근이자 국가안보회의 부서기였던 사업가 보리스 베레조프스키(Boris Berezovsky)를 암살하도록 명령받았음을 폭로했다. 그들은 그 명령을 FSB의 수장이 내렸다고 말했는데, 그때 그 위치에 있던 사람은 후에 러시아의 대통령이 될 블라디미르 푸틴(Vladimir Putin)이었다.

이러한 선언을 하고 나서 그는 FSB에서 해임되었다. 이듬해 그는 테러 방지 임무를 수행하던 중, 시민을 구타하고 폭발물을 절도했다는 혐의로 체포되었다. 감옥에서 끔찍한 몇 달을 지낸 후 관계 당국은 러시아에 남아 있는다는 조건으로 그를 풀어주었다. 옛 FSB 동료들과 보리스 베레조프스키 친구들의 도움으로 리트비넨코는 위조된 여권을 지닌 채 아내와 아들을 데리고 이스탄불로 도망칠 수 있었다. 그리고 가까스로 런던의 히스로 공항에 도착하여 망명을 요청하였다.

런던에 안전하게 정착한 이후로 그는 러시아 정계를 둘러싼 FSB의 음모에 관해 더 많은 사실들을 폭로하기 시작했다. 그의 책《러시아 들여다보기(Blowing Up Russia)》에서 보이듯, 그의 주장 중 어떤 것은 구체적인 증거들이 뒷받침된 것들이었다. 그는 1999년에 모스크바와 다른 도시들에서 300명 이상의 인명을 앗아간 아파트 연쇄폭발사건이 FSB 요원들의 소행이었다는 사실을 폭로했다. 그것은 이제까지 체첸 테러리스트들의 범행으로 알려졌으나 리트비넨코는 그것이 체첸공화국과의 영토 전쟁을 정당화시키고 푸틴을 권좌에 오르게 하기 위한 FSB의 책략이었다고 믿었다.

그가 폭로한 또 다른 사실들 중에는 증명하기 어려운 것들도 있었다. 그는 2002년 모스크바 극장 인질극의 테러리스트들 중 2명이 FSB 행동요원이었으며, 아이만 알 자와히리(Ayman al-Zawahiri) 같은 알카에다의 수뇌요원들이 FSB에 의해 훈련받고 있었고 아직도 연계되어 있다고 단언했다. 어떤 이들은 그를 2005년 7월의 런던 시내 테러사건에서 FSB의 역할을 밝혀낸 영웅으로 보기도 한다. 다른 이들은 그를, 푸틴이 자신의 아동성도착 취향을 폭로하고

자 한 기자들을 살해하도록 명령했다는 식의 주장을 하는 정신이상자로 취급하기도 한다. 그러나 리트비넨코가 FSB에 대한 전문가이며, 보안부와 러시아 마피아의 관계를 꿰뚫고 있다는 사실에 대하여 이의를 제기할 사람은 아무도 없다.

2006년 11월 1일 리트비넨코는 갑자기 쓰러져 병원에 입원하게 된다. 그는 매우 희귀하고 치명적인 방사성 핵종인 폴로늄-210에 중독된 것으로 밝혀졌다. 경찰 진술에 따르면, 그는 그날 밀레니엄호텔에서 3명의 전직 KGB 요원들과 차를 마셨다고 한다. 그리고 나서는 이탈리아 정보요원과 함께 일식집에서 저녁을 먹었다.

죽음이 임박했음을 깨달았을 때 리트비넨코는 이슬람교로 개종했고 푸틴 대통령이 자신을 침묵하게 하고자 음모를 꾸몄음을 "저승사자의 날갯짓"이라는 표현을 통해 시사했다.

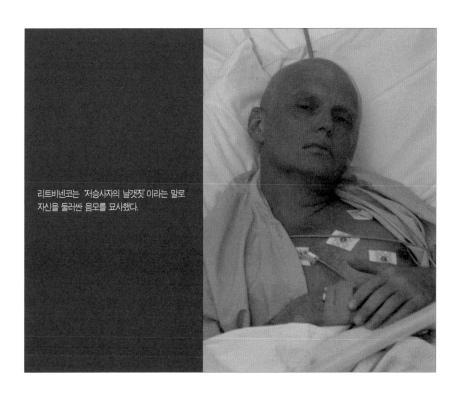

리트비넨코는 '저승사자의 날갯짓'이라는 말로 자신을 둘러싼 음모를 묘사했다.

| 정 말 이 상 한 부 분 |

어째서 폴로늄-210을 사용했을까? 그것은 핵 원자로 안에서 극소량이 추출되는 물질로 매우 비싸고 희귀한 것이다. 누군가를 살해하고자 했다면 그것은 우스꽝스럽게 보일 정도로 과시적인 방법임에 틀림없다. 폴로늄-210은 방사능 흔적을 남기기 때문에 비행기와 같은 교통편을 추적해보면 어디서 흘러나왔는지 금방 파악할 수 있다. 리트비녠코를 독살하려 했던 이는 이 이상하고 질질 끄는 죽음을 지켜보면서, 이 사건이 세계의 이목을 집중시키고 그 독성물질이 러시아로부터 나왔다는 흔적을 남긴 것에서 만족감을 느꼈던 것 같다.

| 먼 저 떠 오 르 는 용 의 자 |

블라디미르 푸틴 : 리트비녠코를 비롯하여 그와 가까웠던 많은 이들은 푸틴이 직접 독살을 지시했다고 믿고 있다. 과연 푸틴이 그의 가장 맹렬한 비판자였던 리트비녠코의 기이하고 잔인한 죽음을 만천하에 드러냄으로써 그에게 반대하는 다른 이들의 입을 다물게 할 선례를 남기고 싶었던 것일까?

보리스 베레조프스키 : 리트비녠코의 죽음에 푸틴이 개입했다고 언론의 비난이 쏟아지자 크렘린은 이 사건이 누군가 푸틴을 모함하기 위해 꾸며낸 일이라고 주장했다. 일부 FSB 요원들은 리트비녠코의 가장 가까운 친구이자 푸틴의 가장 강력한 정적인 보리스 베레조프스키가 살인을 사주했다고 주장한다.

비티야즈 대원 : 비티야즈(러시아어로 '기사' 라는 뜻)는 테러와 반란을 진압하기 위해 창설된 러시아 군의 특수부대다. 리트비녠코는 이 부대가 수행하는 체첸에서의 '더러운 전쟁' 을 자주 비판해왔으며, 비티야즈는 사격술 훈련을 할 때 그의 사진을 놓고 연습했다고 한다. 어떤 이들은 푸틴에게 맹종하는 이 부대의 대원들이 FSB와 협력하에 상부에조차 알리지 않고 그를 제거함으

로써 푸틴으로 하여금 범행을 당당하게 부인할 수 있도록 했다고 믿는다.

| 다 소   황 당 한   용 의 자 |

알렉산드르 리트비넨코 : 푸틴에 호의적인 음모론자들이 퍼뜨린 다소 공격적인 이론에 의하면 리트비넨코는 반정부 성향의 FSB 요원과 푸틴에 반대하는 행동가들과 연계하여 스스로의 죽음을 연출했다고 한다. 대대적인 언론의 관심을 불러일으키고 전 세계적으로 푸틴의 만행을 고발하기 위해 폴로늄-210을 사용했다는 것이다.

러시아 범죄조직 : 리트비넨코는 러시아 마피아와 고위급 정치인 그리고 보안부 사이의 관계에 정통했던 것으로 알려졌다. 그가 FSB 요원으로 재직할 당시 그리고 망명하여 음모론을 제기하고 있을 때 러시아의 가장 큰 범죄집단 중 하나인 소렌체프호 범죄단의 원한을 샀다. 푸틴 체제하에서 활동하고 있는 동료들을 보호하기 위해 이 범죄집단이 그를 제거했다고 믿는 이들이 있다.

| 가 장   그 럴 듯 한   증 거 |

사전적인 의미의 '음모(공모)' 즉 '두 사람 혹은 그 이상의 사람들이 범법행위를 저지르기 위해 꾸미는 은밀한 동의'가 리트비넨코의 독살을 위해서는 분명히 필요했을 것이다. 뿐만 아니라 두 가지 점에서 음모론자들이 예견한 대로 그 여파가 전개되었다. 첫째로 FSB는 리트비넨코를 음해하기 위해 대규모 선전을 했는데, 이를테면 그의 유언을 작성하는 데 광고회사가 동원되었다는 것이 그것이다. 둘째로 보리스 베레조프스키는 '제2의 러시아혁명'을 일으킬 계획을 발표하면서 친구의 죽음을 잠재적 정치세력을 활성화시키는 데 이용하였다.

| 가 장　의 문 스 러 운　사 실 |

　리트비넨코가 독살당하던 날 그와 저녁식사를 한 것은 보안 전문가이자 전 FSB 요원이었던 안드레이 루고보이(Andrei Lugovoi)였다. 2007년 5월 영국은 러시아로부터 그를 인도받고자 했다. 그러나 그는 영국 경찰과 베레조프스키가 제기한 의혹을 완강하게 부인하며 살인은 MI6의 소행이라고 주장했다. 루고보이는 이전에 ORT(베레조프스키가 소유했던 텔레비전 채널)의 보안 책임자였으며 전 러시아 총리인 예고르 가이다르(Yegor Gaidar)의 KGB 경호원이었다. 2006년 11월, 가이다르는 자신의 저서를 홍보하기 위한 여행을 하던 중 아일랜드에서 독살당했다.

| 회 의 론 자 의　견 해 |

　알렉산드르 리트비넨코의 독살에 모종의 음모가 있었다는 것을 부인하기란 불가능하다. 자신의 재산이나 권력, 직업적 관계를 이용하여 폴로늄-210을 쉽게 손에 넣을 수 있었던 이, 영국과 러시아의 관계가 악화되는 것에 개의치 않는 이의 음모였다고 짐작할 수 있다. 그러나 분명히 음모가 있었다는 것뿐, 어떤 음모론 연구가도 범인을 추적하여 정의를 실현해야 할 관계 당국도 그 배후의 진범이 누구인지는 확실히 알지 못한다. 체스게임에서 말의 위치를 추적하는 것은 쉽지만 그것을 움직이는 숨은 손을 보기란 쉽지 않은 법이다. 나는 개인적으로 누가 리트비넨코를 독살하도록 사주했는지 알 것 같지만 판사가 나의 증언을 들으려 할 것 같지는 않다.

봅 울머 BOB WOOLMER

존경받는 크리켓 코치의 돌연사는 승부 조작의 대가?

남자 원데이 크리켓(보통 며칠씩 걸리는 크리켓 경기를 하루에 줄여서 하는 국제경기—옮긴이)의 가장 큰 국제대회는 물론 크리켓 월드컵이다. 크리켓이라는 스포츠가 잘 알려져 있지 않은 나라가 많겠지만 크리켓 월드컵은 실은 세계에서 세번째로 큰 스포츠 이벤트다. 16개 국가가 51개의 경기를 치르는 2007년 월드컵 경기는 서인도제도에서 열렸으며 200개국 이상의 나라에서 22억 명의 시청자가 텔레비전을 통해 중계를 지켜보았다.

모든 위대한 스포츠 경기대회에서와 마찬가지로 예상치 못한 결과가 속출했다. 우승후보였던 파키스탄이 아마추어 팀이나 다름없는 아일랜드에게 패하자 많은 이들이 승부 조작을 의심했다. 파키스탄과 같이 크리켓에 열광하는 나라에서 그러한 패배는 국가적인 비극을 의미했다. 파키스탄의 도시들에서는 자국 대표팀의 주장이었던 인자맘—울—하크와 영국 태생의 코치 봅 울머의 초상이 군중들에 의해 불태워졌다.

패배가 있던 다음날, 킹스턴의 자메이카 페가수스 호텔 욕실에서 옷이 반쯤 벗겨진 봅 울머의 시신이 발견되었다. 그의 동료들이 대회기간 중 그의 건강 상태가 좋지 않았다고 증언했고 그의 아들도 스트레스로 인한 사망일 것이라고 말했지만 세계 각국의 크리켓 팬들은 곧 음모론을 제기하기 시작했다.

그것은 그리 놀랄 일도 아니었다. 할리우드를 제외하고 스포츠 세계만큼 끊임없이 음모론이 고개를 쳐드는 엔터테인먼트 산업 분야도 없을 것이다. 프로스포츠가 이미 천문학적인 금액이 움직이는 거대한 산업이 되어버렸다는 것도 그 이유 중 하나일 것이다. 그러나 무엇보다 자신이 응원하는 팀에 대한 팬들의 극단적이고 헌신적인 감정이 그러한 음모론을 생산해내는 중요한 이유일 것이다. 광적인 음악 팬들이 자신들의 우상이 단순한 사고로 사망한 것을 쉽게 인정하기 힘든 것과 마찬가지로, 자신의 팀이 그저 운이 나빠서 혹은 상대의 우월한 실력 때문에 패배했다는 것을 인정하기란 어려운 법이다.

내가 응원하고 있는 영국의 축구팀 아스널을 떠올려보면 스포츠 세계에서 음모론이 어떤 식으로 전개되는지 알 수 있다. 영국 여왕을 비롯해서 ('섹스 피스톨스'의 조니 로튼으로 더 알려진) 존 라이든 그리고 심지어 빈 라덴을 팬으로 두고 있는 아스널을 둘러싸고 모든 종류의 상상할 수 있는 음모론이 활개를 치고 있다. 그런 이야기들은 아스널의 이전 전용구장인 하이버리 구장의 건축이 프리메이슨의 상징과 관련이 있다는 사실에 의해 더욱 고조되었다.

에미레이트 항공사의 스폰서십과 관련된 보도 그리고 미국의 억만장자에 의해 구단이 인수될 것이라는 소문은 호기심 많은 음모론자들에게 많은 연구거리를 제공했다. 정상적인 스포츠 비즈니스 사업조차도 알카에다나 프리메이슨이 그 배후에 있다는 증거라고 인용되기도 했다. 여왕이 아스널의 새로운 에미레이트 구장을 방문하려던 계획을 취소하고, 구장의 흙을 리트비넨코를 독살한 물질에 대한 조사의 일환으로 검사하는 일이 생기자 음모론자들의 상상력이 들끓듯 쏟아져 나왔다.

이런 식의 음모론은 모든 스포츠의 영역에 걸쳐 찾아볼 수 있다. 비밀스런 조작을 믿고 있는 팬들이 제기하는 음모는 경기 결과 조작이나 선수의 경력을 조작하는 것들이다. 부패한 심판과 임원들, 승부를 조작하는 스포츠 도박조직들의 진짜 범죄행위에 대한 증거가 밝혀지기도 한다. 그러나 봅 울머의 죽음을 둘러싼 사건과 같이 예기치 못하게 드라마틱한 사태를 초래한 의혹은 없었다.

그의 사망 직후에 성급하게 제기된 타살설은 당시 말도 안 되는 얘깃거리에 불과하다고 여겨졌다. 그러나 자메이카 경찰이 '의심스런' 죽음이라고 발표했을 때 그러한 설이 신빙성을 얻기 시작했다. 그가 사망하고 나흘이 지난 후 사건을 담당한 경찰 책임자는 그가 목 졸려 살해된 것이라는 충격적인 보고를 했다.

울머의 사망에 충격을 받은 파키스탄의 크리켓 팬들이 그를 위한 기도회에서 촛불을 밝히고 있다.

크리켓 팬들은 월드컵의 나머지 경기에 대한 관심을 접었다. 그들의 마음에 자리한 의문은 더 이상 누가 최후의 승자가 될 것인가가 아니었다. 그들 모두가 알고자 했던 것은 울머의 죽음 배후에 과연 누가 있었을까 하는 것이었다. 석 달이 흐른 뒤 다시 경찰이 그의 사망 원인을 자연사로 수정해 공식 발표했을 때 많은 팬들과 음모론자들은 믿지 않았다.

| 정 말   이 상 한   부 분 |

국제 크리켓계에서 봅 울머는 가장 존경받는 인물 중 하나였다. 아일랜드에게 악몽과 같은 패배를 당하기 전까지 그는 파키스탄 팀의 임원 및 선수들과 좋은 관계를 유지했으며 크리켓계의 내부나 외부에 적이라 할 만한 이가 없었다.

방에서 없어진 물건이 없었으므로 자메이카 경찰은 애초에 강도의 가능성을 염두에 두지 않았다. 또한 어느 운 좋은 파키스탄 팬이 삼엄한 호텔의 경비망을 뚫고 방으로 진입했으리라 짐작하지도 않았다. 만일 울머가 살해당했다면 누군가 그를 죽여야 할 특별한 이유가 있었을 것이다.

| 먼 저   떠 오 르 는   용 의 자 |

스포츠 도박조직 : 밥 울머의 사망에 관해 가장 널리 퍼져 있는 음모설은 그가 당시 코치직을 사임하고 아일랜드와의 승부가 조작되었다는 정보를 대중에 알리고자 했다는 것이다. 파키스탄 크리켓 팀은 전에도 승부 조작에 연루된 적이 있었으며 아일랜드에게 당한 충격적인 패배 때문에 의혹이 다시 고개를 들었다. 1999년 거대한 승부 조작 스캔들의 중심에 있었던 출판업자 하니프 '캐드버리' 코드바비는 요하네스버그에서 사체로 발견되었다. 그가 67발의 총탄에 맞았고 사지가 도끼로 잘려나간 점으로 미루어, 크리켓 부정경기와 관련된 스포츠 도박조직이 자신들에 관한 상세한 정보를 누설하고자 하는 이에게 얼마나 잔인하게 복수했는지를 알 수 있다.

타블리그히 자마트 : 파키스탄 팀의 홍보담당자였던 P. J. 미르에 의하면 울머는 선수들 중 몇몇이 경기보다는 기도에 더 관심이 있다는 이유로 충돌한 적이 있다고 한다. 일부 선수들과 임원들은 '타블리그히 자마트(Tablighi Jamaat)'라는 이슬람 종교운동 단체와 연관이 있었는데, 그 단체에 관계된 이들은 테러 계획을 수립하는 임무를 띠고 있었다. 많은 사람들은 이 단체에 속한 이슬람 극단주의자들이 울머가 선수들을 다루는 방식이 이슬람에 반한다고 불만을 품고 그를 살해할 계획을 세웠다고 생각한다.

| 다 소   황 당 한   용 의 자 |

ISI : 알려진 바와 같이 모든 파키스탄 사람들은 크리켓에 광적으로 집착한다. 이 나라의 많은 사람들이 울머가 월드컵에서 대표팀의 수치스런 경기를 통해 국가적인 모욕을 주었다고 비판했다. 어떤 음모론자들은 이 사건이 파키스탄에서 가장 영향력 있는 정보기관인 ISI(Inter-Services Intelligence)와 관계 있는 성난 팬들의 소행이라고 지적하기도 한다. 그들은 ISI가 살기를 띤 팬들에게 기꺼이 자신들의 정보와 암살 기술을 전수하여 국가적인 자존심을 해친 것에 대한 복수를 하게 했다고 믿고 있다.

D-컴퍼니 : 2000년 아프리카공화국의 크리켓 스타플레이어 한스 크로녜가 인도의 스포츠 도박조직을 위해 승부 조작에 관여해왔던 것이 밝혀졌다. 울머는 남아공의 코치로 일했을 때 크로녜를 잘 알고 있었다. 많은 사람들은 크로녜가 연루된 도박조직이 D-컴퍼니(D-Company)로 알려진 다우드 이브라힘(Dawood Ibrahim)의 범죄조직과 관련되어 있다고 믿는다. D-컴퍼니는 CIA가 알카에다와 연관된 '전 세계적 테러집단'으로 규정하고 있을 정도로 인도에서 가장 가공할 범죄조직이다. 만일 울머가 남아공 시절의 승부 조작에 관한 정보를 공개하려고 했다면 그들은 충분히 그를 살해하려 들었을 것이다.

| 가 장 그 럴 듯 한 증 거 |

양손으로 누군가를 목 졸라 살해하는 데는 굉장한 힘이 필요하다. 특히 울머와 같은 거구가 희생자라면 말이다. 경찰은 울머의 욕실에서 별다른 저항의 흔적을 찾지 못하자 누군가가 우선 그를 잠잠하게 만들고자 약을 사용했을 가능성에 주목했다. 최초의 약물검사에서 울머가 무언가 독성물질을 삼켰다는 보고가 있었으므로 나중에 경찰이 자연사로 발표했을 때 음모론자들은 믿지 않았다. 그가 만일 살해당했다면, 독극물의 사용이나 전자잠금장치를 비롯한 호텔의 경비시스템을 무력화시킨 것 등을 고려해 볼 때 우발적인 살인이 아닌 것만은 확실하다.

| 가 장 의 문 스 러 운 사 실 |

남아공의 추락한 크리켓 스타 한스 크로녜는 인도의 스포츠 도박단을 위해 승부 조삭에 가담한 혐의로 평생 자격징지를 당하고 2년 후인 2002년 비행기

사고로 사망했다. 코치이자 남아공 크리켓 대표팀 선수였던 클라이브 라이스 (Clive Rice)는 크로녜와 울머, 두 사람을 다 알고 있었는데 그 비행기사고가 우연이 아니었다고 확신했다. 크로녜의 사고와 울머의 살해 사이에 모종의 관계가 있다고 공식적으로 증언한 사람은 라이스 혼자만이 아니다.

| 회 의 론 자 의   견 해 |

가장 열정적인 스포츠 팬들이 무언가 받아들이기 힘든 결과를 맞이했을 때 비난을 퍼부을 누군가를 필요로 하기 때문에 스포츠 세계에서 특히 음모론이 무성한 법이다. 가장 쉽게 생각할 수 있는 울머의 살해 동기는 크리켓과 관련된 누군가가 패배로 인하여 괴롭고 위로받을 수 없을 정도로 화가 나 있었기 때문일 것이다. 팬(fan)이 광신도(fanatic)의 줄임말인 것은 괜한 이유에서가 아니다.

제4부
역사적 인물과 사건

화약음모사건 THE GUNPODER PLOT

가톨릭 부흥의 명분 뒤에 숨은 정치적 모략

"11월 5일을 기억하라, 기억하라. 화약, 반역 그리고 음모를." 영국의 학생들은 이 유명한 문구를 외우면서 성장한다. 하지만 그들은 이 사건의 불꽃놀이와 모닥불만 기억할 뿐(영국에서는 화약음모사건이 무산된 것을 기념해 매년 11월 5일 음모자의 인형을 불태우는 풍습이 있다—옮긴이), 거기에 영국 역사상 가장 유명한 정치적 음모가 개입되어 있다는 것은 꿰뚫어보지 못한다.

화약음모사건은 거사가 실행에 옮겨지기 전에 발각되었기 때문에 실패한 음모로 인식된다. 하지만 일부 음모론자들은 이 사건에 대하여 끈질긴 의문을 품고 있으며, 학교에서 가르치는 화약음모사건은 빙산의 일각에 지나지 않는다고 생각한다.

이 사건의 개요는 잘 알려져 있다. 1605년 제임스 1세가 하원에 나가 국정연설을 하기로 되어 있던 날 밤, 가이 포크스(Guy Fawkes)는 국왕을 암살하려고 하원의 지하실에 잠복해 있다가 현행범으로 체포되었다. 그의 동료 음모꾼들도 곧 추적되었다. 음모꾼들 중 저항하다가 살해된 자들을 빼고 생포된 자들은 재판을 받고 반역혐의로 유죄판결을 받아 사형에 처해졌다. 재판에서 처형까지 암살미수범들의 재판은 일주일도 걸리지 않았다.

누구나 의심할 수밖에 없는 공식 설명은 이러했다. "일단의 가톨릭 광신자들이 국왕 제임스 1세를 암살하려고 했다. 그들은 왕이 죽으면 벌어질 혼란한 사태를 틈타 가톨릭 신자를 잉글랜드의 왕으로 추대할 계획이었다." 하지만 음모론자들은 이런 설명을 일축한다. 암살미수범으로 유죄선고를 받아 처형된 자들은 진짜 음모꾼들의 희생양에 불과하다는 것이다. 게다가 음모꾼들의 목적은 영국에 가톨릭 교회를 부흥시키는 것과는 무관하다고 보고 있다.

가이 포크스는 화약음모사건에 가담했을까, 아니면 단순히 음모에 따라 죄를 뒤집어썼을 뿐일까?

| 정 말 이 상 한 부 분 |

화약음모사건의 가장 특징적인 부분은 너무나 어처구니없이 실패했다는 것이다. 가이 포크스가 이끄는 순진하기 짝이 없는 아마추어 음모꾼들이 어떻게 하원의 지하실까지 수천 킬로그램의 폭약을 가지고 들어올 수 있었을까? 게다가 더욱 드라마틱하게도 그들은 폭약의 도화선에 불을 붙이려던 순간 잡히고 말았다. 배후에 도사리고 있는 또다른 음모를 의심하지 않는다면 이런 어처구니없는 실패는 도저히 설명이 불가능하다.

로버트 세실 : 솔즈버리의 백작 로버트 세실(Robert Cecil)은 잉글랜드의 스파이들을 지휘하고 있었고 그의 주특기는 음모를 사전에 파헤치는 것이었다. 때로는 세실 자신이 잉글랜드의 적들을 상대로 미리 음모를 꾸며놓고 그것을 스스로 폭로하여 실적을 올리기도 했다. 세실은 가이 포크스의 공범인 로버트 케이츠비(Robert Catesby)를 전부터 알고 있었다. 에섹스(Essex) 음모사건을 수사하다가 그 사건에 가담한 케이츠비의 목숨을 살려주었던 것이다. 음모론자들은 케이츠비가 세실의 이중간첩이라고 본다. 세실은 음모집단 내부에 자신의 끄나풀을 미리 심어놓고 가장 드라마틱한 순간에 음모를 폭로함으로써 음모꾼 소탕 실적을 올리고 동시에 가톨릭 신자들에 대한 무자비한 탄압의 빌미를 잡았다는 것이다.

잉글랜드의 귀족 : 스코틀랜드의 왕이자 1603년 잉글랜드의 왕위에 오른 제임스 1세는 과거 200년 동안 전쟁을 더 많이 했던 잉글랜드와 스코틀랜드 두 나라를 통합시켰다. 이런 통합은 당연히 여러 사람들을 당황스럽게 만들었다. 제임스 1세는 런던에 도착하자마자 스코틀랜드 귀족을 요직에 앉히기 시작했다. 이렇게 해서 쫓겨난 잉글랜드의 귀족들 중에는 미오니아라는 비밀단체에 가담한 사람들이 꽤 있었다. 가령 월터 롤리(Walter Raleigh) 경도 그 중 하나였다. 이처럼 불만을 품은 잉글랜드 귀족들은 로버트 케이츠비, 토머스 윈투어(Thomas Wyntour) 등 화약음모사건을 꾸민 음모꾼들과 긴밀한 관계를 맺고 있었다.

담배 로비 : 월터 롤리 경은 한 세대 전에 신대륙에서 들여온 담배를 잉글랜드에 소개했고 그 후부터 잉글랜드에서는 대대적으로 흡연이 유행하게 된다. 이 악마의 잎사귀에 굴복하지 않은 소수의 사람들 중 한 명이 제임스 1세인

데, 그는「담배에 대한 공격」이라는 유명한 비판 기사를 발표하기도 했다. 이 때 제임스 1세가 재정부족을 만회하기 위해 담배에 일련의 무거운 세금을 매길 계획을 세워놓았다는 소문이 나돌았다. 만약 이런 중과세가 도입된다면 잉글랜드와 버지니아의 일부 담배산업 종사자들은 막대한 피해를 입게 될 것이 분명했다. 그래서 생겨난 것이 화약음모사건이라고 하는데, 이렇게 보면 이 사건은 대기업이 실력행사를 한 최초의 사건으로 해석될 수도 있다.

스코틀랜드의 귀족 : 잉글랜드의 제임스 1세는 동시에 스코틀랜드의 제임스 6세로 두 나라를 통치했다. 당시 스코틀랜드는 음모와 반역으로 사분오열되어 있었으며, 적이나 경쟁자를 제거하는 가장 흔한 방법은 폭사(暴死)시키는 것이었다. 제임스 1세의 아버지도 이런 방식으로 살해되었고, 왕 자신도 정적을 이런 방식으로 제거하라고 명령하기도 했다. 제임스 1세는 스코틀랜드에 많은 정적을 가지고 있었기 때문에 그를 살해한 후 가톨릭 신자들에게 그 죄를 뒤집어씌우려 했던 스코틀랜드 귀족은 얼마든지 있었다.

| 가 장   그 럴 듯 한   증 거 |

제임스 1세 통치 하에 있을 때 월터 롤리 경의 몰락을 가져온 주요한 두 건의 음모—메인(Main) 음모와 바이(Bye) 음모—는 화약음모와 유사한 점이 많다. 이 음모들은 미수에 그쳤고, 마지막 순간에 로버트 세실에 의해 발각되어 왕과 기성체제의 입지를 전보다 더 굳건하게 만들었다.

| 가 장   의 문 스 러 운   사 실 |

1604년 12월 28일, 제임스 1세는 로버트 세실의 조카딸과 몽고메리 백작의 결혼식에 참석했다. 기이하게도 이 결혼식에 참석한 손님들 중에 가이 포크스가 있었다. 만약 가이 포크스가 많은 역사가들이 말하는 것처럼 제임스 1세를 죽이고 싶어하는 가톨릭 광신자였다면, 왜 이 결혼식 때 칼을 가져와 가까운 거리에서 왕을 찔러 죽이지 않았을까? 화약음모사건의 핵심 주역 세 명이 이 결혼식에 참석했는데 아무런 일이 벌어지지 않았다는 것은 좀 이상하다.

| 회 의 론 자 의   견 해 |

때로는 공식적인 해명이 합리적일 뿐만 아니라 정확하다. 프랑스와 에스파냐 같은 가톨릭 국가들은 잉글랜드를 혼란에 빠뜨릴 의도를 가지고 있었고 또 사제들의 지하연락망을 통해 불안을 조성해온 것으로 알려져 있다. 어쩌면 화약음모사건은 겉으로 보이는 그대로 단순한 음모일지 모른다.

성배 THE HOLY GRAIL
예수가 결혼하여 후손을 남겼다?

기독교 전승에서 성배는 그리스도가 최후의 만찬에서 포도주를 마신 잔으로 해석되지만 민간 전승에서는 어부왕(漁夫王)의 황무지에 생명의 회복을 가져다주는 풍요의 그릇으로 해석된다. 이 성배의 추적과 관련된 아서 왕의 전설은 7세기경부터 시작되어 대체로 14세기에 현재의 형태로 굳어졌다. 그 당시는 프랑스와 독일의 낭만파 시인들이 공통된 이야기를 바탕으로 장편 서사시를 쓰느라고 바쁜 시기였다.

아서 왕과 원탁의 기사는 역사적으로 짜깁기된 모방 작품으로, 중요한 사실 하나를 놓치고 있다. 아서 왕의 기사들이 입었다는 갑옷은 14세기 이후 몇 세기가 더 지난 다음에 와서야 발명되었다. 마찬가지로 황폐한 땅을 치유하고 죽은 사람을 살려 일으킨다는 어부왕과 관련된 황금의 잔 전설도 실제 성배와는 아주 거리가 먼 이야기이다.

성배라는 개념은 원어인 'Sangreal' 을 가톨릭 교회가 오독(誤讀)한 데서 비롯되었다. 교회는 이 단어를 일단 'San Greal' 로 떼어 읽었고 여기서 다시 'San Graal' 혹은 'Saint Grail' 이 되면서 성배가 된 것이다. 그러나 'Sangreal' 을 'Sang Real' 로 떼어 읽으면 라틴어로 '왕족의 피' 라는 뜻이 된다. 여기서 성배가 예수 그리스도가 시조인 왕족 가계를 의미한다는 해석이 나왔다.

음모론에 따르면 예수는 동정녀에게서 태어난 것이 아니라 어머니 마리아와 아버지 요셉 사이에서 정상적인 부부 관계에 의해 탄생했다. 십자가에 매달렸으나 친구들에 의해 구조되었고 이후 막달라 마리아(《신약성서》에서는 일곱 귀신이 몸에서 빠져나간 여자로 묘사되어 있으나 음모론에서는 마리아를 라사로

아서 왕 이야기에 성배의 진실에 관한 어떤 숨겨진 메시지가 들어 있을까?

의 누나 마리아와 같은 사람으로 본다―옮긴이)와 결혼했다. 예수 부부는 2남 1녀의 자녀를 두었고 로마인의 지배가 미치지 않는 프랑스로 건너가 그곳에 정착했다. 전설에 의하면 아리마태아의 요셉(예수의 시신을 넣어둔 동굴 무덤의 소유주―옮긴이)이 잉글랜드에 도착했을 때 그는 술잔을 가지고 온 것이 아니라 예수의 핏줄을 데려왔다. 다시 말해 자신의 조카이며 예수의 맏아들인 유스투스를 데려왔던 것이다. 그 후 세월이 흐르면서 망명 온 히브리 왕족들은 현지의 귀족들과 통혼했고 이것이 프랑스 메로빙거 왕가의 가계를 형성했다. 심지어 아서 왕의 이름조차 별명일 가능성이 있다. 아르토스(Artos)는 곰을 의미하며, 실제의 아서는 메로빙거 왕가와 친척관계인 군벌이고 왕족의 피를 이어받은 곰 왕이라고 볼 수 있다.

그 후 여러 세기를 통하여 성배(그리스도의 피)는 메로빙거 왕가를 통해 템플 기사단, 십자군 등으로 이어져 내려왔고 그 후 프랑스의 스튜어트가, 스코틀랜드의 싱클레어가, 그리스와 이탈리아의 귀족가문 등 왕족의 혈통을 통해 면면히 전해져왔다. 흥미롭게도 영국 왕실인 윈저 가의 근본이 되는 독일 계통 작센 코부르크-고타 가문은 성배 혈통이 아니다.

| 정 말 이 상 한 부 분 |

브리튼(Britain, 영국)이라는 이름이 브리트-아인(B'rith-ain) 즉 '약속의 땅 (The Land of Covenant)'에서 온 것이라는 주장이 있다. 더욱이 메리 잉글랜드 (Merrie England)라는 개념은 세인트 마리아 더 집시(St. Mary the Gypsy), 마리아 야곱(Mary Jacob)에서 나온 것이라고 한다. 그리고 마리아 야곱은 막달라 마리아와 함께 유럽으로 건너왔다. 그녀는 초창기 유럽에서 광범위한 숭배의 대상이 되었고, 메이드 마리안(Maid Marian) 혹은 메리 멘 오브 로빈 후드 (Merrie Men of Robin Hood)로 널리 알려져 있다. 이렇게 많지 않은 정보이기는 하지만 그것은 브리튼의 성스러운 혈통이 어디까지 소급되는지 잘 보여준다.

| 먼 저 떠 오 르 는 용 의 자 |

미오니아 : 브리튼 제도(諸島)를 보호하는 사명을 담당하는 이 신비한 비밀 조직은 성배의 진실을 모두 알고 있고 그래서 역사와 왕가의 가계를 이 전설에 알맞게 조종하고 있다고 한다. 이 조직이 왕세자비 다이애나가 윈저 왕가로 시집가는 데 일정한 역할을 했는지도 추측해볼 수 있다. 다이애나의 선조는 미오니아 조직과 연계되어 있었다.

시옹의 수도원 : 이 프랑스판 미오니아는 성배(예수의 혈통)를 철저하게 믿는 비밀단체로서 다소 초현실적인 조직이다. 아무튼 이런 조직이 실제로 존재한다면 성배 음모론에 적극적으로 가담했을 것이 거의 확실하다.

가톨릭 교회 : 만약 성배가 예수의 가계로 널리 알려지게 된다면 교회는 크게 타격을 받을 것이 분명하다. 성배에 대한 낭만적 해석을 권장하고 또 예수의 탄생과 죽음이 성스러운 기적임을 꾸준히 주장함으로써 교회는 신의 은총으로부터 나오는 권위를 유지할 수 있었다. 만약 기독교 신앙이 히브리 왕들의 권력을 사제의 권력으로 바꾸어놓은 것에 기반한다는 것이 밝혀지면 교회로서는 커다란 낭패가 될 것이다.

| 다 소 황 당 한 용 의 자 |

아틀란티스인 : 예수는 다윗의 가계가 아니라 아틀란티스 대사제의 후예라는 주장이 있다. 이웃 사랑을 강조한 예수의 혁명적 메시지는 아틀란티스의 가르침에서 나왔다는 것이다. 아틀란티스 사람들은 전무후무할 정도로 높은 유전적, 정신적 발달을 이룩했기 때문에 아틀란티스의 후예인 예수의 혈통은 정말로 거룩하다고 할 수 있다. 또한 그 혈통을 이어받은 사람들은 비상한 힘과 지능을 가진 호모 수피리어(Homo Superior, 우월한 인종)이다. 이런 막강한 힘에 위협을 느낀 호모 사피엔스(Homo Sapiens) 계통의 유대교 사제들과 통치자들이 예수를 죽였고, 그때부터 성배(왕족의 피)가 호모 수피리어의 후예라

는 사실은 철저하게 은폐되어왔다는 것이다.

| 가 장   그 럴 듯 한   증 거 |

성서에 길게 언급되는 예수의 혈통은 그의 가계가 다윗 왕가임을 증명한다. 마태복음은 실제로 다윗 왕에서 마리아의 남편 요셉의 아버지인 야곱에 이르는 가계를 기술하고 있다. 그리스도라는 타이틀은 예수의 왕족 지위를 드러내는 것이므로 우리는 그를 왕(King Jesus)이라고 생각해야 마땅하다. 성모 마리아의 처녀 수태와 신성한 사제 권한의 계승이라는 개념은 가톨릭 교회가 4세기에 만들어낸 것이었다. 그 이유는 '신의 은총'을 내세움으로써 왕족의 권위를 훔쳐와 그들(사제)의 권위를 정당화하기 위해서였다.

| 가 장   의 문 스 러 운   사 실 |

원저 왕가는 성배 혈통을 이어받지 않았지만 다이애나 왕세자비는 스튜어트 왕실의 후예로 간주되고 있다. 일반적으로 여왕 엘리자베스 2세가 왕족이고 다이애나는 왕실에 시집온 것으로 이해되고 있지만 사실은 정반대일 수 있다. 예수 그리스도의 혈통을 이어받은 것은 다이애나 왕세자비이다.

| 회 의 론 자 의   견 해 |

성배가 호모 수피리어의 변종이고 또 그것이 유럽 왕실에 흘러들어갔다면 전세계적으로 성배의 유전자를 가진 사람이 수천 명은 될 것이다. 그 성배의 피에 보통 사람들과 다른 실제적인 차이점이 정말 있을까? 만약 있다면 진작 의학계가 주목하지 않았을까?

아돌프 히틀러 ADOLF HITLER

히틀러는 단지 악마에 의해 조종당했을 뿐이다

인류 역사를 통틀어 나치의 당수였던 아돌프 히틀러만큼 사악하고 위험한 인물도 없을 것이다. 그가 뒤에 남긴 죽음과 고통의 유산은 정말로 엄청나다. 히틀러의 '최종 해결안' 때문에 대략 600만 명(전세계 유대인의 3분의 2에 해당)에 달하는 유대인이 죽음의 수용소에서 학살되었다. 그 외에도 히틀러는 집시들, 제7일안식일교도, 여호와의 증인, 사회주의자 등 무수한 유럽인을 학살했다.

제2차 세계대전 동안 유럽, 남북 아메리카, 러시아, 극동 등지에서 동원된 병사의 수는 약 6000만 명이며, 이 가운데 대략 3분의 1이 전사했다. 전쟁 도중 사망한 사람들은 군인 1800만 명, 민간인 1600만 명, 죽음의 수용소에서 살해된 사람 1800만 명 등 총 5200만 명에 달했다. 히틀러는 이와 같은 죽음의 배후세력이고 제2차 세계대전을 일으키고 진행시킨 핵심적 인물이다. 이러한 사실만으로도 너무나 끔찍하여 음모론 따위가 발붙일 데는 없어 보이지만 여기에도 음모론은 생겨났다. 히틀러가 유럽을 자신의 지휘 아래 통합시키기 위해서가 아니라 자신을 지배하는 사탄을 만족시키기 위해서 저 잔인하고 끔찍한 죽음과 파괴를 획책했다는 것이다.

소문에 따르면 '죽음의 형제회'라는, 사탄 조직들의 전세계 연합체가 있다. 소속된 각 하부조직은 해적선의 상징인 두개골과 엑스 자 모양의 뼈를 조직의 로고로 채택하고 있다. 이 중 툴레회(Thule Gesellschaft)는 독일 지부로 추정되고 있다. 고대의 신화에 나오는 땅에 바탕을 두고 있는 툴레 전설은 아틀란티스의 전설과 비슷한 특징을 갖고 있는데, 툴레의 땅은 아리안 종족의 요람지로 알려져 있다.

1919년 독일 정부가 제1차 세계대전을 '포기'한 것에 환멸을 느낀 히틀러

1933년 뉘른베르크에서 지지자들의 환영을 받는 아돌프 히틀러 독일 총통.

는 툴레회에 가입했다. 당시 툴레회의 지도자는 디트리히 에크하르트(Dietrich Eckhardt)였다. 죽음의 형제회는 유럽 사회를 좀더 통제적인 방식으로 재편하겠다는 야심찬 계획을 세워놓고 있었다. 그들의 궁극적인 목표는 더 많은 사람들을 소외시키고 또 조종 가능하게 만들어 그들을 철저히 감시하고 통제하는 것이었다. 당시의 유럽은 전쟁을 일으키기에 딱 알맞은 발화점(發火点) 같은 상태였으며, 제1차 세계대전에서 패배한 독일은 죽음의 형제회가 파고들기에 좋은 땅이었다. 디트리히 에크하르트는 히틀러가 적(敵)그리스도라는 것을 알아보고 거대한 갈등과 대규모 학살을 일으킬 지도자로 선발했다. 이런 대규모 갈등은 인간의 정신에 깊은 상처를 남겨 사람들을 편집증 혹은 소심증 환자로 만들게 될 것이며 일단 이렇게 소외된 사람들은 얼마든지 심리

조종이 가능해져서 결국에는 죽음의 형제회와 그 사악한 지도자에게 복종하게 될 것이 분명했다.

죽음의 형제회는 고대의 정신적 사악한 힘(악마)과 접촉하는 것이 가능할 뿐만 아니라 그것이 바람직하며, 마왕의 지시사항을 충실히 이행함으로써 지상에서 커다란 권력을 획득할 수 있다고 굳게 믿었다. 그들은 마력의 효과를 높이기 위해 성적 변태행위와 기괴한 소행도 마다하지 않았다. 가령 어린아이의 배를 갈라 그 피를 바치고, 의식에 참여한 모든 남녀가 악마의 가면을 쓴 채 난잡한 성교와 가학적이고 피학적인 행위를 스스럼없이 벌였다. 이러한 주술과 마법의식은 그들을 강력한 존재로 만들어주었고 또 마왕의 힘과 소통하게 해주는 채널을 마련해주었다.

마왕의 힘을 빌려옴으로써 툴레회는 독일 국민의 정신을 마음대로 조종할 수 있었고 그리하여 나치를 전국적인 조직으로 만들었다. 증오, 공포, 탐욕이라는 인간의 본능에 호소하는 프로그램을 교묘하게 개발함으로써 나치는 악마의 생각을 예의바른 보통 사람들의 머릿속에다 집어넣었고 그리하여 나치에 우호적인 정치적 분위기를 창출했다. 그 결과 히틀러는 정권을 잡게 되었다. 일단 집권하자 세상을 거대한 전쟁으로 몰아넣는 것은 아주 간단한 일이었다. 또한 동유럽 여러 지역에 세워진 죽음의 수용소들을 통해 인간의 의식을 영원히 바꾸어놓는 마법 같은 일들이 벌어졌다.

| 정 말 이 상 한 부 분 |

디트리히 에크하르트의 마지막 조치는 매우 가학적인 흑주술을 통해 히틀러를 성불구자로 만든 것이었다. 이 때문에 히틀러는 정상적인 방식으로는 성적 에너지를 해소하지 못하게 되었고, 가학적이고 피학적인 분출을 통해 자신의 성욕을 해소할 수밖에 없었다. 이러한 과정을 통해 그는 역사적으로 가장 유명한 괴물이 되었다.

| 먼 저 떠 오 르 는 용 의 자 |

사탄 : 죽음의 형제회나 툴레회의 배후에 있는 사탄은 다름아닌 마왕을 가리킨다. 마왕은 아무런 방향의식 없이 모든 것을 파괴하는 것으로 유명하기 때문에 마왕의 계획이 예정대로 성공했다면 죽음의 형제회도 다른 무고한 사람들과 마찬가지로 파괴되었을 것이다.

바바리아의 일루미나티 : 이 오래된 독일의 비밀결사는 마피아에서 템플 기사단에 이르기까지 모든 비밀조직을 통제하는 것으로 여겨지고 있다. 일루미나티는 제2차 세계대전 이전의 독일에서 많은 오컬트(신비) 교단의 배후세력이었고 또 히틀러라는 꼭두각시를 배후에서 조종한 실세였다. 하인리히 힘러 (Heinrich Himmler)도 일루미나티의 하부조직에 긴밀히 협조했다고 한다.

| 다 소 황 당 한 용 의 자 |

시온의 장로들 : 신빙성은 떨어지지만 당사자들에게 최고의 모욕감을 안겨주는 음모론도 있다. 바로 시온의 장로들이 나치의 소행에 책임이 있다는 설이다. 영국에 활동기반을 두고 있는 이 조직은 유대인의 대규모 학살을 방조함으로써 결과적으로 자신들이 모세의 진정한 후계자라는 주장을 펴는 데 한결 수월해졌다는 것이다. 끔찍한 유대인 학살은 그들의 모든 주장, 심지어 유대교의 빗나간 주장에 대해서도 동정심을 유발시킬 수 있기 때문이다.

| 가 장 그 럴 듯 한 증 거 |

디트리히 에크하르트는 죽기 직전 병상에서 이렇게 말했다고 한다. "히틀러의 지시를 따르라. 그는 춤을 추겠지만 그것을 시킨 것은 나다. 내가 그를 비밀교리에 따르도록 했고 그의 시야를 열어주었으며 힘의 세력과 의사소통할 수 있게 했다." 사회가 점점 파편화, 폭력화되고 또 텔레비전의 영향력에 휘둘리고 있는 것을 보면 죽음의 형제회가 아주 효율적으로 일하고 있는 것인지도 모르겠다. 각국의 정부들을 비롯해 그 누구의 관심도 끌지 못하고 있지만 말이다.

| 가 장   의 문 스 러 운   사 실 |

미국에도 죽음의 형제회와 똑같은 로고를 사용하는 조직이 있는데, 예일 대학교의 해골단(Skull and Bones society)이 그것이다. 독일 학내 조직의 미국지부로 1800년대에 시작되었다는 소문이 있는데, 부시 대통령 부자를 위시하여 미국 사회와 정계의 많은 저명인사들이 한때 이 조직의 멤버였다.

| 회 의 론 자 의   견 해 |

홀로코스트(유대인 대학살)와 나치 제국의 사악한 소행을 악마적 힘의 탓으로 돌리는 것은 나치의 희생자들을 모욕하는 일이다. 나치의 집권 과정은 사회학적으로 충분히 설명되고 있다. 나치의 집권은 비극적인 일이기는 하지만 신비한 일이라고는 볼 수 없다.

철가면의 사나이 THE MAN IN THE IRON MASK
프랑스 왕실의 가면 뒤에 숨겨진 얼굴

철가면의 사나이라는 미스터리는 17세기 이래 진지한 역사가는 물론이고 환상을 쫓는 낭만주의자들에게도 중요한 관심사가 되어왔다. 실제로 이 가면을 쓴 죄수가 누구냐 하는 문제를 놓고 무수한 이론이 제기되었다. 이 미스터리의 인기는 오늘날까지도 계속되어 10대의 우상인 레오나르도 디카프리오가 주연한 〈아이언 마스크(The Man In The Iron Mask)〉라는 영화도 개봉되었다. 하지만 우리는 아직도 이 비극적인 인물이 누구인지 잘 모르고 또 그의 진정한 신원을 알아낼 가능성은 점점 희박해져가고 있다.

이 죄수에 대해 알려진 것은 거의 없다. 프랑스의 공식 문서에 남겨져 있는 얼마 안 되는 정보로 희미한 윤곽만 알 수 있을 뿐이다. 그는 1669년에 체포되어 프랑스 알프스의 고지(高地) 요새인 피네롤 감옥에 수감되었다. 그 후 1681년에 피네롤 근처의 에그질 감옥으로 이감되었고 다시 1687년에 프랑스 남부 해안의 섬인 생 마르그리트로 옮겨졌다. 그는 이 섬에 11년 동안 수감되었다가 다시 파리의 바스티유로 보내졌다. 그리고 마침내 1703년 사망했는데, 그것은 그 죄수로서는 환영할 만한 해방이었는지도 모른다.

그의 전 수감기간을 통하여 감옥의 간수가 아닌 사람을 만난 것은 단 두 번에 불과했다고 한다. 에그질에서 생 마르그리트로 이감될 때 이 죄수에게는 철가면이 씌워졌다. 바스티유로 옮겨갈 때에는 인도주의적인 차원에서 철가면 대신에 벨벳을 쓰게 했다. 정부 장관과 생 마르(교도소장) 사이에 오고간 편지를 보면 그가 면담이든 편지든 외부인사와 접촉하는 것이 일체 금지되어 있었다는 것을 알 수 있다. 만약 그런 행위를 하다가 들키면 즉석에서 처형되어야 했다.

이 죄수가 얼마나 엄청난 비밀을 지니고 있었기에 이런 가혹한 보안조치를 했을까? 역사가들은 왜 그를 살려두었는지도 의아해하고 있다. 만약 그가 알고 있는 비밀이 프랑스 왕이나 정부에 그토록 위협이 되는 것이라면 차라리 그를 죽여버리는 것이 정치적으로 더 안전하지 않을까? 왜 사람들에게 그의 얼굴이 알려지는 것을 그토록 우려했을까? 그가 프랑스인들에게 잘 알려진 어떤 유명인사를 닮아서 그 유명인사로 오해될 수 있었기 때문일까? 17세기에는 인쇄술이 별로 발달하지 않았으므로 얼굴이 닮은 점만으로도 충분히 그 사람 행세를 할 수 있었을 것이다. 만약 그렇다면 역시 이 죄수를 죽여버리는 것이 더 간단하지 않았을까? 17세기의 프랑스 궁정에서는 타살 사건이 얼마든지 있었다.

철가면의 사나이 미스터리는 300년 전과 마찬가지로 지금도 미궁에 빠져 있다. 확실히 알 수 있는 것이라고는 이 죄수가 어떤 심각한 범죄를 저질렀거나 어떤 중대한 비밀 때문에 혹독한 대가를 치렀다는 사실뿐이다. 하지만 그 범죄 혹은 비밀이 무엇인지는 역사의 신(神)만이 알고 있다.

| 정 말 이 상 한 부 분 |

이 신비에 싸인 죄수를 감시하는 임무를 맡은 교도소장 생 마르는 이 죄수가 처음 수감되어 1703년 사망할 때까지 그 자리를 지켰다. 당시 고위직이 정치적 입김에 따라 수도 없이 교체되었다는 점을 감안할 때, 이처럼 한 자리에

철가면을 쓴 실제 죄수의 정체가 무엇이든, 그는 1703년 악명 높은 바스티유 감옥에서 사망했다.

장기 근속했다는 것은 다소 의아한 일이다.

| 먼 저   떠 오 르 는   용 의 자 |

루이 14세 : 가장 흔한 이론으로 프랑스 왕이 용의자이며 가면을 쓴 죄수는 루이 14세의 쌍둥이 동생이라는 음모론이 있다. 그는 자신의 신분을 알지 못했지만 왕위 계승에 따를 수 있는 문제를 우려한 왕이 동생을 투옥시킨 것이다. 이 죄수가 루이 14세의 배다른 형으로서 그의 어머니가 혼외정사로 낳은 아들이라고 주장하는 음모론도 있다. 한편 이 죄수가 루이 13세의 부검에 참석했던 의사라고 주장하는 음모론도 있다. 이 의사는 부검 결과 선왕 루이 13세가 불임이라는 것을 발견했고 이 사실이 세상에 알려지면 루이 14세의 왕위계승권에 중대한 위협이 될 수 있기 때문에 수감한 것이라는 주장이다. 이런 불임 논리의 연장선상에서 철가면의 죄수는 루이 14세의 생부라는 설도 제기되었다. 루이 13세가 불임이기 때문에 일종의 종마(種馬)로 동원되었다가 목적이 달성되자 감옥에 처넣었다는 것이다.

안토니오 마티올리 백작 : 안토니오 마티올리(Antonio Matthioli) 백작이 철가면의 죄수였을지도 모른다. 그가 가면을 쓴 데에는 특별한 이유가 없었다. 당시 이탈리아에서는 가면 착용이 크게 유행했는데 이것이 프랑스에 전해진 것이다.

루이 올덴도르프 : 로렌 주 출신의 귀족인 루이 올덴도르프(Louis Oledendorff)는 템플 비밀교단(Secret Order of the Temple)의 지도자였다. 이 조직의 규칙에 의거하여 올덴도르프가 살아 있는 동안에는 아무도 그의 지도자 자리를 대신할 수 없었다. 그러나 그의 지도능력이 너무나 탁월하여 그가 죽은 뒤에도 조직원들은 그가 마치 살아 있는 것처럼 꾸미고 싶어했다. 그래서 다른 사람이 가면을 쓰고서 올덴도르프가 투옥되어 있는 것처럼 꾸며낸 것이다. 이후 이들은 새로운 지도자를 선출하지 않고서 올덴도르프의 이름 아래 교단을 계속 운영해나갈 수 있었다.

이외에 리처드 크롬웰(Richard Cromwell), 몽무드(Monmouth) 공작, 비비앙드 뷜롱드(Vivien de Bulonde) 등이 용의자로 떠오르고 있다.

| 다 소   황 당 한   용 의 자 |

루이 13세와 앤 사이의 숨겨진 딸 : 아들이 없는 것을 크게 우려하던 루이 13세는 앤 왕비가 딸을 낳자마자 그 아이를 다른 곳에 보내버리고 사내아이로 바꿔치기했다. 이 딸이 자라서 자신의 신분을 알게 되자 루이 14세(바꿔치기한 아들)가 그녀를 투옥시켰다.

몰리에르 : 이 극작가는 프랑스 일반대중과 루이 14세의 사랑을 많이 받기는 했지만 그에 못지않게 적들도 많았다. 몰리에르(Molière)가 너무 무신론에 기울어져 있었고 또 프랑스의 기성체제를 노골적으로 경멸했기 때문이다. 그 중에서도 몰리에르는 특히 강력한 가톨릭 단체인 성체성사회(Company of Holy Sacrament)의 분노를 샀다. 따라서 1673년의 몰리에르 사망은 실은 꾸며진 것이며 기성체제를 조롱하는 벌로 철가면의 사나이가 되었다는 주장이 제기되었다.

니콜라스 푸케 : 니콜라스 푸케(Nicolas Fouquet)는 최고급 비밀정보를 알아냈기 때문에 투옥당하는 신세가 되었다. 그가 알아낸 비밀은 예수 그리스도가 십자가에서 절명하지 않고 친구들의 도움으로 살아남아 유럽 왕가들의 비밀 혈통의 시조가 되었다는 사실이다.

| 가 장   그 럴 듯 한   증 거 |

이 죄수가 간단히 처형되지 않았다는 사실은 그가 왕가와 어떤 관계가 있음을 보여준다. 만약 그가 중요한 인물이 아니었더라면 교수형을 받은 다음 아무 표시도 없는 무덤 속에 던져졌을 것이다.

프랑스의 정계는 남의 말을 잘하기로 유명하다. 또 이 죄수가 누구인지를 밝혀낼 수 있다면 상당한 수익을 올릴 수도 있었을 것이다. 연구자들이 이 죄수와 관련된 자료를 샅샅이 수색했음에도 불구하고 이 죄수가 누구인지는 조금도 알 수가 없었다. 모든 관련자들이 철저히 함구하고 있는 공통의 비밀인 것이다.

철가면의 사나이의 신분이 너무나 완벽하게 은폐되어 있어서, 그런 사람은 아예 존재하지 않았던 것이 아니냐는 추측마저 나오고 있다. 아무튼 이런 죄수가 존재한다는 사실은 국왕의 통치 방식에 불만을 품은 자들에게 엄청난 심리적 압박을 주었을 것이다. 평생 아무도 만나지 못하고 감옥에서 썩어야 한다는 생각을 한다면 아무도 쉽사리 왕을 비판하지 못할 테니까……

크리스토퍼 말로 CHRISTOPHER MARLOWE

말로를 살해한 범인은 그의 재능을 질투했던 셰익스피어?

운명은 재주 많은 사람들에게 잔인한 장난을 걸곤 하는데, 크리스토퍼 말로는 운명의 희생자라는 점에서 뛰어난 재주꾼임에 틀림없다. 한때 그는 〈닥터 파우스투스(Doctor Faustus)〉라는 작품을 발표하여 16세기 영국 연극계의 대표적인 극작가로 부상했다. 만약 역사의 손길이 그에게 좀더 자상했더라면 이 엘리자베스 시대 연극계의 거물은 당시 상대적으로 신인이었던 셰익스피어(William Shakespeare)를 능가했을지도 모른다.

말로의 삶은 단지 재능 있는 작가의 그것을 훨씬 넘어서는 것이었다. 짧지만 파란만장했던 생애 동안 그는 부와 가난을 모두 경험했고, 재판을 받아 잠시 투옥된 적도 있으며, 술집에서 언쟁 끝에 상대방을 죽이기까지 했다. 그리고 뎁트퍼드 선술집에서 칼에 눈을 맞아 비명횡사했다. 하지만 음모론자들은 이런 공식적인 생애에 대해서는 별로 주목하지 않는다. 말로의 생애에는 또다른 측면이 있는데 바로 그가 스파이였다는 것이다.

16세기의 잉글랜드는 소란스러운 땅이었다. 이 나라는 국내외의 적들과 대치하고 있었다. 에스파냐 무적함대가 해전에서 패퇴하자 에스파냐 왕은 무력으로 잉글랜드를 정복하려던 계획을 접고 스파이전에 눈을 돌려 보다 미묘한 방식으로 잉글랜드를 공격하기 시작했다. 내부의 위협적인 요소는 종교와 관련된 문제였다. 벌써 여러 해 동안 개신교와 가톨릭 사이에 갈등이 있어왔고 양측의 저명인사들이 화형대에서 죽어간 경우도 여러 건이었다. 1593년 잉글랜드의 공식적인 태도는 양측에 대한 관용이었지만, 잉글랜드 내에서는 해외 열강과 연계를 맺고 있는 가톨릭 지하세력이 적극적이고도 위협적으로 움직이고 있었다.

이런 위협에 대응하기 위하여 잉글랜드 왕실은 효율적인 반(反) 첩보전을 펼칠 필요가 있었다. 엘리자베스 1세의 스파이 대장은 프랜시스 월싱엄(Francis Wilsingham)이었는데 이 사람이 당시 케임브리지 대학교에 다니던 말로를 고용했다(그 후 여러 세대 동안 케임브리지 대학교는 스파이와 이중 스파이를 길러내는 배양지 노릇을 해왔다). 크리스토퍼 말로는 대중적으로 인지도가 높고 또 많은 사람들을 알고 있었기 때문에 유능한(하지만 믿음은 다소 떨어지는) 스파이 노릇을 할 것으로 예상되었다. 그는 임무를 충실히 수행하면서 많은 비밀결사와 조직에 침투했다.

이런 이중생활을 감안해볼 때, 그가 술집에서 살해된 사건은 우발적인 사고로 보기가 어렵다. 그래서 많은 사람들이 이런 의문을 품게 되었다. 엘리자베스 시대의 잉글랜드에서 제임스 본드 역할을 하던 말로가 그 때문에 살해된 것은 아닐까?

잉글랜드의 옹호자, 잉글랜드의 적 혹은 그에게 불만을 품은 비밀조직 중 누가 말로를 죽였을까? 이 질문을 놓고 맹렬한 논쟁이 벌어져왔다. 우선 이런 이상한 점을 지적해야 할 것 같다. 그가 혼잡한 술집에서 칼에 맞았는데도 불구하고 증인이 단 한 명도 나서지 않았고 또 그 살인 사건과 관련하여 아무도 처벌당하지 않았다.

| 먼저 떠오르는 용의자 |

닥터 존 디 : 프랜시스 월싱엄이 1590년에 사망한 이후, 닥터 존 디(John Dee)가 잉글랜드의 스파이 대장 역을 맡았다. 잉글랜드의 첩보전을 수행하지 않을 때 닥터 존 디는 점성술이나 강신술, 연금술, 천사 접촉 기술 등을 연구하면서 시간을 보냈다. 그의 손을 거쳐간 다양한 출처의 자금들은 어디서 나왔을까? 돌을 황금으로 변모시키는 그의 연금술 때문이라는 설명도 있다. 닥터 존 디는 양심의 가책이라는 것을 잘 모르는 사람이었다. 만약 크리스토퍼 말로가 이중간첩이라는 것을 확신했다면 존 디는 아무런 거리낌없이 말로의 처치를 지시했을 것이다.

에스파냐의 비밀첩자 : 말로는 가톨릭 지하세력에 침투해 들어가려고 애썼을 것이다. 이 조직은 에스파냐 스파이들이 잉글랜드에서 활동하는 데 기점이 되고 있었다. 이중 스파이인 척하면서 말로는 그들의 신뢰를 얻는 한편 비밀을 캐내기 위해 노력했을지도 모른다. 말로의 신분이 발각되었다면 그들의 정보가 유출되지 않도록 혹은 복수 차원에서라도 그는 죽임을 당했을 것이다.

| 다 소 황 당 한 용 의 자 |

윌리엄 셰익스피어 : 엘리자베스 시대의 연극계는 살벌한 경쟁이 벌어지던 무서운 곳이었다. 당시는 아직 저작권이라는 것도 없었고 또 창작기금을 지원해주는 예술위원회 같은 후원조직도 없었다. 따라서 성공하려고 열심히 뛰는 극작가들 사이에 치열한 경쟁이 벌어지는 것은 당연했다. 셰익스피어는 '밤의 학교(School of Night)'라는 조직의 회원이었다. 이 비밀조직은 스파이, 작가, 귀족 등으로 구성되었는데 회원(셰익스피어)의 경쟁자를 제거하는 일을 곧 조직의 이익이라고 생각했을 수도 있다.

프리메이슨 : 엘리자베스 시대의 잉글랜드에서 활발하게 활동하던 비밀조직 중에는 프리메이슨도 있었다. 크리스토퍼 말로는 자신이 집필한 희곡에서 메이슨의 이미지를 많이 활용했기 때문에 그가 메이슨의 조직원이었을 것이라는 추측이 널리 퍼져 있다. 메이슨의 조직원이라는 신분은 극작가로 출세를 하는 데 도움을 주었고 또 스파이로서 내부자 정보를 캐내는 데 힘이 되었을 것이다. 이 과정에서 말로는 어리석게도 조직의 비밀을 반드시 지켜야 한

영국의 대표적인 극작가이자 스파이였으며 술집에서 말다툼을 일삼았던 크리스토퍼 말로(왼쪽).
오컬트 신도이며 스파이 대장이었던 닥터 존 디(오른쪽)가 국가 안보를 위해서 말로를 살해하도록 지시했을 것이다.

다는 맹세를 깨뜨렸을지도 모른다. 그는 비밀 유지를 최고의 덕목으로 여기는 메이슨을 과소평가한 나머지 살해되었을 수도 있다.

|가 장   그 럴 듯 한   증 거|

말로는 살해당하기 전에 사람을 죽였다는 혐의로 잠시 구속되었다가 풀려난 적이 있었다. 이것은 그가 스파이였음을 뒷받침하는 강력한 증거이다. 그를 잠시 구속하기 위해 날조된 혐의가 씌워졌지만 곧 관계 기관에 힘을 써서 풀려났다는 사실은 그가 고위층에 아는 사람이 있다는 뜻이다. 아니면 그는 지금까지 어느 한쪽만을 위해 첩자 노릇을 해오다가 이중간첩이 되기로 합의함으로써 풀려났는지도 모른다.

|가 장   의 문 스 러 운   사 실|

동료를 배신하면 눈알을 파낸다는 위협은 대부분의 비밀조직이 입회자들에게 철저히 숙지시키는 사항이다. 이것은 템플 기사단도 그렇고 프리메이슨도 마찬가지이다. 크리스토퍼 말로가 눈을 찔려 살해당했다는 것은 아주 기이한 일로, 여기에 모종의 의식적(儀式的) 살해가 개입된 것이 아닌가 하는 의심을 품게 한다.

|회 의 론 자 의   견 해|

스파이는 햇빛을 피하면서 은밀하게 행동한다. 사람을 죽일 때도 으슥한 골목에서 하지 혼잡한 술집을 선택하지는 않는다. 상대방의 신분이 스파이든 뭐든, 술집에서 술값을 내지 않거나 노름빛을 떼먹으려 한다면 그것은 싸움의 빌미가 되기 쉽다. 크리스토퍼 말로는 툭하면 싸움을 거는 버릇이 있었다. 그는 재치에 넘치는 말과 냉소적인 수사를 너무 많이 사용하다가 치명적인 싸움에 말려들었을 수도 있다. 오늘날에도 남부 런던의 술집에서는 사이좋게 술을 마시다가도 어느 한순간 말을 잘못하여 맹렬한 격투가 벌어지곤 한다.

볼프강 아마데우스 모차르트
WOLFGANG AMADEUS MOZART
죽음의 진혼곡을 의뢰한 정체불명의 남자

천재는 많은 사람들을 행복하게 만드는 재주를 가졌지만 동시에 일정한 규모의 적들을 만들어낸다. 이것을 천재 작곡가 아마데우스 모차르트만큼 잘 아는 사람도 없었을 것이다. 5세 때부터 이미 신동이라는 소리를 듣던 모차르트였지만, 그의 음악적 재능은 정작 그 자신에게 즐거움보다는 고통을 더 많이 가져왔다. 그의 작품은 오늘날 고전음악의 정화(精華)라는 평가를 받고 있지만, 모차르트 생존 당시에는 노골적으로 비난을 받았고 또 그의 몇몇 적들은 그를 파괴시키려는 음모까지 꾸몄다. 후대의 역사는 그에게 명성을 안겨주었지만 생전의 그는 이런 안락함을 맛보지 못했다. 가장 위대한 음악가라는 칭호가 조금도 아깝지 않은 모차르트는 무일푼의 상태로 죽었고 그의 시신은 변변한 장례식조차 치르지 못하고 비엔나의 공동묘지에 묻혔다.

모차르트는 1756년 1월 오스트리아의 잘츠부르크에서 태어났다. 어린 모차르트가 뛰어난 음악적 재능을 보이자 그의 아버지는 4세 때 그에게 하프시코드 레슨을 시켰다. 5세 때는 스스로 작곡을 했다. 6세가 되자 그의 아버지는 어린 모차르트를 데리고 비엔나와 뮌헨으로 연주 여행을 떠났다. 15세가 되었을 때 모차르트는 잘츠부르크 주교 산하의 오케스트라 수석주자가 되었다. 이 젊은 천재에게 앞날은 창창하게 열려 있는 것 같았다.

그러나 주교와 모차르트 사이에는 개인적인 갈등이 있었다. 모차르트가 3년 동안 봉급을 제대로 받지 못했다는 것도 한 가지 원인이었다. 1781년 모차르트는 그 권위 있는(하지만 돈은 안 되는) 자리를 떠나 빈으로 돈을 벌러 갔다. 잘츠부르크 궁정에서 사람들과 잘 사귀지 못했던 모차르트는 빈 작곡가들과의 관계도 신통치 못했다. 이처럼 인간관계가 악화되자 모차르트의 아버지는 황제 요제프 2세(Joseph Ⅱ)에게 탄원서를 올렸다. 다른 작곡가들이 의도적으로 짜고 아들의 음악이 연주되지 못하도록 방해를 한다는 것이었다.

돈벌이도 시원찮고 씀씀이마저 헤픈 상황이었지만 그래도 모차르트는 꿋꿋하게 버텨나갔으며 콘스탄체 베버(Constanze Weber)와 결혼도 했다. 그러나 결혼생활은 재정적 압박과 비극의 연속이었다. 슬하의 여섯 자녀 중 성년이 된 아이는 두 명뿐이었다. 모차르트는 빈 궁정의 총아가 아니었고 그의 음악은 제대로 연주되지 못했다. 또 연주되었다 하더라도 일반대중으로부터 미지근한 반응만 이끌어냈을 뿐이었다. 1790년 모차르트의 부채는 엄청나게 불어났고 그의 건강은 아주 형편없어졌다.

1791년 그는 신분이 밝혀지지 않은 낯선 사람으로부터 진혼곡을 작곡해달라는 의뢰를 받았다. 〈마술피리〉의 작곡을 완성한 직후, 모차르트는 이 슬픈 곡을 쓰는 데 강박적으로 몰두했다. 하지만 운명은 그를 가만히 내버려두지 않았고, 1791년 12월 5일 볼프강 아마데우스 모차르트는 숨을 거두고 말았다. 진혼곡은 미완성이었고 그 곡을 의뢰한 낯선 사람은 시간의 그늘 속으로 사라졌다. 사망 당시 모차르트는 겨우 35세였다.

| 정 말   이 상 한   부 분 |

모차르트의 마지막 작품을 의뢰한 사람의 신분이 밝혀지지 않고 있다. 검은 옷을 입은 이름을 알 수 없는 여자였다느니 혹은 회색 옷을 입은 남자였다느니 추측만 무성할 뿐, 아무도 자신이 진혼곡을 의뢰했다고 나서지 않았다. 모차르트는 기이할 정도로 이 곡에 집착했고, 많은 사람들은 이런 집착이 병

을 불러 결국 사망하게 되었다고 추측한다.

|먼저 떠오르는 용의자|

안토니오 살리에리 : 널리 퍼진 소문에 의하면 궁중 작곡가인 안토니오 살
리에리(Antonio Salieri)는 모차르트의 재주를 크게 부러워했고 또 그의 방탕한
생활을 못마땅하게 생각했다고 한다(이것은 영화 〈아마데우스〉에서 사실처럼 제
시되어 있다). 이 살리에리가 진혼곡의 의뢰자일지 모른다는 주장이 있다. 모
차르트의 허약한 건강과 그 곡의 작곡이 그에게 미칠 악영향을 짐작하고 이
런 일을 맡겼다는 것이다. 살리에리는 모차르트만 없어진다면 자신이 받아야
할 정당한 대접을 받을 수 있다고 생각했다는 것이다.

프란츠 폰 발제크 백작 : 프란츠 폰 발제크(Franz von Walsegg) 백작은 아마추
어 작곡가였는데 자신의 재능 이상으로 남들의 평가를 받으려 했던 사람이었
다. 그래서 백작은 낯선 사람으로 변장하여 진혼곡 제작을 의뢰했고 그 곡이
완성되면 자신의 곡으로 발표할 생각을 가졌을 것이다. 그리고 이 사실을 확
실하게 감추기 위해 모차르트를 독살할 계획까지 세웠을지도 모른다.

어느 누구와도 비교할 수 없는 음악 천재 모차르트(왼쪽)는 프리메이슨 조직원이었으며 많은 적이 있었다.
모차르트의 천재성을 시기한 경쟁자 살리에리(오른쪽)는 황제 요제프 2세의 왕궁에서 활동하던 음모에 능한 인물이었다.

정체미상의 빈 작곡가들 : 모차르트의 작품은 당대 작곡가들의 작품 수준을 훨씬 뛰어넘는 선구적인 것이었다. 헨델 스스로 모차르트야말로 지금까지 배출된 음악가 중 가장 위대한 음악가라고 말했을 정도이다. 그러나 서열을 무시하고 아무렇게나 작곡 의뢰를 받아들이는 등 모차르트의 마구잡이식 태도가 문제였다. 게다가 빈 궁정의 작곡 의뢰를 따내기 위한 치열한 경쟁 등이 또한 악재로 작용했다. 이러한 상황에서 누군가가 빈 음악계를 재정비해야 할 필요가 있다고 생각했을지도 모른다. 만약 모차르트의 건강이 양호하고 또 그가 자신의 인생을 좀더 철저하게 관리했더라면 그는 아무도 따라오지 못하는 음악계의 거인이 되었을 것이다.

|다 소 황 당 한 용 의 자|

프리메이슨 : 모차르트는 프리메이슨의 조직원이었다. 하지만 그의 방탕한 생활 방식을 이 비밀조직은 도저히 참아줄 수 없었다. 또 모차르트가 프리메이슨의 상징에서 영감을 받아 작곡한 〈마술피리〉는 조직의 비밀을 너무 많이 드러내어 이들이 매우 못마땅하게 생각했다는 소문도 있다.

불만을 품은 요제프 황제 궁정의 흑주술사 : 요제프 황제의 궁정에 출입하는 한 육군장성이 황제에게 모차르트가 궁정의 법도를 너무 무시한다고 불평했다는 이야기가 있다. 황제는 육군장성이야 얼마든지 대체할 수 있지만 모차르트는 그럴 수 없는 유일한 존재라며 모차르트를 옹호했다고 한다. 이에 궁중의 누군가가 흑주술을 써서 모차르트를 죽였을 수도 있다. 이 때문에 의사들은 모차르트의 사인을 밝혀내지 못한 채 혼란스러워한 것이다.

|가 장 그 럴 듯 한 증 거|

모차르트의 사인은 '속립성 질환(Miliary Fever)'으로 진단되었지만 사실 검시 의사들도 사인이 무엇인지 확신하지 못했다. 죽기 전 모차르트는 치통에서 전신 무기력에 이르기까지 서로 무관한 질병을 다양하게 앓았다. 하지만 이것이다 하고 꼬집어서 말할 사인은 드러나지 않았다. 속립성 질환이라는 공식 진단은 의사들의 무지를 은폐하기 위한 전시용 진단일 가능성이 높다.

| 가 장 의 문 스 러 운 사 실 |

모차르트는 18세 때 메이슨의 빈 지부에 가입했고 그 직후 그의 아버지도 가입했다. 그러나 기이하게도 모차르트는 서로 유관 조직인 빈 음악가협회의 가입은 거부되었다. 또한 주목할 것은 그의 마지막 공연이 메이슨 지부의 새 건물 낙성을 기념하기 위한 칸타타였다는 점이다.

| 회 의 론 자 의 견 해 |

모차르트는 태어날 때부터 병약한 사람이었고 그 후 이런저런 질병을 앓으면서 살아왔다. 그가 35세에 죽었다는 것보다 더 일찍 죽지 않은 것이 의아할 정도이다. 현대의 의사들은 모차르트가 아마도 신장 질환에 의한 요독증으로 사망했을 것이라고 추측한다. 만약 당시 빈의 작곡가들이 그를 질시하여 죽였다면, 왜 굳이 작품이 연주되지도 않는 작곡가를 골랐겠는가?

라스푸틴 RASPUTIN

러시아 희대의 정치 스캔들인가, 혁명을 위한 사전 포석인가

20세기 초의 러시아 왕가는 환속한 성직자이며 심령술사 겸 점쟁이인 라스푸틴의 카리스마에 완전히 압도되었다.

본명이 그리고리 예피모비치(Grigory Yefimovich)인 라스푸틴은 차르의 왕세자 알렉세이의 건강을 안정시키는 특별한 능력을 갖고 있었다. 심각한 빈혈을 앓고 있던 왕세자를 잘 보살폈기 때문에 라스푸틴은 자연히 러시아 왕가에 막강한 영향력을 행사하게 되었다. 이것은 여러 가지 관련 서류가 증명하고 있는 바이다. 아무튼 라스푸틴은 그런 영향력을 이용하여 자신의 사리사욕을 채웠다.

이 '미친 수도자'가 러시아 제정 자체를 크게 뒤흔들어놓았다는 것은 역사가 확인해주는 사실이다. 그는 자신의 영향력을 이용하여 추종자들을 권력의 요직에 앉혔고, 왕후 알렉산드라에게 부탁하여 각종 청탁을 들어주게 한 다음 청탁자들로부터 엄청난 뇌물을 챙겼다. 또한 하급 귀족들에게는 치료비 명목으로 엄청난 돈을 청구했다.

라스푸틴은 1911년경에 이미 국가적인 물의를 일으키고 있었지만 1915년에는 왕후의 수석 고문이 되었다.

그는 또한 엄청난 성욕의 소유자였다. 그는 자신이 베푼 서비스에 대한 보상으로 남녀 불문하고 성교를 요구하는 일이 많았다. 또 자신을 찾아온 청탁자의 10대 자녀들과 동침을 요구하기도 했다. 그의 주변에는 막강한 권력에 매혹된 자들과, 발기하면 33센티미터에 달하는 그의 음경에 매혹된 자 등 열광적으로 따르는 무리들이 많았다.

그의 소행은 일반대중을 격분시켰지만 왕가는 여전히 그에게 사로잡혀 있었다. 왕후 알렉산드라가 라스푸틴에게 보낸 편지들을 보면 둘 사이에 로맨스가 있었음을 짐작할 수 있다.

마침내 라스푸틴이 국가를 망치고 있다고 판단한 러시아의 몇몇 귀족들이 그를 제거하기로 결심했다. 펠릭스 유수포프 공이 이끄는 암살단은 1916년 12월 30일 라스푸틴을 파티에 초청한 뒤 살해했다. 하지만 이미 왕가의 명성을 구하기에는 늦은 시점이었다. 그 직후 러시아에 혁명이 터져서 구질서는 완전히 타도되었다.

РАСПУТИН

미친 수도자 로 불렸던 라스푸틴.

| 정 말   이 상 한   부 분 |

라스푸틴의 사망 당시 이야기는 그의 치유력에 관한 신빙성을 더해준다. 파티장에 도착한 라스푸틴은 정상인 같으면 12명을 죽이고도 남을 만큼의 청산가리가 든 음식 앞에 앉았다. 의사 라조베르트가 음식에 넣을 독약을 준비했다. 라스푸틴은 독이 든 음식을 상당량 먹다가 유수포프가 음식에 손을 대지 않는 것을 보고 의심을 했다. 유수포프 공은 라스푸틴이 독약에 전혀 반응을 보이지 않자 당황하면서 가까운 거리에서 라스푸틴에게 총을 쐈다. 또한 황제의 조카인 파블로비치 대공도 그에게 총을 쐈다. 라스푸틴은 화를 벌컥 내며 자리에서 일어나 집밖으로 달아나는 유수포프를 쫓아 마당으로 달려나갔다. 이때 암살단이 라스푸틴을 붙잡아 무거운 쇠사슬로 그의 온몸을 내리쳤다. 그의 몸은 피투성이 솜뭉치처럼 되었다. 그 후 라스푸틴의 상태를 조사해본 의사 라조베르트는 아직도 그의 숨이 끊어지지 않은 것을 알았다. 결국 그들은 라스푸틴의 몸에 쇠사슬을 친친 감아서 차갑게 얼어붙은 네바 강에 처넣었다.

| 먼 저   떠 오 르 는   용 의 자 |

정신적인 아바타 : 가장 흔한 이론은 라스푸틴이 정말로 탁월한 치유력과 예지력을 가지고 있었으며 또 여자를 유혹하는 능력을 가졌다고 보는 것이다. 그는 이런 힘을 이용하여 영향력 있는 자리에 올랐지만 결국 성적으로 너무 문란했기 때문에 살해되었다. 라스푸틴이 이런 신비한 힘을 가지게 된 것은 그가 정신적인 아바타(신의 화신) 혹은 진정한 성인이었기 때문이다.

생 제르맹 : 라스푸틴이 실은 불멸의 존재로 알려진 중세 유럽의 생 제르맹(Saint-Germain) 백작의 화신이라는 주장도 있다. 라스푸틴으로 화한 생 제르맹이 러시아 혁명의 길을 닦아주었고 그리하여 역사는 제대로 굴러가게 되었다는 것이다. 자신이 물 속에 처박혀서 빠져나갈 수 없게 된 것을 알게 되자

라스푸틴 곧 생 제르맹은 죽은 척하면서 낮게 엎드려 있는 것이 가장 좋겠다고 판단했다. 그는 암살단에 의하여 네바 강에서 꺼내졌고 황급히 매장되었지만 얕은 무덤을 뚫고 나오기란 비교적 쉬운 일이었다. 당연히 적들은 그가 죽었다고 믿었으므로 그는 유유히 도망칠 수 있었다고 한다. 소문에 의하면 생 제르맹은 1980년대에 동유럽에 들어가 공산주의를 종식시켰고 현재는 로스앤젤레스에 가 있다고 한다.

| 다 소   황 당 한   용 의 자 |

외계인 침입자 : 라스푸틴의 초자연적인 생명력은 결코 정신적 능력에서 기인한다고만 볼 수는 없을 것 같다. 그래서 그가 실제로는 외계인일지도 모른다는 의견이 제기되었다. 지구에서 몇 년 동안 방탕한 생활을 할 작정으로 지구에 내려온 소규모 원정대의 한 멤버였을지도 모른다는 것이다. 라스푸틴의 생리는 인간과는 달랐기 때문에 암살시도가 거의 효과가 없었던 것이다. 결국 그를 죽인 것은 산소 부족이나 저온이 아니라 햇빛 부족이었다.

| 가 장   그 럴 듯 한   증 거 |

라스푸틴의 시체는 내버려진 곳에서 수 킬로미터 하류 지점에서 회수되었다. 그는 강물 속에서 몸에 감긴 쇠사슬을 풀어던졌고, 죽기 직전까지 얼음을 뚫고 밖으로 나오려고 애쓴 흔적이 있었다. 보다 구체적으로 그의 손톱이 얼음 밑창에 박혀 있었다. 그는 차가운 강물 아래서 여섯 시간이나 버둥거리다가 마침내 사망한 것이 틀림없다.

| 가 장   의 문 스 러 운   사 실 |

라스푸틴의 최후 행석 가운데 가상 기이한 것은 그처럼 많은 청산가리를 먹고서도 죽지 않았다는 점이다. 이에 못지않게 기이한 유물이 1960년대에 파리에 등장했는데, 미라 처리된 라스푸틴의 음경이 그것이다. 한 목격자는 그것이 "30.5센티미터 길이에 검은 바나나 비슷했다."고 말했다. 하지만 음모단이 라스푸틴의 시체 일부분을 절단했다는 기록은 남아 있지 않다.

| 회 의 론 자 의   견 해 |

라스푸틴에게 먹인 독약이 너무 오래되어 약효가 없었을 수도 있다. 총격은 신체의 급소를 피해갔을 수도 있고 또 음모단의 구타는 찰과상이나 타박상에 그쳤을 수도 있다. 그리고 어쩌면 네바 강의 낮은 온도가 산소 부족에서 오는 조직파괴를 지연시켜 라스푸틴이 얼음 밑창에 손톱을 박아 넣을 시간이 있었을지도 모른다. 그리고 라스푸틴이 그처럼 예지력이 뛰어난 사람이라면 왜 유수포프 공의 초청이 실은 독살 음모극이라는 것을 미리 꿰뚫어보지 못했을까?

잭 더 리퍼 JACK THE RIPPER

100년 넘게 범죄학자와 음모론자들을 매혹시킨 연쇄살해범의 미스터리

1888년에 발생한 잭 더 리퍼 사건의 미스터리는 지난 100여 년 동안 범죄학자, 음모론자, 할리우드 영화제작자들을 매혹시켜왔다. 영미권에서는 보통 미상의 인물을 표현할 때 가장 흔한 이름인 잭(여성인 경우는 질)을 붙여 부르곤 한다. 여기에 사람을 난도질한 잔인한 살인마라는 뜻으로 리퍼가 더해져 살인자의 호칭 잭 더 리퍼가 생겨난 것이다. 잭 더 리퍼에 관해서는 이론과 반론이 연속적으로 터져나왔고, 단 하나뿐이라는 '믿을 만한' 일기와 고백, 공책 등이 발굴되어 출판되기도 했다. 그러나 이 가운데 결정적인 대답을 제시하는 자료가 있는지에 대해서는 적잖이 의심스럽다.

1888년 8월 31일 금요일, 폴리 니콜스가 살해되었다. 이어 9월 8일 토요일에 애니 채프먼이 살해되었고, 9월 30일 일요일에는 캐서린 에도스와 엘리자베스 스트라이드가 살해되었다. 메리 켈리는 11월 9일 금요일에 살해되었다. 이 다섯 명의 여자들은 목이 절개되어 있었고 신체는 크게 훼손되었으며 수술도구 같은 것으로 예리하게 도려낸 뒤 내장이 탈취된 시체도 있었다. 임신 3개월이었던 메리 켈리는 알몸 상태였고 그녀의 옷은 바로 옆의 의자에 단정하게 개켜져 있었다. 그 이전에 피살된 피해자도 있는 듯했다. 가령 8월 7일 화요일에 살해된 마사 태브럼이 잭 더 리퍼의 희생자로 추정된다. 하지만 엘리자베스 스트라이드는 잭 더 리퍼에 의해 살해되지 않았을 수도 있다. 이 여섯 명의 여자는 런던의 이스트엔드에 살고 있는 매춘부였다. 일부 논평가들은 이 여섯 명 이외에 세 명을 더 추가시킬 수 있다고 말한다.

잭 더 리퍼는 아주 일정한 패턴의 살해방식을 유지했다. 희생자들이 치마를 걷어올릴 때 뒤에서 목을 조여 의식을 잃게 만든 다음 바닥에 눕히고 그 다음에는 칼로 목을 땄다. 대부분의 경우 내장기관 중 하나를 도려내어 기념품으로 가져갔다. 내장을 꺼낸 수법이 매우 정교한 것으로 보아 잭 더 리퍼는 의학적 훈련을 받았을 것으로 추정된다. 앞쪽에서 콩팥을 제거했는데 다른 장기에는 전혀 손상을 입히지 않은 경우도 있었다. 이렇게 하려면 수술실에서 다년간 근무한 경력이 필요하다. 또 어두운 밤에 공공장소에서 방금 살해한 여자의 장기를 그처럼 정확하게 떼어낸다는 것은 보통의 솜씨가 아니라고 할 수 있다.

런던 경시청의 파일에 의하면 센트럴뉴스 에이전시에 자신을 잭 더 리퍼라고 주장하는 사람이 두 개의 쪽지를 보내왔다. 한 쪽지의 제목은 '친애하는 보스에게'이고 다른 하나의 제목은 '지옥으로부터'였다. 두 쪽지의 필체는 기괴했고 아주 거들먹거리고 자랑하는 분위기였다. 대부분의 연구자들은 이 두 쪽지가 진범이 보낸 것이 아닐 것이라고 생각한다. 또한 화이트 채플(런던 이스트엔드의 한 구역으로 잭 더 리퍼 사건이 벌어진 곳) 수사본부에 병을 앓은 흔적이 있는 콩팥의 일부분이 보내져왔는데, 동봉된 편지에는 그것이 캐서린 에도스의 것이라고 적혀 있었다. 확인할 길은 없지만 그 콩팥의 손상 정도는 캐서린 에도스가 실제 앓았던 질환의 증세와 일치했다.

| 정 말   이 상 한   부 분 |

1888년 9월 30일 밤, 경찰은 잭 더 리퍼가 피 묻은 칼을 닦아낸 캐서린 에도스의 에이프런 조각을 발견했다. 그 조각은 문 가까운 곳에 있었는데, 문에는 이런 메시지가 남아 있었다. "유대인은 아무 책임이 없다." 고참 경관은 이것이 반유대인 폭동을 불러일으킬지 모른다고 생각하여 재빨리 그 메시지를 지워버렸다. 그 기이한 표현법과 이상한 철자법은 혹시 프리메이슨의 메시지

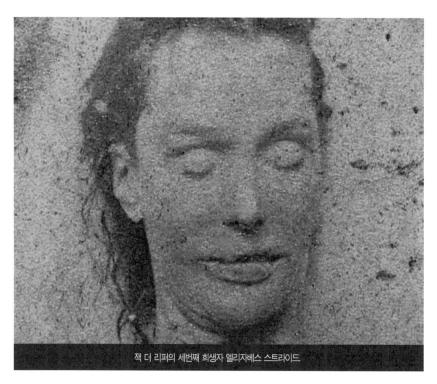

잭 더 리퍼의 세번째 희생자 엘리자베스 스트라이드

232

가 아닐까 하는 의문을 불러일으켰다. 그리고 경찰은 그 사실을 감추기 위해 일부러 메시지를 지웠다는 것이다.

| 먼 저   떠 오 르 는   용 의 자 |

앨버트 빅터 왕자 : 빅토리아 여왕의 손자인 앨버트 빅터(Albert Victor) 왕자(일명 '에디')는 정신이상 병력이 있는 청년이었다. 그 당시 왕실의 한 측근은 그를 가리켜 "수정 어항 속에 반짝이는 금붕어"라고 말했다. 에디는 한때 동성애자(당시 영국에서는 중범죄)였던 것으로 추정되며 1892년에 사망했다. 소문에 의하면 사인은 매독이었다고 한다. 광기에 내몰린 왕자는 창녀들을 차례로 살해했고 스캔들을 두려워한 영국 왕실은 왕자의 죄상을 감추기 위해 음모를 꾸몄을지도 모른다. 또다른 가설로 왕자가 한 매춘부를 임신시켰을 것이라는 주장도 있다. 그 여자가 임신 사실을 가지고 정부를 협박하려고 하자 왕실 요원이 그 여자와 내막을 아는 친구들을 살해했다는 것이다. 사람들을 잔인한 방식으로 죽인 것은 수사에 혼선을 빚기 위한 의도였다고 할 수 있다.

프랜시스 텀블티 : 런던 경시청의 수사과장 존 리틀차일드(John Littlechild)는 수사 과정에서 미국인 의사 프랜시스 텀블티(Francis Tumblety)를 강력한 용의자로 보았다. 이 의사는 미국으로 달아났고 런던 경시청은 그를 조사하기 위해 형사대를 미국으로 급파했다.

| 다 소   황 당 한   용 의 자 |

질 더 리퍼 : 끔찍한 연쇄살인범이 여자일 것이라는 추측이다. 일부 음모론자들은 미친 산파인 메리 피어시(Mary Pearcy)가 범인이라고 주장한다. 피어시는 남자 애인의 아내와 자녀들의 목을 따서 죽인 혐의로 1890년 12월 처형된 여자이다. 그 여자가 실제로 혹은 상상 속에서 입은 모욕이나 상처 때문에 다른 여성들에게 끔찍한 복수를 했을 수도 있다.

공간 이동하는 침입자 : 빅토리아 시대 런던에는 또다른 악명 높은 잭—스프링을 단 잭—이 발호하고 있었다. 갑옷과 외투를 입고 전투모를 쓴 이 괴상한 인물은 빌딩을 가볍게 뛰어넘는다고 한다. 그는 수백 명의 사람들에게 목격되었고, 영국의 가장 유명한 장군인 웰링턴이 이끄는 토벌대의 추적을 받았다. 어떤 사람들은 스프링을 단 잭이 공간 이동하는 침입자이며 실제 잭 더 리퍼라고 생각한다.

| 가 장   그 럴 듯 한   증 거 |

1970년 토머스 스토웰(Thomas Stowell) 박사는 한 가지 획기적인 문서를 발견했다고 주장했다. 그 문서에 의하면 앨버트 빅터 왕자의 주치의였던 윌리엄 걸(William Gull) 경이 왕자가 잭 더 리퍼라는 사실과 매독으로 인한 광기 때문에 그런 끔찍한 행동을 했다는 것을 알고 있었다고 한다. 엘리자베스 스트라이드와 캐서린 에도스가 살해된 1888년 9월 30일 밤(센트럴뉴스 에이전시 앞으로 보내온 두번째 쪽지에는 이것이 '더블 이벤트'로 표현되어 있다) 이후에 왕자는 구금되었다. 하지만 그는 다시 도망쳐서 메리 켈리를 죽였는데, 그 후

앨버트 빅터 왕자는 리퍼의 음모에서 어떤 역할을 했을까?

더욱 엄중한 감시 하에 갇혀있다가 매독으로 사망했다고 한다.

| 가 장   의 문 스 러 운   사 실 |

살해 사건이 주말에만 벌어졌다는 것이 흥미롭다. 니콜스는 금요일, 채프먼은 토요일, 에도스와 스트라이드는 일요일, 켈리는 다시 금요일 밤에 살해되었다.

| 회 의 론 자 의   견 해 |

불행하게도 스토웰 박사는 앨버트 빅터 왕자를 살인범으로 지목한 이론을 펴낸 직후 사망했고, 그의 노트와 문서들은 모두 불태워져 그의 주장을 확인할 방법이 없게 되었다. 더욱 중요한 사실은, 궁중의 일지에 의하면 살해 사건들이 벌어지던 날에 에디는 런던에 있지 않았다는 것이다. 프리메이슨이 개입했다는 것도 순전히 추측일 뿐 그것을 뒷받침하는 증거는 전혀 없다.

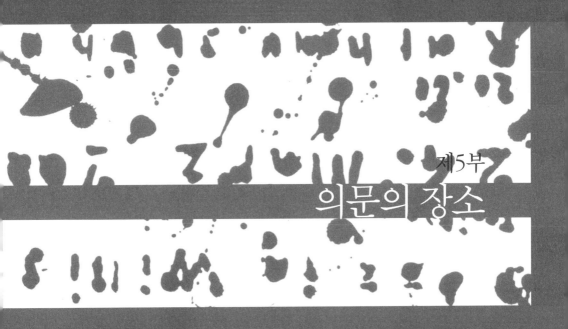

제5부
의문의 장소

나치가 밝히고자 한 남극의 비밀은?

황량하고 아름다운 남극은 위험스러운 환경이지만 동시에 위험에 처해 있기도 하다. 남극은 황량함과 아름다움, 고요함과 소란스러움, 갈등과 평화 등이 극명한 대조를 보이는 땅이다. 무엇보다도 남극은 아무도 살지 않는 땅으로 인식되고 있지만 실은 그렇지 않다는 주장이 있다. 음모론자들은 남극에 살고 있는 사람들에 대한 진실이 일반대중이 모르게 가려져 있다고 믿는다.

나치가 독일의 툴레회 같은 비밀단체, SS(나치의 비밀경찰)의 비밀지부인 아헤네르베(Ahenerbe) 등과 연계하여 남극대륙 개발에 나섰다는 정보가 흘러나온 이래, 음모론자들은 이 대륙에 관한 아주 기이한 진실이 곧 밝혀질 것이라고 기대해왔다.

1947년 미국의 리처드 버드(Richard Byrd) 제독이 이끄는 1만 명 규모의 군(軍) 탐사대가 남극대륙을 향해 떠나자 이곳의 신비함은 더욱 증폭되었다. 탐사대는 3개월 뒤 엄청난 인명손실을 입은 채 돌아왔다. 그 후 50년 이상이 지난 지금도 버드의 탐사대에 관한 기밀문서에 접근하는 것이 사실상 불가능하다.

이렇게 되자 버드 탐사대의 군인들이 과연 누구를 상대로 싸웠느냐 하는 문제를 놓고 뜨거운 논쟁이 벌어졌다. 대부분의 음모론자들은 남극의 얼음 아래 대규모 자연재해로 파괴된 선진문명의 유해가 남아 있다고 주장한다. 바로 이것 때문에 나치 세력이 남극개발을 운위했으며, 또 음모의 세력들이 이 정보를 일반대중들로부터 애써 감추려 했다는 것이다.

| 정 말 이 상 한 부 분 |

남극은 영국을 위시한 여러 강대국들이 서명한 조약에 따라 관리되는데,

아름답지만 비밀로 가득한 남극.

그 조약에 따르면 남극의 방대한 천연자원을 개발하거나 이용하는 것이 금지되어 있다. 일반적으로 영국 정부의 환경보호 실적은 그리 좋은 편이 아니므로 이런 조약은 다소 의외라 할 수 있다. 그래서 남극조약의 진정한 목적은 일반 기업들이 3킬로미터 두께의 얼음을 파헤쳐서 잃어버린 문명의 흔적을 찾아내는 일을 사전에 방지하려는 데 있다는 주장도 나오고 있다.

먼저 떠오르는 용의자

나치 : 1938년 나치 독일은 당시만 해도 세계 최대 규모의 남극탐사 활동을 수행했고 또 남극을 독일 영토라고까지 주장하면서 노이슈바벤란트

(Neuschwabeland)라는 독일식 지명도 붙였다. 나치의 최고지도자들은 남극을 아주 중요하게 여겼고 제2차 세계대전 내내 독일군을 남극에 주둔시켰다. 그후 1946년 아르헨티나 해안에서 얼음의 대륙으로 떠나는 독일의 U-보트들이 목격되기도 했다. 이것을 본 사람들은 전범재판을 피해 달아나는 독일 최고 사령부 요인들이 남극의 잃어버린 문명의 유적 위에다 기지를 세우려는 것이 아닌가 의심하기도 했다.

제이슨회 : 제이슨회(The Jason Society)는 1973년 닉슨 대통령에 의해 설립된 것으로 알려져 있다. 이 비밀단체의 1급 목적은 '비밀지구'라는 프로젝트를 운영하는 것이었다. 일부 음모론자들은 이 단체의 임무가 남극의 얼음층 아래에서 또는 기타 지구상의 한두 군데에서 잃어버린 문명의 잔해를 발견하는 것이라고 주장한다. 다른 비밀조직과는 달리 제이슨회가 남극의 비밀을 공개하지 않는 것은 어느 정도 선량한 목적을 가지고 있기 때문이라고 한다. 즉 제이슨회가 사라진 '선사문명인(Elder Race)'에 관한 정보를 먼저 충분히 알아내어 우리 인류가 그들의 전철을 밟지 않게 하려는 목적에서 그렇게 한다는 것이다.

그 외에 MJ-12, 프로젝트 피닉스(Project Phoenix), 미국 국가안전위원회, 국제연합, 프리메이슨 등이 용의선상에 오르고 있다.

| 다 소 황 당 한 용 의 자 |

고대의 외계인 : 어떤 사람들은 남극의 두꺼운 얼음층 밑에 고대문화의 유적이 매몰되어 있다면 그것은 인간보다는 외계인이 만든 문명일 가능성이 많다고 주장한다. 지구의 역사에 외계인이 깊숙이 개입했다는 사실을 감추려는 음모가 분명 존재한다는 것이다.

템플 기사단 : 남극을 얼음 천지로 만든 자연의 대격변이 발생하면서 이를 피해 달아난 생존자들이 이집트의 문명을 건립했다는 설이 있다. 만약 이것

이 사실이라면 고대 이집트인들은 비밀스러운 전승을 통해서 고향(남극)에 대한 지식을 보존했을 것이다. 특히 템플 기사단은 고대 이집트까지 계보가 거슬러올라가기 때문에 혹시 이런 지식을 물려받았을지도 모른다. 만약 이런 설이 사실이라면 템플 기사단은 남극을 지배함으로써 남극 얼음층 밑에 잔존해 있을지도 모르는 문명의 선진기술을 독점해 세계를 지배하려는 목적을 달성하려 할 것이다.

| 가 장 그 럴 듯 한 증 거 |

남극 음모론에 대한 신빙성을 더해주는 가장 강력한 증거 가운데 하나로 오스만 제국의 해군제독 피리 레이스(Piri Reis)의 지도를 들 수 있다. 이 지도는 1513년 콘스탄티노플에서 작성된 것인데, 아프리카의 서부해안과 남아메리카의 동부해안뿐만 아니라 퀸 모드 랜드(남극)의 얼음이 덮이지 않은 해안도 표시되어 있다.

남극은 1818년까지 발견되지 않았다. 더구나 피리 레이스 지도의 놀랄 만한 정확성은 1950년대까지도 검증되지 않았다. 1950년대에 이르러 비로소 지질학자들은 얼음 아래의 광대한 땅을 볼 수 있게 되었던 것이다. 특히 이 지도는 그 이전의 해도들을 참고하여 작성된 것인데, 어떻게 그런 얼음이 덮이지 않은 남극 땅의 정보를 알게 되었는지 정확히 밝혀지지 않고 있다. 유사한 다른 해도들도 남극이 한때 선진문명(보통 아틀란티스라고 알려져 있는 문명)의 본거지였다는 생각에 신빙성을 더해주고 있다.

| 가 장 의 문 스 러 운 사 실 |

1998년 남극에 리히터 규모 8.1의 강한 지진이 발생했다. 이 소식은 전세계에 급히 알려졌고 오스트레일리아 동부해안 전역에 비상경계령이 내려졌다. 기상당국은 이 해안에 거대한 해일이 몰려올지도 모른다고 우려했지만

1818년에야 남극이 공식적으로 발견되었는데도, 1513년 작성된 피리 레이스의 지도에는 남극이 얼음에 덮이기 전의 모습이 나와 있다.

예상되었던 해일이 몰려오지 않자 의료당국과 경찰, 군대는 비상경계령을 해제했다. 남극에 지진이 발생했다는 사실이 놀라운 것은 남극에는 지각의 판들이 만나는 지점이 없는데 어떻게 지진이 발생했는지 잘 설명되지 않기 때문이다.

| 회 의 론 자 의   견 해 |

일부 사람들은 지난 1500만 년 동안 남극이 얼음으로 뒤덮여있지 않은 시기가 존재했으며 그래서 그곳에 문명이 발달할 수 있었다고 주장하기도 한다. 하지만 그 주장을 뒷받침하는 과학적 증거는 거의 없다. 또한 남극대륙에 선진문명이 존재했다는 사실을 보여주는 고고학적 증거도 지금껏 발견된 것이 없다.

버뮤다 삼각해역 BERMUDA TRIANGLE

버뮤다 해역에서 실종된 배와 비행기의 행방

　버뮤다 삼각해역(더 무시무시한 이름으로는 '마의 삼각지대')은 대서양의 한 해역을 가리키는 말인데 대체로 버뮤다, 푸에르토리코, 플로리다 주의 포트 로더데일의 세 지점을 연결한 해역을 지칭한다.

　이 신비한 해역은 1964년 작가 빈센트 H. 개디스(Vincent H. Gaddis)에 의하여 이 유명한 별명을 얻게 되었다. 그는 지난 여러 세기에 걸쳐 선원들 사이에 전해 내려오는 전설을 종합하여 「죽음의 버뮤다 삼각해역」이라는 잡지 기사를 썼다. 기사의 주된 내용은 이 해역에서 발생한 선박 및 항공기들의 갑작스러운 실종사건을 다룬 것이었다.

　이 해역은 15세기부터 이상한 현상이 벌어지는 곳으로 널리 알려졌다. 그 당시의 탐험가 콜럼버스는 항해일지에 이렇게 썼다. "거대한 불기둥이 바다에 추락하면서 우리 배의 나침반이 갑자기 방향감각을 상실했고 선원들은 하늘에 떠 있는 이상한 빛을 보았다." 그 후 이 해역에서 갖가지 이상한 사건들이 발생하면서 버뮤다 삼각해역은 악명이 높아졌다. 가장 특기할 만한 사건은 1872년 메리 셀레스트 호 선원 전원이 실종된 사건이다.

　하지만 이 해역에서 벌어진 기이한 사건들 중에는 최근에 벌어진 것이 더 많다. 가장 유명한 사건은 플라이트 19 항공기 실종 사건인데, 이것은 〈미지와의 조우(Close Encounters of the Third Kind)〉라는 제목으로 영화화되었다. 1945년 12월 5일에는 미국 해군의 어벤저 어뢰폭격기 다섯 대가 훈련비행 도중 실종되었다. 이들을 구조하기 위해 선원 22명을 태운 마틴 머리너 호가 급파되었으나 이 배마저 흔적 없이 사라졌다. 실종된 배는 이뿐만이 아니다. 미국의 대형 전함 사이클롭스 호, 유조선 머린 설퍼 퀸 호 등 50여 척이 넘는다. 특히 39명의 선원을 태운 머린 설퍼 퀸 호는 아주 고요한 해상에서 느닷없이

미국의 대형 전함 사이클롭스 호를 비롯한 수많은 배들이 소위 '마의 삼각지대'에서 실종되었다.

사라져버렸다.

| 정 말   이 상 한   부 분 |

대규모 수색작업을 폈는데도 항공기 플라이트 19의 잔해는 한 점도 수거되지 않았다. 따라서 이 사고는 비행기가 돌연 바다 속으로 추락하는 안전사고 이상의 의미를 가지게 되었다. 버뮤다 삼각해역에서 발생한 사고는 흔적이 전혀 없다는 것이 특징이다. 거대한 배들도 조난신호 한 번 보내지 못하고 마치 블랙홀 속으로 빠져들 듯이 사라졌다. 음모론자들은 미국 정부가 이 신비한 현상의 내막을 알고 있으면서도 은폐하려 했다고 믿고 있다.

| 먼 저   떠 오 르 는   용 의 자 |

외계인 : 버뮤다 삼각해역의 실종사건과 그 진실을 은폐하려는 음모세력으로 추정되는 영순위는 외계인이다. 외계인 종족—야비한 그레이 외계인들—이 이 해역에 수중비밀기지를 운영하고 있다는 주장이 제기되었다. 푸에르토

리코 근해에서 UFO가 출몰하는 것을 보았다고 신고한 사람들이 상당수에 이른다. 지구인의 선박이나 항공기가 외계인들의 프라이버시를 침해하면 그들은 자신들의 전관 수역에 들어온 사람들을 무자비하게 처치하는 경향을 보인다는 것이다.

북미방공사령부 : 버뮤다 삼각해역에 해저기지를 운영하고 있는 것으로 추정되는 세력은 외계인뿐만이 아니다. 일부 음모론자들은 북미방공사령부 (NORAD, North American Air Defence Command)가 거대한 해저비밀기지를 운영하고 있다고 생각한다. 이 기지가 초특급 비밀 과학기술을 이용하여 항해 중인 선박이나 항공기들의 신호체계를 교란시킨다는 것이다. 그래서 만약 어떤 배나 비행기가 북미방공사령부 기지의 소재에 대한 증거를 포착한다고 해도 미국 군부에 의해서 '실종' 처리될 수밖에 없다는 것이다.

그외에 용의선상에 떠오르고 있는 기관이나 세력은 MJ-12, 유엔, 고대의 외계인 신(神)인 크툴루(Cthulhu)와 요그-소고트(Yog-Sogoth) 등이 있다.

| 다 소   황 당 한   용 의 자 |

크로노노트 : 어떤 사람들은 버뮤다 삼각해역에서 비행사와 선원, 승객 등이 실종된 것은 그레이 때문이 아니라 먼 미래에서 현재로 시간여행을 온 인간들의 소행이라고 생각한다. 이 미래의 사람들을 크로노노트(chrono : 시간 + naut : 비행사)라고 하는데, 강력한 중력장에서의 시공간 혼란을 틈타 미래에서 시간여행을 와 과거(우리 인간으로서는 현재)의 살아 있는 증거를 수집하려고 한다는 것이다. 현재의 인간들에게 발견된 크로노노트는 재빨리 시간대를 바꾸어 미래로 돌아가면서 그들이 왔던 증거를 없애버린다고 한다.

아틀란티스의 유적 : 버뮤다 삼각해역은 아틀란티스라는 고대문명의 해저유적 바로 위에 자리잡은 해역이라는 설도 있다. 이 해역에서 그토록 많은 배와 비행기가 갑자기 사라진 이유는 이 아틀란티스의 유적에 감추어진 거대한

수정들에서 뿜어져 나오는 강력한 에너지 광선 때문이라는 것이다. 이 에너지 광선이 비추는 곳을 지나가는 배와 비행기는 영락없이 해저로 추락해버린다고 한다. 어떤 음모론자들은 아틀란티스의 유적에 살고 있는 아틀란티스인이 이러한 실종사건의 배후라고 주장하기도 한다.

| 가 장   그 럴 듯 한   증 거 |

버뮤다 삼각해역에서는 지난 20세기 동안 50척의 배와 20대의 비행기가 실종되었다. 또한 이 해역은 자기(磁氣)나침반이 정북(正北)을 가리키지 않는 지구상의 단 두 지역 가운데 하나이다. 이런 사실 말고도 이 해역에서는 이상한 일들이 많이 벌어졌다. 비행면허를 딴 지 오래된 노련한 여비행사 캐롤린 카시코(Carolyn Casico)는 전세비행기를 몰고 버뮤다 삼각해역 안에 있는 터크 섬으로 갔다. 그 섬 위를 비행하던 중 무선으로 이런 메시지를 보내왔다. "이거, 이해가 안 되는데요. 여기가 터크 섬이 분명한데 섬에 아무도 보이지 않아요. 지형지물로 보아 터크 섬이 분명한데 아무도 살고 있지 않는 것 같아요." 그녀는 섬 위를 몇 번 선회하다가 바다로 다시 나갔지만 곧 실종되었다.

| 가 장   의 문 스 러 운   사 실 |

지구의 표면에서 실종자의 땅으로 영영 사라져버리기 전에 플라이트 19의 비행사는 'FT'라는 대문자가 무수히 반복되는 마지막 메시지를 보냈다. 비행사가 이 이상한 글자로 무엇을 말하려 했는지 아무도 해독하지 못했다.

| 회 의 론 자 의   견 해 |

폭풍우, 변덕스러운 날씨, 파도, 배에 적재된 폭발물, 신통치 않은 항해술 등이 버뮤다 삼각해역에서 벌어진 수많은 사고들의 원인일 수 있다. 일부 회의론자들은 이 해역의 넓이 및 통행 선박수를 따져볼 때 실종된 선박의 수가 그리 이례적인 것은 아니라고 말한다. 게다가 실종되었다고 주장되는 선박과 비행기의 상당수가 실제로는 버뮤다 삼각해역에서 실종되지 않았다는 것이다.

땅 밑의 또다른 세상 THE HOLLOW EARTH
지구 내부에서 인간을 조종하며 살고 있는 종족들

우리가 걸어다니는 지구 표면처럼 단단하고 믿을 만한 것도 없을 것이다. 하지만 음모론자들은 지구의 내부에 다양하고 기이한 집단들이 살고 있다고 믿는다. 1600킬로미터에 달하는 두께의 지표면을 뚫고 들어가면 지구의 내부는 텅 비어 있는데 그 안에도 태양이 있어서 그 공간을 환히 비추고 있다는 것이다.

텅 빈 지구 내부에 존재한다는 이 기이한 지하세계의 입구는 북극과 남극에 있다고 추정되고 있다. 환상적인 오로라—음모론에 의하면 지구 내부의 태양 때문에 생기는 현상—에서부터 중력과 무선통신의 혼란에 이르는 여러 현상들은 지구 내부에 또다른 세계가 있다는 가설을 뒷받침한다. 또한 일부 에스키모족들은 그들이 현재보다 더 북쪽 지역에서 왔다고 주장하는 것으로 알려졌다. 다시 말해 영원한 햇빛이 비치는 따뜻한 땅에서 왔다는 것이다.

일부 음모론자들에 의하면 비밀단체의 조직원들은 역사의 초기부터 지구의 내부가 비어 있음을 알고 있었다고 한다. 이 비밀단체들이 과학계와 정계의 권력자들을 설득하여 일반대중들로 하여금 지표면의 아래에는 돌, 석유, 용암 따위밖에 없다고 믿게 만들었다는 것이다. 여러 비밀단체들은 지구의 내부가 텅 비어 있고, 지하의 태양이 빛을 비추고 있으며, 그곳에 선진 종족

일부 음모론자들은 오로라가 지구 내부가 텅 비어 있기 때문에 생기는 현상이라고 주장한다.

들이 살고 있고, 일련의 터널을 통해 지구의 표면과 연결된다고 믿었고 또 조직원들에게 그렇게 가르쳤다. 과연 이런 비밀단체가 거대한 음모를 꾸며서 우리 일반대중들에게 지구 내부의 속성을 은폐시켰던 것일까?

| 정 말   이 상 한   부 분 |

과학계에서 일관되게 부인하고 있지만 지구공동설(地球空洞說)과 주민거주설은 완전히 불식되지 않고 있다. 몇 년마다 한 번씩 저명한 과학자가 과학계의 통설에서 이탈하여 학계의 분노와 개인의 패가망신을 무릅쓰고 지구공동설을 진지하게 탐구해보겠다고 나서고 있다. 지구공동설이 정말 근거 없는 황당한 생각에 불과하다면 이처럼 도전적인 과학자들에게 왜 그런 맹렬한 경멸과 조롱이 퍼부어지는 것일까?

| 먼 저 떠 오 르 는 용 의 자 |

나치 : 나치의 많은 고위직 인사들이 지구공동설을 믿었다는 것은 잘 알려진 사실이다. 1930년대에 나치가 남극과 티베트에 탐사대를 보내 지구 내부에 살고 있는 사람들과 접촉하려 했다는 문서까지 있을 정도이다. 실제로 헤르만 괴링(Herman Göring, 나치의 지도자)은 지구공동설에 바탕을 두고 로켓실험까지 했다고 한다. 음모론 열광자들은 툴레회 회원들과 나치 고위직 인사들이 지구 내부로 도피하여 그곳에 식민지를 건설했다는 이야기를 믿고 있다. 따라서 관계당국이 이 놀라운 정보를 일반대중에게 감추려 했던 것은 당연한 일이라고 보고 있다.

외계인 : 잘 알려진 그레이 외계인에서부터 조금 덜 알려진, 아리안족(독일인)을 닮은 노르딕 외계인 그리고 오리온 외계인(서서 걸어다니는 뱀의 전설에서 나온 파충류 외계인)에 이르기까지, 외계인들이 지구 내부에 비밀기지를 가지고 있다는 주장은 널리 퍼져 있다. 강대국 정부들은 이 사실을 알고 있으나 외계인을 상대하기에는 무력하기 때문에 그 사실을 일반대중에게 감추고 있다는 것이다.

| 다 소 황 당 한 용 의 자 |

테라족 : 1932년 뉴욕 대학교에서 박사학위를 취득한 레이먼드 버나드(Raymond Bernard) 박사에 의하면 지구의 내부는 비어 있으며 그 텅빈 공간에는 테라족(Terras)이 살고 있다고 한다. 키가 약 3미터 70센티미터에 달하는 이 종족의 구성원들은 원래 아틀란티스인의 후예라는 것이다. 그들은 요리하지 않은 야채를 먹고 살며, 지구표면으로 여행할 때에는 UFO를 탄다고 한다. 버나드 박사는 에콰도르에 자신의 믿음을 지지하는 사람들을 위한 공동체를 건설했다. 그의 주장을 요약하면 이렇다. 즉 '정부당국은 지구공동설과 지구인에게 우호적인 테라족의 진실을 애써 감추고 있다. 테라족은 임박한

핵 전쟁으로부터 인류를 구출하려는 우호적인 세력인데, 핵 확산을 원하는 각국 정부의 입장 때문에 이 종족의 존재를 감추고 있다.' 는 것이다.

데로족 : 1940년대에 리처드 셰이버(Richard Shaver)라는 괴팍한 사람이 쓴 보고서에서 이 종족의 이름이 처음 등장했다. 데로족(Deros)은 지구의 내부 세계에 살고 있는 여러 부족 중 하나이다. 셰이버의 세계관에 의하면 데로족은 오래 전부터 지구에 살고 있던 외계인의 후예인데, 1만 2000년 전에 발생한 태양계의 재앙 때문에 지하로 피신해 살고 있다고 한다. 데로족은 인간의 심리를 마음대로 조종할 수 있고 또 지하세계의 존재를 발설하지 않도록 만드는 탁월한 기술의 소유자라고 한다. 지구공동설의 진실이 밝혀지는 것을 미연에 방지하는 임무 외에도 데로족은 지구 표면에 살고 있는 여성들에 대한 호기심, 가학적인 섹스 습관 등에 대한 불건전한 관심을 가지고 있는 것으로 유명하다.

|가 장 그 럴 듯 한 증 거|

지하왕국과 그곳에 살고 있는 사람들에 관한 전설은 지난 6000년 동안 거의 모든 문화권에서 등장하고 있다. 하지만 지금껏 겨우 두 나라의 정부기관만이 지구공동설을 조사하기 위해 자금을 투자한 것은 참으로 기이한 일이다. 19세기에 미국 정부는 미국 군대의 영웅 존 클리브스 사임스(John Cleves Symes) 대위를 남극으로 보내 지하왕국으로 들어가는 출입구의 존재 여부와 식민지 건설 가능성 여부를 타진했다. 제2차 세계대전이 발발하기 전, 나치 독일 정부는 서너 차례 탐사대를 보내 지하왕국으로 들어가는 출입구를 찾으려고 했다. 1947년에 남극에 파견되었던 미국의 버드 제독이 이끄는 군 탐사대도 지구공동설을 조사하는 것 이상의 임무를 띠고 있었다는 주장이 제기되고 있다.

| 가 장   의 문 스 러 운   사 실 |

1912년 11월 25일 미국의 연구가이며 저술가인 마셜 B. 가드너(Marshall B. Gardner)는 미국 특허청에 지구공동설에 대한 특허신청서를 제출했다. 미국 특허청은 관료적인 기관답게 약 18개월 동안 시간을 끈 후 가드너에게 미국 특허 1096102호로 지구공동설에 대한 특허를 부여했다. 이것은 음모론이 공식적으로 특허청의 인정을 받은 최초의 경우이다.

| 회 의 론 자 의   견 해 |

지구공동설은 너무 황당하여 믿음이 가지 않는 소문만 무성할 뿐 객관적인 증거가 별로 없다. 그래서 이 가설은 기존의 지질학, 역사학, 우주공학, 상식 등이 가하는 예리한 공격을 견디어내지 못하고 있다. 텅 빈 지구 내부로 들어가는 입구가 정말로 존재한다면 공중에 떠 있는 무수한 현대의 인공위성들이 틀림없이 그것을 발견했을 것이다.

몬타우크 포인트 MONTAUK POINT, NEW YORK
버려진 공군기지에서 행해지는 은밀한 실험들

대부분의 음모론은 TBTB(Too Bizarre To Belive, 너무 괴상하여 믿기 어렵다)라는 딱지를 달고 있다. 몬타우크 이야기도 그렇게 분류되기에 조금도 부족함이 없다. 미로처럼 복잡하고 허황되기 짝이 없는 이 이야기는 신문기자 피터 문(Peter Moon), 몬타우크 소문에 집중적으로 매달린 프레스턴 니콜스(Preston

Nichols)와 알프레드 비엘렉(Alfred Bielek)의 노력 덕분에 일반 사람들에게 알려지게 되었다.

이 음모론은 뉴욕 주 롱아일랜드의 몬타우크 포인트에 있는 폐기된 공군기지 캠프 히어로와 관련이 있다. 제2차 세계대전 전에 미국 육군의 기지였던 캠프 히어로는 그 후 몬타우크 공군기지가 되어 1969년까지 존속하다가 폐기되었다. 하지만 폐기된 후에도 신규 전화선과 고압선이 기지 내에 설치되었고 또 고급 군용 전자장비가 이곳에서 테스트되는 것이 여러 번 목격되었다. 이 폐기된 시설에서 사용한 고압선은 기가 와트 단위로 판명되었는데 이것은 작은 도시 하나를 환히 밝힐 수 있는 용량이다.

음모론자들은 이 기지의 지하에 전자기를 이용한 인간심리 조종, 시공간의 조종 등을 연구·실험하는 연구소가 있다고 주장한다. 이 실험들은 1943년부터 시작되었고, 저 악명 높은 '필라델피아 실험'에서는 알베르트 아인슈타인과 헝가리 태생의 물리학자 야누스 에릭 폰 노이만(Janus Eric von Neumann)이 미국 정부의 지시로 레이더에 잡히지 않는 해군함정을 제작하는 실험을 했다고 한다. 이 실험은 중력장에 여러 개의 구멍을 냈다는 소문까지 나돌았다.

또 음모론자들은 필라델피아 실험 도중 전함 한 대가 우리의 공간에서 사라졌다고 주장했다. 그 전함이 다시 인간 세상으로 돌아왔을 때 승무원들은 극심한 심리적 공황상태를 겪고 있었고 신체에 심한 타박상을 입고 있었다고 한다. 그리고 선체에 끼어서 형체를 알아볼 수 없을 정도가 되었거나 아니면 심한 3도 화상을 입은 승무원들도 있었다고 한다.

제2차 세계대전 후 몬타우크와 그 외 다른 군사기지와 연구소에서는 공상과학소설에나 나올 법한 주제에 대한 연구를 계속 수행했다. 1960년대에 미국 의회는 이 비밀 프로젝트를 철저하게 조사한 후 폐기하기로 결정했는데 그 결정은 지하시설에만 국한된 것이 아니라 전 기지를 폐쇄하라는 조치였다. 하지만 몬타우크 공군기지는 정부의 예산지원이 없는 상태에서도 정체불명의 여러 단체로부터 자금지원을 받으면서 연구를 계속해왔다고 한다.

| 정 말 이 상 한 부 분 |

서류상으로는 공한지인 몬타우크 공군기지는 1984년 공원용지로 뉴욕 주에 기증되었다. 이 땅은 뉴욕 주정부 공원관리청의 재산이 되었지만 이 땅의 어떤 부분도 공원으로 재단장되어 일반에 공개되지 않았다. 이 기지를 뉴욕 주정부에 양도하는 문서에는 기지의 지하시설에 대해서는 미국 정부가 소유권을 가진다고 명시되어 있다. 미 공병단이 제시한 도면에 따르면 캠프 히어로의 지하에는 4층 규모의 지하시설이 있는 것으로 되어 있다. 이런 점으로 미루어볼 때 이 기지의 지하시설에서 현대과학의 경계를 넘나드는 특수한 연구를 수행하고 있다는 음모론자들의 주장도 나름대로 타당성이 있다는 느낌이 든다.

| 먼 저 떠 오 르 는 용 의 자 |

국가안보위원회 : 몬타우크를 운영하는 주체는 미국 안보위의 핵심 멤버들이라는 말이 나돌았다. 또한 이 핵심 멤버들은 이집트계 프리메이슨의 대동양(大東洋) 지부의 회원이라고 추정된다. 이들이 몬타우크 기지에서 얻은 기술적 성과를 가지고 세계 지배의 목적을 달성하려고 한다는 것이다.

알레이스터 크롤리 : 1947년에 죽은 마법사 알레이스터 크롤리(Aleister Crowley)는 20세기의 가장 중요한 오컬트주의자이고 자칭 '이 세상에서 가장 사악한 남자'이다. 이 크롤리가 몬타우크 지역을 제1차 세계대전 직후 방문한 것으로 알려졌다. 그는 제1차 세계대전 중에는 영국군 정보장교로도 활약한 인물이다. 그가 몬타우크의 어떤 것에 관심이 있었는지는 잘 알 수 없지만, 그의 제자들 중에 잭슨 파슨스(Jackson Parsons) 같은 저명하고 개척자적인 과학자가 포함되어 있다는 사실은 주목할 만하다. 파슨스는 NASA의 제트추진연구소를 설립한 인물이고 또 야누스 에릭 폰 노이만의 동료였다.

자칭 '세상에서 가장 사악한 남자'인 영국의 오컬트주의자 알레이스터 크롤리가 수상쩍게도 몬타우크 포인트를 방문한 적이 있다.

| 다 소 황 당 한 용 의 자 |

나치 과학자들 : 제2차 세계대전 중 몬타우크 근처의 해안에서 나치의 잠수함이 자주 목격되었다. 또 종전이 된 후 많은 나치 과학자들이 미국 군대에 들어와 일했다. 실제로 1930년대 이래 몬타우크에는 대규모 아리안(독일인) 공동체가 들어서있었기 때문에 일부 음모론자들은 예전에 나치였던 자들이 사악한 계획을 달성하기 위해 몬타우크에 침입하여 그곳의 기술정보를 탈취했다고 믿고 있다.

시간여행자들 : 몬타우크에서 수행된 실험들 중 상당수는 시간여행과 관련된 것들이라고 추정되고 있다. 어떤 사람들은 이런 점을 감안하여 이 음모론의 배후에는 미래에서 온 시간여행자들이 있을 것이라고 생각한다. 그들에게는 과거에 해당하는 현재의 세계에 갇힌 이 여행자들은 아인슈타인과 노이만이 시작한 기술적 실험을 고스란히 접수한 뒤 이 기술을 완성시켜 자신들의 미래의 고향으로 돌아가려 하고 있다.

| 가 장 그 럴 듯 한 증 거 |

공원용지로 재지정된 버려진 군사시설 주위에는 매우 엄중한 보안조치가 내려져 있다. 정체미상의 군인들이 피크닉을 나온 여자들이나 아이들에게 총부리를 들이대며 빨리 다른 데로 가라고 협박한 것이 한두 번이 아니었다. 인근의 공원을 배회하다가 자기도 모르게 이 지역에 들어서게 된 남자들은 일급비밀지역을 침범했으므로 체포될 수도 있다는 협박성 경고를 들었다. 수상한 정부기관 혹은 군첩보부대 소속인 듯한 사복 차림의 무장경비원들이 이 일대에서 불법적인 경비활동을 한 기록은 무수하다. 몬타우크에 아무런 음모가 없다면 왜 이런 엄중한 경비를 펼쳤을까?

몬타우크 공군기지가 들어선 땅과 그 지하시설은 미국 법률에 따르면 이 지역의 원주민이었던 아메리카 인디언 몬타우크 부족의 소유였다. 그러나 몬타우크 부족이 이 지역의 소유권을 주장하고 나설지도 모른다는 우려에서 미국 연방법원은 그 부족이 공식적으로 멸종되었다고 선언했다. 또 한 가지 특기할 사항을 지적한다면 몬타우크 인디언들은 이 지역에 관련된 많은 기이한 전설들을 가지고 있는데, 캠프 히어로의 터는 원래 고대의 기이한 돌 피라미드가 들어서 있던 자리라고 한다.

| 회 의 론 자 의   견 해 |

흥미로운 추측과 소문은 무성하지만 몬타우크 음모론의 허술한 부분을 뒷받침해줄 독립적이고 객관적인 증거는 거의 없는 편이다. 미국 정부 혹은 그 정부 내의 검은 세력들이 비밀지하기지에서 초일류 기술을 테스트해보고 싶어했다는 것은 이해할 만한 일이다. 하지만 51구역(미국 네바다 주에 있는 비밀군사실험장) 등의 시설이 엄존하는 터에, 뉴욕 시에서 겨우 160킬로미터 떨어진 곳에 또다른 비밀군사 실험장을 가지고 있다는 것은 설득력이 떨어진다.

오크 섬의 미스터리 THE MYSTERY OF OAK ISLAND
해적선장은 오크 섬의 땅 밑에 무엇을 숨겨두었나

지난 200년 동안 캐나다의 노바 스코샤 주에 위치한 자그마한 오크 섬은 돈구덩이, 해적선의 보물이 묻힌 곳, 죽음의 덫 등 여러 가지 이름으로 불려왔다. 1795년 16세의 대니얼 맥기니스(Daniel McGinnis)는 이 섬을 탐험하다가 오래된 참나무 밑에서 움푹 패인 구덩이를 발견했다. 맥기니스는 누가 최근에 구덩이를 팠다가 다시 메운 것 같다고 생각하면서 두 친구의 도움을 받아 그곳을 파기 시작했다. 세 소년의 머릿속은 해적선의 보물을 발견할지도 모른다는 생각으로 가득했다.

1미터쯤 파들어간 그들은 판석(板石)층을 발견했다. 그리고 3미터 깊이까지 파고들어가자 참나무로 만든 평평한 대(臺)가 나왔는데 구덩이의 바닥에서 옆벽을 이루고 있었다. 또다시 3미터를 파고들어가자 역시 평평한 참나무 대가 나왔고 지하 9미터 지점에서도 참나무 대가 나왔다. 하지만 이번에는 그 참나무를 제거할 수 없어서 더 이상의 굴착을 포기했다.

1803년 시메온 린즈(Simeon Lynds)라는 벤처사업가가 투자가들을 충분히 확보하여 돈구덩이를 굴착할 사람을 모집하자 이제 청년이 된 과거의 세 소년은 다시 이 구덩이로 돌아왔다. 그들이 전보다 더 깊이 파내려가자 더 많은 참나무 대가 나왔고 또한 더 흥미로운 물건도 발견되었다. 신비한 글자가 새겨져 있는 커다란 판석이 나온 것이다. 글자가 부식된 이 신비한 암호를 직역하면 이런 내용이 된다.

"12미터를 더 파내려가면 200만 파운드가 묻혀 있다."

발굴단은 용기백배하여 그 판석을 통과했지만 곧바로 발굴 작업을 방해하는 가장 강력한 적수, 즉 물을 만나게 되었다. 곧게 파내려간 길은 그 지점까지는 건조한 상태를 유지했지만 더 아래로 내려가면서 구덩이 바닥에 물이 스며들기 시작했다.

물이 스며드는 속도는 아주 빨라서 흙 한 양동이를 퍼내면 물 두 양동이를 퍼내야 하는 식이었다. 깊이 30미터 지점에 이르자 작업자들은 또다른 참나무 대에 도달했다. 하지만 날이 저물었기 때문에 그들은 작업을 일단 중지했다. 그 다음날 아침 작업장에 돌아온 보물발굴자들은 구덩이 안에 가득 찬 물을 보고 깜짝 놀랐다.

하지만 그들은 좌절하지 않고 물이 흥건한 구덩이 옆쪽으로 4미터 폭의 갱도를 파내려갔다. 이렇게 하여 33미터 지점에 이른 그들은 옆으로 터널을 내어 원래의 갱도로 들어가 조금만 더 파내려가면 원하는 보물을 꺼낼 수 있으리라고 생각했다.

그들이 목표 지점 50센티미터 정도 앞에 이르렀을 때 물이 터널의 벽으로부터 흘러들어왔다. 곧 새 길은 원래의 갱도 못지않게 물이 들어찼다. 린즈의 발굴팀은 여기서 추가 발굴작업을 포기했다.

1849년 또다른 발굴팀이 돈구덩이에 도착했다. 이번에는 말이 견인하는 굴착기까지 준비되어 있었다. 그들은 참나무층을 몇 개 더 발견한 다음 발굴 역사상 처음으로 물렁한 금속층을 발견했다. 또한 그들은 낡은 시계줄 같은 파편도 발견했다. 이제 구덩이에 보물궤짝이 있다고 확신한 그들은 용기백배하여 밑으로 파내려갔으나 또다시 흘러들어오는 물 때문에 낭패를 보았다. 도대체 그 물은 어디에서 흘러들어오는 것일까?

궁금해진 발굴팀은 인근의 해변을 파헤치면서 놀라운 발견을 했다. 정교하게 만들어진 다섯 개의 배수로를 통해 바닷물이 물웅덩이로 흘러들었고 그 웅덩이에서 다시 150미터 아래쪽의 돈구덩이로 흘러드는 것이었다.

약 27미터 지점까지 파내려가니 구덩이에 수압 밸브가 있는 것이 발견되었는데, 이 밸브는 분당 600갤런의 물을 구덩이 안으로 흘려 넣고 있었다. 밸브의 물은 바다에서 직접 흘러드는 것이기 때문에 원천적으로 완전한 차단이 불가능했다. 발굴팀은 낙심천만하여 작업을 중단했다.

그 후 오랜 세월에 걸쳐 프랭클린 루스벨트 대통령, 에롤 플린, 존 웨인 같은 저명인사들이 오크 섬의 미스터리를 풀기 위해 도전했고, 그 과정에서 더 많은 신비가 밝혀졌다. 가령 시멘트 천장, 신비한 양피지 조각, 원래 구덩이에서 북쪽으로 약간 떨어진 곳에 있는 동굴 등이 발견되었다.

그 동안 오크 섬의 미스터리를 풀려다가 사망한 사람은 여섯 명이나 된다. 하지만 오늘날까지도 오크 섬은 그 비밀을 굳게 간직하고 있다.

|정 말 이 상 한 부 분|

1971년 원래의 구덩이에서 북쪽으로 파내려간 '시추공(Borehole) 10X'에 카메라를 내려보냈을 때, 카메라는 새로 발견된 수면 아래의 동굴에서 끔찍한 광경을 포착했다. 흙투성이의 어두컴컴한 물 위에 손목 부분이 절단된 사람의 손이 떠다니고 있었던 것이다.

|먼 저 떠 오 르 는 용 의 자|

해적선장 윌리엄 키드 : 악명 높은 해적선장 윌리엄 키드(William Kidd)는 세상 곳곳에 약탈한 보물들을 감추어놓았다고 한다. 키드의 보물 이야기에는 반드시 오크 섬이 등장한다.

에스파냐 사람들 : 어느 날 보물을 가득 실은 에스파냐 갤리선이 에스파냐로 가다가 고장이 나서 오크 섬 인근에 정박했다. 에스파냐 사람들은 해적들의 공격을 우려하여 갤리선의 보물을 모두 내려서 섬의 일정한 곳에 숨겨놓

악명 높은 해적선장 윌리엄 키드가 숨긴 보물이 오크 섬 음모론의 핵심일까?

고 빈 배로 카리브 해로 되돌아갔다고 한다. 그들은 나중에 에스파냐로 또다른 보물선을 보낼 때 오크 섬에 들러 이 보물을 캐내 함께 본국에 보낼 생각이었다고 한다.

프랜시스 베이컨 : 셰익스피어의 육필 희곡 원고는 단 한 편도 발견된 것이 없다. 그래서 많은 사람들이 셰익스피어의 원고는 실은 프랜시스 베이컨(Francis Bacon)이 쓴 것이라고 생각한다. 베이컨은 문제의 희곡 원고들을 오크 섬에 숨겨두었다가 나중에 사람들에 의해 발견되기를 희망했는지도 모른다.

그 이외의 용의자로는 바이킹, 프랑스 식민지개척 군대, 영국 식민지개척 군대 등이 있다.

|다 소   황 당 한   용 의 자|

잉카와 마야 : 17세기와 18세기에 잉카족과 마야족이 유럽인들의 약탈을 피하기 위하여 동정적인 유럽인들의 도움을 받아가며 일부 보물을 이곳 북쪽의 오크 섬으로 옮겼을 수도 있다는 설이 있다.

템플 기사단 : 유럽의 박해를 피해 달아나던 기사단이 성배를 안전하게 보관하기 위해 오크 섬으로 가져왔을지도 모른다. 이런 가설을 뒷받침하는 증거로는 다음의 두 가지가 제시된다. 하나는 이 섬의 암반구조인데 지도에 그려진 선으로 연결해보면 250미터 길이의 거대한 그리스도교 십자가 모양이 나온다는 것이다. 또 하나는 템플 기사단의 일원인 헨리 싱클레어(Henry Sinclair)가 1398년 이 섬 일대에 도착했다는 것이다.

|가 장   그 럴 듯 한   증 거|

배수시설과 수압 밸브 등 정교한 토목기술을 감안해볼 때 이 섬에 뭔가 귀중한 것이 묻혀 있는 것으로 보인다.

| 가 장 의 문 스 러 운 사 실 |

1970년 트리튼 얼라이언스라는 투자집단이 오크 섬의 지질조사를 위촉했다. 그러나 이상하게도 그 조사결과는 일반에 공개되지 않았다.

| 회 의 론 자 의 견 해 |

오크 섬에 돈구덩이를 최초로 만든 사람들은 과연 숨겨둔 보물을 회수해갈 생각이 있었을까? 그처럼 복잡하게 수많은 장애물을 만들어놓은 것을 보면 회수할 생각은 애초부터 없었던 듯하다. 게다가 왜 판석에 글씨를 새겨 보물이 묻혀 있다고 동네방네 선전하고 있는가? 이 점만 보아도 아예 처음부터 보물을 감출 의도는 없었으며, 더 나아가 보물은 처음부터 없었던 것이 아닌가 의심스럽다.

덴버 국제공항 DENVER, COLORADO
덴버 공항 지하에 비밀 벙커를 만든 목적

덴버 국제공항은 콜로라도 주의 가장 중요한 공항으로 유명할 뿐, 전세계적인 음모론의 대상이 될 장소는 아니다. 그러나 근년에 들어와 많은 음모론자들이 이 공항의 신비를 파헤치려고 노력하고 있다. 그들은 이 공항의 신비를 파헤치면 '뉴 월드 오더'라는 비밀단체의 존재, 혜성 충돌에 의한 지구종말론, MJ-12의 진정한 본질 등을 알아낼 수 있다고 생각한다. 현재까지 음모론자들은 공항 지하에 거대하면서도 신비한 단지가 조성되어 있다는 구체적인 증거를 내놓고 있다.

확실히 덴버 국제공항의 디자인은 오컬트와 음모론의 상징을 많이 가지고 있다. 가령 활주로는 나치의 하켄크로이츠(Hakenkreuz, 卍) 형태로 건설되었고, 공항 내부의 벽화들은 사람을 당황하게 만든다. 어떤 벽화는 조그마한 소녀가 세상의 종말을 예언하는 마야 석판을 들고 있는 가운데 도시와 숲의 파괴상을 보여주고 있다. 가장 괴상한 것은 나치 상징인 검은 태양의 이미지인데 이것은 공항의 그레이트 홀(중앙 로비) 바닥에 새겨져 있다. 프리메이슨 단체에 대하여 조금이라도 알고 있는 음모론 전문가들은 그레이트 홀이라는 단어가 중요한 프리메이슨 용어임을 금방 알아볼 것이다. 또한 이것은 왜 그레이트 홀에 메이슨 관석(冠石)의 문양이 새겨져 있는지를 설명해준다.

어떤 사람들은 덴버 국제공항 근처의 슈라이버 공군기지에 미국 공군 우주사령부가 들어서 있는 것을 의미심장하게 생각한다. 우주사령부의 주된 임무

덴버 국제공항은 음모론의 대상이 될 만한 장소는 아니지만, 뉴 월드 오더의 비밀 계획의 실마리를 감추고 있을지 모른다.

중에는 지상군, 전함, 잠수함, 전투기 등 이동병력을 함께 묶어서 막강한 단일 전투세력을 구축하는 밀스타(Milstar) 인공위성 통신시스템도 들어 있다. 또한 이 사령부는 3만 7000킬로미터 상공에서 지구궤도를 돌면서 초고주파로 통신하는 다른 인공위성들도 통제한다. 이 인공위성 네트워크는 핵전쟁 혹은 지구적인 재앙이 발생할 때 전세계에 퍼져 있는 미군 병력을 효율적으로 통제하게 해준다.

미국 공군 우주사령부는 북아메리카 조기경보체제의 핵심 부분인 방위지원 프로그램 인공위성들도 통제한다. 공격용미사일, 우주탐사선, 핵폭발 등의 사전 감지 외에도 우주사령부는 지구에 접근하는 UFO와 혜성에 대한 조기경보도 발령한다. 컴퓨터 조사 결과, 덴버는 지리적 위치상 그 어떤 재앙에도 견딜 수 있는 완벽한 지하시설을 제공할 수 있다. 이 때문에 덴버가 우주사령부의 소재지로 결정된 것이다.

| 정 말 이 상 한 부 분 |

현지 주민들은 덴버에 국제공항을 짓는 것에 크게 반대했다. 클린턴 행정부의 고위직 관리들이 공항건설 프로젝트에 깊숙이 개입했고 또 덴버 공항이 반드시 건설되도록 영향력을 행사한 것으로 보인다. 더욱이 이 프로젝트에는 CIA도 개입했다. 《미국을 속이기(Defrauding America)》라는 책의 저자인 로드니 스티치(Rodney Stitch)는 CIA 요원이 덴버 공항건설을 위해 덴버 시장에게 돈을 주었음을 증명하는 테이프가 있다고 주장했다. 덴버 공항과 그 지하 벙커 시스템을 건설하는 데 그런 고위층이 움직인 것은 무엇 때문일까?

| 먼 저 떠 오 르 는 용 의 자 |

뉴 월드 오더 : 덴버 국제공항의 건설에 대하여 괴상한 이야기가 나돌기 전부터 음모론자들은 이런 소문을 흘려보냈다. 즉 뉴 월드 오더가 미국 내에 정

착하면 미국은 동부와 서부의 두 개 행정 대단위로 나뉘리란 것이다. 동부의 통제 센터는 애틀란타에 위치할 것이고, 서부의 통제 센터는 덴버에 위치하게 될 것이다. 그래서 음모론자들은 덴버 공항의 메이슨 풍 관석에 새겨진 '뉴 월드 공항위원회'라는 문구가 더욱 심상치 않다고 생각한다.

프리메이슨 : 덴버 국제공항에 프리메이슨 풍의 이미지가 많이 새겨져 있는 것은 사실이다. 그래서 이 모든 미스터리에 대한 분명한 대답은 프리메이슨이라는 비밀결사에서 찾아야 한다고 음모론자들은 생각한다. 미국의 프리메이슨은 그들의 비밀 메시지가 새겨진 건물이나 심지어 도시들을 건설해온 오랜 역사가 있다. 이런 그들이만큼 덴버 공항의 디자인에 현재와 같이 은밀하게 메이슨 표시를 새겨넣어 공항과 지하단지가 그들의 소유임을 널리 알리고 있다는 것이다.

ㅣ다 소 황 당 한 용 의 자ㅣ

NASA : 덴버 공항에 대해 보다 과대망상적인 음모론으로는 다음과 같은 것이 있다. NASA가 국가안전보장국(NSA) 및 미국 공군 우주사령부와 협조하여 덴버 공항의 지하단지를 건설했다는 것이다. 이 건설계획은 NASA의 오르페우스 프로젝트의 한 부분이라고 한다. NASA는 다수의 지하 벙커를 건설했는데, 그 이유는 앞으로 몇 년 사이에 지구와 혜성이 충돌할 경우 미국의 요인들을 지하벙커에 대피시켜 살아남게 하기 위한 조치라는 것이다. 또한 벽화들은 우리 인간에게 다가올 재앙을 미묘한 방식으로 예고한다고 한다. 하늘로부터 재앙이 발생하여 우리 인간이 모두 죽거나, 아니면 그 재앙이 지나간 다음 NASA, 국가안전보장국, 우주사령부가 전세계를 규합·통제하면서 우리 인간은 모두 노예가 된다는 것이다.

엘리자베스 2세 : 여성으로서는 세계에서 제일 부자인 영국 여왕이 미국을 위시하여 세계 여러 나라에 땅을 소유한 것은 새삼스러운 일도 아니다. 하지만 최근에 그녀는 여러 개의 차명회사를 내세워 콜로라도에 대규모 부동산을 구매하면서 사람들의 빈축을 샀다. 영국을 지도에서 싹 쓸어버리는 대재앙이 발생할 경우 덴버로 이사하려는 것일까? 일부 음모론자들이 믿고 있는 것처럼 여왕이 뉴 월드 오더 같은 비밀단체의 실세라면 자신의 비밀군대의 사령부로 쓰기 위해 지하기지의 건설을 명령하지 않았을까? 또한 여왕이 콜로라도에 땅을 사들인 것은 미국 내에 다른 세력기반을 형성하기 위한 조치일 것이라는 해석도 나오고 있다.

| 가 장   그 럴 듯 한   증 거 |

그 이상한 벽화를 제작한 화가는 어떤 특정 주제와 이미지를 보여주는 작품을 만들라는 요청을 받았다고 말했다. 이런 벽화의 제작을 의뢰한 사람은 덴버 시장의 아내인 윌마 웨브(Wilma Webb)라는 소문이 나돌았는데, 덴버 시장은 공항의 낙성식을 프리메이슨 풍으로 개최했고 후에 클린턴 대통령에 의해 노동부장관으로 임명되었다.

| 가 장   의 문 스 러 운   사 실 |

덴버 국제공항 자리는 원래 미국 인디언의 공동묘지였다. 덴버 시장은 인디언 조상들의 영혼을 달래기 위해 인디언 원로들과 샤먼을 만났다고 한다. 텐트 모양의 공항 터미널 구조는 인디언 영혼들의 분노를 달래기 위한 디자인이라는 말도 있었다.

| 회 의 론 자 의   견 해 |

지하 벙커는 비상대책의 일환으로 어디에서나 흔하게 짓는 시설물이다. 그렇기 때문에 대피 벙커를 공항 지하에 짓지 못할 이유도 없다는 것이다. 그러나 세계 지배를 꿈꾸는 비밀단체가 합리적인 판단을 하는 조직이라면 하루에 수천 명이 드나드는 공항 지하에다 기지를 세울 일도 없을 것이며 더욱이 그들의 은밀한 상징을 덴버 공항처럼 번잡한 곳에서 드러내놓고 선전하지는 않을 것 같다.

펜타곤 THE PENTAGON
미국 국방부의 본부이자 음모의 산실

역사상 최강의 군대를 통제하는 미국 국방부 건물인 펜타곤은 미국의 힘을 상징하는 건축물로 전세계에 널리 알려져 있다. 미국 군부의 대명사인 펜타곤은 또한 음모와 동의어로 사용되기도 한다. 미국 군부가 조종했다는 UFO에서 무고한 미국 시민을 상대로 수행되었다는 세균전 실험에 이르기까지, 펜타곤은 음흉한 의도와 기괴하고 비밀스러운 음모, 잔인하고 음흉한 술책의 동의어로 쓰이고 있는 것이다. 이처럼 펜타곤은 음모론에서 중요한 위치를 차지하고 있기 때문에 이제는 할리우드 연예산업에까지 등장하고 있다. 예를 들어 스티븐 스필버그 감독의 영화 〈레이더스(Raiders of The Lost Ark)〉는 펜타곤을 성궤의 보관소로 지목하고 있고, 〈X파일〉 첫번째 에피소드는 주인공 멀더의 철천지 원수이며 지구를 지배하려는 암인간(Cancer Man)의 주무대로 펜타곤을 등장시키고 있다.

군인과 군무원 등 2만 9000명이 근무하는 펜타곤은 미국의 수도 워싱턴에 있는 도시 속의 도시이다. 공식적인 설명에 의하면 펜타곤 건물은 미국 육군건설국의 국장이었던 브레혼 B. 소머벨(Brehon B. Sommervell) 준장이 구상했다고 한다. 소머벨 준장은 1941년 여름 국방부 통합청사의 아이디어를 내놓았는데, 급격히 늘어나는 전쟁부(戰爭部)의 비좁은 공간 문제를 임시로 해결하기 위한 것이었다. 또 17개 건물에 흩어져 있던 전쟁부 소속 인원 2만 4000명을 한 지붕 아래로 집결시키려는 목적도 있었다.

이 오각형 건물에 대하여 군부가 건설을 승인한 유일한 이유는 펜타곤의 원래 부지가 알링턴 팜스였기 때문이다. 이 부지에 접근하는 길이 오거리였으므로 자연스럽게 다섯 면을 가진 건물을 생각했던 것이다. 그러나 프랭클린 델러노 루스벨트 대통령은 그곳에서 1.2킬로미터쯤 강 아래쪽에 있는 새로운 부지인 헬스 보텀(Hell's Bottom)에 건물을 짓도록 최종 결정했다. 이렇게 하여 5동의 동심원 건물과 10개의 회랑 통로를 가진 오각형의 디자인이 확정되었다.

일부 음모론자들은 이 건물이 세계 최강의 군대를 통제하는 미국 국방부의 본부 건물 이상의 의미를 가지고 있다고 생각한다. 보통 사람들은 수천 톤의 쇠와 콘크리트로 이루어진, 세계에서 손꼽히는 거대한 사무실 건물로 볼 뿐

9/11 테러 당시 펜타곤을 공격한 이면에는 단순한 테러 이상의 무언가가 있었다.

이지만, 음모론자들은 펜타곤의 기이한 모양과 미국과 전세계를 정복하려는 오래된 비밀단체 사이에 모종의 관계가 있다고 생각한다.

| 정 말   이 상 한   부 분 |

펜타곤 건물을 지을 당시에도 오각형 구조의 상징에 대해 무성한 소문이 돌았다. 많은 사람들이 다섯 면으로된 건물의 구조뿐만 아니라 오각성(五角星)을 지적했다. 파이(π) 원주율을 포함하는 오각성은 모든 오컬트 및 신비주의 전통에서 중대한 의미를 가진 디자인으로 인정된다. 수비론(數秘論)을 주장한 고대 이교도들인 피타고라스 학파는 오각성을 가리켜 생명의 신비를 간직하고 있을 뿐만 아니라 우주에 질서를 부여하고 또 우주를 통제하는 '신성한 디자인'이라고 말했다. 평소에는 보수적이기 짝이 없는 미국 군부가 무려 8300만 달러를 들여가며 이러한 과격한 상징의 본부 건물을 건설한 것은 무엇 때문일까? 그것도 전쟁 중에 말이다.

| 먼 저   떠 오 르 는   용 의 자 |

프리메이슨 : 워싱턴 DC가 프리메이슨의 설계도에 따라 지어졌다는 것은 오래 전부터 인정되어온 사실이다. 이 도시의 정교한 기하학은 건국의 아버지이며 저명한 프리메이슨 단원이기도 한 토머스 제퍼슨(Tomas Jefferson)과 조지 워싱턴(George Washington)에 의해 수정되었다. 오각성이 아주 중요한 메이슨의 상징임을 중시하여 일부 음모론자들은 펜타곤의 디자인 또한 메이슨에서 나왔다고 주장했다. 오각성 디자인은 그것이 메이슨의 신전일 뿐만 아니라 메이슨이 미국과 그 군대를 완전 통제한다는 표시라는 것이다.

사탄주의자 : 악마와 그에게 복종하는 인간들은 미국의 건국 초기, 이른바 마녀사냥의 시대에는 막강한 힘을 발휘했지만 이제 더 이상 음모론의 배후가 되지 못한다. 그런데도 기독교 근본주의 출신의 음모론자들은 펜타곤의 디자

펜타곤의 파이 원주율을 포함하는 오각성 형태는 프리메이슨의 중요한 상징이다.

인에서 악마의 손길을 발견한다. 그들은 그 증거로서 오각성이 지난 여러 세기 동안 사탄예배의 중요한 상징이었음을 지적한다. 그래서 악마가 그의 추종자들에게 지시하여 지구상의 활동 근거지로 펜타곤을 짓게 했다는 것이다. 음모론자들은 펜타곤 부지의 원래 이름이 '지옥의 밑바닥'이라는 뜻의 헬스보텀이라는 것도 의미심장하게 생각하고 있다.

| 다 소   황 당 한   용 의 자 |

나치 오컬트주의자 : 베르너 폰 브라운(Verner von Braun)를 비롯한 저명한 독일 나치 과학자들이 1938년 미국에서 비밀 프로젝트를 수행했다는 상황 증거가 있다. 또한 이 과학자들이 오컬트 지하세력과 접촉했다는 소문도 나돌았다. 그들 가운데에는 세계 최고 수준의 고체연료 로켓 과학자인 잭슨 파슨스 같은 과학자도 포함되어 있는데 그는 20세기 최고의 오컬트주의자이며 대마법사인 알레이스터 크롤리의 제자이기도 하다. 몇몇 음모론자들은 비밀 오컬트 조직이 미국 군부에 침투하여 펜타곤을 건설하라고 강요한 것으로 본

다. 제2차 세계대전 직후 페이퍼 클립 작전에 의해 400명의 나치 과학자들과 수천 명의 독일인 조수들이 미국으로 건너오면서 나치 오컬트 세력은 완벽하게 미국 군부를 접수했다고 한다. 그리고 나치 과학자들은 특별한 디자인을 가진 국방부 본부 건물에서 이 세상을 통치하게 되었다는 것이다.

MJ-12 : 모든 조직은 활동기반을 필요로 한다. 특히 MJ-12 같은 초특급 비밀단체는 말할 것도 없다. 사람들은 MJ-12가 로즈웰 UFO 추락사건 이전부터 존재했으며 제2차 세계대전 전에는 미국 군부 내에서 갖가지 가명을 써가며 활약했다고 생각한다. 또 펜타곤을 그런 특별한 디자인으로 지은 것은, 파이 원주율의 수학적 속성을 갖춤으로써 초공간으로부터의 메시지를 잘 수신하고 또 지구에서 잘 수신하고 있다는 것을 초공간에 알리기 위한 것이라고 한다.

| 가 장   그 럴 듯 한   증 거 |

프랭클린 루스벨트 대통령이 펜타곤의 디자인을 좋아하지도 승인하지도 않았다는 기록이 있다. 하지만 그도 이런 디자인의 건물이 건축되는 것을 끝내 막지 못했다. 미국의 대통령도 못 말린다면 그 누가 막을 수 있었겠는가?

| 가 장   의 문 스 러 운   사 실 |

펜타곤 내 어디에서나 특정 두 지점을 걸어가는 데에는 정확히 7분이 걸린다. 숫자와 세상의 관계를 연구하는 학문인 수비론에서 7이라는 숫자는 완전수이며 정신적 · 도덕적 영역을 완벽하게 장악하는 상징이다.

| 회 의 론 자 의   견 해 |

건물은 그저 건물일 뿐이다. 이 세상에서 디자인 때문에 문제된 건물은 펜

타곤뿐만이 아니다. 이 건물이 무수한 음모의 산실인 미국 국방부의 본부가 아니었다면 과연 이런 무성한 추측과 소문의 대상이 되었을까?

스핑크스 THE SPHINX
스핑크스의 지하 탐사를 저지한 이집트 정부의 의도

이집트의 거대한 스핑크스는 이집트 원정에 나섰던 나폴레옹 군대가 1798년 처음으로 '재발견' 하면서 서구세계의 아이콘이 되었다. 그 이후 스핑크스는 그 신비한 눈빛으로 수많은 사람들을 매혹시켜왔다. 수사자의 몸에 인간의 머리를 하고 있는 이 조각상 주위에는 늘 신비한 분위기가 감돌았다. 그래서 음모론자들뿐만 아니라 많은 사람들의 스핑크스의 건립 연대, 의미, 스핑크스가 감시한다는 비장(秘藏)의 석실(石室) 등에 대해 갖가지 추측을 해왔다.

카이로에서 서쪽으로 약 10킬로미터 떨어진 기자(Giza) 고원에 위치한 스핑크스는 정동(正東)쪽에 약간 떨어져 있는 유명한 세 개의 대피라미드를 마주 보고 있다. 기자 고원에 자연적으로 드러난 비교적 부드러운 석회암을 깎아 만든 스핑크스는 대략 기원전 2540년 이후에 제작된 것으로 추정되었다. 최근 들어 저명한 지질학자 로버트 쇼크(Robert Schock)와 이집트학자 존 앤서니 웨스트(John Anthony West)는 스핑크스를 훼손시킨 것은 바람과 모래에 의한 풍화작용이라기보다는 물에 의한 침식작용이라고 주장했다. 그런데 이러한 침식작용이 발생할 수 있었던 시점은 이집트의 기후가 온화하고 습했던 1만 년 전 딱 한 번뿐이다. 이러한 스핑크스 1만 년 전 제작설은 당연히 정통 이집트학자들로부터 호된 비난을 받았다. 만약 1만 년설이 사실이라면 그들은 지금껏 엉터리 학설을 옹호한 것이 되고 또 이 문제를 다룬 책들은 전부 새로 써야 하기 때문이다.

스핑크스와 관련된 증거자료의 은폐는 비단 고고학계만의 문제가 아니었다. 프리메이슨 등 여러 비밀단체들은 스핑크스의 발 밑에 비장의 석실이 있는데 그곳에는 이집트보다 더 오래된 문명의 생존자들이 설치해놓은 기록실이 있다고 생각한다. 1940년대 미국의 유명한 심령술사 에드거 케이스(Edgar Cayce)는 50년 후인 1990년대 말이 되면 누군가 이 기록실을 발견하게 될 것이라고 예언했다.

스핑크스 근처에서 보수작업을 하던 팀이 측면에 입구가 있음을 발견하자 비장의 석실 지지자들은 당연히 열광했다. 1995년 한 보수팀이 스핑크스 근처 지역을 보수하다가 스핑크스의 지하로 연결된 것으로 보이는 일련의 터널을 발견했다. 존 앤서니 웨스트가 이끄는 연구팀은 지진탐지술을 이용하여 스핑크스의 좌우와 발 부분 사이의 몇 미터에 해당하는 지하에 텅 빈 정방형의 석실들이 있음을 발견했다. 비밀단체들이 지난 몇 세기 동안 기자 고원의

새로운 증거에 따르면 스핑크스는 1만 년 전에 제작되었다고 한다. 이는 어떤 문명이 발생한 것보다도 수천 년 앞선 것이다

지하단지에 대해서 알고 있었다는 음모론자들의 주장은 이렇게 해서 힘을 얻게 되었다.

|정 말   이 상 한   부 분|

1996년 4월 한 달 동안 플로리다 주립대학의 탐사팀이 스핑크스 주변 지역을 조사하다가 스핑크스 앞부분의 지하에서 '석실들과 터널들'이 있는 것을 발견했다. 그 후 여러 조사팀이 이 발견을 구체화시키기 위한 프로젝트를 수행했다. 특히 일본 도쿄의 와세다 대학 탐사팀은 스핑크스 지하에 남북으로 나 있는 터널의 증거를 발견했다. 이렇게 하여 기자 고원에 지하단지가 있다는 것이 점차 정설로 굳어졌다. 하지만 기이하게도 이런 중대한 순간에 이집트 당국은 석실의 추가발굴이나 원격탐지장비의 사용을 금지했다. 스핑크스 지하에 묻혀 있는 엄청난 진실을 은폐하려는 음모라도 있는 것일까?

|먼 저   떠 오 르 는   용 의 자|

프리메이슨 소속의 이집트학 연구자들 : 이집트 프리메이슨의 대동양 지부는 자신들의 지혜와 전통이 아틀란티스 대륙의 생존자들로부터 유래했다고 가르친다. 이 비밀단체의 소속원들은 아틀란티스인들이 선사시대에 스핑크스를 건설했고 나중에 이집트 문명을 창건했다고 믿는다. 이 대동양 지부는 강력한 연결망을 갖추고 수세기 동안 활약해온 비밀단체이다. 이 지부조직은 메이슨 소속 이집트학 연구자들을 통제하고 있고, 연구자들은 지부의 지시에 따라 스핑크스의 기원과 그에 관련된 비밀을 은폐하기 위해 최대한의 노력을 기울이고 있는 것으로 추정된다.

국가안전보장국(NSA) : 미국의 국가안전보장국은 스탠퍼드 연구소(SRI, Stanford Research Institure)를 통하여 미래를 내다보는 심령술사의 도움을 얻고 있는 것으로 알려져 있다. 이들 심령술사는 관련 지도만 제시해주면 전세계의 거의 모든 지역에서 벌어지는 일을 훤히 내다보는 능력을 가지고 있다고 한다. SRI가 스핑크스 탐사에 뛰어난 역할을 했다는 점을 근거로 일부 음모론자들은 NSA가 기자고원 지하에 있는 잃어버린 문명의 비밀에 깊은 관심을 갖게 되었다고 주장한다. 또한 NSA는 지하의 기록실이 몰래 개봉되어 비밀의 지식이 공개될 때 그것을 제일 먼저 이용하려는 목적을 가지고 있다는 것이다.

| 다 소   황 당 한   용 의 자 |

NASA : 스핑크스에 대한 공식적인 탐사를 수행했던 사람들 중 상당수가 NASA와 긴밀한 관계가 있다는 설이 있다. 가령 전직 NASA 고문을 지낸 제임스 허택(James Hurtak) 박사나 리처드 호그랜드(Richard Hoagland) 등이 그런 사람이라는 것이다. 특히 호그랜드는 저명한 UFO 음모 연구가이기도 하다. 호그랜드는 이집트의 기자와 화성의 사이도니아―신기한 '피라미드'와 '얼굴' 사진이 찍힌 지역―사이에 어떤 연관이 있을지 모른다고 생각한다. 과연 NASA는 예전의 고문관들을 이용하여 스핑크스의 신비를 풀고자 하는 것일까?

| 가 장   그 럴 듯 한   증 거 |

존 앤서니 웨스트의 주장은 획기적인 것이었다. 그는 스핑크스가 1만 년 전에 이집트 문명보다 더 앞선 문명에 의해 제작되었고 또 스핑크스가 있는 기자 고원의 지하에는 석실 등의 지하단지가 있다는 주장을 폈다. 이것은 이집트학 연구자들을 비롯한 관련인사들을 깜짝 놀라게 할 만한 충격적인 이야기였다. 그런데 정작 이집트 고대유물관리위원회 위원장 자히 하와스 박사는 존 앤서니 웨스트를 기자고원에서 추방시켜버렸다. 이것은 뭔가 좀 수상하지 않은가?

| 가 장 의 문 스 러 운 사 실 |

1999년 마지막 날 밤에 대규모 밀레니엄 축하행사가 기자 고원에서 개최되었다. 스핑크스와 대피라미드들도 새로운 밀레니엄을 맞이할 것이므로 다양한 제의적인 행사가 계획되었다. 그런데 음모론자들은 음모 세력의 한 사람인 조지 부시 전직 미국 대통령도 그 행사에 참가한다는 것을 알고 좀 기이하게 생각했다. 부시는 해골종단이라는 비밀단체뿐만 아니라 MJ-12 같은 비밀조직의 멤버로 알려져 있었다. 그런 부시가 쿨라 셰이커(Kula Shaker : 영국 출신 4인조 록그룹)의 공연을 관람한다든지 고대 신들에게 경배를 바치는 뉴에이지 신봉자들의 행사에 동참하자 뭔가 잘못된 것이라고 그들은 생각했다.

| 회 의 론 자 의 견 해 |

지하석실에 대한 증거는 대부분 지진탐지 자료에 의거한 것으로, 어쩌면 암석층에 자연히 생긴 빈 공동(空洞)일 수도 있다. 이집트 문화재 당국이 이 지역의 발굴을 원하지 않는 것은 이해할 만한데, 잃어버린 문명 운운하면서 지하의 유적을 발굴하려고 나섰다가 혹시라도 스핑크스에 손상을 주면 큰일이기 때문이다.

티베트 TIBET

나치 친위대의 제복을 입은 의문의 사체들

음모론 열광자가 아닌 사람들에게도 티베트는 시간의 경계 저 너머에 있는 땅이라는 이미지를 연상시킨다. 접근 불가능한 산중의 수도원에 은거한 채 명상에 몰두하는 불교 신비주의자들의 이미지가 저절로 떠오르는 것이다. 산 스크리트 어로 '눈〔雪〕의 고향'이라는 뜻의 히말라야는 눈사람 예티(Yeti)와 샴발라라는 신비의 도시 등 많은 전설을 간직하고 있다. 일부 음모론자들은 티베트의 산악지역에서 전해 내려오는 신기한 이야기들이 단지 우화에만 머물지 않는다고 믿고 있다.

서방의 탐험가들이 처음으로 험난한 티베트 여행을 다녀온 이래 많은 사람들이 샴발라의 소문을 꾸준히 물어왔다. 샴발라는 '감추어진 왕국'이라는 뜻으로 성자들과 마찬가지의 사람들이 살고 있는 공동체 또는 인류의 운명을 인도하는 곳으로 알려졌다. 1933년 J. 힐튼(J. Hilton)은 베스트셀러《잃어버린 지평선(The Lost Horizon)》을 썼는데 이 소설에서 샴발라가 샹그리라로 묘사되면서 지상낙원을 의미하는 영어 단어 하나가 추가되었다.

대중소설과 삼류영화의 단골메뉴였음에도 불구하고 샴발라에 대한 믿음은 꾸준히 커져왔고 특히 음모론자들이 제2차 세계대전 중 샴발라의 구체적인 역할을 제시함으로써 그 믿음은 더욱 널리 퍼지게 되었다. 근년에 들어와서

1945년 베를린을 초토화시킨 러시아 군대는 한 지하실에서 티베트 수도승들의 시체를 발견했다(왼쪽).
나치 친위대가 과연 이 티베트의 외딴 수도원(오른쪽)까지 찾아왔을까?

는 아흐네네르베(Ahnenerbe, 나치친위대(SS)의 오컬트 연구기관)가 하인리히 힘러(Heinrich Himmler)의 지시를 받아 두 차례나 광범위한 티베트 탐사를 실시했음이 밝혀졌다. 나치는 감추어진 왕국의 주민들로부터 협조와 동맹을 얻어내려 했던 것으로 추정된다.

제2차 세계대전 후 티베트는 중국 공산당의 침략을 받아 정복되었다. 하지만 샴발라에 대한 소문은 티베트의 자유만큼이나, 아니 그보다 더 억누르기가 어려웠다. 소문에 의하면 히말라야 깊숙한 곳에 숨어 있는 신비한 교단의 구성원들이 감추어진 왕국의 위치를 비밀로 지키는 한편 저 까마득한 고산의 수도원에서는 역사의 방향을 결정한다는 것이다.

| 정 말 이 상 한 부 분 |

나치가 샴발라 왕국을 정말로 찾았는지 여부는 추측의 문제이지만, 그들이 티베트를 탐사하는 동안 이상한 동맹자를 발견한 것은 사실이었다. 제2차 세계대전 말기 베를린에 입성한 러시아 군대는 티베트 수도승들의 시체가 여러 구 들어 있는 지하실을 발견했다. 시체들은 모두 초록색 장갑을 끼고 있었는데 일종의 비밀의식 중에 자살을 한 것으로 보였다. 그 후 며칠 사이에 수백 구에 달하는 티베트인 시체가 더 발견되었다. 모두 신분증 없이 SS 제복을 입고 있었고 초록색 장갑을 끼고 있었다. 이러한 역사적 사실은 자주 은폐되는 경향이 있지만 음모론자들의 주장을 뒷받침하는 증거로 제시된다. 바꿔 말하면 샴발라의 역할에 대한 대대적인 은폐공작이 있었다는 것이다.

| 먼 저 떠 오 르 는 용 의 자 |

녹룡회 : 독일의 철학자이자 오컬트주의자 카를 하우스호퍼(Karl Haushofer, 지정학이라는 용어의 창시자이며 히틀러에게 많은 영향을 끼친 인물)는 티베트와 일본을 두루 여행했다. 그는 아시아에서 신비주의를 연구하던 중에 비밀조직인

녹룡회(綠龍會, Order of The Green Dragon)에 가입했다. 이 비밀단체는 티베트와 관계가 있었고 또 샴발라로부터 직접 지령을 받는다는 소문이 흘러나왔다. 나치와 감추어진 샴발라 왕국을 연결시킨 세력은 이 녹룡회인지도 모른다.

황모회 : 티베트에서는 황모회(黃帽會, The Yellow Hats)를 '두그파'라고 하는데 샴발라의 실체를 인정하는 티베트 불교의 한 분파이다. 일부 음모론자들에 의하면 티베트라는 신비한 땅을 '행복의 원천'으로 널리 선전하는 것은 세계제패를 꿈꾸는 황모회의 속셈을 교묘히 은폐하려는 의도라고 한다. 하지만 티베트가 너무 멀리 떨어진 지역이고 또 중국의 지배를 받고 있다는 점을 감안하면 세계제패의 마땅한 근거지인 것 같지는 않다. 그러나 음모론 전문가들은 이런 장애는 어디까지나 효과적인 조사와 탐문을 미연에 방지하여 진실을 은폐하려는 정교한 술수라고 보고 있다.

| 다 소 황 당 한 용 의 자 |

선사문명인 : 신비한 방식으로 스핑크스 등의 기념비를 세운 선사문명인(The Elder Race)은 지구상에서 완전히 사라진 것이 아닐지도 모른다. 몇몇 일급의 음모론자들에 의하면 선사문명인은 수천 년 전 지구가 대격변을 겪는 동안 티베트의 깊은 산속으로 들어갔다고 한다. 현재 샴발라를 지배하고 있는 세력은 선사문명인인데 이들은 인류에게 진화의 다음 단계에 대비하는 힘을 주기 위해 은밀한 작업을 하고 있다고 한다. 하지만 나치를 도운 것이 그런 목적과 어떻게 부합되는지는 의문이다.

텅 빈 지구 내부에 거주하는 사람들 : 샴발라의 전설 외에도 아가르타(Agharta)라는 지하세계가 언급되고 있다. 아가르타는 지구공동설을 감추기 위한 것이라는 음모론과도 연결되어 있다. 이 기이한 지하세계에 주민들이 살고 있다는 것은 티베트 밀교의 비전(秘典)에 기록되어 있는데, 그곳 주민들이 외계인 문화와 관련되어 있다고 보는 사람들도 있다(이런 관련설은 H. P. 러브크래프트(H. P. Lovecraft)의 장편소설에 은밀히 암시되어 있다). 아가르타 주민들이 모종의 음모를 꾸미고 있고 또 그 목적이 무엇인지 분명하지는 않지만, 지구표면에 살고 있는 사람을 이롭게 하려는 의도라는 것은 아무도 의심하지 않는다.

| 가 장   그 럴 듯 한   증 거 |

현재의 달라이라마는 전임 달라이라마와 마찬가지로 샴발라의 현신으로 여겨진다. 하지만 샴발라의 존재에 대한 강력한 간접적인 증거는 제2차 세계대전 동안 나치가 보여준 관심에서 찾아볼 수 있다. 제2차 세계대전이 한참 격렬하게 진행되는 상황에서도 나치가 티베트에 고성능 무전기와 인력을 보내 이 지역과 교신을 했다는 것은 기이하다 못해 뭔가 있는 것이 아니냐는 의심을 사기에 충분하다.

| 가 장   의 문 스 러 운   사 실 |

20세기의 가장 뛰어난 오컬트주의자, 대마법사, 비밀첩자, 음모론 전문가인 알레이스터 크롤리는 20세기 초 샴발라를 찾아내기 위해 야심찬 히말라야 등반을 실시했다. 그의 탐사작업은 그 후 러시아의 저명한 신비주의자 조지 I. 구르지예프(George I. Gurdjieff, 1877~1949)로 이어졌다. 또 1942년에는 CIA의 전신인 미국 전략정보국에서 조직한 미국 비밀탐사팀이 히말라야를 등반하기도 했다.

| 회 의 론 자 의   견 해 |

중국공산당이 티베트를 침략하는 데도 그대로 방치한 것을 보면 샴발라가 정말 존재하는지 의문을 갖게 된다. 더욱이 이 왕국은 티베트를 공산주의자의 지배로부터 해방시키는 데 별로 영향을 미치지도 못했다. 만약 샴발라가 정말로 존재한다면 현대의 인공위성들이 일찌감치 그 위치를 발견했을 것이다.

스톤헨지 STONEHENGE
원시인들은 어떻게 거대한 돌을 스톤헨지로 옮겨왔을까

오래 전에 사라진 문명의 장엄한 유적처럼 우뚝 서 있는 스톤헨지는 여전히 풀리지 않는 수수께끼이며 앞으로도 결정적인 해답이 발견되지는 않을 것 같다. 이 구조물은 그 크기로 미루어보아 신석기시대의 것임에는 의문의 여지가 없다. 하지만 이런 거대한 구조물이 건립된 진정한 목적이 무엇이었는지는 영원한 수수께끼로 남을 듯하다. 스톤헨지는 휴대전화, 인공위성, 대서양 횡단 비행기 여행 등을 자랑하는 현대세계에 원시인의 정교함을 증명하는 기념물로 우뚝 서 있다.

런던에서 약 130킬로미터 가량 떨어진 솔즈베리 평원에 서 있는 이 구조물은 기원전 3500년 무렵에 3단계에 걸쳐 건립되었을 것으로 추정된다. 마지막세번째 단계는 대략 기원전 1800년경의 것으로 추정되는데 이 단계에서 거대한 돌이 현재의 지역으로 수송되었을 것으로 보인다. 이들 30개의 거대한사암(아주 단단한 형태의 사암)이 원형을 이루며 서 있고 그 위를 난간처럼 돌이 가로지르는데 오늘날 30개 중 17개만 남아 있다. 이 구조물 안쪽에는 난간돌을 지탱하는 2개 1조의 돌 5개가 둘러서 있다. 또한 원형 외곽에 장방형으로 배치된 30개의 '경비 석(石)' 들도 있다.

스톤헨지는 드루이드족이 경건하게 여기는 종교의식의 핵심적인 장소이다. 그들은 오늘날까지도 여기서 하지의식(夏至儀式)과 기타 개별적인 의식을 거행하고 있다. 하지만 이 구조물의 건립연대는 드루이드교의 창제 이전의 일이므로 드루이드족이 스톤헨지를 건설한 것은 아니다.

왜 스톤헨지가 건립되었는지, 이 구조물의 건설자는 누구인지 등은 아직도 미스터리로 남아 있다. 건설 동기가 무엇이었든 스톤헨지가 아주 중요한 기능을 담당했다는 것은 분명하다. 스톤헨지는 오늘날의 복잡한 현대세계에서도 일정한 역할을 하고 있다. 어쩌면 이 구조물을 건설한 '선사시대'의 건설자들은 우리 현대인이 불행하게도 망각해버린 어떤 것을 알고 있었는지도 모른다.

| 정 말   이 상 한   부 분 |

선사인들의 기술 수준은 아주 형편없었을 텐데, 어떤 기구를 이용하여 하

스톤헨지를 누가 어떤 목적으로 세웠는지는 아직도 미스터리로 남아 있다.

나의 무게가 25톤에 달하는 돌들을 옮겼는지에 대해 스톤헨지는 고고학자와 역사가들의 커다란 관심사가 되어왔다. 스톤헨지에 사용된 청석(靑石)은 약 320킬로미터 떨어진 웨일즈의 프레셀리 산맥에서 가져온 것으로 추정된다. 개당 25톤인 대사암은 인근의 말버러 다운스에서 가져온 것으로 생각되는데, 비록 가까운 거리라고 해도 25톤이라는 무게를 감안할 때 결코 간단한 일이 아니었다. 또한 스톤헨지의 건설에 많은 부속 작업들이 수행되었을 텐데 고고학자들은 그 인근에서 잡석이나 잔해를 발견하지 못했다. 대부분의 고대 건설부지가 버려진 자재들로 혼잡스러운 경우가 많은 데 비해, 스톤헨지 주변은 너무 깨끗하여 의심을 증폭시키고 있다.

| 먼 저   떠 오 르 는   용 의 자 |

비커족 : 신석기시대 사람들은 그들이 생산한 도자기의 형태에 따라 이름이 붙여지는데, 비커족(The Beakers, 약 6000년 전 유럽의 온대지역에 살던 종족—옮긴이)이 스톤헨지의 건설을 시작했을 것으로 짐작된다. 그러나 세월이 흐르면서 스톤헨지의 용도는 세대에 따라 달라지기 시작했을 것으로 추정된다. 처음에는 스톤헨지가 가축을 수용하는 우리로 사용되었을 것이다. 또 가축을 도살하거나 추수감사를 올릴 때에는 종교의식을 거행하는 장소로도 이용되었을 것이다. 더 많은 세월이 흐르면서 당초 가축우리로서의 용도는 퇴화하고 그 대신 종교의식을 위한 장소로 전용되었을 것이다.

이집트인 : 스톤헨지는 천문학적인 디자인을 염두에 두고 건립되었을 수도 있다. 돌들의 위치가 태양, 달, 별의 연중운행과 일치하고 있다. 다른 사람들은 스톤헨지의 중심축이 황도와 일치하도록 지어졌다고 믿으며 오브리(Aubrey) 구멍(스톤헨지 시설의 일부)을 이용하며 일식을 예측할 수 있다고 보았다. 이런 정교한 천문학 지식 때문에 이집트인이 영국해협을 건너 영국으로 들어와 스톤헨지를 건축한 것이 아닌가 하는 추측도 나왔다.

그 이외에도 고대 그리스인, 페니키아인 등이 용의자로 떠오른다.

| 다 소   황 당 한   용 의 자 |

멀린 : 아서 왕의 마법사 멀린(Merlin)이 천문을 연구할 목적으로 또는 젊은 아서 왕자의 대관식 장소로 쓸 목적으로 스톤헨지를 건립했을 것이라는 설이 있다. 그리고 돌들은 멀린이 부양술(浮揚術)이라는 마법을 이용하여 공중으로 옮겼을 것이다.

고대의 외계인들 : 스톤헨지는 고대의 외계인들에 의해 지구의 착륙장으로 건설되었을 수도 있다. 혹은 다른 별에서 오는 사람들을 영접하기 위해 선사인이 건립했을 수도 있다.

그밖에 아틀란티스인, 거인족들, 난쟁이들, 레이 라인(ley lines, 환상형태의 거석들, 돌기둥, 석총, 교회 같은 고대의 유적이나 성지의 일정한 정렬법칙)에 의해 만들어지는 에너지의 소용돌이 등이 용의자로 떠오른다.

| 가 장   그 럴 듯 한   증 거 |

스톤헨지는 유럽의 대성당들과 마찬가지로 두 가지 기본적 요소를 갖추고 있다. 첫째, 그 아래로 지하수가 흐른다는 것인데 이것은 여러 종교에서 신성한 표시로 간주되고 있다. 둘째, 수학적인 관점에서 볼 때 이 구조물에서 3의 제곱근에 해당하는 숫자들이 반복적으로 발견된다. 그런데 유럽에서 이집트에 이르기까지 많은 예배의 장소에서도 이런 수학적 패턴이 발견된다.

| 가 장   의 문 스 러 운   사 실 |

스톤헨지는 잉글랜드에서 에이브버리와 글래스턴버리 다음으로 가장 마법적인 장소로 여겨지고 있다. 아마도 강력한 레이라인에 따라 건설되었기 때문에 그럴 것이라는 소문이 흘러나왔다.

| 회 의 론 자 의   견 해 |

어떤 것이 오래 되었다고 해서 자동적으로 의미를 획득하는 것은 아니다. 가수 클리프 리처드를 한번 보라. 1960년대 폭발적인 인기를 누리던 팝 스타였으나 이제는 평범한 늙은이에 지나지 않는다.

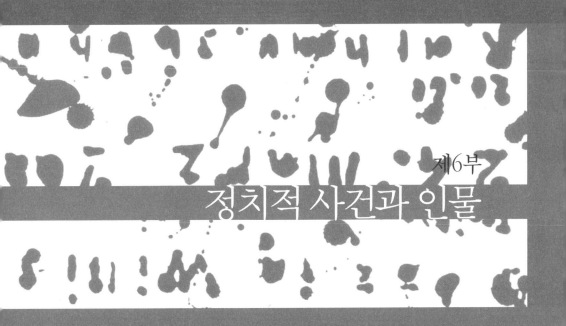

제6부
정치적 사건과 인물

삼각위원회 THE TRILATERAL COMMISSION

언론까지 철저히 통제하는 위력의 실체는 무엇일까

삼각위원회는 1973년 북아메리카, 유럽, 일본의 엘리트들에 의해 창설된 민간단체이다. 이 단체는 이들 세 지역의 유대를 강화하고 세계적 관점에서 지도적인 책임을 공유하려는 목적에서 조직되었다. 이 단체의 핵심 창립자는 미국의 부유한 금융가인 데이비드 록펠러(David Rockefeller)였다. 일찍이 즈비그뉴 브레진스키(Zbigniew Brzezinski)는 《두 시대 사이(Between Two Ages)》라는 책에서 북아메리카, 유럽, 일본 세 지역의 동맹을 제안한 바 있는데 이 단체도 그의 아이디어에서 영감을 얻었다고 한다. 데이비드 록펠러는 이러한 단체를 실제로 조직하기 위해 동분서주했다.

각 사회의 엘리트 계급 출신들로 멤버를 구성한 삼각위원회는 언론계, 정계, 학계, 재계의 저명인사 335명으로 구성되어 있다. 주요 멤버들의 면면을 살펴보면 폴 볼커(Paul Volcker) 전 연방준비제도이사회 의장, 모리타 아키오(盛田昭夫) 소니사 회장, 독일 자유민주당 당수 오토 람스도르프(Otto Lambsdorff) 백작, 헨리 키신저(Henry Kissinger), 빌 클린턴 등이다. AT&T, 펩시콜라, 체이스 맨해튼 은행 등의 중역들도 멤버로 활동하고 있다.

삼각위원회는 1년에 한 번 봄에 만나서 세계의 현안들을 의논하고 가능하다면 해결안을 내놓으려고 애쓴다. 음모론자들에 의하면 이 위원회는 단 한 가지의 목표를 가지고 있는데 지구상의 여타 모든 정치권력을 몰아내고 하나의 정부와 하나의 은행만을 남겨 독점하는 것이라고 한다. 바로 이 위원회가 뉴 월드 오더의 배후에 있는 정치권력의 실체이다. 다른 음모론자들은 삼각위원회가 전세계적인 대기업(가령 AT&T나 록펠러 같은 회사들)의 재정적인 이익을 보호하기 위한 단체로 보기도 한다. 인자함과 자비로움의 가면 뒤에 숨어 있는 삼각위원회의 진짜 목적은 하층계급의 이익을 보호하기 위한 것이 아니라, 오히려 하층계급이 은행과 기업에 복종해야 한다는 논리를 은연중에 퍼뜨리는 데 있다는 것이다.

| 정 말   이 상 한   부 분 |

삼각위원회의 멤버에는 세계의 정계, 재계, 언론계 등에서 활동하는 중요하고 영향력 있는 사람들이 많이 포함되어 있다. 이런 점에 주목하여 많은 음모론자들은 그들의 역할이 순전히 자문과 조언에만 그친다는 점에 의문을 표시하고 있다. 미국 대통령, 세계 지도자급 인사, 기타 권력 엘리트들이 잡담이나 하고 식사나 하는 그런 행사에 참가할 시간적 여유가 있을 리 없기 때문이다. 게다가 이상하게도 언론에서 이 위원회에 아주 무관심하기 때문에 카메라에 찍힐 기회도 없는 이런 행사에 그들이 참가한다는 것이 더욱 의구심을 자아낸다.

삼각위원회는 록펠러 가뿐만 아니라 연방준비은행과도 긴밀한 관계에 있다.

| 먼 저 떠 오 르 는 용 의 자 |

프리메이슨 : 음모론자들은 프리메이슨이 삼각위원회의 의제를 완전히 장악하여 세계의 정책결정 과정에 대한 영향력을 확보함으로써 지구를 완전히 지배하려 한다고 보고 있다. 프리메이슨은 이 세상을 서서히 뉴 월드 오더의 틀 속에 집어넣고 모든 반대파를 뉴 월드 오더의 강권통치로 분쇄함으로써 그들의 궁극적인 목표를 달성하고자 한다.

일루미나티 : 세계 각국 정부의 배후에서 막강한 실력을 행사하는 또다른 비밀단체 일루미나티가 삼각위원회를 조종하는 실세라는 소문이 나돌고 있다. 프리메이슨과 마찬가지로 일루미나티의 목표는 세계를 완전히 장악하는 것이다.

또다른 용의자로는 빌데르베르크 그룹이 있다. 이 그룹은 스위스의 제네바에 자리잡고 있는 '토론그룹' 인데 부분적으로 록펠러 가문의 재정 지원을 받고 있다.

| 다 소 황 당 한 용 의 자 |

외계인 : 이 견해에 의하면 정체미상의 외계인들이 지구를 접수하려 한다는 것이다. 이 외계인들은 삼각위원회, 빌데르베르크 그룹, 해외관계 위원회와 긴밀한 관계를 유지하면서 협조하고 있다고 한다. 세계의 모든 정부, 모든 군대가 단일한 뉴 월드 오더 아래 통합된다면 외계인들이 지구를 접수하기가 한결 쉬워질 것이기 때문이다. 이 외계인들에게 협조한 자들은 비협조자들이 겪을 재앙을 피할 수 있다고 한다.

셜리 템플과 바버러 월터스 : 셜리 템플(Shirley Temple)은 1930년대 국제적 명성을 날린 미국의 소녀 뮤지컬 스타이며, 바버러 월터스(Barbara Walters)는 미국 ABC 방송의 간판 여성앵커이다. 이 두 여인이 삼각위원회의 멤버라는 사실은 이 비밀단체의 목적을 더욱 의심스럽게 만든다. 방송계 저명인사들을 멤버로 참여시킨 것은 아마도 대중을 세뇌시키기 위한 목적이 있는 듯하지만 운동선수나 팝 스타가 위원회에 끼지 못한 것은 다소 흥미롭다. 왜 그런가 하는 문제는 음모론 열광자들 사이에 뜨거운 논쟁거리이다.

| 가 장   그 럴 듯 한   증 거 |

삼각위원회 멤버들의 면면을 살펴볼 때 이 위원회에 대한 언론의 관심이 매우 적다는 것은 기이한 일이다. 미국 대통령이 개와 산책만 해도 카메라 플래시와 마이크가 홍수를 이루는 세상에서, 미국 대통령이 삼각위원회의 회의에 참석했는데도 저녁뉴스에도 등장하지 않는다는 것은 좀 이상하다. 위원회는 자신들이 '토론그룹'에 지나지 않고 또 토론 의사록이 일반에 공개된다고 말하고는 있지만, 이처럼 그들의 활동이 무시당한다는 것은 좀 수상한 일이다. 가령 모니카 르윈스키(Monica Lewinsky)와의 섹스 스캔들에 휘말린 클린턴 대통령이 언론을 전혀 통제하지 못했던 사실을 상기해보더라도 그런 의문을 지울 수 없다. 자신들의 필요에 따라 언론을 침묵하게 만드는 삼각위원회의 힘은 어디에서 오는 것일까?

| 가 장   의 문 스 러 운   사 실 |

일부 음모론자들은 삼각위원회가 3년마다 위원을 개편하여 새로운 임무에 대비한다는 것을 흥미롭게 생각하고 있다. 특히 2000년의 개편은 밀레니엄이라는 상징성 때문에라도 의미심장하게 혹은 불길하게 받아들여지고 있다.

| 회 의 론 자 의   견 해 |

만약 뉴 월드 오더가 정말 실현 가능하다면 삼각위원회 같은 공식 단체가 존재할 필요가 있을까? 물론 환한 대낮 속으로 숨는 것이 삼각위원회에게 가장 좋은 도피 방법이라고 강변할 것이다. 하지만 음모에 대한 의심과 공포를 필연적으로 불러일으키게 되어 있는 이런 단체를 과연 만들 필요가 있을까? 암호통신이 횡행하고 지하정부 벙커에서 비밀회의가 열리고 있는 시대에, 이 세상의 권력자들이 일반대중의 의심스러운 눈초리를 받아가며 공식적으로 만나서 세계 정복을 의논할 필요가 있을까? 삼각위원회라는 것은 부유한 사람들이 함께 만나서 이야기를 교환하고 비싼 술을 마시고 때로는 골프를 치기 위한 핑계에 지나지 않는지도 모른다. 이렇게 본다면 그들의 진짜 목표는 세계제패가 아니라 골치 아픈 사무실에서 잠시 벗어나 휴식을 취하는 것일지도 모른다.

맬컴 엑스 MALCOLM X

현장에도 없었던 앉은뱅이가 그를 죽인 범인이라니……

1960년대에 미국에서 논쟁을 일으키는 정치적 인물은 총탄세례에 목숨을 잃을 가능성이 많았다. 아프리카계 미국인통일기구(Organization of Afro-American Unity)의 불같은 지도자인 맬컴 엑스는 인종문제에 관한 과격한 발언으로 미국의 백인들을 화나게 했다. 그는 그런 맹렬한 신념 때문에 한창 나이인 40세에 흉탄에 쓰러지고 말았다.

1925년생인 맬컴 엑스의 본명은 맬컴 리틀(Malcom Little)이다. 침례교 목사였던 그의 아버지는 맬컴이 태어난 지 6년 뒤에 백인 인종차별주의자에게 살해되었고 그 후 맬컴의 가족은 뿔뿔이 흩어졌다. 그는 사회복지기관의 도움으로 성장했다. 리틀은 똑똑한 학생이어서 장차 변호사가 되려는 꿈을 갖고 있었으나 학교 선생의 잔인한 말을 듣고 그 꿈을 접어야 했다. 선생은 리틀이 '검둥이'라는 사실을 상기시키면서 법률가 대신 목수가 되는 것이 알맞다고 말했다. 공식 교육에 환멸을 느낀 그는 학교를 중퇴하고 좀도둑 생활을 하며 전전했다. 절도죄로 복역하던 리틀은 '이슬람 국가운동(NOI, Nation of Islam)' 이라는 조직을 다룬 기사를 읽게 되었다. 흑인의 자급자족과 인종분리를 주장하는 이슬람의 나라는 리틀에게 큰 감명을 주었다. 그는 1952년 출옥하자 이 조직에 가입했고 노예시절의 흔적인 리틀이라는 성을 버리고 간단히 '엑스(X)'라는 성을 쓰기 시작했다.

맬컴 엑스는 그 조직에서 급부상하여 단체장 엘리야 무하마드(Elijah Muhammad)의 대변인이 되었다. 그러나 케네디 대통령 암살사건에 대하여 맬컴이 계속 선동적인 언사를 하고 돌아다니자, 무하마드는 그를 이슬람 국가운동에서 일시적으로 정직시켰다. 맬컴 엑스는 이것을 전화위복의 계기로 삼아 아프리카계 미국인통일기구를 결성했고 정직 기간이 끝난 후에도 원래의 조직으로 돌아가지 않았다.

마틴 루터 킹은 비폭력과 흑백통합을 신봉했지만 맬컴 엑스는 흑인이 모든 점에서 백인보다 낫다고 주장함으로써 백인사회의 분노를 샀다. 그는 전세계를 널리 여행하면서 중동 사람들을 상대로 연설을 했다. 그리고 흑인의 인권을 침해하는 남아프리카와 미국을 비난하는 결의안을 지지해달라고 유엔에 호소했다. 맬컴 엑스의 이런 호전적인 견해에다 이슬람 국가운동 측의 적개심이 더해져 그는 수많은 적을 만들었다. 적들의 증오가 1965년 2월 21일 뉴욕의 오더번 볼룸에서 표면화되었고 그는 결국 흉탄에 살해되었다.

맬컴 엑스가 연설하기로 되어 있던 연단 앞에서 싸움이 벌어진 것이 끔찍한 암살사건의 서막이었다. 그가 싸우는 사람들을 말리려고 하자 다섯 명의 암살자들이 갑자기 청중 속에서 일어나 그에게 총을 쏘았다. 맬컴 엑스는 그 자리에서 즉사했다. 소란스럽던 1960년대, 미국의 기성체제를 위협하던 인권운동의 지도자들 가운데 한 명이 비명에 간 것이었다.

맬컴 엑스의 강력한 연설을 듣고 많은 사람들이 흑인 권력의 대의명분에 관심을 갖게 되었다.

| 정 말 이 상 한 부 분 |

오더번 볼룸 바로 길 건너편에 병원이 있는데도 맬컴 엑스가 피격된 지 30분이 지나서야 구급 요원들이 도착했다.

| 먼 저 떠 오 르 는 용 의 자 |

FBI : 때로 여자 옷을 입기도 한다는 복장도착 성향이 있는 FBI 국장 J. 에드거 후버는 맬컴 엑스를 지독하게 싫어했다. 맬컴은 후버의 세계관으로 볼 때 존재할 가치조차 없는 미국 흑인들을 대변하기 때문이었다. FBI가 후원한 방첩 프로그램은 맬컴 엑스 같은 '검은 메시아'를 흑인들의 민권운동으로부터 분리시키는 것이었다. 맬컴 엑스가 마틴 루터 킹과 점점 가까워지자 FBI는 그를 제거하는 것만이 흑인통합전선을 미리 막는 유일한 길이라고 생각했을 수도 있다.

미국 정부 : 남아프리카와 미국을 인권유린국가로 비난하는 유엔 결의안은 통과될 가능성이 많았다. 만약 그렇게 된다면 미국으로서는 아주 난처한 입장에 빠지게 된다. 이런 결의안을 강력히 지지하는 맬컴 엑스를 제거함으로써 미국은 이를 미연에 방지하려고 했을 것이다.

| 다 소 황 당 한 용 의 자 |

범죄조직 : 흑인 주택단지를 정화하고 깨끗한 생활을 선도하려 했던 맬컴 엑스는 마약거래를 맹렬하게 비난했다. 그의 비난에 마약밀매로 큰돈을 벌어들이는 범죄조직은 당황했다. 빈민촌의 절망적인 상황에 기생하여 마약을 판매함으로써 큰 수익을 올리는 그들의 사업에 위협이 된다고 판단, 맬컴 엑스를 처치해야겠다고 생각했을 수 있다.

이슬람 국가운동 : 이슬람 국가운동과 맬컴 엑스가 설립한 단체 사이의 반

목은 아주 심각한 상태였고, 일부 인사들은 맬컴 엑스가 엘리야 무하마드와 루이스 파라칸(Louis Farrakhan) 같은 지도자들을 부당하게 비판한다고 생각했다. 이슬람 국가운동 사람들은 맬컴 엑스에 대한 증오를 노골적으로 표시했고 그런 증오심이 정치적·종교적 동기를 가진 살인으로 비화했을 수도 있다.

| 가 장 그 럴 듯 한 증 거 |

아프리카계 미국인통일기구의 멤버인 레온 에이미어(Leon Ameer)는 1965년 3월 13일 미국 정부가 맬컴 엑스의 죽음에 관련이 있다는 증거를 가지고 있다고 말했다. 불행하게도 그 다음날 에이미어가 시체로 발견되면서 그 증거는 공개되지 못했다. 그의 사인은 간질발작으로 전해졌다. 하지만 그의 진료기록부에는 간질을 앓은 적이 없다고 되어 있었다.

| 가 장 의 문 스 러 운 사 실 |

맬컴 엑스의 살인범으로 유죄판결을 받은 세 명 가운데 한 명은 앉은뱅이로 암살 당일 집에 있었다고 한다.

| 회 의 론 자 의 견 해 |

당시 미국에서 인권에 대해 큰소리로 떠들고 다니는 흑인은 총 맞아 죽겠다고 작심한 과격분자나 다름없을 것이다. 반면에 백인이 인권을 외치고 다니면 인도주의자라는 칭송을 받으면서 로터리 클럽의 저녁식사에 초대될 것이다. 이런 명백한 사실을 설명하기 위해 굳이 음모론을 나열할 필요는 없을 것이다.

워터게이트 사건 WATERGATE SCANDAL
워터게이트 사건 뒤에 숨은 또다른 음모

　워터게이트 사건은 현대의 가장 유명한 정치적 음모이다. 실패로 끝난 음모를 은폐하려던 조작이 폭로되자 리처드 닉슨은 현직에서 물러난 최초의 미국 대통령이 되었다. 이 사건은 '디프 스로트(Deep Throat : 목구멍 깊숙이)'라는 말에 또다른 의미를 추가시켰다. 이 말은 원래 성행위를 가리키는 용어였으나 이제 비밀정보의 원천을 가리키는 말이 되었다. 또한 정치적 스캔들치고 어미에 '게이트'라는 말이 붙지 않으면 제대로 대접을 받지 못하게 되었다.

　1995년 유명한 음모론자이자 영화감독인 올리버 스톤은 배우 앤서니 홉킨스가 불운한 대통령 역을 맡은 〈닉슨(Nixon)〉이라는 영화를 내놓았다. 이 영화는 워터게이트 사건이 훨씬 음흉하고 규모가 큰 음모의 한 부분에 지나지 않는다는 암묵적인 주장을 펴고 있다. 그런데 이렇게 생각하는 사람은 올리버 스톤만이 아니었다. 또다른 음모론을 주제로 한 올리버 스톤의 영화인 〈JFK〉가 상연되었을 때, 영화 속에 묘사된 인물들이나 기득권 세력은 일제히 이 영화를 비난하고 나섰다. 스톤의 동료 음모론자들은 그런 반응이야말로 스톤의 주장에 일리가 있음을 보여주는 것이라고 맞받아쳤다.

　워터게이트 사건의 표면적인 개요는 완벽하게 드러나, 공식적인 전말이 교과서에 실려 있다. 그래서 워터게이트 사건은 공공교육 제도가 인정하는 몇 안 되는 음모론 가운데 하나이기도 하다. 사건의 개요를 간단히 설명하면 이렇다. 1972년 6월 17일 새벽 CIA와 관련이 있는 제임스 맥코드(James McCord)가 네 명의 반(反)카스트로 쿠바 망명자들을 이끌고 워터게이트 빌딩에 있는 민주당 전국위원회 본부에 침입했다. 이 침입자들은 워터게이트 빌딩의 사무실과 인근 워싱턴호텔의 방에 도청장치를 설치하려다가 발각되어 체포되었다.

그 후 두 명의 고위급 인사가 추가로 기소되었다. 한 사람은 대통령 재정자문이자 닉슨 대통령 재선위원회(CREEP, Nixon's Committee to Re-elect the President)의 실세인 G. 고든 리디(G. Gordon Liddy)였다. 다른 한 사람은 전 백악관 측근이며 CIA 요원이었던 E. 하워드 헌트(E. Howard Hunt)였다. 시시한 절도사건으로 여겨졌던 워터게이트 사건이 그 후 몇 달 사이에 엄청난 정치 스캔들로 비화되었다. 그 음모를 감추기 위한 작전에 닉슨 대통령이 개입했다는 사실이 밝혀지면서 미국은 중대한 헌정상의 위기를 맞이했고 1974년 8월 9일 닉슨 대통령이 퇴진하는 것으로 사건은 일단락되었다.

그러나 워터게이트 사건 이후 미국 전역에 퍼진 정치에 대한 불신의 여파로 음모론자들은 사건의 세부사항을 다시 검토하기 시작했다. 그들은 각종 관련 사실을 종합한 결과, 닉슨 대통령 퇴임의 진짜 이유는 존 F. 케네디 대

워터게이트 사건으로 리처드 닉슨은 대통령직에서 물러나야 했다. 과연 이 워터게이트 사건에 일반 대중에게 알려진 것 이상의 음모가 있었을까?

통령의 암살사건에 대한 진실을 감추려는 음모 때문이라는 주장을 폈다.

| 정 말   이 상 한   부 분 |

절도사건으로 위장된 최초의 사건을 은폐하려는 시도에 닉슨 대통령이 개입했음을 결정적으로 보여주는 워터게이트 테이프에 대하여 닉슨 대통령은 이렇게 말했다. "이봐, 문제는 말이야, 이것(워터게이트) 때문에 피그 만 작전에 관한 전모가 폭로될 수 있다는 거야." 대통령의 국내업무담당 보좌관인 존 얼리치맨(John Earlichman)은 워터게이트 사건과 관련하여 18개월을 복역하기도 했는데, 이 얼리치맨이 '피그 만 작전'은 존 F. 케네디 암살사건의 닉슨식 암호명이었다고 시인했다.

워터게이트 사건의 주역 가운데 한 명인 E. 하워드 헌트의 아내 도로시 헌트는 백악관을 협박하면서 함구하는 비용으로 100만 달러 이상을 요구했다고 한다. 그리고 만약 자신의 요구를 거부한다면 "백악관의 치부를 낱낱이 폭로하겠다."고 협박했다고 한다. 많은 음모론자들은 오랫동안 CIA 요원을 지낸 헌트가 저 유명한 풀이 무성한 언덕(케네디 대통령 암살 음모론에서 등장하는 가상의 케네디 대통령 저격 지점―옮긴이) 위의 '세 떨거지들' 가운데 한 명임을 보여주는 사진 증거가 있다고 믿고 있다. 언덕 위의 세 떨거지들이란 오스왈드 이외에 존 F. 케네디 대통령을 저격한 사람이 더 있다는 소문 속의 바로 그 남자들을 가리킨다.

| 먼 저   떠 오 르 는   용 의 자 |

제임스 지저스 앵글턴 : 제임스 지저스 앵글턴(James Jesus Angleton)은 1954년부터 1974년까지 CIA 내의 방첩대장을 지낸 인물인데, 존 F. 케네디 대통령 암살사건의 배후로 지목되어왔다. 닉슨 대통령은 앵글턴에게 백악관이 워터게이트 사건에 개입한 것을 은폐해달라고 요청했으나 거절당했고, 이 때문에 닉슨 대통령의 퇴진이 결정되고 말았다고 한다. 그렇다면 앵글턴은 피그 만 작전에 자신이 개입한 것을 감추기 위해 닉슨 대통령을 기꺼이 희생시킨 것일까?

마피아 : 마피아와 반카스트로 쿠바 망명자들이 CIA와 강력한 관계를 맺었고 또 이런 연결망이 존 F. 케네디 대통령의 암살사건에 모종의 역할을 했을지도 모른다는 것은 잘 알려진 사실이다. 따라서 반카스트로 쿠바 망명자가 워터게이트 사건에 포함되어 있었다는 것은 우연의 일치 이상일 가능성이 있다. 만약 워터게이트 사건 때문에 케네디 대통령 암살사건에 마피아의 고위직이 개입했다는 사실이 폭로될 우려가 있었다면 그들은 기꺼이 닉슨 대통령에게 모든 책임을 뒤집어씌우려 했을 것이다.

| 다 소   황 당 한   용 의 자 |

연방준비은행 : 리 하비 오스왈드의 미망인은 미국 연방준비은행(FRB, Federal Reserve Bank)이 케네디 대통령 암살사건에 모종의 역할을 했다고 지적했다. 미국의 통화발행업무를 관제하는 민간기업인 연방준비은행은 록펠러 가문이 그 지분의 일부를 소유하고 있다. 막강한 영향력을 가진 삼각위원회가 1973년 데이비드 록펠러에 의해 창립되었다는 점을 감안하여, 어떤 사람들은 FRB가 자체의 재정적 · 정치적 힘을 동원하여 워터게이트 사건을 날조함으로써 닉슨 대통령을 퇴진시켰다고 보고 있다. 대통령을 제거하려고 한 것은 이 비밀단체의 세계제패를 그가 방해했기 때문이라는 것이다.

하워드 휴즈 : 괴짜로 유명한 백만장자 하워드 휴즈(Howard Hughes)가 1972년 백악관에 기이한 요청을 했다. 라스베이거스의 신문 편집자 행크 그린스펀(Hank Greenspun)의 사무실에 침입조를 보내 자신에게 엄청난 피해를 줄지도 모르는 문서를 훔쳐오게 해달라고 요청했다는 것이다. 그런데 이때 파견된 침입조는 나중에 워터게이트 빌딩에 엉성하게 침입하다가 체포된 바로 그 사람들이었다. 어떤 사람들은 휴즈와 동료 석유재벌들이 닉슨 대통령

과 짜고 케네디 대통령을 죽이는 음모에 가담했다고 믿고 있다. 따라서 휴즈가 워터게이트 사건에서 어떤 역할을 했을 것이라고 의심하는 것도 아주 터무니없지만은 않다.

| 가 장   그 럴 듯 한   증 거 |

1973년 12월 시카고 미드웨이 공항에서 유나이티드 에어라인스 여객기가 추락했다. 이 비행기의 탑승객 중에는 E. 하워드 헌트의 아내 도로시 헌트도 있었다. 헌트의 동료였던 찰스 코울슨(Charles Coulson)은 『타임(Time)』지 기자에게 CIA가 도로시 헌트를 죽였다고 말했다. 그런데 코울슨의 주장은 전혀 근거 없는 정신병자의 이야기는 아니었다. 추락한 여객기 조종사의 혈액에서 상당량의 청산가리가 발견되었는데, 독살되지 않고서는 그런 정도의 독극물이 체내에 들어갈 수 없다는 것이었다. 이 추락사고와 관련된 또다른 에피소드로는 도로시 헌트가 여객기에 탑승할 때 소지했다는 '입막음 돈' 25만 달러의 행방에 관한 소문들이있다. 그녀의 유류품에서는 겨우 1만 달러만 회수되었다.

| 가 장   의 문 스 러 운   사 실 |

1963년 11월 10일 리 하비 오스왈드가 쓴 이상한 편지는 오랫동안 뜨거운 논쟁거리가 되어왔다. 이 편지에서 오스왈드는 '헌트 씨'에게 그의 조직 내에 일자리를 알아봐달라고 요청하고 있었다. 여러 명의 연구자들은 이 편지야말로 헌트가 케네디 대통령 암살사건에 개입한 추가증거라고 결론을 내렸다.

| 회 의 론 자 의   견 해 |

워터게이트 사건은 미국인들의 영혼에 커다란 충격을 주었고 그 상처는 아직까지도 치유되지 않고 있다. '시시한 절도사건'으로 시작되었던 이 스캔들은 정부에 대한 불신, 정치가에 대한 경멸, 사회불안 등을 야기한 무성한 음모론의 진정한 진원지가 되었다. 이 때문에 많은 음모론자들이 워터게이트 사건과 케네디 대통령 암살사건을 연결시키고 싶어하는 것은 어쩌면 당연한 일인지도 모른다.

진주만 공격 PEARL HARBOR ATTACK
미국은 일본의 공격 계획을 사전에 알면서도 눈감아주었다?

사건과 사건들의 교차점이 때로는 역사의 큰 방향을 결정짓기도 한다. 1941년 12월 7일 일요일 진주만에서 벌어진 사건들도 그러한 역사의 교차점이었다. 그 사건은 제2차 세계대전의 흐름을 결정적으로 바꾸어놓았을 뿐만 아니라 세계사의 전개방향 자체에도 커다란 영향을 미쳤다.

일본군의 악명 높은 '기습공격'으로 인해 미군 2403명 사망, 1178명 부상, 미군 전함 3대를 포함한 18대의 군함이 파손되거나 혹은 격침되었다. 미군 전투기 188대가 전파되었고 162대가 크게 파손되었다. 이에 비해 일본군은 29대의 전투기, 5척의 소형 잠수함, 64명의 인명손실을 입었을 뿐이다. 이 기습공격의 직접적인 결과는 일본에 대한 미국의 선전포고였다. 그러자 히틀러는 즉각 아시아의 동맹국 일본을 옹호하고 나섰다. 이렇게 되어 미국은 최종적으로 나치와 전쟁을 벌이게 되었다.

진주만 사건과 관련하여 미국의 일부 유명한 역사학자들은 그들이 평소 "망상에 사로잡힌 정신병자들"이라고 불렀던 음모론자들에 동조했다. 이 두 그룹은 모두 진주만 공격이 기억되는 진짜 이유는 표면상으로 드러난 미군의 피해보다는 미군의 참전을 유도하기 위한 음모라는 데 있다고 주장한다. 그들의 판단에 의하면 미국은 이 사건을 계기로 제2차 세계대전에 정식으로 참전하라는 영국의 요청을 들어줄 수 있게 되었다는 것이다.

1941년에 이르러 미국의 프랭클린 D. 루스벨트 대통령은 거의 극복 불가능한 커다란 정치문제에 직면해 있었다. 그는 미국이 대독(對獨)전쟁에 참가할 것을 원했지만 미국의 일반여론은 참전론에 냉담했다. 미국인들이 생각하기에 전쟁은 유럽인들의 일이고 영국, 러시아, 독일 세 국가가 알아서 해결해야 할 문제였다. 음모론자들과 일부 역사가들은 루스벨트 대통령이 진주만 공격을 사전에 알고 있었다고 본다. 하지만 일부러 방치함으로써 일본에 선전포고를 할 수 있는 완벽한 기회를 잡았다는 것이다. 일본에 선전포고를 하면 자동적으로 독일에도 선전포고를 하게 된다는 것을 대통령은 정보조직을 통해 이미 알고 있는 상태였다는 것이다.

| 정 말 이 상 한 부 분 |

1941년 미국의 해군제독들은 루스벨트 대통령에게 일본의 원유보급선을 차단해버리면 미국이 태평양전쟁에 개입할 수 있을 것이라고 보고했다. 7월 루스벨트는 원유보급선을 끊었고 하와이의 미국 육군과 해군기지에서 올라오는 일본군 동향보고를 묵살하기 시작했다. 영국과 네덜란드, 오스트레일리아, 페루, 소련 정부들도 일본의 진주만 공격이 임박했다고 경고했다. 그런데 이런 정보가 진주만의 미군기지에 전달되지 않았다는 것은 참으로 이상한 일이다.

| 먼 저 떠 오 르 는 용 의 자 |

프랭클린 D. 루스벨트 : 이 음모론에서 가장 유력한 용의자는 미국 대통령 자신이다. 루스벨트 대통령이 미국을 유럽의 전쟁에 참전시키고 싶어했던 것은 잘 알려진 사실이었다. 하지만 국내의 정치적 여론 때문에 그 뜻을 펴지 못하고 있었다. 그는 미국이 먼저 총격을 가해 침략국이라는 인식을 심어주면서까지 참전하고 싶지는 않았다. 그래서 아주 자연스럽게 참전할 기회를 엿보고 있었는데, 일본의 진주만 공격사건이 가려운 곳을 긁어주는 효자손 구실을 했다는 것이다.

영미권의 음모단 : 음모론 연구 분야에서는 이런 믿음이 널리 퍼져 있다. 영국과 미국 두 나라의 '특별한 동맹관계'를 어떻게든 가동시키려는 강력한 영미권의 음모단이 존재했다는 것이다. 여기에는 미국과 영국의 정보기관 요원, 양국의 재계와 정계의 주요인사들이 포진되어 있는데, 음모단은 당연히 루스벨트 대통령을 그들의 멤버로 생각했으리라는 것이다. 영미권의 음모단은 대통령에게 임박한 진주만 공격을 은폐하라고 조언했을 수도 있다. 그 결과 일본은 아무런 방해를 받지 않고 진주만을 침공했고 이렇게 하여 미국이 자동적으로 영국을 도와 유럽의 전쟁에 참가할 수 있게 되었다는 것이다.

| 다 소 황 당 한 용 의 자 |

미국의 금융계 : 진주만 공격 당시 영국은 무기대여법에 따라 미국에 막대한 부채를 지고 있었다. 만약 영국이 독일에 패배한다면 미국의 은행들은 영국에 빌려준 돈을 받아낼 가능성이 희박해지고 만다. 따라서 미국 금융계의 지도자들은 영국이 전쟁에서 이기기를 바랐고 은근히 미국이 유럽의 전쟁에 참가하기를 희망했다. 그래야 영국에게 더 많은 돈을 빌려줄 수 있고 또 전쟁을 승리로 이끌어 원리금을 회수할 수 있을 터였다.

국제공산주의자연맹 : 미국의 음모론자들 중 극우성향을 가지고 있는 사람들은 한동안 루스벨트 대통령이 실은 공산주의자일지도 모른다는 생각을 가지고 있었다. 그들은 이 논리의 연장선상에서 루스벨트가 미국을 독일과의 전쟁에 끌어들이려 하는 국제공산주의자연맹의 핵심요원일지도 모른다고 추측했다. 그런데 이 경우 미국의 유럽전 참전은 영국과 유럽의 민주주의를 구

일본군의 진주만 기습 공격은 세계사의 방향을 바꾼 일대 전환점이었다.

제하려는 것이라기보다는 세계 최초의 공산국가인 소련이 나치에게 파괴되지 않도록 보호하려는 것이 된다.

| 가 장 그 럴 듯 한 증 거 |

1932년의 어느 일요일 새벽 미국 육군과 해군이 진주만에서 합동훈련을 해본 결과, 152대의 전투기 정도라면 반 시간도 안 되어 하와이 방어군을 속수무책으로 묶어놓고 그 섬을 완전히 기습공격할 수 있다는 사실이 밝혀졌다. 1938년에 이와 유사한 합동훈련이 실시되었는데 결과는 마찬가지였다. 따라서 미국 군부는 진주만 방어에 상당한 위험요인이 있다는 것을 알고 있었다. 더욱이 미군은 일본 해군과 외교관의 암호를 해독하는 데 성공했다. 이런 최고 기밀은 당연히 미국 육군위원회에 보고되었다. 1944년 미국 육군위원회는 이렇게 보고했다. "국무부, 전쟁부, 해군부의 고위급 인사들에게 일본의 의도를 정확하게 보여주는 다양한 정보가 올라왔습니다. 이 정보에는 진주만 공격의 정확한 날짜와 시간도 들어 있습니다."

| 가 장 의 문 스 러 운 사 실 |

진주만에 주둔하고 있는 미국 해군은 어처구니없을 정도로 무방비 상태였다. 배들은 일렬로 나란히 붙여진 채 정박되어 있었고 하와이의 라디오 무전사들이 일본 전투기들이 다가오고 있다는 것을 보고했는데도 아무런 조치도 취하지 않았다. 당시 세 척의 미군 전함이 일본군의 기습에 격침되었다. 그러나 1941년 무렵에 전함은 이미 퇴물이 되었고 항공모함이 해군력의 정상으로 등극하고 있었다. 일본의 진주만 기습 당시 미국 항공모함이 단 한 척도 그곳에 정박해 있지 않았다는 사실은 의미심장하다. 대부분의 항공모함들은 5000킬로미터나 떨어진 샌디에이고에 안전하게 정박해 있었다. 샌디에이고는 평소 미국 해군지휘관들이 진주만의 전함들을 이동시켜놓고 싶어했던 바로 그곳이었다.

| 회 의 론 자 의   견 해 |

진주만 음모론과 관련된 여러 측면에 대해서는 회의적인 시각으로 바라보기가 정말 어렵다. 하지만 미국 군부와 군 최고통수권자(대통령)의 무능함을 과소평가하는 것도 위험한 일이다.

루돌프 헤스 RUDOLF HESS
영국 감옥에서 죽은 나치 부총통은 가짜다

제2차 세계대전과 관련하여 수많은 이상한 이야기들이 있지만 루돌프 헤스에 관한 이야기보다 더 이상한 것은 없을 것이다. 여러 면에서 헤스의 이야기는 나치 고위인사의 활동에 관한 역사적 연대기라기보다는 몬티 파이던(Monty Python, 1970년대 영국 인기 텔레비전 프로그램으로 비현실적인 유머를 다루었다―옮긴이)과 같은 유머극을 닮은 데가 더 많다.

헤스는 1894년 4월 26일 이집트의 알렉산드리아에서 태어났다. 그는 당시 독일 국민들을 사로잡던 아돌프 히틀러가 뮌헨에서 연설하는 것을 처음 듣고는 히틀러의 마력에 빠져들어버렸다. 헤스는 1920년 나치에 가입하여 우상으로 떠받들던 히틀러와 가까워지게 되었다. 또한 헤스는 1923년 히틀러가 독일의 정권을 무력으로 탈취하려던 비어홀 난동사건에도 참가했다. 그러나 당시 두 사람은 정권을 탈취하지 못한 채 란츠베르크 감옥에 갇혔다.

헤스는 감옥에서 히틀러의 충직한 비서노릇을 하면서 《나의 투쟁(Mein

Kampf)》을 구술하는 히틀러의 말을 받아 적었다. 1925년 석방된 헤스는 나치의 권력기반을 구축해나가는 히틀러를 그림자처럼 따라다녔다. 1932년 마침내 정권을 장악한 히틀러는 헤스를 나치의 중앙당정치위원회 위원장 겸 SS의 사령관으로 임명했다. 그 후에도 헤스는 맹목적으로 히틀러를 추종했고 1933년에는 마침내 나치의 부총통 자리에까지 올랐다.

헤스는 자신이 존경하는 총통을 위해 최선을 다해야겠다고 결심했다. 그래서 아무에게도 말하지 않고 단독으로 영국과 평화협상을 추진하겠다고 결심했다. 1941년 5월 10일 헤스는 해밀턴 공작을 만나기 위해 메세르슈미트 ME-110 비행기를 타고 스코틀랜드로 날아갔다. 해밀턴 경은 1936년 베를린 올림픽 때 만나 알게 된 사람이었다. 헤스는 낙하산을 타고 내리는 자신의 모습을 보고 깜짝 놀란 한 농부에게 해밀턴 공작에게 중요한 메시지를 가져왔다고 말했다.

처칠은 헤스가 제시한 평화협정을 가소롭게 생각했다. 그것은 영국이 독일의 유럽패권을 인정한다면 영국만은 살려준다는 내용이었다. 그런 헤스의 행동을 나치는 부인했다. 영국 또한 미친 사람의 행동으로 판단했다. 헤스는 낙심천만한 상태로 체포되어 투옥되었다. 1945년 그는 뉘른베르크 전범재판을 받기 위해 독일로 이감되었다. 그때 그의 정신상태는 눈에 띌 정도로 불안정했다고 한다. 그는 종신형을 받고 슈판다우 감옥에 투옥되었으며 1987년 92세의 나이로 목을 매어 자살했다고 보도되었다. 과연 그는 자살한 것일까?

그 후 1987년에 자살한 사람은 헤스가 아니라 외양만 비슷한 다른 사람이라는 이야기가 사방에 퍼졌다. 그처럼 무능했던 사람이 왜 영국 정부에 그토록 위협적인 인물로 간주되었는지 의아하다는 질문도 많이 제기되었다.

| 정 말   이 상 한   부 분 |

슈판다우 감옥에서 헤스를 돌보았던 휴 토마스(Hugh Thomas) 박사는 여러 번에 걸쳐 그 헤스라는 수감자가 실은 헤스가 아니라고 말했다. 그 수감자에

히틀러의 오른팔이었던 루돌프 헤스는 왜 1941년 영국을 방문했을까?

게는 헤스의 몸에 반드시 있어야 할 상처들이 없다는 것이었다.

| 먼 저 떠 오 르 는 용 의 자 |

나치 : 헤스가 조직에 짐이 된다고 생각한 일부 나치의 고위직 인사들이 그의 머릿속에다 영광스러운 평화협정의 씨앗을 심었다는 설이 있다. 그들은 어리석은 헤스가 그 계획을 액면 그대로 믿고, 계획을 추진하기 위해 영국으로 건너가다가 중간에 총에 맞아 죽을 것이라고 생각했다는 것이다.

윈스턴 처칠 정부 : 헤스가 뉘른베르크 전범재판 이전에 사망하여 그와 비슷하게 생긴 영국인으로 대체되었을 가능성이 있다는 설도 있다. 헤스가 영국 군수사대에게 취조를 당하는 과정에서 심하게 구타당해 사망했을 가능성이 있다는 추측도 나왔다. 헤스의 고문치사가 독일에 억류된 영국군 전쟁포로에 악영향을 줄 것을 두려워한 처칠 정부가 외양이 비슷한 영국인을 차출

해 헤스의 생존을 꾸며냈을 수도 있다는 것이다. 이 대리인은 평생 동안 헤스의 흉내만 내다가 비밀유지를 원했던 영국 정부가 슈판다우 감옥에 잠입시킨 자객에게 살해되었다. 또다른 추론은 이렇다. 헤스는 실제적이고 실현가능한 평화협정을 가지고 있었으나 처칠은 전쟁이 계속되기를 원했기 때문에 헤스를 투옥하고 약물을 넣은 음식을 주어 정신을 피폐하게 만들었다는 것이다. 이 음모론에서는 영국의 첩보기관 MI6가 평화협정이 실제로 추진되었다는 사실을 감추기 위해 진짜 헤스를 살해한 것으로 본다.

| 다 소 황 당 한 용 의 자 |

브릴회 : 이 음모론에 의하면 헤스가 영국에 억류된 것은 나치가 극비리에 진행하던 남극개발계획을 알고 있었기 때문이라고 한다. 오컬트 단체인 브릴회가 이 남극개발계획을 지휘하고 있었는데, 이 조직에는 나치의 고위인사들이 많이 참여하고 있었다. 그런데 영국 당국이 헤스로부터 브릴회에 관한 정보를 캐내고자 했다는 것이다. 황당하게 들릴 수도 있겠지만 일부 저명인사들은 상당히 그럴듯하다고 생각하고 있다. 가령 영화 〈007〉의 주인공 제임스 본드의 창조자이며 MI6의 요원이었던 이언 플레밍(Ian Fleming)은 20세기 최고의 오컬티스트이며 대마법사인 알레이스터 크롤리가 헤스 사건을 조사해야 한다고 말했다.

| 가 장 그 럴 듯 한 증 거 |

네덜란드의 신문기자 카렐 힐레(Karel Hille)는 MI6의 전 책임자였던 모리스 올드필드(Maurice Oldfield) 경이 MI6에서 훔쳐낸 비밀서류를 가지고 있다고 주장했다. 이 서류에 의하면 슈판다우에서 죽은 사람이 실은 헤스가 아니라 겉모습만 비슷한 사람이라는 것이었다.

| 가 장 의 문 스 러 운 사 실 |

영국의 감옥에 투옥되어 있는 동안 헤스는 자신의 음식에 독극물이 들어있다고 계속 불평했다. 이것은 아마도 헤스의 불안정한 정신상태 때문에 생긴 일일 것이다. 만약 그의 음식에 정말로 독극물이 들어 있었다면 감옥 당국이 과연 음식에 독이 들었다는 사실을 헤스가 알아차리도록 허술하게 관리했겠는가? 오히려 전혀 독극물이 들어있지 않은 것처럼 꾸미지 않았을까?

| 회 의 론 자 의 견 해 |

그런데 과연 영국이 나치의 고위직 인사를 투옥했던 것일까? 그 사실을 아무도 믿지 않는 것은 어쩌면 당연한 일이다. 왜냐하면 모든 나치 고위인사들이 CIA의 요원이었다는 말도 있으니까 말이다.

걸프전과 사담 후세인 GULF WAR & SADDAM HUSSEIN
전쟁 특수를 톡톡히 누린 부시 일가의 석유사업

겉으로 드러난 사실만 볼 때, 걸프전은 음모론 같은 것이 끼어들 여지가 없는 뻔한 전쟁이었다. 이 전쟁에 대한 전통적인 해석은 이렇다. "전형적인 과대망상형의 독재자인 사담 후세인은 자신의 팽창정책을 세계가 과연 저지할 의사가 있는지 알아보기 위해 1990년 8월 쿠웨이트를 침공했다. 이에 미국과 영국은 걸프전 동안 조지 부시 대통령이 처음으로 언급한 뉴 월드 오더의 지원을 받아가며 충분한 군사적·정치적 힘을 동원하여 사담 후세인을 패배시켰고, 그리하여 쿠웨이트를 해방시켰다."

그러나 음모론자들이 제2차 세계대전 이후 최대규모의 국제적 군사작전이라고 주장하는 걸프전을 자세히 살펴보면 사태는 겉보기처럼 단순하지 않다. 몇 가지 질문만 해보아도 당장 여러 가지 의미심장한 수수께끼가 떠오른다. 가령 연합군은 바그다드까지 손쉽게 진격할 수 있었는데 왜 중도에 멈추었는가? 만약 사담 후세인이 제2의 히틀러라면 왜 우리는 그를 권좌에 그대로 내버려두는가?

음모론으로 치부되던 이런저런 비난과 소문들이 어느덧 엄연한 사실로 받아들여지기 시작했다. 일부 국제정치 관측통들은 걸프전이 사전에 짜인 시나리오에 따라 수행되었고 그 목적은 쿠웨이트 해방과는 관계없는 엉뚱한 어떤 것일지 모른다고 의심하고 있다.

| 정 말 　이 상 한 　부 분 |

사담 후세인이 쿠웨이트를 침공할 당시 미국 국무부가 '파란불(승인)' 신호를 보냈다는 것이 일반적인 인식이다. 1990년 8월 이라크 군대의 탱크가 사막을 향해 진격하기 직전, 이라크의 대사가 미국 대사 에이프릴 글래스피(April Glaspie)에게 이라크의 쿠웨이트 침공에 미국이 어떻게 반응할 것인가 물었다고 한다. 이때 미국이 파란불 신호를 했다는 것이다.

두 대사의 만남이 의도적인 것이었는지 아니면 우연한 해프닝이었는지 그 자세한 사항에 대해서는 논의가 무성하지만, 아무튼 사담 후세인은 이라크가 쿠웨이트를 침공해도 미국이 반대하지 않을 것이라고 생각한 것으로 보인다. 당시 여러 명의 미국 상원의원들(그들 중에는 이스라엘을 열성적으로 지원하는 강력한 유대계 자유주의자도 있었다)이 바그다드를 방문하여 후세인을 지원하겠다고 선언했기 때문에 충분히 그런 생각을 가질 만했다.

| 먼 저 떠 오 르 는 용 의 자 |

뉴 월드 오더 : 뉴 월드 오더라는 표현은 1920년대에 세계정부 사상을 신봉했던 에드워드 하우스(Edward House) 대령이 처음 썼다. 조지 부시 대통령은 사담 후세인에 반대하는 연합세력을 가리켜 '새로운 세계질서'의 태동이라고 말함으로써 이 말을 널리 유포시켰다. 대부분의 음모론자들은 뉴 월드 오더를 비밀단체들이 필사적으로 도입하려는 세계정부의 한 형태로 본다. 뉴 월드 오더가 세계 여러 국가들을 상대로 권력을 휘두르려면 먼저 자신의 존재를 정당화해야 한다. 따라서 걸프만(灣)에 집결된 정치적 · 군사적 힘의 국제적 합동작전은 전세계 사람들에게 뉴 월드 오더의 시대가 왔음을 인식시키기 위한 첫 행동이라는 것이다.

군산복합체 : 1989년 소련이 해체되면서 공산주의의 위협이 과거지사가 되어버리자, 사람들은 미국과 서방 동맹국들이 국가방위비로 수십억 달러를 사용해야 할 필요가 과연 있을까 하는 의문을 가졌다. 음모론 자들은 1990년 사담 후세인의 쿠웨이트 침공이 우연의 일치라고 보기에는 타이밍이 너무 절묘

미국 정부가 후세인이 쿠웨이트를 침공하는 것을 허용했을지도 모른다.

하다고 생각하고 있다. 후세인은 서방의 군산복합체의 교묘한 음모에 걸려들어 쿠웨이트 침공을 지시하게 되었다는 것이다. 이렇게 하여 후세인이 서방의 가증스러운 적으로 떠오르면서 서방은 대규모 군사비 지출의 명분을 찾게 되었다는 것이다.

| 다 소 황 당 한 용 의 자 |

KGB : 소련과 KGB가 여러 해에 걸쳐 후세인과 긴밀한 관계를 유지해왔다는 것은 잘 알려진 사실이다. 일부 음모론자들은 소련의 해체가 KGB의 세계 공산화전략을 더욱 은밀하게 추진하려는 속임수 작전이라고 본다. 또한 걸프전을 KGB가 배후에서 조종했다고 생각한다. KGB는 사담 후세인을 대표적 하수인으로 내세움으로써 미국의 관심을 이라크 쪽으로 돌리고, 그 틈을 이용하여 미국의 방해 없이 세계공산화를 추진하려고 했다는 것이다.

석유회사들 : 걸프전은 상상을 초월할 정도로 원유가격을 급등시켰다. 1973년의 오일쇼크 이래 처음 있는 급격한 가격 상승이었다. 이 때문에 석유재벌 조지 부시가 큰돈을 벌었을 뿐 아니라 정보기관과 밀접한 관계를 유지하고 있는 석유회사들도 엄청난 수익을 올렸다. 그래서 일부 음모론자들은 걸프전의 진정한 동기는 재정수입을 확충하기 위한 것이었다고 추측한다.

| 가 장 그 럴 듯 한 증 거 |

유엔의 후원 하에 세계 최강국 미국을 비롯한 강대국들의 군대로 구성된 연합군이 단 며칠 사이에 후세인의 군대를 초토화시키면서도 정작 후세인이라는 독재자 한 명을 제거할 수 없었다는 것은 좀 이상하다. 또 그 후 사담 후세인을 암살하기 위한 작전이 수행되지 않았다는 것도 이상하다. 화학무기와 생물학무기를 계속 만들고 있는 후세인을 저지하기 위해 이렇다 할 군사적 행동을 벌이지 않는 것도 납득이 가지 않는다.

|가 장 의문 스 러 운 사실|

걸프전이 끝난 후, 래리 베인하트(Larry Beinhart)가 쓴《미국의 영웅(American Hero)》이라는 흥미진진한 책이 출간되었다. 이 책은 소설이라고는 하지만 걸프전이 조지 부시의 인기를 높이기 위해서 공화당의 정치조작 전문가가 내놓은 지저분한 아이디어였다고 서술하고 있다. 소설치고는 꽤 많은 객관적 사실들을 제시하고 있고 또 상세한 주석까지 달아서 걸프전이 음모였다는 견해를 크게 뒷받침하고 있다. 이 책은 다음과 같은 중요한 질문을 던진다. 즉 후세인의 쿠웨이트 침공 이틀 전에 미국, 영국, 소련의 대사들이 모두 쿠웨이트를 떠난 것은 무엇을 의미하는가?

미국은 첫번째 걸프전 이후에 왜 사담 후세인을 권좌에 그대로 내버려두었을까?

지금껏 미국은 세계사에 영향력을 행사하고 싶을 때 곧바로 개입해버리지 구차하게 변명을 늘어놓지 않았다. 따라서 어떤 배후 의도를 가지고 후세인의 쿠웨이트 침공을 승인했다는 말은 좀처럼 믿기가 어렵다. 결국 후세인이 그렇게 오랫동안 권좌를 지킬 수 있었다는 사실은 미국의 군사력이 그들의 허풍만큼 그렇게 막강하지 않다는 사실을 반증하는 것은 아닐까.

힐러리 클린턴 HILLARY CLINTON

그녀와 함께 일하다 의문사한 사람이 왜 그토록 많을까?

힐러리 로덤 클린턴(Hillary Rodham Clinton)이 한 주요 텔레비전 인터뷰에서 자신과 남편 빌 클린턴은 "광범위한 우익 음모의 희생양"이라고 밝혔을 때, 그녀는 갑자기 세계에서 가장 유명한 음모론 지지자가 되었다. 그러나 힐러리가 미국 언론을 놀라게 한 이같은 발언으로 자신에게 관심을 두는 수많은 음모론자들의 동정과 지지를 얻을 것이라고 기대했다면 크게 착각한 것이다.

힐러리가 선호하는 음모론은, 자신과 남편이 우익의 사악한 조직으로부터 공격받고 있다는 것이다. 이 음모론은 영국 타블로이드지 편집자들에서 TV 전도사 제리 폴웰(Jerry Falwell)까지 모든 사람들을 끌어들였다. 힐러리는 모니카 르윈스키와 폴라 존스가 남편을 상대로 낸 성희롱 고소와 화이트워터 스캔들에 대한 케네스 스타 특별검사의 오랜 조사에 언론이 관심을 보이는 것이 '정치적인 동기'에 의한 것이라고 생각했다.

워터게이트 음모의 핵심 인물이었던 G. 고든 리디(G. Gordon Liddy)는 자신이 정기적으로 출연하는 라디오 쇼에서 영부인 힐러리의 사진을 사격 연습에 사용하며 그녀를 '빗자루 탄 마녀'라고 부른다고 밝혔다. 그러나 음모론자 대부분은 이것이 힐러리에 반대하는 사악한 세력의 증거라는 데 별로 동의하지 않는다. 이들은 힐러리를 알았거나 힐러리와 함께 일하다가 의문사했던 많은 사람들을 둘러싼 세부사항을 캐내는 데 훨씬 더 관심이 많다.

연구자들은 음모론 연구계에서 '클린턴 관련 사망자 수'로 알려진 자료를 수집하면서, 빌 클린턴이나 힐러리 클린턴의 친구가 되는 것이 지구상에서 가장 위험한 일이라는 사실을 깨닫고 경악했다. 누군가 화이트워터 투자 스캔들에 관여했거나 두 사람의 결혼 생활 또는 연애사에 대한 증거를 확보했다면 목숨이 위험해지는 것은 분명한 사실이었다.

클린턴 대통령 부부가 화이트워터로 알려진 아칸소 토지 불법 거래와 관련한 혐의를 결국 벗게 된 데에는 핵심 증인 다수가 죽었다는 사실이 크게 작용했다. 화이트워터는 클린턴이 1980년대에 아칸소 주지사였고 힐러리가 지방 법률회사의 파트너였을 당시에 관여했다가 실패한 부동산 투기사건이었다. 대통령 부부에게 편리하게도 증인들이 사망하는 바람에, 남은 증거는 그들이 어떤 범죄 행위에 알면서도 가담했다고 배심원에게 증명할 만큼 충분하지 않았다. 그러나 최종 보고서에 따르면, 거래에 논란이 되는 문제는 여전히 남아 있었고 투자와 관련하여 잘못된 점이 있었다는 사실을 클린턴 부부는 알고 있었으며 그들은 사실상 부정확한 신고서를 만들었다. 힐러리로서는 어떤 혐의도 받지 않은 것이 큰 다행이었다. 힐러리가 혐의를 받았다면 뉴욕 상원의원이 되지 못했을 것이며 또한 상원의원 자리를 장래 대통령 선거 운동의 초석으로 이용할 수 없었을 것이다. 그러나 힐러리가 정치적으로 계속 성장하면서 '클린턴 관련 사망자 수'로 인해 생긴 의혹은 사라질 기미가 보이지 않는다. 미국의 영부인이 최초의 여성 대통령이 되는 역사를 만드는 데 장애물이 될 것 같은 사람들의 입을 과연 누가 다물게 했을까?

힐러리 클린턴의 정치적인 야망이 그녀를 어디로 몰고 갈까?

| 정 말 이 상 한 부 분 |

음모론 연구 연감에서 가장 악명 높은 자살 두 건(탐사전문기자 대니 카솔라로와 힐러리가 리틀락 법률회사에 있을 때 동료였던 전 백악관 고문 빈스 포스터의 자살. 제7부 NSA 참조)뿐만 아니라 메리 케이트린 마호니(Mary Caitrin Mahoney)의 총격사건도 힐러리가 망신당할 것을 피하는 데 도움을 주었다. 백악관 인턴이었던 메리는 성희롱당한 이야기를 폭로할 계획이라는 소문이 퍼지고 난 며칠 후에 살해당했다. 그녀는 워싱턴의 스타벅스 체인점에서 강도사건 와중에 종업원 두 명과 함께 살해당했지만, 정작 스타벅스에서는 도난당한 물건이 없었다. 메리는 암흑가의 처형 스타일로 뒤통수를 포함해 다섯 군데에 총을 맞았다. 브래들리 개럿(Bradley Garrett)은 세 사람을 살해한 혐의로 칼 데릭 쿠퍼(Carl Derek Cooper)를 체포했다. 개럿이 다른 요원과 함께 쿠퍼를 54시간 동안 심문하자 그는 자백서에 서명했지만 법원에 가자마자 즉각 이를 부인했다. 나중에 개럿은 찬드라 레비 사건 수사도 담당했다.

| 먼 저 떠 오 르 는 용 의 자 |

제4인터내셔널 : 힐러리는 학생 시절에 흑표범당 같은 급진적인 운동단체들을 지지했고, 공산주의 신봉가들이 조직한 행사에 참가했다. 어떤 사람들은 급진적인 선동자였던 힐러리가 비밀 공산당 간부 모임인 제4인터내셔널에 가입했다고 추측하고 있다. 트로츠키가 결성한 제4인터내셔널은 비밀리에 세계공산국가를 건설하는 것을 목표로 한다. 이 조직은 백악관에 비밀 공산주의자인 힐러리를 심어서 미국을 점차 사회주의의 길로 인도할 수 있는 가장 좋은 기회로 삼으려고 했을 것이다.

| 다 소 황 당 한 용 의 자 |

페미니스트 레즈비언 여성단체 : 힐러리는 레즈비언이라는 사실을 숨기고 있으며 빌 클린턴과 결혼한 것은 두 사람이 서로 정치적인 편의를 위해 계획한 눈속임에 불과하고, 딸 첼시 클린턴도 두 사람이 고용한 아역 배우다. 힐러리 로덤의 궁극적인 목표는 바로 미국 최초의 여성 대통령이 되는 것이다. 음모론자들의 이러한 주장에 따르면, 힐러리는 파시스트 페미니스트 레즈비언 그룹, 일명 '더 시스터후드(The Sisterhood)'의 간판 인물이며 체리 블레어 역시 이 단체 소속이다. 힐러리가 백악관에 입성하면 이 여성단체는 대통령의 큰 권한을 이용해 쿠데타를 선동하고 모계사회 독재를 시작할 것이다.

의료기관 : 힐러리 클린턴은 어떤 공직에도 선출되지 않았지만, 남편이 대통령 직을 두 차례나 역임하는 동안 미국 의료정책을 지배했으며 보건제도에 급진적인 변화를 일으켰다. 스스로 의사들과 의료보험회사들을 선택할 자유를 빼앗겼다고 느끼는 사람들은 힐러리 클린턴이 의료기관들의 통제권과 삶과 죽음에 대한 영향력을 더욱 공고히 했다고 믿는다. 이들은 힐러리가 각종 의료 실험과 복제를 지지하는 것을 보고 그녀가 만일 미국에서 최고의 자리에 오르면 새로운 의학적 공포가 대두될 것이라고 두려워하고 있다.

| 가 장   그 럴 듯 한   증 거 |

전 민주당 전국위원회 자금 모음책이었던 론 브라운(Ron Brown)은 힐러리의 가까운 동료였다. 소문에 의하면 론 브라운은 수사를 받게 되고 기소가 임박한 것으로 보이자 막역한 친구에게 "힐러리도 나와 함께 추락하게 하겠다."라고 말했다고 한다. 며칠 후 론 브라운이 크로아티아에 무역 답사를 가던 중 그가 탄 비행기가 두브로브니크 공항에 접근하다가 추락했다. 확실한 결론을 내릴 수 없었던 군 법의학 수사관들은 브라운의 정수리에 45구경 총알 구멍으로 보이는 것이 있는 것을 보고 놀랐다.

| 가 장   의 문 스 러 운   사 실 |

미국인 수천 명에게 지난 천년 동안 누가 가장 사악한 인물이라고 생각하는지 묻는 여론조사는 흥미로운 결과를 냈다. 물론 히틀러가 1위였지만 힐러리가 6위로 사담 후세인, 찰스 맨슨, 마르키 드 사드, 이디 아민보다 훨씬 앞섰다.

| 회 의 론 자 의   견 해 |

자신의 주장처럼 광범위한 음모의 희생자인가, 아니면 자신이 대통령이 되는 걸 방해하는 누구라도 죽이는 범죄자인가? 한 가지 힐러리가 정치를 뒤로 하고 수녀원에 들어간다고 해도 바뀌지 않을 사실이 있다. 힐러리는 엘리자베스 2세 여왕 다음으로 음모론계에서 이름이 가장 많이 거론된 여성일 것이다.

조지 부시 GEORGE BUSH

마침내 대통령에 등극한 각종 음모론의 주인공

미국 대통령으로 선출된 사람은 당연히 음모론자들이 주목하는 대상이 된다. 하지만 조지 부시는 좀 예외적인 사람이다. 그는 1980년 로널드 레이건 정부의 부통령으로 뽑히기 전부터 워터게이트 사건, 피그 만 작전, 케네디 대통령 암살사건 등 여러 가지 주요 음모론의 핵심인물이었다.

공식적인 기록만 놓고 볼 때 조지 부시가 CIA에서 일한 것은 국장으로 재직한 단 1년(1976~1977년)에 불과하다. 하지만 조지 부시가 1961년부터 CIA를 위해 일했다는 것을 보여주는 많은 증거가 있다. 그는 예일대학 시절 해골단의 회원이었는데 이 비밀모임은 CIA의 고위직 요원을 배출하는 곳으로 유명하다. 부시는 석유회사를 운영했기 때문에 자연스럽게 전세계에서 개발 중인 유정(油井)들을 방문할 수 있었다. 하지만 이것은 CIA 활동을 은폐하기 위한 구실에 지나지 않았다. 부시의 석유회사 이름은 자파타(Zapata)였는데, 이것은 CIA의 피그 만 작전의 암호명이기도 했다. 피그 만 작전 때 민간 배로 위장·도색한 군함 두 척의 이름은 바버러호(號)와 휴스턴호였는데, 이 이름은 각각 조지 부시의 아내 이름과 부시의 회사가 있는 텍사스의 지명이다.

1978년 미국 정부가 케네디 대통령 암살사건에 대하여 10만 페이지에 가까운 기밀문서들을 공개했을 때, 음모론자들은 그 문서들 중에서 국무부가 'CIA의 조지 부시'에게 보내는 메모를 발견했다. 이 메모는 마이애미에 있는 반카스트로 그룹이 케네디 대통령 암살의 여파로 쿠바를 다시 침공할지 모른다는 것을 경고하고 있었다. 부시 대통령은 그 자신이 메모 속의 부시와 같은 사람이 아니며 그 메모는 주소지가 비슷한 또다른 '조지 부시'에게 보내진 것이라고 해명했다. 음모론 열광자들은 실패로 끝난 침공작전(피그 만 작전) 때문에 그 메모가 CIA에 보내진 것이고, 또 조지 부시가 피그 만 작전은 물론이고 다른 침공작전에도 개입했기 때문에 메모의 수신인은 당연히 조지 부시였다고 믿고 있다.

부시를 케네디 암살사건과 연결시키는 또다른 고리는 조지 드 모렌실트 (George de Mohrenschildt)라는 부유한 러시아 석유사업가이다. 이 사람은 오랫동안 CIA 요원이었는데 텍사스에 살면서 소련에서 역이민 온 리 하비 오스왈드의 텍사스 정착을 도와주었다. 드 모렌실트는 하원의 암살소위원회에 출두하기 직전 권총으로 자살하여 시체로 발견되었다. 그의 개인수첩에는 다음의 사항이 들어 있었다. "조지 H. W. 부시(아빠), 오하이오 1412 웨스트 또는 미들랜드 자파타 정유."

이러한 여러 가지 정보기관과 관련된 소문 때문에, 일부 음모론자들은 1982년에 벌어진 레이건 대통령 피격사건의 배후가 당시 부통령이었던 조지

조지 부시는 미국 대통령이 되기 전에 CIA 국장을 역임했다.

부시라고 생각하게 되었다. 부시는 계획보다 몇 년 앞서서 백악관에 입성하기 위해 그런 음모를 꾸몄다는 것이다.

| 정 말 이 상 한 부 분 |

1982년 3월 30일에 벌어진 레이건 대통령 피격사건에 대한 공식적인 설명은 이렇다. "로널드 레이건 대통령이 전용 리무진을 향해 걸어가고 있는데 존 힝클리 주니어(John Hinckley Jr.)가 갑자기 튀어나와 권총으로 대통령을 저격했다. 한 발의 탄환이 리무진에서 맞고 되튀어서 대통령에게 부상을 입혔으나 다행히도 대통령은 죽음은 면했다. 그러나 CNN의 앵커우먼인 주디 우드러프를 포함하여 여러 명의 증인들은 대통령이 탄 리무진의 뒤편에 있던 경호원 차량에서 총알 한 발이 날아왔다고 말했다." 레이건 대통령이 암살되면 당연히 그 수혜자는 부시가 될 것이므로, 음모론 열광자들은 레이건 대통령 피격사건의 주된 용의자(혹은 배후조종자)로 부시를 지목했다.

| 먼 저 떠 오 르 는 용 의 자 |

CIA : 음모론에서 가장 빈번히 원흉으로 거론되는 CIA는 조지 부시의 일생에 커다란 역할을 했다. CIA는 확실한 자기 사람을 최고 권력의 핵심부에 심어놓아 마약밀매와 관련한 자신들의 입장을 강화하고, 또 레이건 대통령 피격 당시 중부아메리카에서 수행 중이던 CIA의 비밀전쟁을 계속하고 싶어했다고 한다. CIA는 이미 두 명의 못마땅한 대통령을 제거한 원흉으로 의심받고 있었다. 케네디 대통령은 암살범의 탄환으로 제거했고, 닉슨은 워터게이트 스캔들로 퇴진시켰다. 그러므로 CIA가 대통령 제거작전에 다시 한 번 눈을 돌렸으리라는 것은 그리 황당한 추측이 아니다.

해골단 : 조지 부시가 예일대학 재학 당시 이 비밀조직의 멤버였다는 것은 잘 알려진 사실이다. 이 비밀조직의 입회의식은 알몸으로 관 속에 누워 있기,

자기 자신에 대한 협박자료를 동료회원에게 제공하기 등 다양했다고 한다. 이 모임의 멤버들은 미국의 통치 엘리트 그룹에 편입되기 쉬웠다. 또 이 조직은 미국 정보기관의 비공식 인재양성소로 알려져 있다. 아무도 해골단의 진정한 목적이 무엇인지 알지 못한다. 하지만 이런 비밀스러운 조직이 회원을 백악관에 입성시키려고 하는 것은 이해할 수 있는 행동이었다.

| 다 소   황 당 한   용 의 자 |

MJ-12 : 이 비밀단체는 미국의 진정한 실세로서 UFO와 외계인의 존재를 은폐하기 위한 배후세력으로 의심받아왔다. MJ-12는 레이건 대통령을 믿지 못했을 뿐 아니라 이 단체의 존재를 폭로할지도 모른다는 우려 때문에 그를 제거하려고 했다. 레이건 대통령은 외계에서 온 공통의 적에 대응하기 위해서는 미국과 소련이 힘을 합쳐야 한다고 말한 적이 있는데, 그 말은 외계인의 존재를 시인한 것이나 다름없다고 보아도 무방하다. 이런 레이건을 그대로 놔둘 수는 없었을 것이다. MJ-12는 현직 CIA 국장을 MJ-12 최고운영위원회 위원으로 영입하는 것을 철칙으로 여긴다는 소문도 있다. 만약 이것이 사실이라면 조지 부시는 MJ-12의 전 멤버였던 셈이다.

몰타 기사단 : 가톨릭 교회의 하부조직인 이 단체는 십자군운동 시기에 예루살렘의 성요한병원의 기사단을 주축으로 형성되었다. 레이건 대통령 피격사건 당시 이 기사단에는 CIA 국장 윌리엄 케이시(William Casey), 레이건의 외교정책 수석보좌관 알렉산더 헤이그(Alexander Haig) 장군 등이 회원으로 가입하고 있었다. 레이건이 총격을 당해 운신할 수 없을 때, 누가 미국을 통제하느냐는 질문이 제기되면서 잠시 미국 정부가 혼란상태에 빠졌다. 이에 대한 질문을 받고 헤이그는 이렇게 대답했다. "이제 내가 통제합니다." 과연 몰타 기사단이 레이건 피격사건의 배후에 버티고 있었던 것일까? 전에 CIA 요원이었고 기사단과 아주 긴밀한 관계를 유지하는 사람(조지 부시)을 대통령으로 앉히기 위해서는 아닐까?

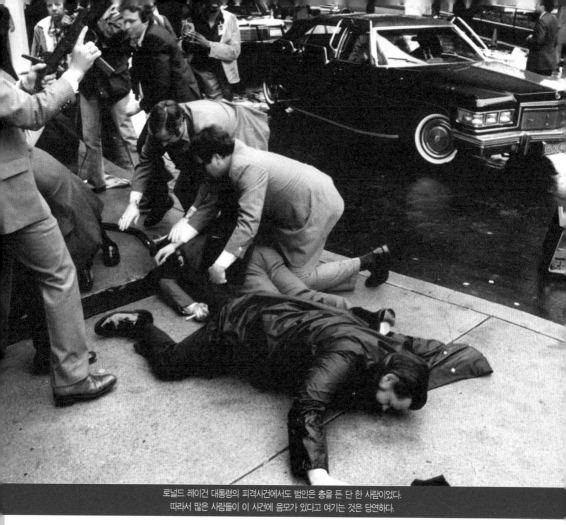

로널드 레이건 대통령의 피격사건에서도 범인은 총을 든 단 한 사람이었다.
따라서 많은 사람들이 이 사건에 음모가 있다고 여기는 것은 당연하다.

| 가 장   그 럴 듯 한   증 거 |

레이건 피격사건의 비디오 테이프를 천천히 돌려보면, 힝클리가 서 있던 지점에서 레이건 대통령을 저격하기 위해서는 리무진의 열려진 창문을 통해 총을 쏘아야 한다는 것을 분명히 알 수 있다. 따라서 리무진의 창문이 닫혀 있는 상태에서 힝클리가 서 있던 지점은 암살에 성공할 수 없다는 결론이 나온다. 정부당국은 그렇기 때문에 총알이 튀어나오지 않았느냐고 답변하면서 이런 의문을 일축한다. 하지만 이것은 케네디 암살사건에서 '오스왈드의 일발'이 대통령을 죽였다고 설명하는 것만큼이나 설득력이 없다.

| 가 장 의 문 스 러 운 사 실 |

부시 가문과 힝클리 가문은 텍사스 유전(油田)에서 큰돈을 벌었던 만큼 오래된 친분관계를 유지해왔다. 그래서 두 가문은 공통으로 아는 사람들이나 연결되는 사항이 많았다. 로널드 레이건 대통령이 힝클리에게 저격되던 날 밤, 조지 부시의 아들 닐 부시는 존 힝클리의 형인 스코트 힝클리와 저녁식사를 함께 하기로 되어 있었다. 이것은 우연의 일치 이상의 의미를 가지고 있는 듯하다.

| 회 의 론 자 의 견 해 |

트래비스 비클(Travis Bickle, 영화 〈택시 드라이버〉의 주인공—옮긴이)을 영웅으로 숭배하고 여배우 조디 포스터(Jodie Foster)를 미친 듯이 좋아하는 사람이라면 '괴짜'라는 타이틀을 붙일 만하다. 이런 심리상태의 사람이라면 혼자서도 충분히 대통령 암살을 기도할 수 있다. 조지 부시는 자신이 속해 있는 비밀단체 등에 연관됨으로 인해 CIA에 연결되어 있다. 이런 사실은 확실한 증거가 없는데도 불구하고 음모론의 환상을 불러일으키기에 충분하다.

유럽 연합 EUROPEAN UNION
EU의 탄생은 바티칸의 음모인가, 감춰진 나치의 손길인가

아주 최근까지 몇몇 소수의 음모론자와 극우세력은 유럽 연합을 강력하게 매도했다. 유럽 연합은 유럽인들의 참정권을 박탈하여 유럽인을 완전히 통제하기 위한 비밀음모의 일환으로 조직되었다는 것이었다. 더구나 유럽 연합이 단일화폐를 발행하고 동구권으로 세력판도를 넓혀가는 등 힘을 키워나가자 그런 음모론을 경청하는 음모론자들이 많아지기 시작했다.

유럽 연합의 공식 역사는 제2차 세계대전 후 프랑스와 독일이 협조와 우정의 표시로 석탄과 강철의 생산을 공동기관의 감독 아래 두면서 시작되었다. 그러나 1950년에 설립된 유럽 석탄철강공동체는 이미 그보다 더 큰 계획을 고안하기 시작했다. 이 공동체의 창립선언은 이렇다. "잘 조직되고 활성화된 유럽이 문명에 기여하기 위해서는 평화로운 관계의 유지가 필수적이다. 유럽은 단일하고 일괄적인 계획에 따라 갑자기 통합되지는 않을 것이다. 그것은 구체적 성과들을 통하여 서서히 달성될 것이다……"

많은 사람들이 유럽 연합의 전신인 유럽 경제공동체(EEC)는 단순한 경제적 · 기술적 단체일 것이라고 생각했다. 토마토 페이스트, 철강공장의 안전사항 등에 대한 공통기준을 마련하는 정도에 머물 것이라고 생각한 것이다. 이 기구를 발족시킨 로마 조약(1956년)은 정치적 요소에 대해서는 언급하지 않았다. 그러나 냉전이 끝나갈 무렵 유럽경제공동체는 유럽 연합으로 발전하면서 유럽의 경제적 · 사회적 규정의 80퍼센트를 제정하게 되었다. 그리하여 유럽에 사는 모든 사람들의 생활은 유럽 연합의 엄청난 영향력 아래 놓이게 되었다.

| 정 말   이 상 한   부 분 |

이제 친유럽 세력들 사이에서도 유럽 연합이 수세기에 걸쳐 내려온 유럽 각국의 주권을 침해하고 있다는 사실을 부정하지는 않는다. 물론 이 새로운 통치기관이 수백만 유럽인들을 민주적으로 대변하기까지는 아직도 가야 할 길이 멀다. 하지만 막강한 힘을 발휘하는 기관으로 성장한 것은 분명하다. 지난 수세기 동안 일루미나티 같은 비밀단체는 하나의 세계정부를 이룩하기 위해 백방으로 노력해왔는데, 많은 음모론자들은 유럽 연합의 구조가 이러한

세계정부와 유사하다고 생각한다.

| 먼 저   떠 오 르 는   용 의 자 |

시옹의 수도원 : 유럽 전역에 퍼져 있는 이 신비한 비밀단체는 템플 기사단, 프리메이슨, 일루미나티 등의 비밀결사와 긴밀한 연계를 맺고 있으며 유럽 연합의 부상을 배후에서 조종한 사실상의 실세라고 말해진다. 그리스도 혈통의 수호자인 시옹의 수도원은 예수 그리스도의 혈통으로 이어지는 왕가에 의해 유럽이 통치되도록 유럽 합중국 건설을 추진하는 비밀단체이다. 음모론자들은 시옹의 수도원이 메시아의 유전자(혈통)를 그대로 물려받았는지에 대해서는 확신하지 못하지만, 유럽과 국제정치의 음험한 세계에서 이 수도원이 막강한 힘을 발휘하고 있다는 데에는 의견의 일치를 보이고 있다.

나치 : 히틀러가 적수들을 모두 패배시킨 후 '통합 유럽'을 구상했다는 사실은 흥미롭다. 히틀러식 유럽 연합(Europaischewirtschaftgemeinschaft) 건설계획은 1942년 나치에 의해 단행본 형태로 발간되었다. 나치의 경제장관이며 전범인 발터 풍크(Walter Funk)가 주로 쓴 이 책에는 유럽 공동체라는 이름이 붙어 있었는데, '대규모의 유럽경제 통일' 이라는 괴링의 전후(戰後) 프로젝트와 유사했다. 또한 괴벨스는 이렇게 말하기를 좋아했다. "50년 이내에 유럽은 통일될 것이고 사람들은 더 이상 주권국가의 관점으로 바라보지 않을 것이다." 이런 사실들 때문에 일부 음모론 열광자들은 유럽 연합이 나치 음모단에 의해 운영되는 위험한 함정이라고 생각한다. 나치 요원들이 제2차 세계대전 직후 유럽 각국의 정부에 침투해 들어갔는데, 이제 그 효과가 서서히 드러나고 있다는 것이다.

| 다 소   황 당 한   용 의 자 |

바티칸 : 통일 유럽이라는 아이디어는 근대에 들어와 생겨난 개념이 아니

다. 그것은 과거에 유럽 각국의 연합인 신성로마제국의 형태로 존재했고 이 때 실제 권력은 로마가톨릭 교회에서 행사했다. 반(反)교황적인 성향을 지닌 일부 음모론 열광자들은 유럽 연합의 결성에 바티칸의 손길이 작용했다고 보고 있고 또 로마가톨릭 교회가 이름만 바꿔 단 신성로마제국의 영광을 재현하려 한다고 보고 있다. 물론 이런 음모론의 증거를 발견하기는 어렵다. 하지만 대부분의 기성종교들이 자신들의 음흉한 계획을 은폐해왔던 기록은 대단히 많다.

시리우스 별에서 온 외계인 : 신비사상가인 제라르 드 세드(Gerard de Sede)의 저서를 읽은 일부 음모론자들에 의하면 유럽 연합은 곧 유럽 합중국을 뜻하는데 이것은 21세기에 들어와 과거 메로빙거 왕조로 회귀하려는 술수라는 것이다. 시옹의 수도원 사람들은 메로빙거 왕가가 예수 그리스도의 가계라고 굳게 믿고 있지만, 드 세드의 추종자들은 메로빙거 왕가가 시리우스 별에서 온 외계인들의 후예라고 생각한다. 따라서 이 외계인들이 지구에 있는 후손들을 다시 권좌에 복귀시켜 외계인보다 못한 인간들을 지배할 음모를 꾸미고 있다고 보고 있다.

나치의 경제장관이며 전범인 발터 풍크(왼쪽)는 독일이 전쟁에 승리한 후에 유럽 경제연합을 도입할 계획이었다. 많은 사람들은 유럽 의회(오른쪽)가 나치의 계획에 따라 설립된 허수아비에 불과하다고 생각한다.

|가 장 그 럴 듯 한 증 거|

창립된 지 40년이 넘은 유럽 연합은 이제 예전보다 인기가 못하다. 유럽 연합에 가입하는 것이 바람직하고 또 유럽 연합으로부터 이익을 보고 있다고 생각하는 사람은 전체 유럽 유권자의 절반도 채 되지 않는다. 이처럼 유럽인들의 상당수가 유럽 연합이라는 개념에 동의하지는 않지만 유럽의 통합은 불가피한 현상이 되어가고 있다. 유럽 연합에 대한 반대자들은 유럽의 정책을 결정하는 엘리트들이 수상관저나 회의실 등 밀실에서 유럽 연합이라는 제도를 확정했다고 생각한다. 이 제도에 대하여 직접투표가 이루어진 적이 별로 없다는 점을 감안하면 유럽 연합의 성장은 유럽 시민들의 민주적 의지 덕분이라기보다는 음모의 소산이라고 볼 수 있다는 것이다.

|가 장 의 문 스 러 운 사 실|

1973년 스위스의 신문기자 마티외 파올리(Matthiew Paoli)는 유럽 경제공동체, 유럽 경제공동체 산하기관인 '저가(低價)주택권리특혜보호위원회', 프리메이슨의 대지부(大支部) 알피나, 드골 장군(유럽 경제공동체 창립을 추진한 주요 인사) 사이의 연결관계를 파헤치기 시작했다. 그는 이 조사 결과를 《저류 (Les Dessous)》라는 단행본으로 출판했고 자신의 안전을 우려하여 유럽을 떠났다. 현지 취재차 이스라엘로 들어간 파올리는 이스라엘의 비밀경찰 모사드에게 체포되었고, 정식 재판도 받지 않은 채 스파이 혐의로 유죄 판결을 받고 총살형을 당했다.

|회 의 론 자 의 견 해|

관료제, 중앙집권적인 권력, 비민주적 의사결정 과정, 이런 것들이 음모론의 도마 위에 오른다면 유럽 연합뿐만 아니라 세계의 모든 정부가 음모론의 대상이 될 것이다. 이런 상황에서 음모론 열광자들이 유독 유럽 연합만 지목하여 다른 정부보다 더 나쁘다고 비판하는 것은 불공평하다.

조지 W. 부시 GEORGE W. BUSH
선거 부정에서 이라크전까지 새로운 음모론계의 제왕

일부 사람들이 주장하듯이 조지 W. 부시는 대통령감으로 태어나지는 않았을지 몰라도 그가 대통령에 출마하기로 결정한 순간, 여러 음모론자들의 음모론에서 큰 역할을 할 운명이 되었다. 주류 언론조차도 "왕으로 태어난" 같은 헤드라인을 쓰고 우려의 목소리를 내면서, 만약 부시 다음으로 힐러리 클린턴이 대통령이 된다면 두 가문이 20년 이상 미국을 통치하게 될 것이라는 사실을 계속 상기시키고 있다. 광적인 음모론자뿐만 아니라 일반 대중 다수도 조지 부시 전 대통령 아들의 선거에 민주주의의 얄궂은 변덕 이상이 있었다고 생각한다.

조지 W. 부시가 어떻게 아버지의 뒤를 잇게 되었는가 하는 의혹은 그가 대선에서 앨 고어에게 승리한 수상쩍은 방법과 이라크전이 부시 가문의 전통인 것처럼 보이는 이상한 느낌 때문에 더 배가된다.

조지 W. 부시는 음모 계통에서는 둘째가라면 서러울 가문 출신이다. 그의 아버지는 대통령이 되기도 전에 JFK의 암살, 워터게이트, 이란-콘트라 스캔들, 로널드 레이건 암살 기도에 관여했다는 의심을 받았으며 백악관 뜰에서 '뉴 월드 오더' 창설을 발표했다. 그의 할아버지 프레스콧 부시(Prescott Bush)는 나치의 돈 세탁으로 부를 축적했으며, 조지 W. 부시의 석유회사는 사우디아라비아의 빈 라덴 형과 돈독한 관계를 맺으며 이득을 취했다.

조지 W. 부시가 대통령 후보로 출마하겠다고 발표하고 나서 몇 분 후에 음모론자들은 온라인을 통해 이번 선거는 부시의 승리로 결정될 것이며 이라크전이 새로 시작될 것이고 미국 정부는 더 많은 권력을 얻을 것이라고 추측했고, 이 모든 예상은 정확하게 맞은 것 같다. 이들이 의견을 모으지 못한 단 한 가지는 누가 배후조종을 했는가 하는 것이었다. "나는 인간과 물고기가 평화롭게 공존할 수 있다고 알고 있다." "그건 분명히 예산이다. 예산안에는 많은 숫자가 있다."와 같은 말을 한 것으로 유명한 이 사람이 백악관을 장악할 계획을 세운 장본인은 아닐 거라고 음모론자들은 생각했다.

민주당 대통령 후보 앨 고어가 일반 투표에서 50만 표 이상을 더 얻었을 때, 많은 사람들이 공공연히 투표 조작 음모를 예상했다. 부시는 플로리다 주의 결과 때문에 백악관에 입성할 수 있었다. 플로리다 주는 공화당이 장악한

조지 W. 부시는 아버지의 뒤를 이어 이라크전을 일으켰다.

주였고, 플로리다 주의 선거인단을 좌지우지하는 주지사는 조지 W. 부시의 동생 젭 부시(Jeb Bush)였다. 결함 많은 투표계산기는 유권자가 다른 후보를 선택해도 부시에게 투표한 것으로 집계하고 있었지만 부시가 앞서가던 플로리다 표 차이가 몇 백 표 안팎으로 줄어들면서 그가 대통령이 될 가능성은 예측하기 힘들어졌다. 앨 고어가 재계표를 요구하자 마이애미의 부시 지지자들은 폭동을 일으키기 시작했다. 폭력 사태가 확산될 조짐이 보이자 미국 대법원은 그 영향을 받아 5 대 4로 플로리다 주 전체의 재계표를 중단하기로 평결하여 부시가 대통령으로 확정되었다. 그러나 이 시위자들의 옷이 프레피 풍인 것에서 따와 '브룩스 브라더스(단정한 버튼다운 셔츠로 유명한 의류 메이커— 옮긴이) 폭동'이라 이름 붙은 이 소요는 부시 선거위원회가 고용한 폭도들에 의한 것으로 나중에 밝혀졌다. 부시 선거위원회는 이 조직원들을 플로리다 등지에 비행기를 태워 보내는 데 120만 달러를 들였다. 엔론이 소유한 비행기 등 민간 항공기 여러 대가 동원되었는데, 엔론의 회장 케네스 레이(Kenneth Lay)는 당시 부시의 주요 후원자였다. 심지어 당시 폭도였던 맷 쉬라프(Matt Schlapp)는 결국 대통령 특별보좌관이 되었다.

"전 세계가 탈바꿈하기 직전에 놓여 있다. 우리에게 필요한 것은 적절한 주요 위기사태뿐이며 국가들은 '뉴 월드 오더'를 수용할 것이다."라는 데이비드 록펠러의 말을 염두에 둔 백악관 음모론자들은 중단된 노스우드 작전과 관련된 어떤 일이 곧 실현되어 이라크 전쟁이 일어나고 민중의 자유를 탄압하게 될 것이라고 예측했다.

노스우드 작전은 비밀 군사작전으로 합참의장들의 승인을 받았지만 대통령의 재가는 받지 못해 폐기된 것이었다. 이 작전은 비행기를 공중납치하고 미국 선박을 폭파하고 심지어 미국 도시에서 테러를 저지른 뒤 피델 카스트로에게 그 책임을 모두 돌려서 쿠바를 공격해도 괜찮도록 국제 여론과 환경을 조성하려는 것이었다.

| 정 말   이 상 한   부 분 |

9/11 테러 이후 오래지 않아 음모론자들이 했던 예상의 숨겨져 있던 요소들이 모습을 드러내기 시작했다. 한때 "자유에 제한이 있어야 한다."라고 말했던 대통령이 국토안보법에 서명했다. 국토안보법에 따르면, 경찰이 비밀리에 국민들을 체포하고 구류할 수 있고 백신 제조업체들이 기소 면제권을 받으며, 국가가 국민들에게 강제로 예방접종을 실시할 수 있고 모든 개인의 통신과 금융 거래 및 도서관 기록까지도 감시할 수 있다. 따라서 사담 후세인이 서방 세계를 공격하기 위해 대량살상무기를 준비하고 있다는 이유로 이라크전이 현실화되었을 때 놀란 사람은 없었다.

| 먼 저   떠 오 르 는   용 의 자 |

해골단 : 부전자전으로 조지 W. 부시도 예일대학교의 해골단에 가입하여 활동하고 있다. 비밀스러운 프리메이슨 의식과 오컬트 나치 의식이 합쳐진 해괴한 의식을 행하고 모든 회원들에 관한 협박 자료를 모은다는 것 외에, 해골단의 목적은 잘 알려져 있지 않다. 그러나 해골단에서 최근 대통령 두 명과 수많은 미국의 지배 엘리트들이 배출된 만큼, 해골단과 권력층의 관계는 분명하다.

CIA와 미국 석유회사들 : CIA가 부시 아버지의 인생 방향과 대통령직을 좌지우지했기 때문에, CIA와 그들에게 실질적으로 봉급을 지불하는 미국 석유회사들이 역사를 되풀이하며 '더브야(Dubya)' [부시 대통령을 비꼬아 부르는 별명. 이름자의 W를 흔히 '더브야'로 발음하는 어린이처럼 어눌하고 미숙하다고 해서 부르는 조롱 섞인 별명-옮긴이]를 배후조종하고 있다고 믿는 것은 타당해보인다. 미국 석유회사들이 아프가니스탄과 이라크에서 일어난 전쟁으로 이득을 취하고 CIA가 부와 권력을 더 얻게 된 것은 조지 W. 부시 대통령이 이룬 뚜렷한 성과다.

조지 W. 부시의 대선 승리는 동생이 주지사로 있는 플로리다 주에서 결정되었다.

| 다 소   황 당 한   용 의 자 |

영국 왕실 : 미국이 세계 역사상 이제까지 존재했던 가장 강력하고 민주적인 국가라는 지위는 교묘하게 만들어진 환상이다. 영국 왕실은 미국 독립전쟁에서 패배를 가장했으며, 부시 가문은 그런 영국 왕실에 변함없이 충성을 다하는 혈통의 일부다. 부시 대통령이 실제 하는 일이란 이 비밀스런 대영제국의 지속적인 계승을 확고히 하는 정책을 옹호하며 윈저 가의 재정을 튼튼히 하는 것이다.

파충류 외계인 : 조지 W. 부시는 드라콘계에서 온 파충류 외계인들로부터 지위를 부여받은 꼭두각시 통치자 계보에서 가장 최근 인물이다. 이 파충류 외계인들은 기원전 4000년부터 세계 대부분을 비밀리에 통치했다.

| 가 장   그 럴 듯 한   증 거 |

뉴스 단체들이 한 비공식적인 재계표 결과에 따르면, 플로리다에서 합법적

인 표를 모두 집계하면 고어가 승리하여 대통령에 낙선되었을 것이라고 한다. 미국 국민들은 이제 역사상 과거의 어느 때보다도 자유를 적게 누리고 있다. 두번째 걸프전 이후 무기 사찰에 5억 달러 이상을 들이고도 사담 후세인이 대량살상무기를 다량 보유하고 있었으며 공격을 계획했다는, 이 전쟁의 공식적인 이유를 뒷받침하는 어떤 증거도 제시하지 못했다.

| 가 장 의 문 스 러 운 사 실 |

'보이 조지'(많은 음모론자들이 부시 대통령을 이렇게 부른다)는 자신의 과거가 드러나는 것을 두려워한 나머지 사립탐정을 고용해 자신에 대해 조사하도록 했다. 이 탐정이 무엇을 발견했는지 세부사항은 전혀 밝혀지지 않았지만, 부시 선거 진영의 한 사람이 "수갑이나 비정상적인 섹스파티는 없었다."라고 말했다는 사실만 알려졌다. 그러나 이 사립탐정은 부시의 과거를 조사하던 다른 특별수사관 네 명 모두 의심스럽거나 설명되지 않는 상황 속에 사망했기 때문에 조금은 불안할 것이다.

| 회 의 론 자 의 견 해 |

닥터 이블이 세계를 접수했고 우리가 지난 몇 년간 경험한 것들이 모두 그의 교활한 계획의 일부였으며 백악관에는 미니미가 앉아 있는 것일까? 조지 W. 부시와 관련한 음모론들도 이 정도의 현실성을 지닐 뿐이다. 적어도 이 가설은 더브야가 왜 영어를 제대로 못하는지는 설명해준다.

제7부

비밀기관, 조직, 단체

중앙정보국(CIA) CENTRAL INTELLIGENCE AGENCY

비자금 조성과 흑인문제 해결을 위한 CIA의 마약밀매

사람들은 누구나 첩보기관에 의심의 눈초리를 던진다. 하지만 자신의 악행을 선선히 시인하는 비밀작전기관이 있다면 그 기관은 더 이상 비밀기관이 아니다. 미국의 CIA는 정보공개법을 크게 반대해왔다. 사실 다른 나라의 정보기관들은 이런 문제로 고민하는 경우가 별로 없다. CIA가 늘 음모론의 주모자로 거론되는 것은 이 기관을 둘러싸고 정보와 역정보가 소용돌이치고 있기 때문이다.

CIA를 상대로 가장 많이 제기되는 비난은 이 기관이 시민들을 상대로 마약을 판매하고 있다는 것이다. CIA는 반(反)공산주의운동에 자금을 지원하고 현지 국가들을 혼란에 빠뜨리기 위해, 콘트라(Contra, 니카라과 반정부 우파 게릴라들)를 비롯한 남아메리카 전역의 반도들에게 마약을 밀매했다는 의혹을 사고 있다. 또한 아프리카가 마약밀매의 주요목표가 되었다는 이야기도 나돈다. CIA는 이렇게 해서 워싱턴 정부에도 보고되지 않은 비자금을 마련하여 독자적인 비밀작전을 수행한다는 것이다. 1980년대에 미국 내에 코카인 밀매량이 크게 늘어난 것은 모두 CIA 때문이라는 말도 최근에 나돌았다.

냉소적이고 가학적인 조종자의 입장에서 볼 때, 마약을 은밀히 판매한다는 것은 좋은 아이디어이다. 시나리오는 이렇다. 먼저 중독성이 아주 높고, 사용자를 정신적 불안정에 빠뜨리며, 막대한 수익을 올려주는 새로운 마약을 만든다. 그 다음 중간공급책에게 분배하여 빈민촌과 가난한 흑인 거주지역에 살포하게 하면 엄청난 수요를 창출하게 된다. 일단 이런 수요와 공급의 경제가 정착되면 현지인들에게 생산설비를 넘겨주어 그들로 하여금 마약을 생산하게 한다. 그 결과는 어떠할까? 이렇게 되면 가난한 거주지역에서 끝없는 내부갈등이 생기게 되고 그들은 자신들의 문제에 빠져 사회의 다른 문제에는 신경을 쓰지 못하게 된다.

이 계획의 일반적인 목적은 빈민촌의 불행한 시민들로 하여금 마약에 몰입하게 만들어—마약에 중독되고, 마약을 열심히 찾아다니고, 마약을 판매하고, 마약분배권을 놓고 싸움질을 하고, 마침내 자기들끼리 죽이게 함으로써—중상류층 백인을 괴롭히지 못하게 한다는 것이다. 기이하게도 마약은 가난한 사람들과 주변인들을 슬럼에 계속 머물게 하는 기능을 발휘해왔다.

일반대중의 비난여론에도 불구하고 마약밀매에 종사하는 잡범(雜犯)들은 그들의 소속집단을 희생의 제물로 삼아왔다. 가난한 사람들은 다른 가난한 사람이나 형편이 조금 더 나은 뜨내기 통행인들을 희생의 제물로 삼아왔다. 부자들의 주거지역에 침입하여 도둑질을 하거나 범행을 저지르는 행위는 삼엄한 경찰의 단속과 보안 시스템 등으로 인해 아주 대담한 도둑이 아니고서는 엄두도 내지 못한다. 가난한 지역에는 중독성 마약을 살포하고, 우범지대보다는 안전한 지대에 더 많은 경찰력을 배치하는 이유는 무엇일까? 그렇게 하면 반항적이고 골치 아픈 주변부의 사람들은 자연히 사회의 주류에서 벗어나 자기들끼리 싸우게 되고 그 결과 중산층 이상의 계급으로 구성된 사회 주류는 안정을 유지할 수 있기 때문일 것이다.

1996년 『산 호세 머큐리(San Jose Mercury)』지는 CIA가 마약 밀매에 개입한

음모론자들은 CIA가 미국의 빈민 지역에 마약을 공급한다고 믿는다.

사건을 다룬 연재물을 실었다. 이 연재기사는 치밀한 조사와 심층적인 연구의 결과물로서 많은 사람들에게 깊은 생각을 하게 만들었다. 미국 언론의 대부분은 이 기사를 발굴한 기자 게리 웨브(Gary Webb)에게 신랄한 비판을 퍼부었다. 『워싱턴 포스트(The Washington Post)』와 『로스앤젤레스 타임스(Los Angeles Times)』는 게리 웨브의 기사에 대하여 철저한 조사를 펼쳤지만 웨브의 주장을 뒷받침할 만한 자료를 발견하지 못했다. CIA에서도 자체조사를 벌였는데―『로스앤젤레스 타임스』에 의하면 CIA 역사상 최대규모의 조사였다고 한다―조사과정의 전모는 발표되지 않았다.

| 정 말   이 상 한   부 분 |

조사과정에서 인터뷰에 응한 전직 CIA 요원은 CIA의 마약밀매설이 농담에 지나지 않는다고 말했다. 1980년대에 라틴아메리카 지역의 비밀작전 책임자였던 두안 클래리지(Duane Clarridge)는 조사 자체가 언어도단이라면서 대답하기를 거부했다. 그에게도 설문지가 보내졌으나 그는 그것을 백지로 돌려보냈다. 다른 CIA 사람들은 그런 설문조사가 "괜히 해보는 시늉"에 지나지 않는다고 말했다. CIA의 전직요원이었던 도널드 윈터스(Donald Winster)는 그 인터뷰 설문지가 CIA 측의 이런 진술로 시작되었다고 말했다. "우리 CIA에는 『산 호세 머큐리』지의 기사를 뒷받침해줄 만한 증거를 가지고 있지 않다." 이런 진술은 적극적으로 진상을 알아내고자 하는 질문자의 자세는 아니다.

| 먼 저   떠 오 르 는   용 의 자 |

WASP : 가난한 아프리카계 미국인들로부터 끊임없이 협박을 당하는 사람들은 다름 아닌 개신교를 믿는 백인 앵글로색슨 계통(WASP, White Anglo-Saxon Protestant)의 중산층 사람들이다. 대부분의 WASP들은 '소수 인종들'을 아예 보이지 않는 곳에다 치워버릴 수 있다면 어떤 조치도 환영할 것이다. 따라서 아무리 중독성 높은 마약을 빈민촌에 살포하더라도 대다수의 백인들은 개의치 않았을 것이다.

프리메이슨 : Certain Intelligence Agency(특정 정보 기관, CIA에 대한 말장난)에 소속된 많은 사람들이 고위직 메이슨이라는 것은 잘 알려진 사실이다. 일부 음모론자들은 CIA 전체가 메이슨의 통제 아래 있으며, 마약밀매음모는 전세계를 완벽하게 장악하려는 더 큰 계획의 일부분에 불과하다고 생각한다.

| 다소 황당한 용의자 |

크리스천 아이덴티티 : 진정한 종교라기보다 광신자집단이라 할 수 있는 크리스천 아이덴티티(Christian Identity) 운동에서는 《구약성서》시대 히브리인들의 진정한 후예는 실제로는 미국 백인들이라고 주장한다. 이것은 브리튼(영국) 사람들이 자신들이야말로 이스라엘인의 진정한 후예라고 말하는 것의 미국판이라고 할 수 있다. 이러한 주장은 공격적이거나 극우적이거나 생존주의자(Survivalist, 전쟁이나 재해 등에서 살아남기 위해 미리 대비하는 사람들—옮긴이) 스타일의 그룹들에게 특별한 호소력이 있다. 이러한 크리스천 아이덴티티의 멤버들〔가령 '베이거스의 탄저병'이라는 별명을 가진 래리 해리스(Larry Harris), 애틀란타 폭파사건의 에릭 루돌프(Eric Rudolph) 등〕과 CIA 사이에 연결관계가 있으며 CIA가 그들에게 자금을 지원했다는 주장이 있다. 그렇다면 크리스천 아이덴티티는 CIA의 고위 책임자들이 지지하는 종교로서, 무슨 수를 써서라도 미국 흑인사회를 전멸시키려는 것이 그들의 목표가 아닐까?

MJ-12 : UFO의 존재를 은폐하는 일을 전담하는 것으로 알려진 이 조직은 미국 정부의 통제를 완전히 벗어나 있으며 외계인인 그레이들과 은밀하게 협조하고 있다고 한다. 또한 CIA의 고위책임자가 늘 이 조직의 운영위원회에 참가하고 있다고도 한다. 그렇다면 CIA가 운영하는 마약밀매사업은 MJ-12의 검은 예산을 지원하기 위한 방편이 아닐까? 사실 외계인이 타고 온 비행접시를 역공학으로 분석하는 데 소요되는 비용은 만만치 않기 때문이다.

| 가 장 그 럴 듯 한 증 거 |

CIA는 조사과정의 전모는 밝히지 않으면서 『산 호세 머큐리』의 기사를 뒷받침할 만한 증거를 전혀 발견하지 못했다고 주장했다. 하지만 언제 충격적인 추가 정보가 새어나올지는 누구도 알 수 없다.

| 가 장 의 문 스 러 운 사 실 |

이 문제와 밀접하게 관련되어 인터뷰 요청을 받은 사람들은 거의 대부분 전·현직 CIA 요원이었다. 1985년에 CIA와 마약밀매의 연계에 대하여 제일 처음 의문을 제기했던 로버트 오언(Robert Owen)은 인터뷰 대상에서 아예 제외되었는데 그는 인터뷰 요청을 받아본 일조차 없다고 한다.

| 회 의 론 자 의 견 해 |

만약 그런 마약밀매작전이 있었다면 비밀로 유지하기가 대단히 어려웠을 것이다. CIA의 남녀직원들은 변함 없는 선남선녀들이다. 마약살포가 가난한 미국 흑인들의 문제를 해결하는 가장 좋은 방법이라고 생각하려면 아주 사악한 광신주의자의 마음을 가져야만 한다. 물론 이렇게 생각하는 사람이 전혀 없다고 할 수는 없겠지만, 이런 마약밀매작전을 수행하려면 엄청나게 많은 요원을 동원해야했을 것이다. 실제로 그런 작전이 존재했다면 그 많은 요원들 중 일말의 양심을 가진 사람이 언론에 그 끔찍한 정책의 직접적인 증거를 흘리지 않았을까?

항공우주국(NASA)
NATIONAL AERONAUTICS AND SPACE ADMINISTRATION/NASA

음모론의 온상지, 나사

떠돌아다니는 각종 소문이 모두 사실이라고 보면, 미국항공우주국 즉 NASA는 현재 전세계에 유포되고 있는 역정보들과 억압정책의 가장 큰 원천이다. NASA는 지구에 흩어져있는 외계인들에서부터 일반대중에게 공개되지 않은 다양한 발명품에 이르기까지 은밀한 작전의 진상을 속속들이 알고 있는 정부기관이다. 또한 그 막대한 예산을 유지하기 위해 때로는 우주탐사 정보를 왜곡하기도 한다. 이렇게 해서 NASA가 확보한 미국 납세자들의 돈은 오지에서 수행되는 비밀연구 프로젝트를 지원하는 데 쓰인다. 또한 NASA는 간부들에게 엄청나게 많은 보너스를 지급하거나 자신들의 무능력을 감추기 위해 많은 돈을 쓰기도 한다.

특히 황당무계한 소문들 가운데 하나는 NASA가 미국의 지하에 거대한 터널망(코드명 오르페우스)을 건설하고 있다는 것이다. 이 터널은 지하의 아주 깊은 곳에 건설되고 있기 때문에 설사 지구에 거대한 운석이 떨어지더라도 끄떡없을 정도라고 한다. 또한 이 터널망은 지열(地熱)에너지를 이용한 난방, 조명, 공기 순환, 미생물 배양 등이 가능한 자급자족 시설이라고 한다. 이렇게 해서 거대한 행성이 지구와 충돌하더라도 NASA는 소수의 군인 및 군장비와 함께 살아남을 것이고 재앙이 지나간 뒤 지구를 완전히 장악하게 될 것이라고 한다. 이 모든 일이 원만하게 진행되는 것을 보장하기 위하여 거대한 운석이 지구와 충돌할 시기는 극비로 유지되고 있다. 그래야만 NASA가 재앙에 대처할 수 있는 유일한 기관이 될 수 있기 때문이다.

이러한 음모에 신빙성을 더해주는 또다른 음모론은 달착륙 사진이 가짜라는 설이다. 그 사진들은 진짜 달 표면처럼 보이도록 그럴듯하게 꾸며놓은 비

NASA는 우주탐사로 이미 외계 생명체를 발견했지만, 그 증거를 비밀로 하는 데 공모했을지 모른다.

밀창고 내부에서 촬영되었다고 의심받는다. 이런 의심을 받는 이유는 두 가지이다.

첫째, NASA는 실제로 달착륙선을 달에 보내지 않았다는 것이다. 착륙선은 가짜이고, 우주공간에서 보내온 무선 메시지는 성우가 조작한 것이며, 달착륙은 날조된 것이라고 한다. 이렇게 가짜 달착륙을 꾸민 이유는 달착륙 프로젝트 비용을 아껴서 오르페우스 프로젝트에 전용하려 했거나 아니면 미국이 소련보다 우주산업에서 앞서 있다는 사실을 선전하려는 데 있었다.

둘째, 달착륙은 계획대로 진행되었고 생방송된 착륙과정의 필름은 진짜이지만 실제로 우주비행사들이 달에서 찍은 사진들은 제대로 나오지 않았다고 한다. 그 이유는 코닥사의 필름 원판에 미칠 강력한 태양광선의 효과를 과소평가했기 때문이다. 달에서 찍은 사진을 내놓으라는 언론의 빗발치는 요구에 내몰리자, NASA는 사진 판권을 팔았을 때 올릴 수 있는 재정적 이득에도 욕심이 났지만 한편으로 엉성한 카메라를 들고 달에 갔다는 사실을 인정했을 때의 스캔들도 고려했을 것이다. 그래서 NASA는 엉터리 사진이라도 내놓는 것이 좋겠다고 판단하여 지구상에서 달 풍경사진을 조작했다고 한다.

| 정 말   이 상 한   부 분 |

NASA가 언론에 실제 배포한 정보 이상으로 많은 것을 알고 있다는 증거들이 계속 새어나오고 있다. NASA의 전직 고위 컨설턴트였던 사람이 우주왕복선 디스커버리호에서 우주비행사들이 나눈 대화의 녹취록 사본을 유출했다는 소문이 나돌았다. 유출된 녹취록을 보면 우주선 비행사들은 "지구 주위를 날고 있는 거대한 발광(發光) 우주선"처럼 보이는 것에 대해 이야기를 나누고 있다고 한다. 전직 NASA 전문가인 호그랜드(Hoagland) 박사의 주장에 의하면 NASA는 외계인의 존재에 대해 알고 있을 뿐만 아니라 고차원의 공간과 인간생명의 진정한 근원에 대해서도 알고 있다고 한다.

| 먼 저   떠 오 르 는   용 의 자 |

미국 정부 : 가장 일반적으로 물망에 오르는 용의자는 미국 정부이다. 달 풍경사진이 제대로 안 나오자 엄청난 홍보효과를 기대할 수 없게 된 미국 정부는 NASA에 일부 사진을 날조하되 최대한의 보안을 유지하라고 지시했다는 것이다. 만약 여기에 UFO 음모까지 개입되어 있었다면 달착륙의 진실을 은폐한 NASA의 배후에도 미국 정부가 있었다고 보아야 할 것이다.

프리메이슨 : NASA의 우주탐사사업에는 많은 이상한 상징들이 작용하고 있다. 심지어 우주비행사들은 특정한 성좌를 마주보며 신성한 의식을 거행하도록 지시를 받은 듯하다. 이것은 신비한 상징에 관심이 많은 비밀결사가 개입했다는 암시이다. 만약 그렇다면 그 비밀단체는 프리메이슨일 것으로 짐작된다.

|다 소 황 당 한 용 의 자|

나치 : 제2차 세계대전이 종식되자 미국은 나치 독일의 로켓과학자들 가운데 최우수 요원들만 뽑아서 미국으로 데려와 우주개발 프로그램에 투입했다. 이것은 잘 알려진 사실이다. 하지만 이 로켓과학자들 가운데 일부는 나치의 정치철학을 충실하게 이행하는 자들이었다. NASA는 지금까지도 괴상하고 음흉한 목표를 가진 광신적인 나치 추종자들에 의해 운영되고 있는 것으로 의심받고 있다.

그레이 : NASA가 UFO 목격 사실을 그토록 철저하게 은폐한 이유는 이 기관이 실제로 외계인에 의해 운영되기 때문이라는 것이다. NASA의 우주왕복선이 다양한 외계인 항공기를 만났지만 외계인들이 NASA를 압박하여 이를 은폐시켰다고 한다. 외계인들은 서서히 그들의 존재를 드러낼 생각이기 때문이다. 한편 미국 정부로서는 외계인이 제공하는 기술을 기쁜 마음으로 받아들이고 있을 것이다. 그렇다면 외계인에게 NASA의 운영을 맡겼다는 설이 등장하는 것은 너무나 당연하지 않을까?

|가 장 그 럴 듯 한 증 거|

달착륙 사진에 찍힌 암석들의 그림자를 살펴보면, 각기 다른 방향을 가리키고 있음을 알 수 있다. 이것은 카메라의 광원(光源)이 어디에 있는지 보여주는 명확한 증거이다. 만약에 조명이 태양광선이었다면(달에서는 당연히 태양광선일 것이다) 그림자들은 모두 동일한 방향을 가리켰을 것이고 주변의 땅과도 극명한 대조를 이루었을 것이다. 달에는 빛을 산란시키는 대기가 없으니까 말이다.

NASA가 공개한 달 촬영 사진의 이상한 점들 때문에 많은 사람들이 이 사진을 위조라고 생각한다.

| 가 장 의 문 스 러 운 사 실 |

외계인의 비행접시는 논외로 하더라도, 지구의 대기권 밖으로 나간 우주비행사들의 대화를 녹음한 짧으면서도 믿을 만한 녹취록에는 한 우주비행사가 외부에서 정체미상의 비행물체를 발견하고 그의 동료에게 금방 스쳐지나간 물체를 보았냐고 물어보는 대화가 포함되어 있다. 그 비행물체가 무엇이었든 군용 제트기나 기상관측 기구가 아닌 것만은 분명하다.

| 회 의 론 자 의 견 해 |

만약 NASA가 달착륙을 전부 날조한 것이라면—그것은 정말 대단한 일일 것이다—달표면에 꽂힌 미국의 국기는 어떻게 된 것일까? 누군가가 나중에 달에 몰래 가져가 꽂은 것일까? 또 NASA와 관련된 여러 가지 가설이 신빙성을 확보하려면 NASA 같은 우주항공기관이 왜 세계 대재앙 이후에 이 세상을 접수하려 하는지 그 이유를 밝혀야 할 것이다.

뉴 월드 오더(NWO) THE NEW WORLD ORDER/NWO

인류의 3분의 2를 없애야 나머지 3분의 1이 산다

이 세상에는 통일된 지구라는 비전을 가진 고도로 조직화된 음모단이 있다고 한다. 여기에는 세계의 정치지도자들, 은행가들, 종교지도자들, 재계의 큰 손들이 참가하고 있다. 이 VIP들을 비롯해 강력하면서도 신비한 인물들과 소수의 일반인들이 뉴 월드 오더를 구성하고 있다. 이들은 자신들의 목표를 달성하기 위해 지난 수세기 동안 세계사를 조종해왔다고 한다.

뉴 월드 오더는 여러 가지 구체적 목표를 가지고 있다. 국가의 장벽을 허물어뜨리고 애국심 대신 인류애를 지구인들에게 강조함으로써 전세계를 하나의 정부 아래 통일시키려 한다는 것이다. 또한 이들은 화폐, 언어, 법률, 종족 등 모든 것이 하나로 통일되어야 한다고 주장한다. 종교 역시 갈등을 일으키는 주된 요인이므로 없애야 마땅하다고 보고 있다.

또한 이들은 뉴 월드 오더 내에서 각국의 군대는 더 이상 필요하지 않으므로 철폐되어야 한다고 주장한다. 나아가 이들은 오염이 생태계를 파괴하고 있으므로 산업기술의 이용을 축소하여 원시자연으로 돌아가야 한다고 강조한다. 원시자연의 건강함을 되찾기 위하여 지구 표면의 절반은 자연 상태로 놔두어야 지구를 온전히 보존할 수 있다는 것이다. 마지막으로 이들은 교육, 피임, 세제혜택 등을 통해 지구의 인구를 현재 60억의 3분의 1 수준인 20억으로 낮추어야 한다고 제안한다.

이런 이야기들은 모두 꿈같은 장밋빛 이야기이다. 과연 이러한 것들이 정말로 실현될 수 있을까?

실제로는 그렇지 않다. 뉴 월드 오더의 이런 황당한 계획이 실현된다면 인류의 대부분은 아주 지독한 노예 상태로 전락할 것이므로 절대 허용해서는 안 된다고 생각하는 사람들이 있다. 우선 뉴 월드 오더는 이런 목표를 달성하기 위하여 수단방법을 가리지 않겠다는 태도를 보일 것이다. 뉴 월드 오더의 지도자들은 산업화된 사회가 지구를 죽이고 있기 때문에 인류의 3분의 1이라도 살리려면 3분의 2가 죽는 것은 불가피하다는 생각을 가지고 있다. 그들은 이처럼 20억을 살리기 위해서 40억을 희생시켜도 무방하다는 해괴한 사고방식을 지지하고 있는 단체이다.

뉴 월드 오더는 시민들을 겁주고 상처 입혀서 하나의 중앙정부를 만들어야 한다는 생각을 오랫동안 간직해왔다고 한다. 이렇게 하는 것이 이성적으로 시민을 설득하는 것보다 훨씬 쉽기 때문이다. 이를 달성하는 첫번째 단계는 전 지구적인 인포스피어(Infosphere, 광범위 네트워크)를 구축하여 조종하는 것이다. 인터넷과 위성통신은 이런 조종을 가능하게 만들었다. 시민들을 겁주기 위한 운동의 일환으로 뉴 월드 오더는 두 차례의 세계대전, 지구온난화, 헤로인, 크랙(정제 코카인), 연쇄살인범, 암, 유전자변형식품, 낮 동안의 텔레비전 방영, 에이즈, 커트 코베인의 자살, 히로시마 원폭투하 등 이 세상의 온갖 못된 짓을 배후에서 조종했다고 의심받고 있다. 뉴 월드 오더는 나쁜 일이 있을 때마다 주모자로 지목되어온 바로 '그들'이다. 그들은 인류를 구원하기 위해 필요하다면 인류의 3분의 2를 살해할 준비가 되어 있다고 전해진다.

| 정 말   이 상 한   부 분 |

뉴 월드 오더는 단일 중앙정부를 좀더 입맛에 맞게 길들이기 위해 통합된 단일 정치구조의 원형이라 할 수 있는 유엔을 만들어냈다. 게다가 그들은 이 세상을 세 개의 파워 블록으로 나누어 나토(서방), 바르샤바 조약기구(소비에트), 동남아시아조약기구(SEATO, South-East Asia Treaty Organization)라는 형태로 재편했다. 이런 블록화의 목적은 각 블록간에 갈등을 조장하여 세계인들이 통일정부를 염원하게 만드는 한편, 여러 국가들이 국가의 경계를 뛰어넘는 거대한 조직 내에서도 충분히 예전의 기능을 발휘할 수 있음을 보여주려는 것이다.

일루미나티 : 1776년 아담 바이스하우프트(Adam Weisshaupt)가 바바리아의
일루미나티를 창설했을 때 이 세상을 접수하겠다는 명백한 목적을 가지고 있
었다. 일루미나티와 바이스하우프트(그는 마법의 힘으로 거의 나이를 먹지 않았
다고 한다)는 그 동안 계속해서 뉴 월드 오더의 행동대원으로 활동해왔다.

유엔 : 미국과 소련의 갈등에 신물이 난 유엔은 이 세상을 운영할 수 있는
적임자는 자신뿐이라고 생각하게 되었다. 그러니까 유엔만이 지구상의 모든
사람들을 대변하는 폭넓은 비전을 갖고 있다는 것이다.

| 다 소   황 당 한   용 의 자 |

사탄 : 뉴 월드 오더의 배후는 악마라는 설이 있다. 일단 뉴 월드 오더가 지

유로화가 뉴 월드 오더의 세계 단일 통화 계획의 하나라고 보는 음모론자들도 있다.

구의 권력을 잡게 되면 적그리스도를 지구의 지도자로 뽑을 것이고, 그러면 시간의 종말(시련)이 우리에게 닥칠 것이라고 한다.

그레이 : 어떤 사람들은 오래 전에 지구상의 최고권력을 잡은 그레이를 뉴 월드 오더의 배후 실세라고 생각한다. 뉴 월드 오더가 확립되고 인류의 3분의 2가 제거되면 그레이는 한결 편안하게 지구를 운영할 수 있을 것이라고 한다.

| 가 장   그 럴 듯 한   증 거 |

유럽 전역에서 통용되는 유로 화폐는 세계통합의 길을 닦기 위한 하나의 구체적 조치이다. 유럽 경제가 내부적으로 아주 다른 성격을 가지고 있음에도 불구하고, 고정가치의 단일화폐는 계속 유통될 것으로 보인다. 이는 결국 전통적인 국가주권을 침해할 것이다. 더욱이 유로는 달러와 센트로 구성되어 있어서, 21세기 초에 미국 달러와의 통합도 예견된다.

| 가 장   의 문 스 러 운   사 실 |

어쩌면 누군가 지구의 날씨를 가지고 장난을 치고 있는지도 모른다는 설도 있다. 엘니뇨는 누구나 알고 있듯이 멕시코만류(灣流)의 주기적인 변동에 따라 발생하는 기후현상이다. 엘니뇨 현상은 7년마다 발생하는데, 폭풍우와 변덕스러운 날씨가 동반된다. 하지만 1996년, 1997년, 1998년의 이상기후도 모두 엘니뇨 탓으로 돌려졌다. 7년 주기로 나타나는 기상 사이클이 2년 연속 나타나는 것은 그럴 수 있다고 치더라도 3년 연속은 좀 너무한다고 봐야 하지 않을까? 더구나 그것은 우연의 일치가 아니라 어떤 보이지 않는 손이 작용하는 것은 아닐까?

| 회 의 론 자 의   견 해 |

대부분의 국가들은 자국의 재정적 변동도 제대로 다스리지 못해 쩔쩔매고

있다. 그런데 뉴 월드 오더라는 조직—이 조직의 구성원들은 저마다 담당과업이 있다고 한다—이 온 세상의 일을 그처럼 일사불란하게 조직하겠다고 주장하다니 정말 놀랍기만 하다. 만약 악마가 이 조직의 배후라면 그 악마는 인간의 정부가 하나든 혹은 200개든 관심이나 있을까?

빌데르베르크 그룹 THE BILDERBERG GROUP
세계를 이끌어가는 엘리트 그룹의 비밀회의

이 그룹은 외딴곳에 있는 고급호텔을 전세내어 1년에 한 번 내지 두 번 모임을 가진다. 이 비밀단체의 멤버는 국제금융계의 거물에서 국가수반에 이르기까지 전세계의 권력 브로커들을 망라하고 있다. 그들의 토의사항은 전세계의 시민들에게 영향을 미친다고 한다. 이 그룹은 각 나라의 정치지도자들을 선정하고 다음 전쟁은 어디에서 치를지 등을 결정하지만, 아무에게도 보고를 하지 않는다고 한다. 멤버의 면면을 보면 데이비드 록펠러, 헨리 키신저, 빌 클린턴, 토니 블레어 등 세계적인 유명인사들이 즐비하다. 음모론자들에 의하면 이들이 빌데르베르크 그룹의 실세이고 또 인류의 지배자라고 한다.

동서냉전이 극심하던 시기에 결성된 이 그룹은 미국인 조지프 레팅거(Joseph Retinger)의 아이디어에서 나온 것이었다. 그는 CIA가 뒷돈을 대는 유러피언 무브먼트(European Movement)의 책임자로 있으면서 전세계의 정치지도자와 군사지도자들과 폭넓게 접촉했다. 레팅거는 각국 정부보다는 아주 강력한 다국적 조직에 의하여 세계평화가 유도되는 그런 세상을 꿈꿨다.

레팅거는 1952년 네덜란드의 베른하르트 왕자를 만나 세계의 문제들을 다루기 위한 일련의 회의를 제안했다. 이 아이디어는 다른 세계 지도자들에게 좋은 반응을 이끌어냈고 그래서 제1차 회의가 1954년 5월 네덜란드 오스테르베크의 빌데르베르크 호텔에서 개최되었다. 그때 이후 회의장소는 전세계의 여러 곳으로 바뀌었지만 '빌데르베르크'라는 이름은 그대로 유지되었다. 이 회의는 지금도 열리고 있으며 매번 세계의 엘리트들 약 120명이 참석하는데 북아메리카인이 3분의 1이고 나머지는 유럽인이다. 회의 참석 인원의 출신을 보면 참석대표 3분의 2가 재계, 언론계, 교육계 출신이고 나머지 3분의 1은 정계 출신이다.

기자들은 이 비밀스러운 회의를 보도하지 못하는 것은 물론, 회의장소에 출입하는 것조차 원천봉쇄되어 있다. 빌데르베르크 회의는 언론계의 적극적인 협조를 받아 언론보도를 완전히 차단한다. 그런데 빌데르베르크 그룹은 과연 어떤 일을 할까? 그들은 저녁 뉴스에 난 이야기를 차분히 토론할까, 아니면 그들 자신이 뉴스거리를 능동적으로 만들어내는 것일까?

| 정 말   이 상 한   부 분 |

스코틀랜드의 턴베리 호텔에서 개최된 1998년 빌데르베르크 회의의 보안조치는 아주 철저했다. 대표단 환영행사에 음악을 연주하기로 되어 있던 악사 두 명은 경호팀이 폭발물 은닉 여부를 확인하기 위해 악기를 해체하는 것을 보고 깜짝 놀랐다. 경호팀은 이런 점검을 한 번만 하고 만 것이 아니라 악사들이 행사장에 들어가려고 할 때마다 되풀이했다. 심지어 호텔에 배달된 우유상자들까지도 샅샅이 조사했다.

| 먼 저   떠 오 르 는   용 의 자 |

탐욕스러운 사업가들의 국제음모단 : 빌데르베르크 그룹의 목표는 탐욕 그 이상은 아닐지도 모른다. 기업가들이 많이 참가하고 또 철저하게 보안을 유지한다는 점을 미루어볼 때, 이 그룹은 각국 정부에 그들의 경제정책을 알리기 전에 멤버들과 사전 조율을 하는 단순한 모임일 수도 있다. 즉 멤버 전원이 그룹의 정책을 잘 숙지하여 적절한 행동을 하도록 만듦으로써 지속적인 고수익을 얻자는 목표를 달성하려는 것이다.

뉴 월드 오더 : 멤버 중에 은행가와 금융가들이 많기 때문에 빌데르베르크 그룹이 자유무역을 지지하는 것은 너무나 당연한 일이다. 자유무역을 해야만 경제 장벽과 보호주의 정책을 철폐시킬 수 있기 때문이다. 자유무역은 순진한 세상사람들을 상대로 뉴 월드 오더의 장악력을 강화하는 좋은 수단으로 인식되어왔다. 일단 경제적 장벽만 무너뜨리면 그 다음에 국가주권을 무너뜨리는 것은 아주 쉬운 일이다.

뉴 월드 오더의 충실한 행동대원인 빌데르베르크 그룹은 전쟁을 언제 어디에서 개시할 것인지를 결정하고 구성원들이 그 전쟁으로 인해 돈을 벌 수 있도록 기회를 제공하고자 한다. 하나의 세계정부를 구축하고 그에 따라 세계은행마저 발족시킨다면, 빌데르베르크 멤버들은 그들의 계획을 시행할 지도자들을 손쉽게 뽑을 수 있을 것이다. 1991년에 열린 빌데르베르크 회의에 참석한 빌 클린턴은 당시 아칸소 주지사에 지나지 않았으나 2년 뒤에 미국의 대통령이 되었다.

| 다 소   황 당 한   용 의 자 |

그레이 : 이 음모론은 그레이가 다른 비밀결사들과 마찬가지로 빌데르베르크도 관리한다고 주장한다. 그레이가 이런 비밀조직을 통해 지구를 약화시켜 지구 정복을 한결 쉽게 만들려고 한다는 것이다.

일루미나티 : 빌데르베르크 그룹은 언론과 일반인의 관심을 다른 곳으로 돌리려는 술수에 지나지 않는다. 정작 중요한 결정은 다른 곳에서 이루어지는데 이 세상을 실제로 배후 조종하는 일루미나티가 결정한다.

토니 블레어 전 영국 총리(왼쪽)도 빌데르베르크 그룹 회의에 참석한 것으로 알려졌다. 헨리 키신저(오른쪽)는 다년간 빌데르베르크 그룹의 회원으로 있는 수많은 유명 정치인 중 한 명일 뿐이다.

| 가 장   그 럴 듯 한   증 거 |

1955년 빌데르베르크 그룹은 보다 엄격하게 통제되는 유럽 시장을 창조하는 문제를 토의했다. 그리고 1년 반 뒤 로마 조약에 의해 유럽 공동시장이 발족되었다.

| 가 장   의 문 스 러 운   사 실 |

빌 클린턴의 가까운 친구 겸 골프 동료이고 모니카 르윈스키 스캔들의 핵심인물인 버넌 조던(Vernon Jordan)은 빌데르베르크 운영위원회 위원이다. 조던의 영향력 때문에 클린턴은 빌데르베르크의 막강한 영향권에 들어갈 수 있었고 그것을 바탕으로 대통령에까지 오를 수 있었다.

이 세상의 가장 부유한 사람들이 이 세상을 지배하고 통치한다고? 그렇게 돈 많은 사람들이 무엇 때문에 그런 골치 아픈 일을 한단 말인가.

국가보안위원회(KGB)
KOMIT GOSUDARSTVENNOY BEZOPASNOSI/KGB

KGB가 소련의 붕괴를 묵과한 이유

대부분의 관측통들은 소련의 진정한 해체는 1991년 펠릭스 제르진스키 (Felix Dzerzhinsky)의 동상이 끌어내려져 땅바닥에 산산조각남으로써 완료되었다고 보고 있다. 지난 여러 해 동안 그의 동상은 그의 이름이 붙여진 광장을 가로질러 저 악명 높은 KGB 본부(루비얀카)를 내려다보고 있었다.

제르진스키는 1917년 10월혁명으로 차르 체제가 전복된 후 공산주의자들이 정권을 잡도록 도와준 적색 테러의 총지휘자였다. 그는 비밀경찰 체카 (Cheka)를 창설했는데 이 조직이 그 후 여러 해에 걸쳐 발전하여 국가보안위원회(KGB)로 커졌다. KGB는 이후 전세계에서 가장 무섭고 또 가장 악랄한 정보 수집 기관으로 알려졌다.

KGB는 국내외의 적들로부터 소비에트 공산당정권을 보위하는 기관이다. 이 기관을 창설한 사람의 동상이 파괴되었다는 것은 요람에서 무덤까지 소련 시민들을 장악했던 KGB의 권력이 무너졌다는 뜻이다. 동서냉전 기간 동안에는 음모라는 말이 비쳐지기만 해도 그 배후에 KGB의 존재를 의심했다. 일부 음모론 열광자들은 이러한 세계 최고의 비밀기관이 공산당에도 충성을 바치지 않고 오로지 기관 자체의 비밀스런 목적에만 봉사한다고 말했다.

이론상 KGB는 소비에트 내각회의에 활동경과를 보고하게 되어 있으나 실제로는 소련의 정치국으로부터 직접 지시를 받았다. 하지만 정말로 지시를 받았는지는 의심스럽다. 1989년 소련이 해체되고 뒤이어 1991년에 KGB가 해체되자 정치논평가들은 재빨리 이 기관이 "역사 속으로 사라졌다."라고 말했다. 하지만 일부 음모론자들은 KGB의 전세계적인 막강한 파워가 과연 종식되었는지 의문을 품고 있다.

가공할 공포와 비밀정보원의 연락망을 통해 소련 주민들을 완전히 장악해 오던 KGB가 힘 한번 제대로 쓰지 못하고 소련이 붕괴되도록 내버려둔 것에 대해 많은 사람들이 의심스럽게 생각하고 있다. 특히 KGB가 소련 군대의 감독권을 쥐고 있다는 점을 감안하면 더욱 그렇다. 그래서 음모론자들은 이런 주장을 펴고 있다. 소련과 KGB의 해체는 정교한 음모를 감춘 은폐전술에 지나지 않는다. 그들은 막후에서 은밀하게 그들의 권력을 강화하여 전보다 더 강한 러시아 제국으로 권토중래하려 애쓰고 있다.

블라디미르 푸틴 러시아 대통령을 비롯한 수많은 러시아 정치인들이 과거 KGB요원이었다.

| 정 말 이 상 한 부 분 |

소련의 붕괴 이래 러시아는 무정부상태로 빠져들었다. 이런 현상의 최대 수혜자는 극우민족정당인 자유민주당의 당수 블라디미르 지로노프스키 (Vladimir Zhironovsky)였다. 수백만 명의 러시아 사람들은 그의 공약에 동의한다. "러시아가 지금 절실히 필요로 하는 것은 독재자이다. 나는 집권하면 그런 독재자가 될 것이다. 부디 대통령선거와 국회의원선거에서 우리 당을 찍어주기 바란다."

독일의 극우 그룹, 러시아 마피아, 심지어 사담 후세인과도 연계가 있는 지로노프스키는 만약 정권을 잡는다면 엄청난 핵무기를 가진 러시아의 히틀러가 될 것이다. 실제로 그는 필요하다면 핵무기를 사용하겠다고 위협하고 있다. 하지만 가장 우려되는 사실은 지로노프스키가 KGB의 비밀요원 출신이라는 점이다. 그의 KGB 동료들에 의하면 해체되었다고 알려진 이 비밀기관의 전 지도자들이 그의 집권을 돕고 있다고 한다.

| 먼 저 떠 오 르 는 용 의 자 |

바바리아의 일루미나티 : 일부 정통 역사학자들도 이제 몇몇 비밀결사와 오컬트 집단이 나치 독일과 히틀러의 집권에 결정적인 역할을 했음을 인정하고 있다. 그런 비밀결사 중에서 단연 두각을 드러내는 단체는 바바리아의 일루미나티이다. 이 조직의 운영방식은 철저하게 그늘에 숨어서 다른 비밀조직을 앞에 내세워 교묘하게 배후 조종하는 것이다. 그렇다면 일루미나티가 저 고전적인 수법을 사용하여 KGB를 조종한 것일까? 지로노프스키가 파시스트 계보인 독일 우익집단과 긴밀한 관계를 맺고 있다는 점을 감안할 때 일루미나티가 KGB는 물론 러시아의 히틀러를 조종했을 수도 있다.

프리메이슨 : KGB가 영국 정부와 영국 정보기관에 침투하기 위해 먼저 메이슨 조직에 침투했다는 것은 잘 알려진 사실이다. 하지만 이것은 일방통행

이 아니라 쌍방통행이었다. 프리메이슨도 KGB의 지휘부 내부에 깊숙이 침투하여 이 기관을 통제하려 했다. 일부 음모론자들은 이런 쌍방통행에 대하여 다음과 같은 해석을 내리고 있다. 보다 강해진 러시아 제국으로 거듭나려는 KGB의 계획은 세계제패를 이룩하려는 메이슨의 더 큰 계획의 한 부분에 지나지 않는다.

| 다 소   황 당 한   용 의 자 |

튜튼 기사단 : 템플 기사단의 독일 내 지부인 튜튼 기사단은 한때 핀란드, 프로이센, 러시아의 상당부분을 포함하는 오르덴스란트 공국을 지배했다. 그러나 14세기에 들어와 권력기반을 빼앗기자, 튜튼 기사단은 잃어버린 땅을 회복하려는 야망에서 비밀조직으로 변신했다. 일부 음모론자들에 의하면 튜튼 기사단은 러시아 차르의 배후실세였는데, 러시아 왕가를 통제하기가 어려워지자 러시아 혁명의 원격조종자가 되어 차르 체제를 무너뜨린 다음 새로운 비밀경찰조직을 세워 비밀리에 통제했다고 한다. 이 음모론에서 소련과 KGB의 붕괴를 배후 조종한 것도 튜튼 기사단이다. 그들은 소련 해체 이후 파시스트 국가를 세워 국민들의 지지를 더 많이 받게 한 다음 손쉽게 소련을 통제하려는 모의를 꾸미고 있다.

| 가 장   그 럴 듯 한   증 거 |

일부 음모론자들에 의하면 소련의 전 대통령 고르바초프가 KGB에게 지시하여 지로노프스키의 자유민주당 창설을 지시했다고 한다. 고르바초프 본인은 그런 주장을 부인했지만 KGB가 지로노프스키를 배후에서 통제할지도 모른다는 가능성에 대해서는 시인했다. 고르바초프는 이렇게 말했다. "KGB가 신당을 만들어낼 수 있느냐고? 지로노프스키는 뛰어난 배우다. 누가 그에게 지시를 내리는지, 누가 그의 뒤에 있는지 알아내는 것은 대단히 중요한 일이다."

지로노프스키를 가장 열렬하게 지원하는 해외지도자는 사담 후세인이다. 걸프전 때 전직 KGB 요원과 현역 군인들로 이루어진 '특공대'를 이라크에 보내준 지로노프스키의 호의에 대한 감사의 표시로, 후세인은 그를 이라크 군의 명예 대령으로 임명했고 또 커다란 초상화도 만들어주었다.

KGB가 소련 붕괴의 여파에서 살아남았다는 객관적 증거는 별로 없다. 때때로 반(反)유대주의와 경제적 불황이 과대망상적인 자칭 독재자를 만들어내는 결정적 요인으로 작용하기도 했다. 이것은 역사적으로도 사례가 많다.

해외정보국(MI6) MI6

007 영화는 세계 제패를 노리는 MI6의 노골적인 선전활동

MI6는 전세계적으로 널리 알려진 영국의 첩보기관이다. 이 기관이 이렇게 명성을 얻게 된 데에는 제임스 본드 영화에 등장하는 특별요원 007의 뛰어난 활약이 큰 역할을 했다. 하지만 음모론이 무성하게 피어나는 그늘진 지역에서는 이 첩보기관을 좋게만 보지는 않는다. MI6가 정의로운 세력으로 등장하는 제임스 본드 영화는 실은 이 기관의 노골적인 선전활동에 지나지 않는다는 것이다. 음모론자들이 보기에는 MI6야말로 은밀하게 세계제패를 노리는 비밀조직이다.

이론상 MI6는 중립기관이고 그 어떤 특정 정당과도 연관이 없다. 하지만 아무리 순진한 사람이라도 MI6의 중립성을 믿지는 않는다. MI6가 좌파 인사, 영미동맹의 '특수한 관계'를 조롱하는 정치가, 영국 정부에 비협조적인 조직 등에 보복을 했다는 사례는 대단히 많다. 가장 유명한 사례는 해럴드 윌슨(Harold Wilson) 수상을 권좌에서 물러나게 한 일이다.

MI6가 자매기관인 MI5와 함께 1976년 윌슨 수상의 갑작스러운 사임을 배후 조종했다는 소문은 널리 퍼져 있다. 영국 정부는 전 MI5 요원인 피터 라이

제임스 본드는 영국 스파이 출신의 이언 플레밍이 MI6에 대한 좀더 좋은 이미지를 만들기 위해 창조한 인물이다.

트(Peter Wright)의 회고록 발간을 극력 저지하려 했지만 이 책은 발간되었고 결국 무혈 쿠데타로 윌슨 수상을 제거한 음모극의 전모가 일반에 공개되었다. 그 회고록은 합법적으로 선출된 영국 정부의 붕괴를 획책한 정보담당자들의 충격적인 반역행위를 적나라하게 폭로했다.

MI6가 의회의원들을 협박하고, 모욕하고, 앞잡이로 내세운 것은 한두 번이 아니다. 이것은 분명 제임스 본드 영화에 나오는 '왕국을 수호하기 위한' 불가피한 행동과는 거리가 멀다. MI6가 영국의 민주주의를 지속적으로 훼손하는 데 결정적 지원을 한 핵심인물은 미국 CIA의 방첩대장인 제임스 지저스 앵글턴이다. 앵글턴은 이탈리아 P2 음모의 주모자이자 케네디 대통령 암살사건의 배후, 몰타 기사단의 멤버로 추정되고 있다.

이처럼 MI6가 미국 정보기관의 도움을 받아가며 영국 정부에 대한 음모를 꾸며대자, 많은 음모론자들은 도대체 MI6는 누구를 위해 일을 하는가 하는 의문을 품게 되었다. 만약 MI6가 민주적으로 선출된 영국 지도자들에게 충성을 바치지 않는다면 그들은 비밀단체인 영미음모단의 세계제패를 돕는 핵심 행동대원이라고 할 수밖에 없다.

MI6는 1976년 해럴드 윌슨 전 총리의 갑작스러운 사임을 배후 조종했다.

| 정 말   이 상 한   부 분 |

'대서양주의자(Atlanticist)'의 네트워크가 존재하고 또 이들이 국제정치무대의 이면에서 암약한다는 것은 의심의 여지가 없는 사실이다. 이 원탁 그룹의 멤버들은 종종 두 단체 이상에 동시에 가입하여 활동하기도 한다. 구체적으로 말해서 미국 대외관계협의회(Council on Foreign Relations)의 멤버가 왕립국제문제연구소(Royal Institute of International Affairs)의 멤버가 되어 긴밀히 협조하는 것이다. 그리고 MI6와 CIA가 이런 단체들의 배후이다. 이 때문에 음모론자들은 이 두 정보기관이 이런 단체들을 위해 은밀한 목적에 종사하고 있다고 생각한다.

| 먼 저   떠 오 르 는   용 의 자 |

영국 왕실 : 다수의 음모론 열광자들은 영미음모단의 중심에 영국 왕실이 있다고 생각한다. 이들의 견해에 따르면 왕실은 지난 19세기부터 '신비한 제국주의'와 영어권의 두 강대국에 의한 세계지배라는 이상을 추진해왔다는 것이다. 이런 목적을 실현하기 위한 초창기 조치로서, 세실 로즈(Cecil Rhodes)는 원탁 그룹을 결성했고 옥스퍼드 대학교에 로즈 장학금을 설립했다. 이 장학금은 뛰어난 미국인들—그 가운데에는 클린턴 대통령도 포함된다—이 영국에 와서 '교육'을 받도록 하는 프로그램이다. MI6는 왕실에 대한 충성을 맹세했고, 이 정보기관에 의한 음모는 부분적으로 여왕의 직접적인 명령을 수행하는 과정에서 생긴 부산물이었다.

록펠러 가문 : 록펠러 가는 세계에서 가장 부유한 가문의 하나이고 국제정치의 이면에서 엄청난 음모를 꾸미고 있다는 혐의를 받고 있다. 미국의 모든 돈을 통제하는 연방준비은행을 포함하여 여러 개의 은행과 대기업을 마음대로 주무를 수 있기 때문에, 데이비드 록펠러는 삼각위원회의 위원장 겸 미국 대외관계협의회의 의장이다. 일부 음모론자들은 록펠러 가문이 그들의 재정

적 이익을 확대하기 위하여 강력한 영미동맹을 형성하려 한다고 주장한다.

| 다 소   황 당 한   용 의 자 |

장미십자단 : 장미십자단(Order of the Rose Cross)의 기원은 음모론자들 사이에서 여전히 뜨거운 논쟁거리이다. 이 단체가 고대 이집트의 우상숭배자들에서 비롯되었다는 설도 있고, 16세기 철학자 조르다노 브루노(Giordano Bruno)―비밀결사를 조직하고 다른 행성에도 생명체가 있다고 가르친 이유로 화형에 처해진 철학자―에게서 비롯되었다는 설도 있다. 아무튼 장미십자단이 막강한 음모 세력인 것은 틀림없다. 이 단체가 여러 세기 전에 영국의 프리메이슨에 침투했다는 사실을 감안할 때, 이들이 영미음모단의 진정한 배후일 가능성도 있다.

몰타 기사단 : 바티칸의 한 작은 사무실에 거점을 확보한 이 비밀단체는 다양한 멤버를 포섭하고 있다. 히틀러의 첩보대장이었다가 나중에 CIA 요원이 된 라인하르트 겔렌(Reinhard Gehlen) 장군, 닉슨과 레이건 정부에서 외교정책의 핵심이었으며 영국 여왕의 친구이기도 한 알렉산더 헤이그 장군 등이 주요 멤버이다. 일부 음모론자들은 몰타 기사단이 실은 CIA를 장악했으며 CIA를 통해 MI6까지도 움직인다고 생각한다. 몰타 기사단이 왜 이런 행동을 하는지는 의문이지만 템플 기사단이 그들의 철천지 원수라는 사실은 잘 알려져 있다.

| 가 장   그 럴 듯 한   증 거 |

MI6가 영미동맹의 강화를 위해 은밀히 활동하는 증거를 찾아다니던 사람들은 브리티시-아메리칸 프로젝트에 시선을 돌렸다. 이 프로젝트는 아메리칸 익스프레스, 애플컴퓨터, 브리티시항공, 코카콜라, 몬산토, 필립 모리스 등의 지원을 받고 있는데, 공식적으로는 양국의 정보기관과 정부, 언론계, 군부 등의 고위지도자들이 적극적으로 참여하는 자선재단이다. 하지만 음모론자들은 이 프로젝트에 MI6가 깊숙이 개입한 점을 지적하면서 그보다 더 음흉한 목적이 있을 것이라고 생각한다.

|가 장 의 문 스 러 운 사 실|

최근에 기밀해제된 영국의 정부문서들 가운데에서 영국을 미국의 51번째 주로 만들자는 계획이 발견되었다. MI6가 해럴드 윌슨 수상을 제거한 진짜 이유는 윌슨이 이 계획을 파기했기 때문일까?

|회 의 론 자 의 견 해|

MI6는 세계정치를 주름잡을 정도의 초특급 음모를 꾸밀 능력은 없는 것 같다. 이 기관은 소련 스파이의 침투를 막지 못했고 또 그 스캔들이 일반에 공개되어 공식적으로 망신을 당한 적도 있다. 이런 MI6가 과연 10여 개의 최고급 음모기관과 두 개의 주요정부를 마음대로 주무를 수 있는 능력을 가지고 있는지 의심스럽다.

모사드 MOSSAD

그들은 정말 자신들의 지도자를 암살했을까

암살자의 총구를 떠난 총알이 역사의 방향을 바꾸어놓는 경우, 그 사건의 공식발표에 의문을 표시하는 음모론이 불과 몇 시간 안에 퍼져나가기 시작한다. 그러나 1995년 11월 4일, 텔 아비브의 한 집회에 참석한 이츠하크 라빈

이츠하크 라빈의 죽음을 애도하는 이스라엘인들.

(Yitzhak Rabin) 이스라엘 총리가 괴한에게 피격당했을 때, 최초의 음모론은 몇 시간이 아니라 수십 시간이 흐른 뒤에야 나오기 시작했다. 이렇게 된 것은 세계 최강의 정보기관으로 꼽히는 모사드 때문이었다.

아주 최근까지 모사드는 이스라엘의 언론을 너무나 완벽하게 장악해서, 그 자매기관인 샤박(Shaback)과 함께 완전히 비밀의 베일에 가려져 있었다. 이스라엘 국민들은 이 두 기관이 존재한다는 사실을 알고 있었다. 그러나 이스라엘 내에서 그들의 활동상황이 보도되는 법은 없었고 또 누가 이 기관의 책임자인지도 알려지지 않았다.

지난 2~3년 동안 모사드의 철통 같은 언론장악은 조금씩 느슨해지기 시작했다. 하지만 라빈 총리의 암살 배후에 모사드가 있을지도 모른다는 이야기가 일반대중에게 흘러들어가는 것만은 철저히 막고 있었다. CNN과 심지어 BBC까지 노벨평화상 수상자인 라빈 총리가 광신적인 단독범에 의해 살해되었다는 공식논평에 의문을 품고 있는 동안, 이스라엘의 정보기관은 이런 의문이 이스라엘 일반국민에게 퍼지는 것을 최대한 막아보려고 애썼다. 그도 그럴 것이 소문은 모사드가 군 최고통수권자(총리)의 살해에 모종의 역할을 했을지도 모른다는 것이 대부분이었기 때문이다.

모사드는 1951년에 창립되었다. 모사드의 임무는 정보를 수집하고 신생국 이스라엘의 존재를 위협하는 주변국가들로부터 조국을 수호하는 것이었다. 그 후 수십 년 동안 모사드는 방첩활동, 암살, 비밀작전의 성공 등 혁혁한 전과를 올렸다. 이처럼 모사드가 우방 혹은 적국의 보안활동에 효과적으로 침투했다는 것은 곧 이 기관이 수많은 음모론의 용의자가 될 빌미를 제공해주었다. 모사드가 개입했을 것으로 의심되는 사건으로는 1991년의 언론재벌 로버트 맥스웰 살해사건, 다이애나 왕세자비 사건, 1981년의 교황 요한 바오로 2세 암살미수사건 등 다양하다.

모사드는 수완이 좋고, 무자비하고, 겁이 없기로 정평이 나 있다. 그렇지 않다면 어떻게 나치 전범 아돌프 아이히만을 납치하고, 이라크에서 미그 전투기를 훔쳐오고, 100개의 원자력발전소를 건설하는 데 필요한 플루토늄을 미국으로부터 밀수해올 수 있었겠는가. 무소불위라는 말처럼 정말로 모사드에게 불가능한 일이라고는 없는 듯하다. 따라서 음모론자들이 라빈 총리 암살의 배후세력으로 모사드를 지목하는 것은 너무나 당연한 일이다.

| 정 말 이 상 한 부 분 |

라빈 총리 암살사건의 조사위원회 위원장을 맡았던 샴가르(Shamgar)는 이갈 아미르(Ygal Amir)가 단독으로 총리를 살해했다는 결론을 내렸다. 이 암살범 혼자 라빈 총리의 등에 총을 두 방 쏘았다는 것이다. 위원회는 이 두 발의 총알을 맞고 라빈이 절명했고, 세번째 총알은 그의 경호원에게 부상을 입혔다고 했다. 재판에서 이갈 아미르는 아홉 발이 든 탄창을 장전했다고 말했으나 아미르를 체포한 후 경호부대에서 실시한 탄도 검사에서는 여덟 발이 탄창 속에 남아 있는 것으로 밝혀졌다. 이것은 아미르가 라빈 총리에게 한 발의 총알만을 쏘았다는 뜻이 된다. 그렇다면 나머지 두 발은 어디서 날아온 것일까? 만약 라빈 총리의 암살음모가 있었고 그 후 살인범의 정체를 은폐하기

위한 시도가 있었다년 모사드의 개입은 불가피했을 것이다. 하지만 왜 이 기관이 지도자를 죽이려 했을까?

| 먼 저 떠 오 르 는 용 의 자 |

이스라엘의 극우파 : 라빈 총리는 팔레스타인 해방기구(PLO)에 이스라엘의 영토 일부를 떼어주는 역사적인 평화협정을 체결했고 그 과정에서 극우파의 철천지 원수가 되었다. 모사드는 온건한 정치적 입장을 유지하는 기관이 아니었고 대부분의 소속요원들이 시온주의 정치이념을 신봉하는 과격분자들과 밀접한 관계를 유지하고 있었다. 라빈의 암살사건은 보복행위일 뿐만 아니라 영토 반환을 지체시키고 이 지역의 평화를 퇴보시키기 위한 결정이었을 것이다.

사담 후세인 : 이라크의 독재자는 이스라엘과 라빈 총리에 대하여 불만이 많았다. 우선 CIA의 사주로 모사드가 시도했던 사담 후세인 암살작전을 들 수 있는데, 이 사건으로 인해 후세인의 가족 여러 명이 사망했다. 만약 이라크의 음모가 이스라엘 총리의 죽음에 책임이 있다면, 모사드는 그런 스캔들이 가져올 화학전과 핵전쟁을 막기 위해서라도 그것을 은폐해야 했을 것이다. 어떤 사람들은 모사드의 고위급지도자들이 후세인의 지원금을 받고 있다고 생각한다.

| 다 소 황 당 한 용 의 자 |

KGB : 이 비밀경찰집단은 소련이 붕괴된 1991년에 공식적으로 해체되면서 역사의 뒤안길로 사라졌지만, 많은 음모론 열광자들은 KGB가 아직도 전세계적으로 벌어지는 은밀한 작전에 개입하고 있다고 생각한다. 이러한 작전에 개입하는 목적은 가능한 한 소요사태를 많이 일으켜 미국의 관심을 그쪽에 묶어둔 다음, CIA의 간섭 없이 예전의 소비에트 제국을 더욱 강하게 재건하려는 것이다. KGB는 과거에 CIA, MI6, MI5 등에 침투했던 것과 마찬가지로 모사드에도 침투했을 가능성이 있다.

CIA : 모사드와 CIA의 친밀한 관계는 잘 알려져 있고 그래서 많은 사람들이 이스라엘의 보안문제에 미국이 개입한다고 생각한다. 어떤 사람들은 다음과 같은 추측을 하기도 한다. 모사드는 르윈스키 스캔들과 관련하여 클린턴 대통령을 협박함으로써 그들의 자율성을 되찾으려고 했으나 CIA가 즉각 개입하여 모사드를 제압했다. 하지만 이런 추측은 많은 사람들에 의해 황당한 이야기로 치부되고 있다. 우선 CIA가 이런 황당무계한 일을 해낼 정도로 능력이 뛰어나다고 생각하는 사람이 별로 없기 때문이다.

| 가 장   그 럴 듯 한   증 거 |

아마추어 비디오 작가가 찍은 라빈 총리 암살현장의 테이프를 보면, 암살용의자 이갈 아미르가 약 1.5미터 정도 떨어진 곳에서 라빈 총리의 등에 총을 쏘았다는 것을 알 수 있다. 그러나 이스라엘 경찰의 법의학연구소 부소장인 바루흐 글래트슈타인(Baruch Glatstein)은 아미르의 재판에서 아주 다른 이야기를 했다. "나는 총리가 입고 있던 재킷의 위쪽 솔기부분에서 총탄 구멍을 발견했습니다. 그 구멍은 총알의 발사 강도를 테스트해본 결과 25센티미터도 안 되는 아주 가까운 거리에서 발사된 것이었습니다."

| 가 장   의 문 스 러 운   사 실 |

암살당하기 전에 쓴 라빈의 편지에는 다음과 같은 내용이 들어 있었다. "한 이스라엘 수학자가 성서 속에서 미래를 예언하는 듯한 숨겨진 코드를 발견했다. 그런데 이츠하크 라빈이라는 이름은 '암살하는 암살자'라는 단어들과 함께 성서 속에 암호화되어 있었다."

외로운 총잡이와 저명한 정치지도자의 암살이 쌍을 이루어 발생한 것이 벌써 여러 건이다. 그렇다면 그런 사건들 가운데 적어도 하나쯤은 음모라기보다는 그냥 단순한 암살극으로 보아줄 수 있지 않을까? 이 사건의 경우 모사드는 정말로 개입을 하지 않았고, 괴짜 단독범 이갈 아미르는 운 좋게 자신의 목적을 달성한 것이 아닐까?

국가안전보장국(NSA)
NATIONAL SECURITY AGENCY/NSA

세계의 모든 컴퓨터 사용자 정보는 NSA가 감시한다

국가안전보장국(NSA)은 아마도 음모론자들이 가장 두려워하는 기관일 것이다. MJ-12, 마피아, 그레이 등도 무섭기는 마찬가지이지만 가장 두렵고, 가장 의심스러운 기관을 꼽으라면 아무래도 NSA를 들어야 할 것이다. 그 이유는 간단하다. 이 기관은 국내외 사건을 책임지는 미국의 방첩기관이기 때문이다. 이 세상에 존재하는 최고급 기술로 무장한 정보기관 NSA는 요주의 미국인이나 기타 외국인들을 철저하게 감시한다.

NSA는 포트 낙스(Fort Knox) 군사기지의 황금을 빼내고 그 자리에 도금한 납을 채웠던 일이나 그들의 기술적 우위를 위협할 수 있는 과학자와 컴퓨터 엔지니어를 납치했던 일 등 하는 일마다 거의 비난을 면치 못하고 있다. 이 기관은 모든 업무를 철저히 비밀에 붙이기 때문에 황당한 소문들이 많이 생겨나고 있다. 하지만 NSA가 가장 집요하게 비난당하는 것은 그들이 전세계

영화 〈에너미 오브 더 스테이트(Enemy Of The State)〉에서 볼 수 있듯이, NSA는 점점 할리우드가 가장 선호하는 악당이 되고 있다.

금융제도를 장악하려는 음모를 꾸미고 있다는 것이다.

NSA는 암호학에 일가견이 있는 것으로 알려져 있다. 1990년대 초 NSA는 클리퍼(Clipper)라는 칩을 모든 컴퓨터의 표준암호화 수단으로 채택할 것을 강력히 밀어붙였다. 이 칩에는 바람직하지 않은 약점이 하나 있었는데 이 칩을 사용하면 NSA에게 모든 암호화된 자료가 해독당할 수 있다는 것이다. 말하자면 일반 컴퓨터 사용자의 정보가 미국 정부에 고스란히 노출되는 것이다.

1970년대 후반, NSA는 금융산업을 완전 장악할 기회를 잡았다. 그 당시 인슬로(INSLAW, The Institute for Law and Social Research, 법률사회연구소)는 프로미스(PROMIS)라는 데이터베이스 통합관리시스템을 개발했다. 이 시스템은 온갖 다양한 데이터베이스를 교차 이용이 가능한 단 하나의 초대형 데이터베이스로 통합시키는 것이었다. 경찰이나 검찰 같은 치안기관은 프로미스를 이용하여 국내외 범죄를 추적하고 싶어했고, 월드뱅크 같은 주요 금융기관은 프로미스를 효율적인 국제재정 데이터베이스로 사용하고 싶어했다. 미 법무부는 산하 컴퓨터에 이 시스템을 도입했으나, 시스템 설치비용을 지불하지

엄지손가락이 방아쇠에 걸려 있지만, 다른 증거들을 보면
NSA가 빈스 포스터의 죽음을 자살로 보이도록 만들었음을 짐작할 수 있다.

않아 시스템 개발자인 인슬로를 파산으로 내몰았다. 법정에서 승소했음에도
불구하고 인슬로는 프로미스의 대금을 아직도 받지 못하고 있다.

대니 카솔라로(Danny Casolaro)라는 기자는 자신이 특종기사를 발굴했다면
서 다음과 같이 주장했다. "NSA는 프로미스를 일부 수정하여 자신들의 필요
에 따라 그 콘텐츠를 완벽하게 활용하게 되었다. NSA와 모사드는 이 수정된
프로그램을 은행과 외국 정부, 치안기관 등에 판매했다. 그 목적은 전세계의
사법, 행정, 금융 시스템을 감시하기 위해서였다. 미국의 치외법권 지역인 캘
리포니아의 자그마한 인디언 보호구역에 자리잡은 웨켄헛(Wackenhut)라는
회사가 이 수정 작업을 수행했다."

| 정 말   이 상 한   부 분 |

1993년 7월 백악관의 부참사관인 빈스 포스터(Vince Foster)가 자살하자 그
의 죽음에 의혹의 시선이 쏟아졌다. 그는 NSA를 대행하여 프로미스 소프트

웨어를 판매해온 유령회사들 중 하나인 시스테매틱스와의 연락담당책이었다. 시스테매틱스는 돈세탁을 담당했고 또 정밀검사를 위해 프로미스로부터 비밀정보를 수집했다. 포스터는 죽기 직전 한 여자와 함께 있었는데 그녀의 머리카락이 포스터의 속옷에서 발견되었다. 법의학자들은 포스터가 사정하는 순간에 죽었다는 사실을 알아냈다. 건물의 감시 카메라에는 포스터가 건물을 나간 장면이 찍히지 않았지만 그의 시체는 버지니아의 한 공원에서 발견되었다. 그의 차가 주차된 곳에서 얼마 떨어지지 않은 곳이었다.

| 먼 저 떠 오 르 는 용 의 자 |

프리메이슨 : 33대 대메이슨(Master Mason)으로 알려진 해리 트루먼 대통령은 1952년 갑자기 NSA를 창설했다. 그 후 이 조직은 예전에 접촉했던 인사들과의 유대관계를 그대로 유지하면서 프리메이슨의 지시를 따라 전세계의 사법제도와 금융제도에 침투했다. 그리고 이를 은폐하기 위해 빈스 포스터와 신문기자 대니 카솔라로를 암살했을 것이다.

| 다 소 황 당 한 용 의 자 |

그레이 : NSA가 암호체계를 그처럼 완벽하게 장악하게 된 것은 무엇 때문일까? 일반적으로는 프로그램에 감시장치를 몰래 끼워넣었기 때문이라고 보는데, 그보다는 외계인 그레이가 이 기관에 고등수학지식을 전달했기 때문이라고 보는 사람들도 있다. 그레이는 그 대가로 실험용 미국 시민의 쿼터(할당량)를 배당받았다는 것이다.

| 가 장 그 럴 듯 한 증 거 |

봅 우드워드(Bob Woodward)의 저서《베일(VEIL : The Secret Wars of The CIA,

1981~1987)》에 보면 전 CIA 국장 윌리엄 케이시가 그의 재직기간에 관하여 한 말이 나온다. "국제금융제도에 침투하여 해외은행들이 보관하는 비밀장부로부터 지속적으로 자료를 얻을 수 있게 되었다. 이 자료에는 소련의 비밀투자에 관한 정보도 있다."

| 가 장   의 문 스 러 운   사 실 |

대니 카솔라로는 확실한 증거를 가지고 있다고 말한 바로 그날 밤 살해되었다. 같은 날 그에게 증거를 넘겨주었다고 하는 NSA 요원 앨런 스탠도프 (Alan Standorf)도 살해되었다. 빈스 포스터가 스위스 비밀은행계좌에 넣어둔 270만 달러는 그가 모르는 사이에 감쪽같이 인출되었다.

| 회 의 론 자 의   견 해 |

NSA는 왜 인슬로를 파산으로 몰고가려고 했을까? 계약서에 따라 라이선스 비용을 지불하고 그런 다음 비밀리에 다른 사람들에게 그 소프트웨어를 판매하는 것이 훨씬 더 타당한 순서가 아닐까?

영국 왕실 THE ROYAL FAMILY
우아함 뒤에 감추어진 검은 음모

영국 왕실의 드라마틱하고 파란만장한 스토리는 지금껏 전세계가 보아온 것 중에서 가장 재미있고 가장 오래 상영되는 연속극이라 할 수 있다. 전세계

수백만 명의 사람들로부터 존경을 받으며 언제나 주목의 대상이 되는 영국 왕실의 일상사는 많은 사람들에게 상상의 소재를 제공해왔다. 그리고 무수한 토론거리가 되기도 했다. 가령 결혼식이나 왕자 탄생 같은 큰일이 영국 왕실에서 벌어지면 그것은 국제적 축하행사의 하나로 여겨졌다. 왕족이기 때문에 그들의 삶은 평범한 추종자들의 삶보다 크게 조명되는 것이다.

현재의 영국 왕실은 윈저 가의 후예인데 이 왕가는 독일에 그 뿌리를 두고 있다. 여왕 엘리자베스 2세의 엄격한 감시 아래 영국 왕족은 지난 몇 년 동안 힘든 일을 많이 겪었다. 특히 1997년에 맞이한 다이애나 왕세자비의 죽음은 영국 왕가로 하여금 전에 없는 스포트라이트를 받게 했다. 사랑스러운 다이애나의 죽음을 슬퍼한 온 세상 사람들은 왕실이 어떻게 반응하는지 예의주시했다. 그리고 왕궁의 성벽 위로 가득 쌓였던 조화(弔花)들이 마침내 사라진 후에도 왕실에 관한 이야기는 수그러들지 않았다. 다이애나 왕세자비와 왕족들의 사진은 책, 기념 타월 등에 계속하여 등장하고 있다.

하지만 은은한 미소와 부드럽게 흔드는 손 뒤에서 그리고 꽉 닫혀진 왕궁의 출입문과 영국 왕실의 전통 뒤에서, 과연 영국 왕가는 무슨 일을 벌이고 있는 것일까? 그들은 과거의 향수를 불러일으키는 상징적 인물들인가, 아니면 음모꾼들의 조상처럼 권력을 다시 장악하여 영광스러운 대영제국을 복원시키려는 야심가들인가?

| 정 말 이 상 한 부 분 |

언론은 윈저 왕가 사람들의 타락상을 계속하여 보도하고 있다. 어느 왕자비가 외국의 해변에서 외간남자의 발가락을 빨았다는 이야기에서부터 어느 왕자가 전화로 내연의 여자와 나눈 성적 농담이 녹음되었다는 등 영국 왕실은 온갖 구설수에 오르고 있다. 그들은 도덕적 판단력이 없는 사람들인가, 아니면 뭔가 거대한 계획을 은폐하기 위해 교묘한 기만전술을 펴고 있는 것인가?

| 먼 저 떠 오 르 는 용 의 자 |

버지니아사(社) : 일부 음모론자들은 영국 왕실이 세계제패를 목적으로 하는 버지니아사를 비밀리에 운영하고 있다고 생각한다. 그리고 영국 왕실의 위신을 추락시키는 행동은 세계정복—대영제국의 황금시대를 회복하는 것—이라는 은밀한 목적을 위장하기 위한 고도의 위장홍보전술이라고 본다. 수줍고 신비한 왕실의 이미지 뒤에는 세계의 주요금융기관과 KGB 같은 최고의 정보기관을 조종하는 모습이 숨겨져 있다는 것이다. 심지어 영국 왕실이 미국의 독립을 기획했다는 소문까지 나돌고 있다. 그래서 오늘날까지 미국의 실제적인 통치자는 영국 왕실이라는 것이다.

영국의 그림자 정부 : 현재의 영국 왕가의 모습은 언론홍보용 서커스라는 말이 있다. 왕족들이 페인트 공장의 낙성식에 참석하고, 각종 집회에서 연설을 하고, 폴로 경기 사진으로 신문의 한 면을 차지하는 것은 언론과 일반시민들의 관심을 영국의 그림자 정부로부터 다른 곳으로 돌리기 위한 행동이라는 것이다. 이 그림자 정부는 전직 MI6의 요원들이 지도자로 앉아있는 엘리트 비밀음모단이다. 이들이 하원에서 은근슬쩍 법안을 통과시키고 또 뉴 월드 오더의 도래를 촉진시키는 전쟁무기들을 실험하는 동안, 저녁 뉴스는 해리 왕자가 운동장에서 운동을 하다가 찰과상을 입은 장면을 일반시민들에게 보여줌으로써 무고한 백성을 속이고 있다는 것이다.

| 다 소 황 당 한 용 의 자 |

가짜 왕족 : 현재의 윈저 왕가는 그리스도의 비밀혈통이 결핍된 가짜 왕가라는 설도 있다. 윈저 왕가는 스튜어트 가문 출신이면서 성배의 혈통을 지닌 다이애나 왕세자비를 두려워하여 그녀의 죽음을 배후에서 교묘히 조종했다는 것이다. 다이애나 왕세자비는 처음에는 윈저 왕가의 정책을 고분고분 따랐지만 몇 년 지나지 않아서 자신의 강인한 의지를 주장하기 시작했고, 그에

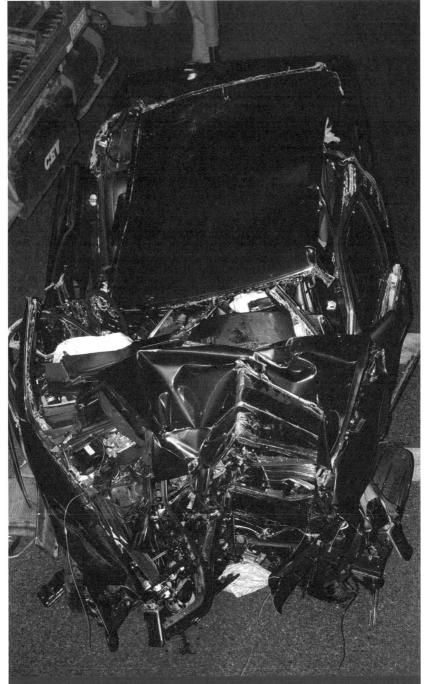

역사상 가장 유명한 자동차 사고의 잔해. 많은 음모론자들은 다이애나 왕세자비의 죽음 배후에 영국 왕실이 있었다고 확신한다.

따라 다이애나 왕세자비의 존재가 득보다 실이 된다고 생각한 윈저 왕가는 그녀가 영국 왕실의 원대한 계획에 더 이상의 피해를 입히기 전에 제거해야 겠다고 결심하게 되었다고 한다. 그 결과 파리 지하 터널에서의 교통사고라는 엉성한 암살극이 연출되었다는 것이다.

| 가 장   그 럴 듯 한   증 거 |

엘리자베스 2세는 세계에서 가장 부유한 여성이며 지금도 브리티시 공화국(영국)의 수장이다. 국가의 경계가 무너지고 문화의 범국제화가 강조되고 있는 요즈음 영국의 왕정은 엄청난 시대착오가 아닐 수 없다. 여왕은 옛 전통의 잔재로 남아 있는 2류시민이 아니다. 아직도 상당한 권력을 신중하게 행사하는 군주이다. 이것은 영국 왕실이 겉모습과는 다르다는 것을 보여주는 가장 확실한 증거이다.

| 가 장   의 문 스 러 운   사 실 |

현재의 켄트(Kent) 공작은 프리메이슨 영국 지부의 책임자이다. 프리메이슨은 오래 전부터 밀실에서 세계정부를 이룩하기 위한 음모를 꾸미는 비밀결사이다.

| 회 의 론 자 의   견 해 |

영국 왕실이 그렇게 막강하다면 왜 왕실 내부에서 차라리 평민이 되고 싶다는 말이 나올까? 심지어 왕실에서는 국왕의 자리를 내어놓고 일반국민처럼 세금을 내는 대신 윈저 왕실의 재산을 개인재산으로 명의이전하는 방안을 진지하게 고려하고 있다는 이야기도 흘러나오고 있다. 여왕이 그처럼 힘이 세다면 바람둥이 아들 하나 제대로 다스리지 못하는 이유는 또한 무엇일까?

바티칸 THE VATICAN

전세계 가톨릭교도의 정신적 지주인 바티칸의 부는 어디에서 온 것인가

로마가톨릭 교회의 핵심은 교황의 성좌(聖座)가 있는 바티칸이다. 교황은 바티칸에서 전세계 가톨릭 신자들의 정신적 지도자로 군림하고 있다. 교황이 관할하는 교구인 성좌는 그것을 둘러싼 바티칸 시와 함께 독립된 시국(市國)으로 존재하며 로마가톨릭 교회의 총본부이다. 총면적은 44헥타르, 상주 인구의 수는 850명 정도로 추정된다. 바티칸은 로마로부터 완전 독립되어 있으며 바티칸 고유의 화폐, 라디오 방송국, 경찰을 거느리고 있다.

그러나 이처럼 겉보기에는 자비로움 그 자체인 기관도 권력에 중독되어 타락할 수 있다. 바티칸은 전세계 수천만 명의 로마가톨릭 신자들에게 전통과 신앙을 지키는 철옹성으로 여겨지고 있다. 반면에 권력은 언제나 인간의 탐욕을 불러일으켜 정신적인 힘을 오염시켜왔다. 그런 전철을 밟으며 바티칸은 지난 수세기 동안 권력과 부를 축적해왔으므로, 정치활동이 불가피해졌고 그리하여 정치적 업무가 신도들을 보살피는 사목(司牧) 업무보다 우선하게 되었다.

교황청이 무슨 비밀을 감추고 있는지 알고 있는 사람은 별로 없다. 그러나 선의(善意)라는 이타주의 이미지의 이면에서 바티칸은 교황청 직원들조차 잘 모르는 어둠의 흐름을 방치하고 있는지도 모른다.

| 정 말 이 상 한 부 분 |

교황 요한 바오로 1세(Johannes Paulus Ⅰ)는 침실에서 바티칸과 마피아의 관계를 밝히는 서류를 읽다가 사망했다고 한다. 그러나 교황이 읽고 있던 문서는 사라져버렸다. 더욱이 공식적인 사망확인서는 발급되지 않았다. 이탈리아의 법률은 사망 후 24시간이 지나야 염습을 할 수 있다고 규정하고 있는데도, 요한 바오로 1세는 사체로 발견된 지 12시간 만에 염습되었다.

|먼 저   떠 오 르 는   용 의 자|

　　마피아 : 마피아의 영향력이 바티칸의 여러 부분에서 행사되고 있다는 의문이 제기되어왔다. 그래서 교황 요한 바오로 1세가 의문사하면서 마피아는 엄중한 조사를 받았다. 교황직에 취임한 이래 인기가 높았던 요한 바오로 1세는 마피아와의 관계 등 바티칸 내의 뿌리 깊은 타락상을 파헤치기 시작했다. 그는 또한 피임을 허용하는 등 가톨릭 교회를 개혁하려 했고, 수익이 높은 바티칸 은행을 조사하기 시작했다. 이 두 가지 조치만으로도 교황청 내의 완고

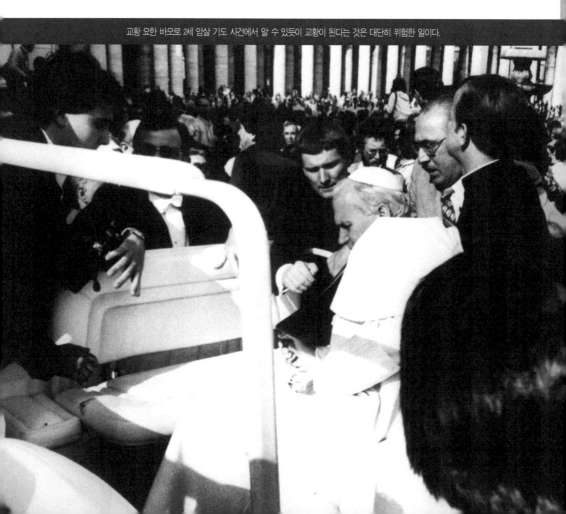

교황 요한 바오로 2세 암살 기도 사건에서 알 수 있듯이 교황이 된다는 것은 대단히 위험한 일이다.

한 보수파와 성직자들이 당황하기에 충분했다. 그러나 요한 바오로 1세는 1978년 9월 28일 침대에서 사망한 채로 발견되었다. 그 후 너무나 당연하게도 아주 보수적인 인물이 새 교황으로 선출되었다.

또다른 용의자로는 극우 가톨릭교도, 프리메이슨의 대지부 알피나 등이 떠오르고 있다.

| 다 소 황 당 한 용 의 자 |

외계인들 : 바티칸은 허블 우주망원경과 직통으로 연결되어 있기 때문에 헤일밥 혜성이 '동반자' —외계인의 비행접시로 생각되는 것—를 데리고 온다는 것도 알고 있다는 소문이 나돌았다. 바티칸과 외계인의 비행접시와의 관계는 순전히 추측에 지나지 않지만, 교황이 이 소문에 직접 관련되어 있고 혜성과 비행접시에 대하여 최신정보를 이메일로 계속 받고 있다는 소문이 나돌았다. 바티칸이 이처럼 외계의 생명에 대해 신경을 쓰는 이유는, 그리스도의 죽음의 상징적 의미—모든 인간을 원죄의 오염에서 씻어주는 것—가 외계인에게도 적용되는지 심각하게 고민하고 있기 때문이라는 것이다. 교황의 참모들은 외계인을 가톨릭 신앙으로 개종시킬 것을 고려하고 있다고 한다.

| 가 장 그 럴 듯 한 증 거 |

스위스 경비단은 독실한 가톨릭 신자로 구성된 부대로, 교황의 경호업무를 맡고 있다. 이 단체의 기원은 1506년까지 거슬러 올라간다. 그런데 1998년 이 경비단의 한 젊은 경비원이 상급자와 그의 아내를 살해했다. 이 사건에 대한 바티칸의 설명에 따르면, 훈장 포장에서 제외된 경비원이 인사에 불만을 품고 광기에 휘둘려 이런 비극적인 짓을 저질렀다는 것이다. 하지만 실제 살해된 인물은 교황이 아니라 알로이스 에스터만(Alois Estermann)이라는, 바티칸에 침투한 슈타지(Stasi, 구 동독의 비밀경찰)의 간첩이었다는 소문이 퍼졌다. 그런데 더욱 흥미로운 사실은 에스터만이 1981년 교황 요한 바오로 2세에 대한 암살미수사건 때 총구 앞에 자신의 몸을 던져 교황을 보호했다는 사실이다. 에스터만이 살해된 것은 그가 슈타지와의 관계를 누설했기 때문일까, 아니면 바티칸에 침투한 다른 간첩이 누설되면 곤란하므로 은폐하기 위해 그를 죽인 것일까?

| 가 장   의 문 스 러 운   사 실 |

지난 500년 동안 교황 후보들은 매우 독특한 테스트를 받아야 했다. 다소 당황스러운 의식의 하나인데, 교황 후보들을 한가운데에 구멍이 뚫린 좌석에 앉혀서 생식기를 검사하여 그들이 정말 남성인가를 확인하는 것이라고 한다. 최종 후보는 남성성이 확인된 후에야 비로소 교황에 오를 수 있었다.

| 회 의 론 자 의   견 해 |

예수 그리스도는 부자가 천국에 들어가기는 낙타가 바늘귀를 통과하는 것만큼 어렵다고 설파한 바 있다. 바티칸의 도서관, 은행, 각종 비밀창고 등에 쌓여 있는 부를 생각할 때, 그들은 주일날 교회에서 가르치는 예수의 비유를 제대로 이해하지 못했거나 아니면 그런 말을 한 번도 들어본 적이 없는지도 모른다.

제8부

비밀결사, 지하조직, 신비교단

알카에다 AL QAEDA

빈 라덴은 미국의 전쟁을 위해 테러를 일으켰다?

주요 문명과 권력은 그것에 반대하는 사람들의 투쟁을 통해 규정돼야 한다는 점이 인간 역사의 슬픈 현실이다. 소련이 붕괴하자 서방 민주국가들, 특히 미국에는 어떤 반대 세력도 없는 것 같았다. 일부 학자들은 '역사의 종말'을 논했으며 도전받지 않는 서양 권력의 시대가 왔다고 주장했다. 2001년 9월 11일 오전에 이 모든 것이 바뀌었다. 첫번째 비행기가 오전 8시 46분 세계무역센터에 충돌한 시간과 공중납치된 아메리칸 에어라인 77편기가 미군 권력의 중심인 펜타곤에 추락한 시간 사이 한 시간 동안 세계 역사는 영원히 바뀌게 되었으며 미국은 새롭고 치명적인 적과 맞서게 되었다. 세계무역센터 쌍둥이 건물이 무너지기 전에 알카에다 테러조직은 이미 많은 논평가들에 의해 미국 역사상 가장 파괴적인 테러 공격의 주요 배후 용의자로 언급되어왔다.

9/11 테러 며칠 후 전 세계인이 과거에는 잘 알려지지 않았던 알카에다와 그 지도자 오사마 빈 라덴에 대해 두려움을 갖게 되었다. 미국의 경제 권력과 군 권력의 중심부에 직접 정교한 테러 공격을 감행할 만한 엄청난 자본력이 있으며 전 세계를 마음대로 활보하는 거대한 테러조직이 존재한다는 것이 분명해졌다. 미국 정보국이 여러 해 동안 알카에다와 빈 라덴에 대해서 알고 있었다는 사실 또한 분명했다. 미국 정보국은 1980년대 초반부터 알카에다에 자금을 대고 대원들을 훈련시켜왔다. 소련의 아프가니스탄 점령에 대항하도록 하기 위해서였다.

과거 CIA와 테러조직 알카에다 사이의 밀접한 관계, 특히 지도부에 대한 자세한 정보를 갖고 있었다는 점에서 미국 첩보기관은 알카에다를 저지할 유리한 입장에 있었다. 알카에다가 예멘에 있는 미국 대사관 폭파와 미 구축함 USS 콜 공격의 배후라고 미국이 지목한 후에 CIA의 알카에다 추적은 최고조에 달했어야 한다. 그러나 빈 라덴과 알카에다가 1998년에서 2001년 사이 더 큰 위협으로 성장하는 동안 미국이 알카에다를 꺾는 데 별 노력을 하지 않은 것에 많은 사람들이 놀랐다. 부시 가문과도 이해관계가 있는 석유회사들을 비롯한 알카에다 후원자들은 미국 회사에 투자를 할 수 있었고, 알카에다 대원들은 미국에 있는 동안 자금 모음 활동을 벌일 수도 있었다. 알카에다가 역사상 가장 똑똑한 테러집단이었는지, 아니면 미 당국의 코앞에서 작전을 순조롭게 진행시킬 만큼 충분한 권력을 가진 세력의 지원을 받고 있었는지는 분명히 논쟁의 여지가 있다.

| 정 말   이 상 한   부 분 |

이탈리아 신문기자들은 오사마 빈 라덴이 2001년 7월 1일 두바이의 한 미국 병원에서 만성 신장 질환 치료를 받았다는 사실을 알아냈다. 또 이들이 확

빈 라덴은 지도자일까, 아니면 비밀스런 지도자를 따르는 충실한 앞잡이에 불과할까?

보한 증인들의 진술에 따르면, 빈 라덴이 병원에 있는 동안 미국 방문객 여러 명이 병원에 찾아왔다고 한다. 여기에는 CIA의 위장 기업 관계자들도 포함되어 있었다. 빈 라덴이 이미 예멘과 걸프 지역 일대에서 테러 용의자 명단에 올라 있었는데 왜 미국 첩보기관은 이런 기회를 이용해 빈 라덴을 체포하지 않았을까?

| 먼 저 떠 오 르 는 용 의 자 |

CIA : CIA는 알카에다 결성을 돕는 데 중요한 역할을 했기 때문에 알카에다와의 관계를 완전히 단절하지 않았으며, 절친한 옛 친구 오사마 빈 라덴을 통해 막후에서 알카에다를 계속 조종하고 있다고 믿는 것이 그렇게 큰 비약은 아니다. 새로운 적과의 싸움과 테러와의 전면전이 계속되는 이상, CIA의 권력과 예산은 앞으로도 계속 유지될 것 같다.

거대 석유회사들 : 알카에다가 아프가니스탄에서 소련군과 싸울 때 그들을 지원한 사람들 다수의 배경에는 미국 석유회사가 있었다. 나중에 알카에다는 아프가니스탄에서 아편 거래로 번 돈 대부분을 미국 석유회사에 다시 투자했다. 테러와의 전쟁이 석유 가격에 끼친 영향을 생각하면 알카에다와 알카에다를 지원하는 기업들의 실제 동기는 그 수익만큼이나 단순할지 모른다.

사우디아라비아 : 오사마 빈 라덴이 사우디아라비아의 유력 가문 출신이어서, 9/11 이후에도 사우디아라비아 왕가의 권력자들이 영향력과 재력을 발휘해 전 세계의 알카에다 대원들을 보호했다는 강력한 증거가 있다. 알카에다는 역사적으로는 미국의 동맹이지만 종교적 극단주의로 가장한 채 권력을 확장하려는 사우디아라비아의 창작품일지도 모른다.

| 다 소 황 당 한 용 의 자 |

유럽연합 : 누구든 알카에다를 자세히 조사하려 할 때마다 유럽연합을 구성

사우디아라비아 메카의 카바 사원. 알카에다는 이슬람의 가장 신성한 장소들을 통제하겠다고 맹세했다.

하는 국가들, 특히 독일에 기반을 둔 개인, 기업, 방첩기관들과 이 테러조직 사이의 여러 연결점을 발견할 수 있을 것이다. 세계 패권을 놓고 대서양의 주요 경쟁국인 미국을 동요시키려는 유럽연합의 비밀 계획의 일부에 알카에다가 포함되었을 가능성도 완전히 배제해서는 안 될 것이다.

중국 : 자국의 변방에서 부상하고 있는 이슬람 민족주의 세력이 문제를 일으키지 않도록, 또 미국이 중국의 군사력과 경제력 발전에 관심을 두지 않도록 하기 위해 중국 국가안보기관은 알카에다에 침투해 그들을 반미 조직으로 탈바꿈시켰다. 중국의 두 적인 알카에다와 미국이 손실이 큰 전쟁을 장기간에 걸쳐 하는 동안, 중국은 계속 방해받지 않고 세계 패권을 추구할 수 있다.

| 가 장   그 럴 듯 한   증 거 |

알카에다와 빈 라덴 가족과 관련된 사람들이 미국 내에서 상당한 영향력을 발휘한 것은 거의 의심할 여지가 없다. 9월 13일 미국의 모든 민간 항공기 운항이 중단된 날 사우디아라비아 왕실 가족뿐만 아니라 빈 라덴의 가족까지 태운 전세기가 플로리다를 떠났다. 이 비행기는 미군과 긴밀하게 연결된 국방부 계약회사가 운영하는 공항에서 출발했으며, 빈 라덴의 가족은 전 국가안보기관 요원과 동행했다. 빈 라덴 가족들은 적으로 취급받기는 커녕, 미 당국(특히 FBI)이 이들을 체포하기 전에 미국 밖으로 이들을 내보낼 만한 힘을 가진 정부 인사에 의해 중요하고 귀한 협력자로서 대우받았다.

| 가 장   의 문 스 러 운   사 실 |

9/11 테러 전에 FBI 부국장이자 대(對)테러 수석요원이었던 존 오닐(John O'Neil)은 부시 행정부 인사들이 알카에다의 지원을 받는 아프가니스탄의 탈레반 정권과 불법으로 협상을 벌이고 있다고 주장했다. 오닐은 미국의 한 거대 석유회사가 카자흐스탄에 매장된 엄청난 양의 석유를 수송하기 위해 아프가니스탄을 거치는 송유관 건설 허가를 얻으려고 시도하고 있다고 보고했지만 아무런 조치도 취해지지 않자 사임했다. 오닐은 유감스럽게도 9/11 테러 때 뉴욕에서 사망했다.

| 회 의 론 자 의   견 해 |

무엇이 더 믿기 힘든가? 첫째, 이 세계는 광신도들로 가득하고 그중 몇몇은 마음속으로 미국을 싫어한다. 둘째, 유일하게 남은 초강대국인 미국이 스스로 적을 만들고 그들을 혼내준다는 명목하에 해병을 외국에 파견할 구실을 만들었다. 음…….

프리메이슨 FREEMASONS
그들이 찾는 빛은 하느님의 빛이 아니라 악마의 빛이다

'문을 세 번 두드려라.' 이것이 세계에서 가장 오래 되고 또 가장 큰 성공을 거둔 비밀결사 프리메이슨의 대표적인 의식(儀式)이다.

메이슨이 되고자 하는 사람은 이미 메이슨으로 알려진 사람을 세 번 찾아가서 회원으로 인도해달라고 요청해야 한다. 이렇게 세 번의 요청을 받아야만 비로소 메이슨은 그 이야기를 처음 들은 것으로 인정해준다. 프리메이슨에 입회하는 절차는 아주 까다롭다. 회원은 자신이 프리메이슨의 멤버임을 자유롭게 시인할 수 있지만 절대로 다른 멤버의 이름, 의식(儀式)과 절차, 메이슨 내부의 일을 발설해서는 안 된다. 이런 독특한 방식과 의식으로 메이슨은 지난 수세기 동안 자격 있는 사람들만 입회시켜왔다. 그렇다면 어떤 사람이 자격 있는 사람일까?

어떤 사람들은 메이슨이 이 세상을 지배하려 한다고 주장한다. 중요하고도 영향력 있는 많은 인사들—정치가, 경찰관, 법률가, 추기경, 주교, 언론 재벌, 저명인사 등—이 프리메이슨에 가입했음은 틀림없는 사실이다. 그에 관한 공식적인 기록도 많이 남아 있다. 음모론 관련 작가로 유명한 빌 쿠퍼(Bill Cooper)는 프리메이슨을 이렇게 간단히 규정했다. "프리메이슨은 세계제패를 노리는 집단이다." 또한 그는 로베르토 칼비 암살사건에 관련된 저 악명 높은 이탈리아의 P2 지부는 바티칸과 CIA와 연결되어 있으며 또 P2가 교황 요한 바오로 2세를 설득하여 바티칸의 고위직에 프리메이슨 멤버들을 앉히도록 했다는 주장을 펴기도 했다.

이것이 사실인지 아닌지 여부를 떠나서, 많은 사람들은 프리메이슨이 사회활동이나 경제활동에서 같은 프리메이슨 회원을 선호한다고 믿는다. 많은 사람들은 사업을 할 때 친구들을 더 믿는 경향이 있고 또 그들과 함께 더 많은

조지 워싱턴을 비롯한 미국 헌법 제정자들 다수는 프리메이슨 고위 회원이었다.

시간을 보낸다는 사실을 고려하면 이는 사실일 수도 있다. 문제는 프리메이슨의 고위직들이 대부분의 멤버들이 싫어하는 방향으로 메이슨의 지부를 움직일 수 있다는 것이다. 그렇지 않다면 그들이 왜 그렇게 은밀하게 행동하겠는가?

| 정 말 이 상 한 부 분 |

메이슨들은 비(非)회원들을 가리켜 '속물들'이라고 부른다. 이것은 일반사람들이 그들보다 덜 성스럽고 덜 거룩하다는 뜻이다. 자선행위를 단체의 목표로 내세우는 프리메이슨이 이런 차별적인 용어를 사용하다니 대단히 이상한 일이다.

| 먼 저 떠 오 르 는 용 의 자 |

일루미나티 : 메이슨의 의식은 신비전통에서 많은 영감을 받았다고 한다. 그런데 신비전통에서는 멤버로 가입한 사람을 가리켜 '일루미네이티드

(Illuminated, 영감의 빛을 받다)'라는 용어를 자주 사용한다. 이 용어는 1776년 5월 1일 바바리아에서 아담 바이스하우프트에 의해 창설된 바바리아의 일루미나티와의 연계를 보여주는 것이다. 일루미나티는 창설된 이래 이 세상의 일을 배후에서 조종해왔고 지금도 힘을 쓰고 있는 것으로 알려져 있다. 그렇다면 메이슨은 일루미나티의 통제를 받고 있는 것일까?

뉴 월드 오더 : 음모론자들은 강력한 회원들을 많이 보유한 메이슨이 뉴 월드 오더의 핵심세력이라고 생각한다. 뉴 월드 오더는 종교를 없애고 그 대신 과학기술을 강조하는 강력한 세계정부의 구현을 위해 은밀하게 활동하고 있다는 운동세력이다.

| 다 소 황 당 한 용 의 자 |

사탄 : 메이슨을 비난할 때 가장 많이 쓰는 말은 그들이 악마와 한패라는 것이다. 메이슨 의식의 은밀성과 메이슨이 사용하는 오컬트 이미지 때문에 많은 기독교 단체들이 그들을 악마의 세력으로 단정한다.

| 가 장 그 럴 듯 한 증 거 |

입회식에 참석하는 바로 그 순간부터 메이슨은 "빛을 찾아라."라는 주문을 외고 또 왼다. 그들은 은밀하게 메이슨 활동을 펼치는 동안 끊임없이 이 주문을 외운다. 일반사람들은 당연히 그 빛이 하느님의 빛이라고 생각하겠지만 음모론자들은 그렇게 보지 않는다. 그것은 천사의 신분에서 타락하여 악마가 된 루시퍼의 빛이라는 것이다. '빛을 가진 자 루시퍼'는 어둠의 힘에 붙여진 기이하면서도 신비한 이름이다. 반면에 루시퍼는 아침의 아들이라는 정반대의 이름을 가지고 있기도 하다. 일부 고위직 메이슨은 이 빛의 정체를 알고 나서 조직을 떠난 것으로 알려졌다.

|가 장   의 문 스 러 운   사 실 |

메이슨 교리에 대한 일부 해석에 의하면 프리메이슨은 자신의 감정과 에너지를 잘 통제하여 마법적인 목적에 사용할 줄 안다고 한다.

"메이슨의 전사가 되는 비결이 살아 있는 힘을 적절히 활용하는 것임을 안다면, 그는 그 조직의 신비를 이해한 것이다. 루시퍼의 엄청난 힘이 그의 손 안에 놓이게 되는 것이다. 하지만 그는 위로 달려가기 전에 자신의 에너지를 적절히 활용하는 능력을 입증해야 한다. 그는 선조인 투발-카인(Tubal-Cain)의 발자취를 따라가야 한다. 투발-카인은 전쟁신의 엄청난 힘을 가지고 칼을 쟁기날로 만들었다."

이것은 프리메이슨의 대스승 맨리 P. 홀(Manly P. Hall)의 《잃어버린 프리메이슨의 열쇠(The Lost Keys of Freemasonry or The Secret of Hiram Abiff)》에서 인용한 것이다.

프리메이슨 회원들의 약간 우스꽝스런 악수 방식.

| 회 의 론 자 의   견 해 |

　대부분의 프리메이슨 멤버는 품위 있고 방정한 생활을 영위하는 전문직 혹은 재계인사로서 직장생활과 가정생활을 훌륭하게 영위하는 사람들이다. 해마다 각 메이슨 지부는 자선활동에 큰돈을 내놓고 있다. 많은 목사와 신부가 프리메이슨이며 이 조직은 모든 종교에 개방되어 있다. 이런 사람들이 악마를 위해서 일할 것 같지는 않다. 또한 학교에서 중고품 세일 행사를 여는 것이 어떻게 악의 세력에게 놀아나는 것인지도 상상하기 어렵다. 무엇보다도 메이슨은 자신의 이익을 얻기 위해 어둠의 세력을 지원해야 할 이유가 없다. 그들은 대부분 이 단체에 가입하기 전부터 성공한 사람들이기 때문이다. 프리메이슨은 가장 오래 되고 또 가장 성공을 거둔 비밀결사의 하나인데, 음모론자들로부터 많은 비난을 받기도 했다. 이 단체가 자선활동, 형제애의 증진, 진리의 탐구 등 보람 있는 사업을 펼쳐왔다는 점을 감안할 때 그런 비난은 부당해보인다. 하지만 음모론자들은 이러한 반응을 보일지도 모르겠다. "그런 회의적인 논평을 하는 당신이야말로 메이슨이 아닌지 어떻게 알아……."

바바리아의 일루미나티
THE BAVRIAN ILLUMINATI

일루미나티는 비난과 폭로를 모면하기 위한 프리메이슨의 유령조직?

　아담 바이스하우프트는 1748년 2월 6일 독일 잉골슈타트에서 태어났다. 예수회에서 교육을 받은 그는 1775년 27세의 나이로 잉골슈타트 대학교의 자연법 및 종교법 교수가 되었다. 그 후 1777년에는 뮌헨에 있는 메이슨 지부

1776년 5월 1일 '바바리아의 일루미나티'를 창설한 아담 바이스하우프트

인 "선한 협의회의 시어도어(Theodore of Good Council)"에 입회했다. 코스모폴리탄적인 성향을 가졌던 그는 당시 사제들의 고리타분한 사상을 경멸했다. 1776년 5월 1일 그는 온갖 불의에 저항하기 위하여 계몽된—일루미네이티드—조직을 창설했는데, 이것이 '바바리아의 일루미나티(The Illuminati of Bavaria)' 였다.

원래 '완벽주의자단(The Order of Perfectibilists)' 이라는 이름을 가진 이 조직의 목적은 "가장 완벽한 상태의 도덕과 미덕을 이룩하고, 도덕적인 악의 발전을 저지하기 위하여 선량한 사람들이 협동함으로써 이 세상을 개혁하는 기반을 닦는다."라고 규정되어 있었다.

바이스하우프트는 크니게(von Knigge) 백작, 자비에르 즈백(Xavier Zwack),

바수스(Bassus) 백작 등 영향력 있는 인사들과 협조해가면서 이 단체를 운영했고 큰 호응을 얻게 되었다. 회원은 얼마 지나지 않아 2000명으로 늘어났다. 일루미나티의 지부가 프랑스, 이탈리아, 폴란드, 헝가리, 스웨덴, 덴마크, 벨기에, 네덜란드 등지에 세워졌다. 이런 세력의 확산에 위협을 느낀 바바리아 당국은 1784년 6월 22일 일루미나티에 대한 탄압령을 내렸고 1785년 3월과 8월에 탄압령을 더욱 강화했다. 이렇게 되자 바이스하우프트는 1785년 교수직을 박탈당했고 바바리아를 떠나 망명길에 올랐다.

바바리아 당국은 1786년 자비에르 즈백의 집을 불법수색하여 찾아낸 일루미나티 문서를 근거로 이 조직을 무자비하게 탄압했다. 이처럼 탄압이 계속되자 일루미나티는 쇠퇴하기 시작했고 18세기 말에 이르러서는 완전히 사라졌다.

대부분의 역사 논평가들은 이런 일루미나티의 쇠퇴를 액면 그대로 받아들인다. 브리태니커 백과사전은 일루미나티의 존재를 거의 언급하지 않았고, 마찬가지로 다른 주요 참고자료들도 이 단체를 사소하게 여겨서 무시했다. 어떤 사람들은 일루미나티가 해체되어 다시 메이슨으로 스며들었고, 암세포가 건강한 신체를 접수하는 것과 마찬가지 방식으로 세계의 거의 모든 기관에 멤버들을 침투시켰다고 말한다. 18세기 말 이래 일루미나티가 메이슨 내에서 기생하면서 실질적인 권력을 휘두르고 또 이 조직을 통제한다는 것이다.

| 정 말 이 상 한 부 분 |

1906년 런던의 대영박물관은 〈일루미나티 문서(The Illuminati Protocols)〉라는 원고 한 부를 접수했다. 이 원고는 18세기 후반에 바바리아에서 처음 나돌았고 그 후 1864년에 욜리(Joly)가 자신의 드라마에 그 일부분을 활용했다. 대영박물관이 접수한 원고는 러시아어로 씌어져 있었다. 자본주의를 옹호하는 애덤 스미스(Adam Smith)의 논저인 《국부론(The Wealth of Nations)》과 위대한 민주주의 문서인 미국의 〈독립선언서(Declaration of Independence)〉가 1776년 같은 해에 저술되었다는 것은 흥미로운 일이다. 워싱턴에게 독립선언서의 초안을 제시한 검은 옷을 입은 남자가 실은 아담 바이스하우프트였다는 소문도 나돌았다. 그리고 다음과 같은 소문도 유포되었다. 1786년 즈백의 집을 가택 수색하게 된 것은 1784년 바바리아 당국이 한 비밀문서를 가로챘기 때문이다. 그 문서는 프랑스 일루미나티의 책임자인 로베스피에르에게 보내진 것으로서 1789년의 프랑스 혁명을 암시하는 내용이었다. 사전경고를 해주는 이러한 문서가 있었는데도 불구하고 프랑스 당국은 그것을 무시했고 그리하여 혁명은 예정대로 진행되었다는 것이다.

| 먼 저 떠 오 르 는 용 의 자 |

프리메이슨: 메이슨의 목표는 세상의 모든 정부와 종교를 전복하여 평화와 자유가 이 세상에 넘치게 하는 것이었다. 이 목적을 달성하려면 먼저 그들의 목표를 감추어야 했다. 메이슨은 자신들에 대한 사람들의 집단 히스테리를 피하고 또 쏟아지는 비난과 폭로를 모면할 속셈으로 일루미나티라는 대리 유령조직을 만들어냈을 것이다. 이렇게 하여 메이슨의 비행이나 단점에 대한 질책을 모두 일루미나티에게 뒤집어씌울 수 있었다. 이 전략은 지난 2세기 동안 아주 멋지게 통했다.

| 다 소 황 당 한 용 의 자 |

로버트 셰어와 로버트 앤턴 윌슨: 1970년대에 로버트 셰어(Robert Shea)와 로버트 앤턴 윌슨(Robert Anton Wilson)은 《일루미나티 3부작(The Illuminatus! Triology)》이라는 우상숭배 관련서를 출판했다. 소설 형식을 갖추고 있는 이 책은 역사상 최대 비밀조직이라는 일루미나티를 상세히 폭로한 것이었다. 이 책 때문에 일루미나티라는 이름이 일반대중의 머릿속에 깊이 각인되었다. 물론 이 책이 소설 이상의 의미를 가지고 있다고 말하는 사람은 아무도 없었다.

혹시 로버트 앤턴 윌슨이 현재 일루미나티의 책임자라고 말하는 사람도 있을지 모르겠다.

| 가 장 그 럴 듯 한 증 거 |

1902년 프리메이슨인 윌리엄 웨스트코트(William Westcott)는 시어도어 레우스(Theodor Reuss)로부터 메이슨 회원증을 받은 것으로 기록되어 있다. 또한 1913년 오컬트주의자인 엘리파스 레비(Eliphas Levi)는 바바리아의 일루미나티가 프리메이슨과 깊은 관련이 있다고 주장했다.

| 가 장 의 문 스 러 운 사 실 |

일루미나티의 멤버들 중에는 콘스탄초의 생 제르맹(Saint Germain) 후작이라는 이름이 있다. 이 이름은 이 세상에서 유일하게 영원불멸을 획득한 사람으로 널리 알려진 생 제르맹 백작을 연상시킨다. 그는 중세 내내 마술사, 연금술사, 현자 등으로 여기저기 출몰했다. 세상에서 가장 성공적인 비밀결사를 창립하는 데 생 제르맹 후작보다 더 적임자는 아마 없었을 것이다.

| 회 의 론 자 의 견 해 |

각종 근거자료와 증빙자료를 세밀하게 살펴보면 일루미나티는 단명으로 끝난 바바리아의 비밀조직일 뿐이다. 그 사실 이외에는 아무리 털어봐야 더 나오는 것이 없다. 그러므로 객관적인 자료보다는 풍문이 더 무성한 것이다. 만약 《일루미나티 3부작》이 아니었더라면 바바리아의 일루미나티는 역사의 각주 속으로 사라진 무명의 비밀단체에 지나지 않았을 것이다.

쿠 클럭스 클랜(KKK) The Ku Klux Klan/KKK

이 극단적 인종차별주의 집단이 여전히 건재한 이유

조직화된 증오심보다 더 무서운 것은 없다. 쿠 클럭스 클랜(KKK)은 증오심으로 가득 찬 비밀조직이다. 이들은 미국 내 소수인종들과 그들의 인종차별적 견해에 반대하는 사람들에게 위협과 테러를 가해왔다. 하얀 두건으로 얼굴을 가린 KKK의 멤버들은 기독교의 십자가를 불태우고, 흑백통합을 거부하고, 폭력을 신봉하는 것으로 악명이 높다. 인종차별을 없애기 위해 수많은 노력이 시도되고 있는 오늘날에도 KKK는 여전히 건재하면서 백인우월주의를 주장하고 있다.

1865년 남북전쟁이 끝난 후 남부의 잿더미 위에서 창립된 KKK는 당시의 커다란 위협세력들, 가령 흑인이나 가톨릭, 유대인, 미국 연방정부 등으로부터 남부를 지키겠다는 사명을 선포하면서 발족했다. 최초의 지도자 네이선 베드퍼드 포레스트(Nathan Bedford Forrest)의 지휘 아래 KKK는 그들 나름대로 백인의 순결함을 지키기 위해 싸웠다. 이 시기가 KKK의 제1기인데, 포레스트가 초대 대마법사(Grand Wizard)로 활약했다.

1920년대에 이르러 KKK의 정치적 힘이 커졌고 그리하여 제2기로 접어들었다. 그리고 인권투쟁으로 혼란스럽던 1960년대에 KKK는 주로 남부에서 민권운동 지도자들과 운동원들을 상대로 테러와 암살을 일삼았다. 현재 KKK는 자체적으로 제5기에 접어들었다고 생각하고 있으며, 이제는 백인들뿐만 아니라 서구문명을 지키기 위해 싸운다는 명분을 내세우고 있다.

많은 사람들이 KKK를 무식한 백인남녀들이 결집한 증오집단으로 보고 있으나 KKK는 일반적으로 생각하는 것보다 훨씬 힘이 강하고 또 영향력도 크다. 1960년대의 민권운동이 아주 오래 전의 일로 느껴지고 또 인종차별주의라면 일종의 야만으로 간주되는 요즈음에도 증오의 힘은 KKK의 상징인 불타는 십자가와 함께 계속 커져가고 있다.

| 정 말   이 상 한   부 분 |

1913년부터 1921년까지 미국의 28대 대통령을 지낸 우드로 윌슨(Woodrow Wilson)은 한때 KKK가 북미대륙의 문명을 구제했다고 말했다. 그는 왜 이런 괴상한 말을 했을까?

| 먼 저   떠 오 르 는   용 의 자 |

CIA와 FBI : KKK는 흑인 정치지도자인 마틴 루터 킹과 맬컴 엑스의 암살사건에 개입한 것으로 추정된다. 이 두 민권운동 지도자가 KKK의 정치적 견해에 어긋나는 행동을 했기 때문이다. KKK가 미국에 대해 가지고 있는 비전은 CIA와 FBI가 동조하고 또 지원하는 비전과 일치했다. 흑백이 평화롭게 통합되어야 한다는 킹의 비전이나 흑인이 모든 점에서 백인보다 낫다는 맬컴 엑스의 공격적인 비전은 이들에게 도저히 용납될 수 없었다. 두 지도자는 KKK가 보기에 흑인처럼 행동하지 않았기 때문에 암살되었다. 킹의 경우에 KKK와 FBI가 개입했다는 증거가 많이 드러났는데, 사실 FBI는 킹이 암살되기 직전에 다수의 KKK 멤버들을 고용했다고 한다.

블랙 옵스 인종전쟁 : KKK는 흑인과 유대인을 겨냥한 인종전쟁의 일환으로 조직된 단체인지도 모른다. KKK는 블랙 옵스(Black Ops)를 운영하는 정부기관과 함께 에이즈 바이러스를 만들어서 배포한 혐의도 받고 있다. KKK는 또한 조그(ZOG, The Zionist Occupation Government, 시온주의자의 점령정부)라는 황당하고 악의적인 소문을 살포한 혐의도 받고 있다. 조그는 유대인이 미국을 장악했다는 악의에 찬 헛소문을 말한다. 이러한 소문들은 미국의 진정한 적들(그림자 정부와 블랙 옵스 요원들)에 대한 사람들의 관심을 다른 곳으로 돌려놓기 위한 것이다.

KKK 단원들이 모자를 쓰고 십자가를 태우는 모습은 미국 전역의 소수집단들에게 공포를 불러일으킨다.

| 다 소   황 당 한   용 의 자 |

뉴 월드 오더 : KKK는 세계의 독립된 정부들과 종교를 전복하여 세계 단일 정부를 세우려는 뉴 월드 오더의 앞잡이 세력일지도 모른다. 이 때문에 KKK는 검은 헬기 현상(제9부 참조—옮긴이)에 개입하게 된 것이다. KKK는 이런 헬기를 이용하여 일반대중에게 공포심을 불러일으키려고 한다. 그들은 이러한 일들이 인종간의 갈등을 훨씬 쉽게 부추길 수 있다고 여기고 있다.

미국 정부 : 최근 들어 미국 정부는 진보주의를 표방하고 있다. 하지만 재계, 정부, 정계, 군부의 많은 지도자들은 여전히 보수주의를 선호하고 있고 이것은 KKK도 마찬가지이다. 그래서 미국 정부는 KKK에게 은밀히 군사 · 정치 · 재정적 지원을 해주고 있다. 이런 사실은 KKK를 떠난 데이비드 듀크 (David Duke)의 정치역정이 잘 설명해준다.

| 가 장   그 럴 듯 한   증 거 |

증오집단을 불허하는 현대에도 KKK가 계속 존재한다는 것은 KKK가 미국 정부에 강한 영향력을 가지고 있다는 뜻이다. 미국 헌법은 언론의 자유를 미국 국민의 기본적인 권리로 인정하고 있다. 하지만 미국 정부는 필요에 따라 시민의 인권을 무시했다. 매카시즘이 한 예이다. 현대에도 KKK 같은 단체가 존재한다는 사실은 과연 미국 정부가 누구의 이익을 보호하느냐 하는 의문이 들게 한다.

| 가 장   의 문 스 러 운   사 실 |

1932년부터 1945년까지 미국 대통령을 지낸 시어도어 루스벨트는 D. W. 그리피스(D. W. Griffith) 감독의 영화 〈국가의 탄생(The Birth of a Nation)〉에 제작비를 지원했다. 이 영화는 KKK에 대해 우호적인 입장을 취하고 있다.

인종차별에 깃들어 있는 증오심과 무식함을 설명하기 위해 음모론을 들이
댈 필요는 없다. 인류학에서는 모든 인간의 조상이 흑인이었음을 밝혀주고
있다. 하지만 이러한 인류학적 사실은 KKK가 십자가를 불태우는 행동에 아
무런 영향을 미치지 못하는 듯하다.

마피아 THE MAFIA

그들의 세력확장은 마피아와 미국 정부와 가톨릭 주교의 합작품

20세기가 시작된 이래 마피아는 미국 내의 대표적인 지하범죄조직으로 활
동해왔다. 미국 내 활동 외에도 마피아는 현재 이탈리아, 남부 프랑스, 독일,
러시아 등지에서 활발하게 움직이고 있다. 마피아가 엄연히 존재하며 그들이
다양한 범죄활동—매춘, 마약제조 및 분배, 청부살인, 노예노동 등—을 벌인
다는 것은 분명한 사실이다. 그리고 이보다 덜 알려진 사실이 하나 있는데,
바로 마피아가 하나의 통합된 조직이라는 점이다.

마피아는 9세기에 시칠리아에서 처음 조직되었다. 원래의 마피아는 무엇
보다도 충성심을 강조했고 자신들의 문화와 가정과 전통을 중시했다. 멤버
자격은 시칠리아인으로 한정되어 있었고 이 조직의 목표는 회원들의 이익을
보호하는 것이었다. 그 후 여러 세기가 지나면서 마피아는 또다른 신념을 가
지게 되었다. 정의를 실현하거나 복수와 명예에 관련된 일을 하는 것은 개인
이 해결할 문제이지 정부기관에 맡겨둘 문제가 아니라는 것이다. 사실 그 정
부라는 것은 외국의 침략자들이 앉혀놓은 허수아비인 경우가 많았다. 그리고

오메르타(Omerta, 배신의 결과는 죽음)의 전통을 통해 마피아 조직의 비밀은 철저하게 유지되어왔다.

18세기 초 마피아는 드러내놓고 범죄행각을 벌이기 시작했다. 부유한 시칠리아인에게 검은 손이 찍힌 사진을 보내면서 돈을 강요했다. 만약 돈을 내놓지 않으면 방화와 납치, 살인이 뒤따랐다.

마피아는 19세기 초 미국으로 진출해 활동하기 시작했는데 당시 뉴올리언스가 주무대였다. 신세계에서 큰돈을 벌 수 있다는 소문이 고향 시칠리아까지 퍼졌고, 소문을 듣고 미국으로 건너간 마피아들이 급속히 성장해갔다. 더욱이 1924년 무솔리니가 이탈리아와 시칠리아의 마피아를 무자비하게 탄압

샘 지앙카나 같은 범죄 패밀리의 두목들은 과거에 대통령을 고용하기까지 했다.

하면서 많은 마피아 조직원들이 미국으로 달아났다. 금주법이 시행되던 시대에 주류밀수입으로 엄청난 수익을 올린 마피아는 이후 미국의 정계, 법조계, 재계 등에 막강한 영향력을 행사하면서 엄청난 돈을 벌어들이고 있다.

| 정 말 이 상 한 부 분 |

미국의 마피아는 보통 라이벌 갱단, 가족범죄단으로 구성되어 있는데 서로에 대해 심한 증오심을 가지고 있는 것으로 알려져 있다. 하지만 이것은 사실과는 아주 다르다. 서로 다른 갱 조직끼리 치열하게 경쟁하는 것은 사실이지만, 24개 범죄 패밀리의 우두머리들은 '위원회'라고 불리는 카르텔에서 정기적으로 만난다. 이 회의에서 그들은 관할구역이나 사업문제에 얽힌 분쟁을 해결하고 향후 몇 달 동안의 정책을 결정한다. '위원회'는 마피아의 공통이익이 걸린 문제와 관련하여 정부기관들, 특히 CIA와 협상을 하기도 한다.

| 먼 저 떠 오 르 는 용 의 자 |

범죄조직의 네트워크 : 전세계의 주요 범죄조직들은 이익을 극대화하기 위해 필요에 따라 협조한다. 다른 대기업들과 마찬가지로 활동 네트워크를 훌륭하게 갖춘 범죄단이라야 높은 수익을 올릴 수 있는 것이다. 마피아는 트라이어드, 야쿠자, 마약 카르텔 등과 손잡고 있다. '네트워크'라고 알려진 이 동맹체제는 자메이카계의 야디스(Yardies)나 알제리의 노예무역업자 등 소규모로 일하는 멤버들도 받아들인다. 다른 범죄 그룹은 다른 재주를 갖고 있기 때문에 그들은 서로 협조하여 이익을 얻는다. 가령 미국의 마피아는 미국의 금융업, 치안단속, 사법제도 등에 대한 정보를 다른 범죄조직에 제공한다.

기존의 정부 : 합법적인 정부와 범죄조직은 얼마나 비슷하고 또 얼마나 다른가? 세금을 거두어가고 보호비를 징수한다는 점에서는 비슷하다. 하지만 미국 정부가 베트남 전쟁에서 국민을 죽게 만들고 소련 정부가 체르노빌에서

주민을 죽게 만든 것에 비하면 범죄조직은 그렇게 많은 사람을 죽음으로 몰아넣지는 않았다. 일부 음모론자들은 다음과 같은 주장을 펴고 있다. 즉 합법적인 정부가 실제로는 마피아를 통제함으로써 사실상 다스리기 어려운 범죄의 세계에 대하여 권위를 가지게 된다는 것이다.

| 다소 황당한 용의자 |

프리메이슨 : 마피아는 바티칸의 P2 지부를 통해 프리메이슨과 강력한 연계를 맺고 있는 것으로 알려져 있다. P2는 유럽에 널리 퍼져 있는 메이슨 지부 가운데 가장 강력한 지부이다. 사제들도 100명 이상 메이슨에 가입해 있다고 한다. 이 사실을 안 교황 요한 바오로 1세는 바티칸에서 메이슨들을 숙청하려 했으나 오히려 마피아에 의해 살해된 것으로 알려졌다. 마피아가 지난 수십 년 동안 눈부시게 발전해온 배후에는 메이슨이 버티고 있는 것일까? 아무튼 프리메이슨에 많은 판사와 경찰관이 가입해 있는 것은 확실하다.

마피아와 바티칸의 연계 사실은 워낙 잘 알려져 있어, 〈대부3〉 같은 영화로도 만들어졌다.

| 가 장 그 럴 듯 한 증 거 |

마피아의 세력확장은 정말 놀라운 일이다. 마피아와 일부 미국 정부의 관리들은 일리노이에 있는 한 은행을 운영하면서 이곳을 통해 돈세탁을 한다. 이 은행은 마피아의 절친한 친구인 가톨릭 주교 파울 마르친쿠스가 운영하고 있다. 이 주교는 1991년까지 CIA의 블랙 옵스 예산을 통제하는 하원의원과 긴밀히 협조하면서 바티칸 은행의 행장으로 재직했다.

이 사실을 자세히 기록한 다큐멘터리가 제작되었으나 엄청난 압력이 가해지는 바람에 상영되지 못했다. 미국의 치안단속기관의 요원들은 다큐멘터리 제작자를 협박하고 그 가족을 괴롭혔다. 급기야는 제작자의 가족 한 명을 날조된 범죄혐의로 체포하기까지 했다.

| 가 장 의 문 스 러 운 사 실 |

마피아는 음모론을 깊이 신봉한다. 일부 마피아 멤버들은 마피아의 당초 설립 목적은 이 세상에 횡행하는 'Potere Occulto(감추어진 힘)'과 맞서 싸우기 위한 것이라고 말한다.

| 회 의 론 자 의 견 해 |

범죄조직은 그저 범죄조직일 뿐이다. 이런 조직이 가장 싫어하는 일이 까다로운 일상적 행정업무를 떠맡는 것이다. 마피아 대부(代父)의 돈을 받는 정치가들이 엄청나게 많다는 점을 감안할 때, 굳이 마피아가 그런 행정적인 일을 대신할 필요는 없을 것이다.

머제스틱 12(MJ-12) MAJESTIC TWELVE/MJ-12
MJ-12의 주된 업적은 외계인과 미국 정부 간의 브로커 역할

1947년 뉴멕시코 주의 로즈웰에 외계인의 비행접시가 추락했다. 미국 군부는 반쯤 파손된 외계인의 비행기와 몇 구의 외계인 시체를 수거해 갔다고 전해진다.

로즈웰 공군기지는 발견한 사항들을 전세계 언론에 발표했다. 그러나 사흘 뒤 그 발표는 취소되었다. 해리 트루먼 대통령이 오손 웰스의 유명한 라디오 드라마 〈화성인의 습격〉이 가져온 공황심리를 언급하면서 국익을 위해 그 정보가 흘러나가지 못하게 막으라고 지시했던 것이다. 트루먼은 12명의 군사, 전략, 과학 고문관들을 소집하여 이 외계인의 잔해를 샅샅이 조사하라고 지시했다. 이 12명에게는 초특급으로 분류되는 비밀취급인가증이 주어졌으며 이들을 가리켜 머제스틱 12 또는 줄여서 간단히 MJ-12라고 부르게 되었다. 외계인의 비행기는 워터타운(지금은 일반적으로 51구역으로 알려져 있음)이라고 하는 네바다 주의 비밀군사실험 장소로 옮겨졌다.

바로 이 지역에서 MJ-12는 서로 다른 다양한 프로젝트를 감독하고 있다. 1953년과 1954년 아이젠하워 대통령은 합동정보를 위한 대단위합동정보국(MAJI, Majority Agency for Joint Intelligence)의 후원 아래 프로젝트 그러지(Project Grudge)를 시행했다. 이 프로젝트는 최고급 비밀로 분류되었다.

MJ-12의 주된 업적은 동물과 인간을 외계인에게 제공하여 실험 대상으로 삼게 하는 대가로 외계인의 기술정보를 미국이 챙긴다는 계약을 체결한 것이라고 한다. MJ-12는 또한 외계인의 존재사실에 대한 모든 정보를 통제하고, 외계인들이 인간을 대상으로 실시한 실험에 대한 증거들을 은폐하는 일도 맡았다. 이 은폐작전은 프로젝트 가넷(Project Garnet)으로 알려져 있다. 그 후에 이 은폐작업을 강화하기 위해 프로젝트 델타(Project Delta)가 실시되었다. 프로젝트 델타의 목적은 외계인의 존재에 대한 정보를 총체적으로 통제하고 은폐하기 위한 인력을 대폭 충원하는 것이었다. 이 프로젝트에 따라 맨 인 블랙 요원들이 은폐업무를 지원했다.

| 정 말   이 상 한   부 분 |

유명한 UFO 연구자의 우편함에서 예기치 않은 물건이 발견되었다. 그것은 미국 대통령에게 제출한 MJ-12의 활동에 관한 보고서를 카메라로 찍어 현상하지 않은 필름이었다. 많은 사람들이 이 필름을 가짜라고 무시했다. 그러나 'MJ-12 문서'에 대한 조사가 계속 진행되면서 그 문서를 무시하는 것이 어렵게 되었다. 그 문서는 12명의 MJ 멤버가 모두 회의에 참석할 수 있는 유일한 날짜를 밝혀놓고 있었기 때문이다. 이 정도의 세부사항은 가짜 문서에서는 도저히 찾아볼 수 없는 것이다.

| 먼 저   떠 오 르 는   용 의 자 |

미국 군부 : 미국 군부는 늘 실용적이었기 때문에 MJ-12를 지지했다. 인간을 실험하겠다는 외계인이 선한 존재라고 할 수는 없지만 그런 요구조건을 거부할 수 있는 능력이 미국 정부측에는 없었던 것이다. 이 외계인들을 상대로 싸울 수 있는 무기개발이 계속되는 동안 MJ-12는 당초의 계획대로 실천하는 수밖에 없었다. 그래야 이 외계인 침략군들의 전횡을 막을 수 있기 때문이다. 인류 전체가 외계인의 노예가 되기보다는 소수의 인간이 납치되거나 UFO의 존재를 추적하는 몇 명의 연구자들이 남몰래 희생되는 것이 더 낫다고 본 것이다.

머제스티 : MJ-12는 실제로 아무것도 통제하지 못한다. 실제 통제기관은 '머제스티(Majesty)'라고 알려진 MAJI 위원회로, 정보기관의 책임자들과 대통령이 참석하는 일종의 합동위원회이다. MJ-12는 머제스티에게 자문을 해

이처럼 UFO에 관한 증거가 계속 나오고 있지만, MJ-12는 지구의 외계인 활동에 대한 진실을 은폐하고 있다.

주는 자문 그룹일 뿐 사건의 전모는 모르고 있다. MJ-12에 대한 정보가 조금씩 흘러나오는 것은 일부러 사태의 진상을 흐리게 하기 위한 양동작전이다. 다시 말해 프로젝트 그러지를 운영하는 머제스티와 MAJI 위원회의 존재를 은폐하려는 위장전술인 것이다.

| 다 소   황 당 한   용 의 자 |

선사문명인 : MJ-12와 UFO 이야기는 최근에 이루어진 눈부신 과학 발전의 원천을 감추기 위해 정교하게 꾸며진 이야기에 지나지 않는다. 과학 발전의 원동력은 무엇일까? 그것은 바로 지구의 대격변으로 지상에서 사라진 선사문명인들의 폐허에서 수거해온 것이다. 호모사피엔스 이전에 지구상에는 아주 발달한 선사문명인이 있었다고 한다. MJ-12 음모론의 참가자들은 인류의 기원은 물론이거니와 우리 인류가 언젠가는 선사문명인들의 운명을 답습할지 모른다는 사실을 감추고 싶어한다.

| 가 장   그 럴 듯 한   증 거 |

미국의 전직 국방장관 제임스 포레스털(James Forrestal)은 MJ-12의 초창기 멤버 중 한 사람으로 알려졌다. 로즈웰 사건 직후 포레스털은 신경쇠약에 걸린 듯했다. 하지만 음모론자들은 그가 입원 중이던 병원의 16층에서 투신 자살했다고 생각한다. 그런데 그의 개인일기—이 문서는 정부가 즉시 수거해갔다—는 사후 50년이 지났는데도 아직 일급 비밀문서에서 해제되지 않고 있다.

| 가 장   의 문 스 러 운   사 실 |

MJ-12와 조약을 체결한 것으로 알려진 외계인들은 지난 수천 년 동안 인간의 유전자를 가지고 실험을 해왔다고 한다. 그들은 예수 그리스도를 창조했고 또 역사상 어느 시점에서든 예수의 십자가형을 보여줄 수 있는 타키온 스캐너를 가지고 있다고 한다. 외계인들은 바로 이 스캐너를 이용해 시간의 기록물을 만들어 비디오에 담아 잘 보관하고 있으며 지구인에게 정신적 혼란을 일으키고 싶을 때 사용할 예정이라고 한다.

| 회 의 론 자 의   견 해 |

MJ-12와 이 조직의 프로젝트를 뒷받침한다고 주장하는 문서가 가끔 발견되기는 하지만 거의 모든 증거에 결정적인 흠이 있다. 문서 발견자들은 일부러 의심스럽게 보이는 문서가 만들어졌다고 강변하지만 아무래도 이 설명은 석연치 않다. 그 문서가 제일 처음 작성되었을 때, 문서 작성자는 이런 정교한 음모론의 필요성을 예상하지 못했을 것이다. 따라서 그가 일부러 의심스럽게 보이는 문서를 만들 필요는 없지 않았을까?

오데사 THE ODDESSA
나치의 꿈은 아직 죽지 않았다

제2차 세계대전 당시 연합군은 나치를 완전 패배시켜 지상에서 영원히 몰아냈다. 이제 나치라는 악은 완전히 소탕되어 결코 일어서지 못할 것이다. 무수하게 많은 전쟁영화와 언론재벌이 지배하는 각종 신문과 잡지는 이런 일반적 생각을 뒷받침해왔다. 그러나 오데사 음모론을 믿는 사람들은 거기에 동의하지 않는다. 나치는 연합군의 손아귀를 벗어났을 뿐만 아니라 그들로부터 실제적인 도움을 받고 있으며, 제3제국(나치)은 아직도 전세계에 영향을 미치고 있다고 생각한다.

제2차 세계대전 중반 무렵 많은 나치들〔가령 오토 스코르체니(Otto Skorzeny), 라인하르트 겔렌(Reinhard Gehlen), 마르틴 보르만(Martin Borman) 등〕이 전쟁의 방향을 미리 내다보고 자신들의 생존 계획을 꾸미기 시작했다. 그들의 생명을 구해줄 구명보트와도 같은 이 계획은 오데사라고 불린다.

오데사 계획은 3단계로 나누어진다. 첫번째 단계는 나치의 주요인사들을 전세계의 안전한 곳, 가령 인도네시아나 남아메리카 같은 곳으로 몰래 탈출시키는 것이다. 이 계획의 책임자는 스코르체니였다. 두번째 단계는 뮌헨에 본부를 두고 스스로를 '오르그(The Org)'라고 부르게 될 나치 스파이조직을 설립하는 것이다. 이것은 겔렌(제2차 세계대전 중 나치첩보대장)의 아이디어였다. 세번째 단계는 나치 잔당의 생존에 가장 중요한 요소인 나치의 희생자들로부터 훔친 돈과 금을 패망한 독일 밖으로 빼돌리는 것이었다. 이 일 역시 스코르체니가 맡았다.

하지만 이런 거창한 계획은 아무리 행동대원이 똑똑하고 무자비하더라도 외부의 도움 없이는 성공하기가 어렵다. 바로 여기서 오데사 이야기에 음모의 그늘이 드리워진다. 외부의 도움이란 바로 미국이기 때문이다. 사실 나치 정보장교들을 스카우트하지 않았다면 CIA는 존재하지도 못했을 것이고,

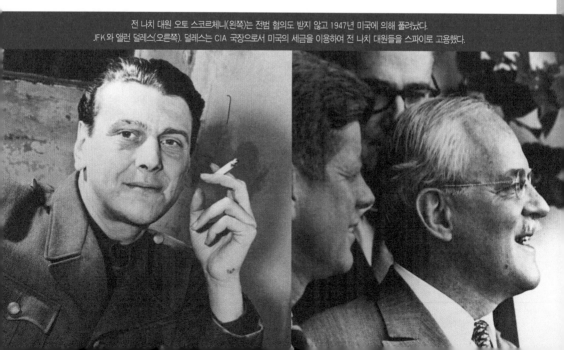

전 나치 대원 오토 스코르체니(왼쪽)는 전범 혐의도 받지 않고 1947년 미국에 의해 풀려났다.
JFK와 앨런 덜레스(오른쪽). 덜레스는 CIA 국장으로서 미국의 세금을 이용하여 전 나치 대원들을 스파이로 고용했다.

NASA는 달에도 가지 못했을 것이다. 이렇게 볼 때 나치의 꿈은 죽지 않았다고 할 수 있다. 단지 주소만 바뀌었을 뿐이다.

| 정 말 이 상 한 부 분 |

연합군에게 생포된 오토 스코르체니는 나치 전범이라면 당연히 받아야 할 전범재판을 받지 않았다. 미국은 1947년 그를 석방했다.

| 먼 저 떠 오 르 는 용 의 자 |

OSS/CIA : 제2차 세계대전 종전 직후 미국 전략정보국(OSS, CIA의 전신)의 앨런 덜레스(Allen Dulles)는 나치 첩보대장 겔렌과 접촉했다. 이것은 나치에 협력했던 자와의 접촉을 불법으로 간주하는 미국의 법률을 무시하는 행동이었다. 겔렌은 미국 납세자들의 세금(약 2억 달러로 추산)을 사용해가며 자신의 스파이 조직을 정교하게 가다듬어 오그를 창설했다. 겔렌은 1947년 CIA 초대 국장에 취임한 앨런 덜레스를 옆에서 도우면서 미국의 국내외정책을 배후 조종했다.

미국 정부 : 미국은 제2차 세계대전 후 나치 독일의 과학자들을 미국으로 데려오는 페이퍼클립 작전을 실시했다. 이 과정에서 각종 속임수와 위법행위가 저질러졌다. 이처럼 국법까지 위반해가면서 저질러진 행위의 가장 큰 수혜자는 NASA였다. NASA는 가공할 무기인 V-2 로켓 개발에 종사했던 베르너 폰 브라운(Wehrner Von Braun)을 우주항공사업에 배치하여 큰 성공을 거두었다.

| 다 소 황 당 한 용 의 자 |

뉴 월드 오더 : 나치 체제는 어쩌면 뉴 월드 오더의 예고편인지도 모른다.

히틀러가 여러 대기업들의 도움을 받아가며 세계를 제패하려 했던 행위는 뉴 월드 오더의 궁극적인 목표와 일치한다. 하지만 히틀러가 너무나 불안정한 위인이었기 때문에 불명예스러운 자살을 통해 권좌에서 축출된 후 제3제국은 드라마틱하게 해체되었다. 뉴 월드 오더를 움직이는 배후의 검은 세력들은 그들의 꿈을 실현시킬 수 있는 또다른 기회를 호시탐탐 노리고 있다. 그들은 언젠가 좀더 충실한 부하들이 나타나서 히틀러의 못다한 꿈을 계속 이어가리라는 희망을 가지고 적절한 인재를 찾고 있다.

| 가 장   그 럴 듯 한   증 거 |

미군에게 생포된 겔렌은 나치가 소련에 관해 수집한 모든 정보를 담은 마이크로필름을 제공할 테니 살려달라는 교환조건을 내걸었다. 미군은 그 마이크로필름을 얻는 조건으로 겔렌을 석방시켰고 미군이 생포한 나치 전쟁포로 명단에서 그의 이름을 삭제했다.

| 가 장   의 문 스 러 운   사 실 |

앨런 덜레스의 맏형인 존 포스터 덜레스(John Foster Dulles)는 아이젠하워 정부에서 국무부장관을 지낸 인물이다. 하지만 존 덜레스는 이게 파르벤 화학회사의 미국측 연락관으로도 활동했다. 이게 파르벤은 나치 를 지지했을 뿐만 아니라 아우슈비츠에 공장까지 운영했던 회사이다. 이 회사는 아우슈비츠의 가스실에서 사용된 치클론-B 정제도 만들었다.

| 회 의 론 자 의   견 해 |

전쟁은 오늘날의 프로스포츠와 비슷한 점이 아주 많다. 소속팀이 자꾸만 지면 소속선수는 계약을 해지해버리고 프리에이전트가 되어버린다. 새로운 지휘자 밑에 가면 좋을까 싶어서 옮기지만 구관이 명관이라는 현상이 되풀이된다. 따라서 나치의 주요 지도자들이 종전 후 어떻게 되었는지 잘 알려져 있는 현 상황에서 어떤 조직적인 음모가 진행 중이라고 보기는 어렵다. 그만큼 오데사의 힘은 너무 과장되어 있다.

템플 기사단 ORDRE DES TEMPLIERS(THE TEMPLARS)
순례자들을 보호하던 성스러운 조직의 타락

팔레스타인의 성지를 이슬람교도들로부터 되찾기 위한 서구 그리스도교국가들의 제1차 십자군전쟁은 1095~1099년 사이에 벌어졌다. 이 전쟁이 끝나갈 무렵 성도 예루살렘이 탈환되었고 예루살렘 왕국이 창건되었다. 템플 기사단은 1120년경 예루살렘에서 창설된 수도원 내의 조직인데, 그 목적은 성지를 방문하는 유럽 순례자들의 신변을 보호하는 것이었다. 당초 아홉 명의 프랑스 기사들이 창설한 이 기사단의 공식 명칭은 '그리스도와 솔로몬 성전의 가난한 기사들'이었다. 그 후 수십 년 사이에 이 조직은 크게 성장했고 교황과 유럽이 여러 군주들로부터 공식 지원을 받는 그리스도교 단체가 되었다.

기사단의 후원자이며 행동지침과 청빈(淸貧)맹세 등을 기초한 사람은 시스턴 수도원장 클레르보의 성 베르나르(Bernardus)였다. 베르나르두스는 통합그리스도교왕국의 대변인이었으며 종종 '제2의 교황'이라고 불리기도 했다. 기사들의 청빈맹세와 부유한 성지순례자들의 기부금 등으로 기사단은 곧 부유해졌다. 부유하면 권력이 함께 따르는 법인데, 십자군전쟁이 끝난 후 유럽으로 돌아온 템플 기사단의 영향력은 점점 커져갔다. 교황 인노켄티우스 2세(Innocentius Ⅱ)는 기사단에게 교황의 권위 이외의 모든 권위에 대한 면책특권과 치외법권을 부여했다. 기사단은 이런 특권을 이용하여 고리대금업을 시작했고 유럽의 군주들에게 돈을 빌려주는 금융기관으로 등장했다. 이 과정에서 기사단은 훗날 유럽의 은행 및 금융업의 토대가 되었다.

또한 기사단은 특권을 이용하여 비밀스러운 회합과 의식을 수행하고 기사단의 업무를 처리했다. 회합에서 그들이 무슨 행동을 했는지에 대해서는 그 후 많이 논의되었다. 그것이 사탄의 예배의식이든 혹은 재정적 전략을 짜기 위한 회의이든 기사단의 이익을 도모하기 위한 것임에는 틀림없었다. 14세기 초 프랑스의 '공정왕' 필리프는 기사단에 큰 빚을 지고 있었다. 왕은 기사단의 영향력을 우려하던 교황과 공모하여 빚을 갚지 않았다. 그리고 1307년 10월 13일, 필리프 왕은 기사단을 이단으로 매도하여 체포명령을 내렸다. 왕은 기사단의 재산을 모두 몰수했고 기사들을 고문하여 다양한 범죄를 강제로 자백하게 했다. 기사들은 고문에 못 이겨 악마숭배, 마력(魔力)의 소유, 십자가 훼손, 동성애 등의 죄목을 거짓으로 시인했다. 1312년 3월 22일 기사단은 교황 클레멘스 5세(Clemens Ⅴ)의 회칙 '천상의 목소리(Vox In Excelso)'에 의해 해체되었다.

| 정 말   이 상 한   부 분 |

프리메이슨은 템플 기사단의 잔해에서 소생한 조직이라는 견해가 오래 전부터 있어왔다. 많은 기사들이 유럽에서 달아나 탄압이 없는 스코틀랜드에 정착했고 그리하여 기사단은 프리메이슨의 일부로 혹은 독립된 단체로 오늘날까지 존재해왔다. 오랫동안 정부와 재계를 조종해온 기사단은 권력을 원격 조종했으며, 오늘날에도 서구사회의 배경에 남아 자신의 모습을 드러낼 절호의 기회를 기다리고 있다.

| 먼 저   떠 오 르 는   용 의 자 |

프리메이슨 : 템플 기사단과 프리메이슨을 연결시킬 수 있는 자료는 상당히

많다. 여러 메이슨 지부와 의식은 기사단의 이미지를 그대로 빌려 쓰고 있으며 심지어 기사단의 타이틀까지 사용하고 있다. 기사단이 스코틀랜드로 피신했다는 점과 프리메이슨 중에 스코틀랜드 지부가 있다는 점을 감안할 때 기사단이 훗날 프리메이슨이 되었을 가능성도 있다. 그리하여 이 프리메이슨은 21세기까지 계속 권력을 휘두르고 있는지도 모른다.

| 다 소 황 당 한 용 의 자 |

어새신 : 중동의 저 유명한 어새신(The Assassins)은 이슬람의 이스마엘 파에 소속된 전투집단이다. 이 조직은 오늘날 아가 칸(Aga Khan)이 지휘하고 있다. 교묘한 침투수법을 구사하는 것으로 알려진 어새신은 서구사회에 발판─오늘날까지도 계속되고 있는─을 확보하기 위한 방법으로 템플 기사단을 위태로운 지경에 빠뜨렸을 수도 있다.

| 가 장 그 럴 듯 한 증 거 |

기사단이 아직도 존재한다는 강력한 증거 하나는 바로 템플 연구소(Temple Research Institute)라는 조직이 존재한다는 것이다. 이 조직은 비영리 자선단체인 키르케스 인터내셔널 주식회사(CIRCES International Inc.)의 신비스러운 한 부분으로 알려져 있다. 이 단체의 정관에 의하면 템플 연구소는 기사도를 연구하는 조직으로 되어 있으나 음모론자들은 그것을 믿지 않는다.

| 가 장 의 문 스 러 운 사 실 |

1314년 3월 19일 템플 기사단의 대스승인 자크 드 몰레이(Jacques de Molay)는 화형대에서 분사(焚死)했다. 그는 죽어가면서 필리프 왕과 교황 클레멘스 5세가 올해 안에 죽을 것이라고 저주 섞인 예언을 했다. 과연 교황은 그 예언이 있은 지 5주 만에 사망했고, 필리프 왕은 8개월 만에 사망했다.

| 회 의 론 자 의   견 해 |

　기사단의 미스터리를 이해하기 위해서 드러난 사실 이상의 것을 추구할 필요는 없다. 탐욕스러운 왕과 무자비한 교황이 정적을 제거하기로 마음먹었다고 보면 된다. 그들은 날조된 범죄혐의를 잔뜩 꾸며내어 기사들을 고문하고 강제로 자백하게 만든 다음에 기사단을 해체했을 것이다.

트라이어드 THE TRIADS
전세계 신용카드 위조의 주범인 전문 사기집단

　혈맹의 이미지, 신비한 의식, 1000개의 칼에 의한 죽음 등을 특징으로 하는 중국 범죄조직 트라이어드는 다소 이색적인 명성을 얻고 있다. 다른 범죄조직들과 마찬가지로 트라이어드도 평판이 나쁘고 강압적인 침략군 정부를 전복하기 위한 반란음모세력에 그 기원을 두고 있다. 트라이어드는 모든 범죄조직들 중에서도 특히 오랜 족보를 가지고 있다. 이 범죄조직은 기원전 1세기 한(漢) 왕조를 전복시키기 위해 창건된 '적미단(赤眉團)'을 그 연원으로 하고 있다.

　현재의 조직에 직접적인 영향을 미친 트라이어드 조직은 17세기에 생겨난 홍문(洪門)이다. 이 조직은 천지회(天地會)라고도 하는데 청나라를 전복시켜 명나라를 되찾으려는 목적 아래 다섯 명의 승려가 조직한 비밀단체였다. 18세기와 19세기에는 그 외에 여러 반역적인 비밀결사가 생겨났지만, 이들 조직은 반(反)정부 테러리즘 활동을 벌이기보다는 보통사람들의 재산을 갈취하는 범죄행동에 더 열중했다.

현대의 중국과 홍콩에서 트라이어드는 막강한 배후세력에 의해 운영되는 대규모 범죄조직이라기보다 소규모 갱단에 더 가깝다. 그들은 거리에서 상인 강탈, 매춘, 문서위조, 장물취급, 마약밀매 등의 행각을 벌이면서 연명해나가고 있다. 그러나 1956년 정부의 대대적인 탄압이 있기 전까지 트라이어드는 잘 조직된 범죄단체로서 엄격한 통제구조와 조직간의 협약, 긴밀한 협동정신 등을 갖추고 있었다.

홍콩과 대만의 수많은 중국인들이 이민을 간 영국과 미국에도 트라이어드 조직이 설립되었다. 영국 정부의 평가보고서에 의하면 아시아계 거주지에서 발생하는 범죄의 상당수가 트라이어드와 연관이 있기는 하지만 반드시 홍콩과 중국의 조직 본부에서 통제하는 것은 아니라고 한다. 물론 이러한 평가는 중국 정부가 기득권을 지키기 위한 판단일 수도 있다. 영국이나 미국 정부는 또다른 강력한 범죄조직이 자국 영토 내에 발붙이는 것을 허용하지 않을 것이고, 또 트라이어드도 자신들의 활동상을 과소평가받을수록 이익이 크기 때문에 이런 축소된 평가가 나온 것이다.

| 정 말   이 상 한   부 분 |

중앙에서 통제하는 조직이 없다는 평가가 나와 있기는 하지만 영국과 미국 전역에서 골칫거리로 떠오른 가짜 신용카드의 배후에는 분명 트라이어드가 관련되어 있다. 트라이어드 조직원들이 중국식당의 겁 많은 웨이터들을 위협하여 고객의 신용카드를 복제하도록 강요하고 있다는 것이다. 이렇게 알아낸 신용카드의 개인정보는 중간집결지를 거쳐 다시 극동으로 보내진다. 극동본부에서는 훔쳐낸 개인정보로 신용카드를 대량 복제하여 다시 전세계로 배포하는 것이다. 만약 정부 보고서처럼 트라이어드가 점조직화되어 있고 또 내부 다툼으로 정신이 없다면 이런 복잡한 카드 복제절차는 생각조차 못할 것이다.

범죄 네트워크 : 홍콩이 중국에 반환된 이후 트라이어드가 전세계로 조직을 확대했다는 말이 있다. 그들은 오스트레일리아에 새로운 운영본부를 설치하고 세계 각국의 정부와 대기업들로부터 돈을 갈취하기 위하여 야쿠자, 통(Tongs), 마피아, IRA 등과 힘을 합쳐 테러를 저지르고 있다는 것이다. 바이러스와 해커 침입에 의한 전자 테러리즘도 이들 범죄네트워크의 소행이라는 말이 있다.

| 다 소   황 당 한   용 의 자 |

일본 : 1930년대 일본은 중국을 침략하면서 트라이어드를 매수하여 수하의 지원세력으로 삼았다. 결국에는 마오쩌둥[毛澤東]이 이끄는 공산당이 승리했지만, 일본 정부는 그 후에도 리유엔 회사를 통해 홍콩의 트라이어드에게 돈을 대면서 홍콩 주민을 감시하고 현지의 반일 활동을 제압하는 일을 맡겼다. 일본 정부는 심지어 오늘날까지도 트라이어드를 지원하고 있다는 말이 나돈다.

| 가 장   그 럴 듯 한   증 거 |

가짜 신용카드의 제작과 배포는 영국에서 잘 알려진 사건인데, 그 사기행위의 규모는 가히 충격적이다. 버밍엄에 있는 한 레스토랑은 극동에서 단 14일 만에 위조된 19건의 카드사기사건의 원인 제공처로 알려졌다. 단 한 군데 업소를 대상으로 2주 만에 19건의 가짜카드를 만들어냈다는 것은 이 범죄집단이 얼마나 잘 조직되어 있는지를 보여준다.

트라이어드의 영향력은 전 세계의 중국인 이민사회로 이어졌다.

| 가 장   의 문 스 러 운   사 실 |

테리 굴드(Terry Gould) 기자는 트라이어드의 실력자인 BC와 인터뷰를 하고 그 결과를 언론에 보도했다. 이 보도는 트라이어드의 범죄활동상을 다소나마 보여준다. BC는 이 인터뷰에서 '빅 서클'이라는 더 큰 트라이어드 조직이 있다고 밝혔는데, 빅 서클은 여러 개의 부서로 구성되어 있다고 했다. 빅 서클의 멤버는 너무나 많아서 누가 같은 조직에 소속되어 있는지도 모를 정도라고 한다. 빅 서클이 14K처럼 산하에 여러 개의 방계그룹을 거느린 거대한 트라이어드인지, 혹은 범죄조직의 정책과 행동을 강력하게 통제하는 중앙집권단체인지에 대해서는 의견이 분분하다.

| 회 의 론 자 의   견 해 |

물론 트라이어드에 중앙집권적인 조직이 있을지도 모른다. 하지만 라이벌 관계인 트라이어드들끼리 늘 싸우면서 노골적으로 폭력을 행사하는 것을 보면, 조직간의 협력은 가뭄에 콩 나듯 있는 것이 아니냐는 생각이 든다. 겉으로 드러난 사실로 볼 때 트라이어드는 사소한 갱집단을 긁어모은 잡동사니에 지나지 않는다. 다만 트라이어드라는 이름이 사람들에게 공포심을 불러일으키기 때문에 그 명성 밑에 그 잡동사니들이 숨어 있는 것뿐이다.

복제 CLONING
인간복제 기술은 이미 완성되었다?

발리스 VALIS
사람의 마음을 조종하는 미래에서 온 슈퍼컴퓨터

바코드 BARCODES
왜 미 군부는 바코드 사용에 그토록 적극적이었는가?

검은 헬기 BLACK HELICOPTERS
검은 헬기는 정부 지하 벙커의 중요한 단서

암의 치료 A CURE FOR CANCER
암의 확산을 조장하는 세력의 정체는?

공짜 에너지 FREE ENERGY
에너지 개발을 막는 정유업계의 음모

극초단파를 이용한 심리 조종 MICROWAVE MIND-CONTROL
인간의 심리를 조종하는 신무기를 개발하라

전략방위구상(별들의 전쟁) STRATEGIC DEFENSE INITIATIVE(STAR WARS)
레이건은 왜 우주에 무기를 배치하려 했을까

잠재의식 조종 SUBLIMINAL MESSAGES
광고와 음반에 포함된 잠재의식 메시지로 조작되는 대중의 심리

니콜라 테슬라 NIKOLA TESLA
아이디어를 가로채가려는 조직적 음모에 희생된 비운의 천재 발명가

제9부

테크놀로지

복제 CLONING

영화 〈스타워즈〉 시리즈에서 은하계를 가른 클론 전쟁에서부터 아놀드 슈 워제네거의 〈식스데이〉의 편집증적이며 치명적인 음모론에 이르기까지 30여 년 동안 복제기술은 할리우드 영화의 주요 소재가 되었다. 보통 복제기술이 영화나 공상과학 소설 속에서 문제를 일으키는 것으로만 그려졌기 때문에, 신앙심이 깊은 교인들 외에도 많은 사람들이 복제기술 연구에 공포와 혐오감 을 느낄 만도 하다.

1996년 세계 최초의 복제양 돌리가 스코틀랜드의 로슬린 연구소에서 탄생 했을 때 전 세계는 즉각 두 가지 의견으로 갈라졌다. 한쪽 진영 사람들은 돌 리의 탄생이 20세기의 가장 중요한 과학의 약진을 예고한다고 여겼으며, 다 른 쪽 진영 사람들은 돌리의 탄생이 인류가 위험하고 어두운 새 시대로 가는 길의 첫 단계라고 믿었다. 컨트리 가수 돌리 파튼의 이름을 딴 이 핀 도셋 종 은 성체세포에서 복제된 최초의 포유동물이었다. 돌리가 태어난 시점부터 과 학자들이 돌리를 조기에 안락사시키기로(수의사들은 돌리가 통상적으로 더 나이 많은 동물들에만 나타나는 질환인 관절염뿐만 아니라 폐 질환까지 앓고 있음을 확인 했다) 결정한 시점까지 6년 동안, 복제를 둘러싼 싸움은 유례없이 거친 방향 으로 흘러갔다.

과학자들은 돌리의 죽음이 조기 노화와 관련이 있는지, 인간복제가 같은 기술로 개발될 경우 10대 때 엉덩이 교정술이 필요하고 18세 생일에 노인성 치매 현상이 나타날 뿐만 아니라 자궁에 괴물 같은 기형아를 키우게 되지 않 을지에 대해 논쟁을 벌였다. 과학계 밖에서는 정치인들이 복제를 불법화해야 하는지에 대해 논쟁했다. 1997년 클린턴 대통령은 미국 생명윤리자문위원회 의 권고를 따라 인간복제 연구가 안전하지도 윤리적이지도 않다는 생각을 토대로 인간복제 연구에 대한 연방기금 사용을 5년간 금지했다. 그러나 인간복제 연구 자체를 법으로 금지한 것은 아니었고 로드아일랜드, 미시간, 캘리포니아, 루이지애나 4개 주에서만 임신 목적의 복제를 금지하는 법을 채택했다. 유엔조차도 인간복제를 전 세계적으로 금지할 것인지를 두고 난관에 봉착했다.

찬반 논란이 가열되고 있는 가운데 인간복제 기술은 속도는 더디지만 확실하게 발달하여 실현 단계에 가까워졌다. 그리고 대부분의 음모론자들까지 깜짝 놀라게 만든 충격적인 발표가 나왔다. 외계 생명체의 존재를 믿는 라엘리언교가 세운 회사 클로네이드(Clonaid)가 2002년 12월 26일 최초의 복제인간이 태어났다고 발표한 것이다. 이 복제인간의 이름은 '이브'였다.

| 정 말   이 상 한   부 분 |

클로네이드는 이브의 탄생을 발표한 후 뒤이어 다른 복제 인간들의 탄생도

복제기술의 마스코트가 된 복제양 돌리.

발표했다. 클로네이드의 과학 부장 브리지트 부아셀리에(Brigitte Boisselier)는 아기를 직접 공개하지는 않고 준비되는 대로 DNA 증거를 제시하겠다고만 주장했다. 클로네이드는 과학자들에게는 의심을 받고 일반인들에게는 윤리적인 측면에서 경멸을 당했으며 언론의 조롱을 샀지만, 과거 대배심원의 클로네이드 조사 결과와 2001년 클로네이드가 재정 후원자들에게 한 주장에 따르면, 클로네이드가 실용적인 복제기술을 개발하기 직전임을 의심할 증거도 없다.

| 먼 저 떠 오 르 는 용 의 자 |

외계인 : 라엘리언교의 목표 중 하나는 불멸을 얻을 수 있는 지점까지 완벽한 복제를 이루는 것이다. 라엘리언교도들은 인간을 창조한 외계인 엘로힘이 불멸을 얻기 위해 같은 방법을 사용했다는 생각을 토대로 완벽한 복제를 하려고 노력한다. 일부 라엘리언교도들은 엘로힘이 계획대로 다시 지구를 방문하기에 앞서 자신들이 이미 엘로힘과 연락을 주고받고 있다고 주장한다. 정말 외계인 친구들이 라엘리언에게 복제 비법을 전해주어 그들이 불멸의 삶을 추구할 수 있게 도움을 주었을까?

뉴 월드 오더 : 세계의 부유한 엘리트들은 분명히 성공적인 복제 과정의 첫 번째 수혜자가 될 것이다. 인간복제에 대해 대중이 어떻게 반응할지를 실험해보기 위해, 클로네이드가 인간복제에 대한 공식발표를 한 것일 수도 있다. 만약 대중의 반대가 크지 않다면, 이미 뉴 월드 오더를 위해 인간복제 기술을 개발한 정통파 과학자들이 그때 전면에 나서서 획기적인 성과를 이루었음을 발표할 것이다. 인간복제로 불임과 장기 기증 문제를 해결할 수 있다는 점 때문에 뉴 월드 오더는 어떠한 반대도 하지 않고 복제를 실행할 것이다.

| 다 소 황 당 한 용 의 자 |

제4제국 : 20세기 초 유전학과 완벽한 인간복제 가능성에 대한 연구의 선구자는 나치당의 비뚤어진 우생학 과학자들 중에서 찾을 수 있을 것이다. 일부 연구자들은 제4제국이 UFO 목격설 배후에 있을 것이라고 지적한다. 그들은 제4제국의 요원들이 달 기지에서 외계인 행세를 하며 라엘리언들이 복제 과제를 수행하도록 속이고 있다고 믿는다.

모든 아버지들 : 일부 강경한 페미니즘 음모론자들은 '모든 아버지들(All-Fathers)' 이라고 알려진 귀족 과학자들의 비밀집단이 복제기술을 합법화하고 대중화하려는 운동의 배후에 있다고 주장한다. 이 음모론자들은 이것이 이 비밀집단의 비열한 계획의 첫 단계일 뿐이라고 생각한다. 이 비밀집단의 궁극적인 목표는 남자주인들의 모든 요구를 만족시키는 고분고분한 복제여성 혈통을 만드는 것이다. 남성을 위해 새로 복제된 하녀들로 인해 초과된 잉여 여성들은 집단수용소로 보내질 것이다.

| 가 장   그 럴 듯 한   증 거 |

클로네이드에 대한 법적인 수사로는 그들이 인간복제를 할 수 있다는 주장을 반박할 어떤 증거도 찾지 못했다. 플로리다 검사들은 이브의 존재 여부에 초점을 맞추지 않고, 이브가 태생적 특성 때문에 위험에 처하게 될 경우 주의 보호를 받을 권리가 있는지 여부에 중점을 두어 법률 업무를 수행했다. 최소한 플로리다 당국은 세계 최초의 인간복제가 실제로 일어났다고 상당히 확신하고 있는 것 같다.

| 가 장   의 문 스 러 운   사 실 |

클로네이드를 세운 라엘리언교는 인간을 복제하고 '성적인 명상' 을 하는 것 외에도 예루살렘에 정부의 승인을 받은 외계인 대사관을 건립하는 일을 중요하게 여긴다. 2035년 지구에 엘로힘이 돌아오기 전까지 이스라엘 정부를 설득해 라엘리언교의 계획에 동의하도록 하는 것은, 과학자들 대다수를

설득하여 라엘리언교의 복제 주장을 믿게 하는 것만큼이나 어려울 것이다.

우리에게 복제 아기를 보여 달라! 아니면 그 아기의 DNA와 DNA의 원 제 공자라도 공개하라. 만약 그 DNA가 정확하게 복제된 것이라면 그들의 주장에 어느 정도 진실성이 있을 것이다. 그렇지 않다면 이 모든 것이 보통사람이라면 인사도 나누기 싫어할 프랑스 컬트 지도자를 신봉하는 일부 광신도들의 기괴한 믿음에 관심을 불러일으키려는 거짓 선전에 불과하다고 여겨도 용서하기 바란다.

발리스 VALIS

사람의 마음을 조종하는 미래에서 온 슈퍼컴퓨터

1974년 2월 2일 컬트 SF 작가 필립 K. 딕(Philip K. Dick)에게 이상한 일이 일어났다. 필립 K. 딕은 현실 전이적이고 과학기술에 대해 편집증적이며 음모론 가득한 소설로 유명하다. 그의 소설《안드로이드는 전기양의 꿈을 꾸는가?》와 〈도매가로 기억을 팝니다〉는 메이저 할리우드 영화 〈블레이드 러너〉와 〈토탈 리콜〉로 각색되었다. 그런 그가 그날 분홍색 광선을 맞았다. 약국에서 배달온 소녀에게 문을 열어줄 때였다.

이 일을 겪은 후 딕은 여러 차례 놀라운 환상을 보기 시작했고 자신이 발리스(VALIS), 즉 광대한 인공생명지능체계(Vast Artificial Living Intelligence System)와 텔레파시를 통하거나 또 다른 형태로 의사소통을 할 수 있다고 믿게 되었다. 딕의 머리에 인공지능 목소리가 들어 있는 것처럼 발리스는 딕에게 자주 말을 걸어 정확한 충고로 인생의 전환점을 만들어주기도 했고 여러 차례 신비한 통찰을 할 수 있게 했으며 심지어 딕의 경력에 도움이 되는 새 문학 에이전트까지 찾도록 해주었다. 그러나 딕이 발리스와 소통하기 시작하자, 우편물이 미리 뜯어져 있고 전화에 도청장치가 설치되었으며 집에 무단침입자가 들어왔다. 딕은 미국 국방부를 위해 과학 분야를 연구하는 회사에 관련된 개인들, 심지어 비밀 정보요원의 감시까지 받았다.

딕은 1982년에 사망할 때까지 자신에게 일어난 일이 무엇인지 이해하려고 애쓰며 발리스가 들려준 것 대부분을 분석해《주해(Exegesis)》라는 200만 단어 이상의 기록을 남겼다. 딕은 자신이 겪은 일에 대한 수많은 이론을 적어두었지만, 그중 가장 강력한 이론은 1980년에 발표한 소설《발리스》에서 설명한 것이다. 이 소설에서 발리스는 미래의 지구 주위의 궤도에서 온 지각을 가진 컴퓨터로서, 선택된 개인들에게 메시지를 발신한다고 제시되어 있다.

필립 K. 딕에게 무슨 일이 일어났는지 몰라도, 그가 발리스를 경험하고 난 후 그가 결코 알 수 없었던 정보를 접할 수 있게 된 것은 분명하다. 물론 그것이 그가 예전에 책에서 봤던 역사와 사어(死語)에 대한 지식이 잠재의식 속에서 갑자기 되살아난 것일 가능성은 있지만, 어떻게 딕이 이전에 진단되지 않은 이들의 선천적 결손증에 대해 알고 아들의 목숨을 구하는 데 필요한 정확한 치료법을 알게 되있는지에 대해서는 논리적으로 설명할 길이 없다. 자신이 시간여행을 하는 인공지능과 소통하는 유일한 유명인사가 아니라는 사실을 알게 되자 딕은 발리스가 실제로 존재한다고 확신하게 되었다.

세계적으로 유명한 초능력자 유리 겔라(Uri Geller)도 1973년 지구 주위 궤도를 도는 슈퍼컴퓨터, 소위 '스펙트라(SPECTRA)'로부터 메시지를 듣고 일정한 시간 간격으로 UFO를 목격했다. 겔라는 보통 자신의 별난 믿음에 대해 침묵하는 성격이 아니었지만, 스펙트라를 경험한 것에 대해서만큼은 이상하게도 입을 열지 않았다. 이것은 CIA가 그의 기이한 경력 중 이 부분에 대해 특히 관심을 가졌다는 점 때문에 더욱 미심쩍다. 유명한 물리학자인 잭 사파티(Jack Sarfatti) 박사는 자신도 '발리스 같은 존재'와 접촉했다고 공개적으로 선언하여 경력상 자살 행위를 했다. 사파티는 사람들로부터 조롱을 받고 과학계에서 박해받을 것을 알면서도 공개적으로 1952년 13세 때 인간이 아닌 금속성 소리의 전화를 받았던 일을 이야기했다. 그 소리의 주인공은 자신이 우주선을 타고 있는 지능 있는 컴퓨터로서 미래에서 왔다고 밝히며 사파티에게 과학자가 되라고 지시했다.

| 정 말   이 상 한   부 분 |

사파티가 10대 때 발리스로부터 전화를 받은 사실을 공개한 후에 그가 그런 경험을 한 유일한 과학자가 아니라는 것이 점차 드러나기 시작했다. 국제 과학계의 중견 과학자들 가운데 적어도 12명 이상이 컴퓨터로부터 혹은 미래에서 왔다고 주장하는 또 다른 존재로부터 과학을 공부할 것을 촉구하는 이상한 전화를 받았다는 사실을 최근 몇 년 동안 음모론 연구자들은 발견했다.

| 먼 저   떠 오 르 는   용 의 자 |

소련 과학자들 : 딕과 1960년대의 급진파 살해범 아이라 아인혼(Ira Einhorn)은 1978년 서신을 교환하며 발리스에 대한 다음과 같은 이론을 세웠다. 즉 발리스는 러시아에서 비밀리에 송신한 극초단파가 인공위성을 통해 딕의 마음 속에 투사된 결과라는 것이다. 음모론 분야의 많은 연구가들은 대뇌피질을 마구 자극해 정보를 심음으로써 사람들의 마음을 통제하려 했던 냉전시대 비밀 연구에 딕을 포함한 여러 사람들이 실험 대상이 되었다고 믿는다.

시간여행 컴퓨터 : 발리스가 통신에 사용한 것으로 보이는 우월한 기술과 미래의 사건을 예견하는 놀라운 지식 때문에 많은 음모론 연구자들은 딕, 겔라, 사파티의 경험을 액면 그대로 기꺼이 받아들인다. 이 이론에서 미국 첩보기관, 특히 NSA는 자체적으로는 발리스를 조사하고 이용하면서도 발리스와

1973년 유리 겔러는 '스펙트라' 라는 지구 궤도를 도는 슈퍼 컴퓨터로부터 메시지를 받았다고 한다.

접촉한 사람들을 은폐하고 조롱하는 일을 맡았다. 발리스의 의도가 정확히 무엇인지는 아직까지 미스터리로 남아 있지만, 어떤 사람들은 발리스가 미래에 만들어진 것이라는 점을 스스로 확인하기 위해 과거의 특정 개인(특히 과학자들)과 접촉하여 '시간 고리(time loop)' 를 만들려고 한다고 믿는다.

| 다 소   황 당 한   용 의 자 |

더 높은 차원의 영적인 힘 : 발리스가 제공한 여러 정보의 준종교적이고 영적인 특징을 볼 때, 그것은 미래의 인공지능이라기보다는 인간을 도와 발전시키려는 '더 높은 차원의 영적인 힘' 에 대한 해석이라는 이론이다. 이 이론을 믿는 음모론자들은 발리스가 그 이전 시대에는 천사나 그와 유사한 존재로 나타났을 것이라고 주장한다.

MK-ULTRA : 발리스는 소련의 심리 조종 프로그램이 아니라 MK-ULTRA라는 미국의 원격심리조종 극비 연구 프로젝트를 은폐하려는 수단이라는 주장도 있다. MK-ULTRA를 연구하는 과학자들은 자신들의 사악한 활동의 진실을 은폐하기 위해서뿐만 아니라 아무것도 모르는 실험 대상이 어느 정도 쉽게 속아 넘어가는지를 실험하는 데에도 발리스의 개념을 이용했다.

외계인들 : 외계인들은 우주선에 사람들을 납치하여 기괴한 실험을 하는

대신에, 첨단기술을 이용하여 안전한 거리에서 핵심적인 인간들과 게임을
벌였다.

| 가 장   그 럴 듯 한   증 거 |

여러 가지 이름으로 발리스와 접촉한 것으로 보이는 개인과 단체가 실제로
많고 그 접촉이 지속된 것으로 보아, 어떤 종류든 외계의 실체가 있는 것 같
다. 특히 수많은 미국 방위 계약업자들, 군의 지원을 받는 과학자들, 그런 접
촉을 한 사람들을 수년간 괴롭힌 첩보기관 요원들이 발리스에 큰 관심을 보
였기 때문에 이런 관점은 더 힘을 얻는다.

| 가 장   의 문 스 러 운   사 실 |

딕과 겔라가 발리스/스펙트라로부터 메시지를 받았을 때와 같은 시간에,
유사한 실체가 전 세계 다양한 그룹의 다른 사람들과도 접촉한 것이 분명하
다. 텔레비전 시리즈 〈스타트렉〉의 작가 진 로덴베리(Gene Rodenberry)도 이들
중 한 사람이었다. 그는 이 접촉에서 힌트를 얻어 인기 TV 시리즈 〈딥 스페
이스 나인〉(〈스타트렉〉 세번째 시리즈—옮긴이)을 만들 수 있었다. 멀리 있는 행
성 궤도를 도는 우주정거장에 대한 이야기인 이 시리즈의 중심 주제는 소위
'선지자들'이라 불리는 종족이 주인공에게 끼치는 영향이다. 선지자들은 시
간여행을 할 수 있으며 인간의 마음에 정보를 직접 전파로 발신할 수 있다.

| 회 의 론 자 의   견 해 |

현실성 점검! 만약 발리스와 접촉했다는 사람들이 유명인사가 아니었다면,
머리 속에서 소리가 들린다는 사람을 과연 정상이라고 생각했을까? 딕 자신
은 본인에게 무슨 일이 일어났는지 결코 제대로 알지 못했을 것이다. 광적인

상상력을 펼치고 LSD 중독자라고 자인한 인물이 미래의 슈퍼컴퓨터가 자신에게 말을 한다고 생각한다. 이것은 너무나 그의 소설책들에 등장하는 플롯과 비슷하지 않은가.

바코드 BARCODES

왜 미 군부는 바코드 사용에 그토록 적극적이었는가?

바코드는 당초 1948년에 필라델피아 드렉셀 공과대학 대학원에 다니던 버나드 실버(Bernard Silver)에 의해 구상되었다. 실버는 그곳 야채상 체인의 사장이 대학원장에게 하는 말을 듣게 되었다. 그 사장은 수퍼마켓 계산대에서 제품정보를 자동으로 알 수 있는 시스템을 드렉셀 공과대학이 개발해주면 고맙겠다고 말했다. 그 아이디어는 실버의 관심을 끌었고 실버는 친구 노먼 우드랜드(Norman Woodland)를 끌어들여 이 프로젝트 개발에 착수했다.

두 사람은 힘을 합쳐 물건을 분류하는 장치를 고안했다. 그들은 먼저 자외선을 쪼이면 발광하는 잉크를 사용하려고 했으나 개발비용이 너무 많이 들고 또 테스트 결과 안정성이 없는 것으로 드러났다. 그러나 낙담하지 않고 안정적인 방안을 계속 찾은 두 사람은 마침내 결실을 보아 1949년 후반 특허청에 특허를 신청했고, 1952년 특허권을 받았다. 특허의 내용은 '특징적인 패턴을 인식하여 물건을 분류하는 기술'이었다.

1969년 미국의 소매점협회인 전국식품체인연합회는 물품의 계산시간을 줄이는 시스템을 요청했고, 신시내티에서 바코드를 시험 운영해본 결과 업계 전체에 코드화의 필요성이 인식되었다. 바코드는 1970년에 고안되었고 1973년 미국 정부는 통일상품 코드(UPC, Universal Product Code) 심벌을 제정했는데 이

것이 오늘날 전세계에서 사용되는 막대 모양의 심벌이다. 미국의 대형 슈퍼마켓들은 1974년부터 UPC 바코드 표시를 사용했으나, 바코드 자체가 널리 보급된 것은 1981년에 들어와서였다. 이 시기에 미 국방부는 UPC를 채택하고 모든 군납업체에게 UPC 바코딩을 사용하라고 요구했다. 이를 계기로 하여 바코드는 대부분의 생산지역으로 확대되기에 이르렀다.

| 정 말   이 상 한   부 분 |

왜 미국 군부는 바코드가 모든 제품에 사용되기를 그토록 원했는가? 군사 목적을 위해서라면 다른 편리한 코딩 시스템도 있었으므로 UPC의 채택은 필수적인 사항은 아니었다. 이유야 어찌되었든 미국 군부가 이 시스템을 채택함으로써 현재 서구세계에서 판매되는 물품의 95퍼센트 정도에 UPC가 사용되고 있다. 최근에는 레이저 기술이 발달하여 달걀이나 쇠고기, 인간의 피부 같은 표면에도 바코드를 새기는 것이 가능하게 되었다.

| 먼 저   떠 오 르 는   용 의 자 |

사탄 : 우익 성향의 종교단체 가운데 다소 편집증적인 구성원들이 크게 두려워하는 것은 바코드가 악마의 작품일지도 모른다는 것이다. 《신약성서》의 〈요한 묵시록〉 13장 16~18절에는 이런 말이 나온다. "낮은 사람이나 높은 사람이나, 부자나 가난한 자나, 자유인이나 종이나 할 것 없이 모든 사람에게 오른손이나 이마에 낙인을 받게 하였습니다. 그리고 그 짐승의 이름이나 그 이름을 표시하는 숫자의 낙인이 찍힌 사람 외에는 아무도 물건을 사거나 팔거나 하지 못하게 하였습니다. 바로 여기에 지혜가 필요합니다. 영리한 사람은 그 짐승을 가리키는 숫자를 풀이해보십시오. 그 숫자는 사람의 이름을 표시하는 것으로서 그 수는 육백육십육입니다." 기독교 근본주의를 믿는 음모론자들은 바코드가 바로 '짐승의 낙인'이라고 해석하면서 이 낙인이 이처럼

432

널리 사용되는 것은 말세가 다가오는 징조라고 말한다.

| 다 소   황 당 한   용 의 자 |

외계인 : 바코드가 새겨진 스마트 카드를 도입하려는 정부의 계획은 실제로는 지구인을 즉시 식별하는 방법을 원하는 외계인 그레이의 강요에 의한 것일지도 모른다. 이 시스템을 도입하면 외계인들은 칩에서 나오는 위치 확인 신호에 의해 지구인을 추적할 수 있다. 스마트 카드에 새겨지는 바코드는 외계인들이 고안해낸 유전자 코드를 바탕으로 만들어지게 될 것이다. 이렇게 해놓으면 외계인들은 지구인을 납치하여 실험하는 번거로운 과정을 거치지 않아도 지구인들의 주요 생화학적 정보를 금방 알아낼 수 있을 것이다.

오늘날 소매업의 필수 요소가 된 바코드지만, 만일 군대의 지원이 없었다면 현대 생활의 일부가 될 수 없었을 것이다.

ISBN 1-84442-791-9

| 가 장   그 럴 듯 한   증 거 |

UPC 바코드는 12개의 숫자로 구성되는데 시작, 중간, 끝의 터미네이터 라인(Terminator Lines)에 의해 크게 두 부분으로 나누어진다. 터미네이터 라인을 가리켜 통칭 가드 바(Guard Bar)라고 한다. 이 가드 바는 UPC 내에서 가치를 가지지는 않지만, 이것을 약간만 확대해보면 숫자 6을 가리키는 UPC 심벌과 똑같다는 것을 알 수 있다. 따라서 각 바코드 내에는 시작, 중간, 끝 부분에 세 개의 커다란 6자가 있는 셈인데 이것이 곧 '짐승의 낙인'인 666이다. 더욱 우려가 되는 것은 일부 정부기관에서 복지기금 수혜자의 신원을 확인하는 데 이와 비슷한 방법을 사용하겠다고 하는 것이다. 그들은 수혜자의 손가락 두 개의 지문을 스캐닝하거나, 머리카락에 심어놓은 마이크로칩에서 나오는 정보를 읽거나, 아니면 수혜자의 손바닥에 아예 바코드를 새기겠다는 계획을 가지고 있다.

| 가 장   의 문 스 러 운   사 실 |

바코드 내에 F와 H의 글자를 포함하는 보강된 UPC 바코드가 있는 듯하다. 〈요한 묵시록〉의 메시지에 의거하여 이 두 철자가 각각 이마(Forehead)와 손(Hand)의 머리글자라는 해석이 나왔다. 이마와 손은 '짐승의 낙인'이 새겨지는 신체의 부분인 것이다.

| 회 의 론 자 의   견 해 |

바코드는 소매업에 아주 유익한 도구이다. 계산 시간을 크게 단축시켜주고 컴퓨터로 즉각 재고를 파악하게 해주고 구매 패턴의 분석을 쉽게 해주며 물품 분류를 간단히 할 수 있게 해준다. 우리가 어떤 물건을 어디에서 사들이는지 쇼핑과 관련된 정보를 추적하는 데 바코드가 큰 도움을 주는 것은 사실이나 그것은 어디까지나 비즈니스일 뿐이다. 이것을 사탄 혹은 외계인의 소행이라고 생각하는 것은 문제를 불필요하게 복잡하게 만드는 것이다.

검은 헬기 BLACK HELICOPTERS
검은 헬기는 정부 지하 벙커의 중요한 단서

'검은 헬기' 현상은 음모론의 세계에서 비교적 최근에 부상한 것으로, 다른 음모론 못지않게 흉흉한 성격을 띤다. 1970년대 초반 미국에서 처음 목격된 검은 헬기는 그 실체에 대해 여러 가지 추측이 나돌았는데 하나같이 무난함과는 거리가 멀다.

목격자들의 증언은 대체로 일치한다. 날씬한 최신형의 비행기이고, 레이더 추적을 피하기 위해 비행기 전면에 검은색이 칠해져 있으며, 겉에는 부대나 소속이 전혀 표시되어 있지 않다. 검은 헬기는 고성능의 전조등을 장착했으며 현대의 기술로는 불가능할 정도로 소음을 전혀 내지 않고 하늘을 날아다닌다. 이 비행기의 활동범위 역시 수수께끼이다. 산간 오지에서 자주 목격되는가 하면 소규모 편대를 이루어 도시의 상공을 날아가기도 한다. 검은 헬기는 인식용 초록색 경고등을 켜지 않고 최저 비행고도 이하로 날아감으로써 자주 연방항공국의 규정을 위반한다.

검은 헬기가 시민들을 추적한 사례가 여러 번 있었다. 1994년에는 루이지애나의 한 소년이 45분 동안 이 헬기의 추적을 받았다. 또 워싱턴 주의 395번 고속도로에서는 한 승용차가 이 비행기의 추적을 받기도 했다. 때때로 검은 헬기는 지상에 있는 사람들에게 사격을 가하기도 한다. 승무원들은 그들이 타고 다니는 헬기 만큼이나 험악한 검은 제복을 입고 있는 것으로 목격되었다.

검은 헬기가 나타나는 것을 보고 많은 미국 시민들이 공포에 떨었다.

　검은 헬기는 미국 전역에서 목격되었지만 그 중에서도 텍사스 주와 콜로라도 주에서 목격 빈도가 높았다. 이 비행선에 대하여 현지 당국자들은 연방정부나 미군부대 소속일 것이라고 주장하지만 군부는 이런 헬기에 대해 아는 바가 전혀 없다고 주장한다.

| 정 말　이 상 한　부 분 |

　검은 헬기는 변신도 가능하며 가끔 비행접시의 형태로 바뀐다는 보고도 있다.

| 먼 저　떠 오 르 는　용 의 자 |

　미국 정부의 지하 벙커 : 검은 헬기는 지하의 대규모 벙커와 관련이 있다고 여겨지기도 한다. 지하 벙커는 지구와 혜성의 충돌 등 인류의 존재를 위협하는 대격변이 발생할 경우 미국 정부와 군대의 고위지도자들을 피신시키기 위해 만들었다고 한다. 권력자들을 위한 이 안전대피처는 NSA, 국방부, CIA 등 몇몇 조직의 암묵적인 비호 아래 건설되었을 것이다. 오랫동안 뉴 월드 오더의 행동대원으로 지목되어온 FEMA(Federal Emergency Management Agency, 연방 비상관리청)가 이 지하 벙커를 관리하고 있다고 한다. 이곳에 기지를 둔 검은 헬기들은 보안을 유지하면서 납세의무자들의 의심에 찬 시선도 피할 수 있었을 것이다.

그밖의 용의자로는 마약단속청, CIA, 웨켄헛 시큐리티(Wackenhut Security, 미국 정부의 프로그램 보안을 위해 널리 사용됨), 검은색을 칠한 민간용 헬기 등이 있다.

| 다 소 황 당 한 용 의 자 |

뉴 월드 오더 : 검은 헬기는 뉴 월드 오더의 실현을 위한 선봉대일지도 모른다. 그들은 비밀공작 훈련을 받은 뒤 공격 명령이 내려지기만을 기다리고 있다는 것이다.

외계인 : 검은 헬기는 가축 훼손사건과 UFO 발견이 일어난 지역에서 자주 목격되었다. 이것은 그 두 사건과 검은 헬기가 서로 연결되어 있음을 암시한다. 검은 헬기는 외계인들과 긴밀하게 협조하면서 외계인의 동물실험이 원만하게 진행되도록 도와주는 일을 하거나 외계인에게 동물을 조달하는 역할을 해왔을 수도 있다.

맨 인 블랙 : 최근 몇 년 동안 맨 인 블랙의 목격 신고가 부쩍 줄었다. 이는 그들이 그동안 애용해왔던 검은 캐딜락 대신 검은 헬기를 이용하기 때문인지도 모른다. 이 비행기에 검은 제복을 입은 사람들이 타고 있었다는 목격담은 이런 추정을 뒷받침한다.

그 외에 생물학 무기를 사용한 군부의 비밀작전, 집단 환각 등이 용의선상에 있다.

어떤 사람들은 헬기의 검은색이 레이더 추적을 피하기 위한 스텔스 기술의 일부라고 주장한다.

| 가 장   그 럴 듯 한   증 거 |

저공비행하는 헬기들이 작은 동물들에게 치명적이고 인간에게 중병을 일으키는 이상한 물질을 살포하는 것으로 보고되었다. 예를 들어 1995년 네바다 주의 한 농가는 성분 미상의 물질을 살포하는 검은 헬기 때문에 가축 열세 마리를 잃었다. 반 년이 지난 뒤에도 그 물질이 살포된 땅에서는 풀이 나지 않았다.

| 가 장   의 문 스 러 운   사 실 |

1933년 이래 미국은 비상사태 아래 있다. 지금까지 취소된 적이 없으며 심지어 제2차 세계대전이 끝났을 때에도 마찬가지였다. 왜 이렇게 했을까? 미국 헌법에 따라 미국 대통령은 비상사태 시 평소보다 더 많은 권력을 행사할 수 있다. 아무 때나 계엄령을 선포하여 스스로 불가침이라고 믿고 있는 미국 시민의 권리를 제한할 수 있다는 말이다. 아무에게도 소속되어 있지 않은 검은 헬기는 철저히 보안을 유지하는 가운데 대통령이 민주주의를 지겨워하는 그날만을 기다리고 있는지도 모른다.

| 회 의 론 자 의   견 해 |

목숨까지 위협하는 이 막강한 기계에서 가장 실망스러운 점은 도무지 패션 감각이 없다는 것이다. 검은색은 너무나 유행에 뒤떨어진 색이다. 두 가지 색조의 푸른색을 칠하고 앞유리에 유행 감각을 살려 약간 냉소적인 미소를 짓는 얼굴 스티커라도 붙인다면 대중적 이미지를 개선하는 데 도움이 될 것이다.

암의 치료 A CURE FOR CANCER
암의 확산을 조장하는 세력의 정체는?

한때 암이 희귀병으로 인식되던 시절도 있었으나 오늘날의 서구사회에서는 암 사망률이 심장병 다음으로 높은 제2의 무서운 질병으로 떠올랐다. 1992년 당시 암은 서구에서 질병으로 인한 사망 건수 가운데 약 25퍼센트를 차지하는 것으로 추산되었다. 이런 암 증가 현상에 대해 과학자들은 예전에 사람들의 목숨을 앗아갔던 병들이 지금은 많이 퇴치되어 상대적으로 암으로 인한 사망의 비중이 커진 것일 뿐이라고 설명한다. 하지만 젊은 연령 층에서 암 발생률이 높아진 것을 보면 반드시 그런 것 같지도 않다. 암은 이제 노인들만의 병이 아닌 것이다. 지난 수십 년 동안 암 연구에만 수십 억 달러가 투입되었다. 관련업계는 늘 암 정복이 얼마 남지 않았으며 인간은 곧 다양한 암을 극복할 수 있을 것이라는 주장을 되풀이하고 있다. 하지만 이러한 호언장담과는 대조적으로 암으로 인한 사망 건수는 해마다 늘어나고 있다.

| 정 말   이 상 한   부 분 |

국제암연구기구(IARC)는 암의 90퍼센트 정도가 환경에 의해서 유발되기 때문에 이론적으로는 예방이 가능하다고 발표했다. 환경이란 곧 발암물질과

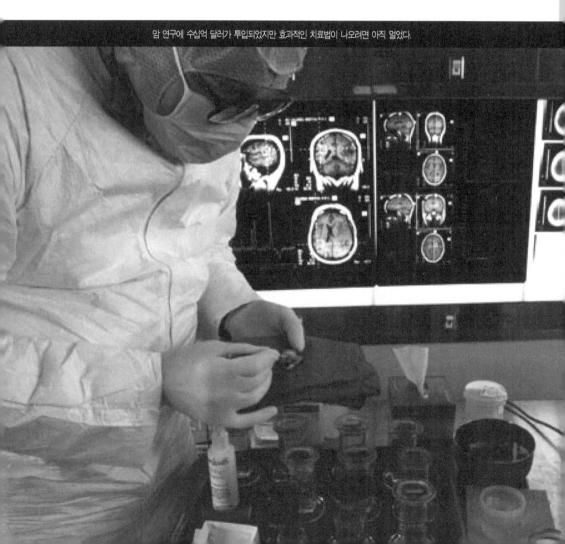
암 연구에 수십억 달러가 투입되었지만 효과적인 치료법이 나오려면 아직 멀었다.

의 접촉을 의미하는데, 그런 요인으로는 흡연, 동물성 지방의 과다 섭취와 과일 및 야채 섭취의 부족, 과도한 태양광선에의 노출, 다양한 음식첨가제, 알코올의 과도한 섭취, 환경오염, 전자파, 열악한 작업환경, 특정 의약품 중독 등이 있다. 이런 중요성에도 불구하고 한스 뤼쉬(Hans Ruesch, 의학사가)가 지적했듯이 미국 국립암연구소의 예산 중 10퍼센트 미만이 환경 요인 연구에 투자되고 1퍼센트 미만이 영양 연구에 쓰이고 있다.

사실 많은 발암성 물질—가령 저칼로리 감미료인 아스파탐 등—이 동물 실험 결과를 내세우며 안전한 물질인 것처럼 판매되고 있다. 독일의 암 과학자인 베르너 하르팅거(Werner Hartinger) 박사는 이렇게 말했다. "오해를 불러일으키는 동물 실험 결과에 의거하여 그런 물질의 소비가 합법화되어 있다. 소비자들은 이런 조치 때문에 잘못된 안전의식을 갖게 되는 것이다."

| 먼 저   떠 오 르 는   용 의 자 |

제약업계와 산업계 : 암 연구는 대규모 비즈니스이다. 암이 발생하는 원인이 대부분 잘 밝혀져 있지만, 사전 예방조치는 일부 회사들에게 아주 곤란한 문제가 될 수 있다. 가령 담배회사, 주류회사, 낙농업체, 화학첨가제 제조업체 등 세금을 많이 내는 회사들은 암 예방이 본격적으로 실시되면 매출이 급격하게 줄 수밖에 없다. 정부는 이런 힘센 대기업들의 분노를 유발하기보다는 제약회사와 관련 대기업들이 암 연구 정책을 좌지우지하도록 내버려두고 있다. 제약업계와 산업계가 가장 좋아하는 방식은 악성종양의 성장을 억제하는 값비싼 약품은 계속 만들어내는 대신 암 발생 건수는 현재 수준을 유지하는 것이다. 이렇게 하면 많은 고객층을 확보할 수 있다. 이 고객들은 평생 동안 암 억제제를 소비할 것이고 계속하여 담배와 술을 즐기면서 관련업체의 수익을 높여줄 것이다. 이러한 정책방향이 일관되게 유지되고 있는 것은 암 연구기금이 주로 제약회사들로부터 나오기 때문이다. 영양섭식 분야가 완전 무시되는 것은 아무도 이 분야에 연구비를 내놓지 않기 때문일 것이다. 장기

적으로 볼 때 이 분야는 돈이 되는 분야가 아닌 것이다.

|다소 황당한 용의자|

뉴 월드 오더 : 일반대중에게 겁을 주어 통합된 세계 단일정부의 개념을 받아들이게 할 목적으로 뉴 월드 오더가 암에 대한 공포를 사람들 사이에 확산시키고 있다는 주장이 있다. 암의 위험수위가 아주 높아졌을 때를 기다려 자신들만이 문제를 해결할 수 있다는 주장을 할 계획인데 만약 그전에 치유책이 발견된다면 그들의 입장이 아주 곤란하게 될 것이다.

|가장 그럴듯한 증거|

노벨상을 2회 수상한 과학자 라이너스 폴링(Linus Pauling) 박사는 이렇게 말했다.

"사람들은 대부분의 암 연구가 사기였으며, 주요 암 연구기관들은 그들을 지원하는 사람들에게 직무유기를 하고 있다는 사실을 알아야 한다."

미국 국립암연구소에서 20년간 직원으로 근무했고 또 이 기관에서 발행하는 잡지의 편집인인 존 베일리 박사는 이렇게 말했다.

"내가 볼 때, 미국의 암 연구 프로그램은 대 실패작이었다……. 미국 암협회의 5년간 생존자 통계수치는 진실을 오도하고 있다. 이 수치는 암이 아닌 경우도 암으로 포함시키고 있다. 그리고 이제는 초기 단계에서 암을 진단할 수 있게 되었기 때문에, 환자들은 전보다 더 오래 사는 것처럼 느끼고 있다. 지난 20년 동안 우리의 암 연구는 총체적으로 실패작이다. 30세 이상의 사람들이 암으로 죽어가는 비율이 전보다 더 높아지고 있다……. 가벼운 암 증세를 가진 여자 환자들은 '완치자' 명단에 포함된다. 정부 관리들이 생존자 수치를 들먹이며 암과의 전쟁에서 이기고 있다고 말하는 것은 통계수치의 조작일 뿐이다."

노벨상을 두 번 수상한 라이너스 폴링 박사를 비롯해 많은 과학자들이 현재 암 연구 상황에 대해 비판적인 의견을 밝혔다.

|가 장   의 문 스 러 운   사 실|

배리 라인스(Barry Lynes)는 그의 저서 《암의 치료, 완치, 은폐 그리고 해결책!》에서 이렇게 썼다. "1953년 미국 상원 조사위원회는 효과적인 암 치료 방법을 억압하려는 음모가 존재한다고 보고했다. 그러나 이 조사를 담당한 상원의원이 돌연 사망했고 조사는 중단되었다. 국가의 암 프로그램 운영에 피해를 입힐 수 있는 사람들이 갑작스럽게 죽어버리는 현상은 이전에도 있었고 이후에도 있었다."

|회 의 론 자 의   견 해|

암 프로그램 담당자는 물론이고 그들의 친척이나 친구들도 암으로 사망했다. 만약 암 완치법을 알고 있었다면 그 방법을 사용하지 않았을 리 없다. 이렇게 볼 때 그들이 제약업계와 관련업계의 매출을 높여주기 위해 완치법을 감추고 있다는 이야기는 신빙성이 떨어진다.

공짜 에너지 FREE ENERGY
에너지 개발을 막는 정유업계의 음모

공짜 에너지는 두 가지 의미를 가지고 있다. 첫째 의미는 노력이나 에너지를 더하지 않고도 공정에서 추가 에너지를 공짜로 얻는 것이다. 이 방법은 에너지 효율을 높여 에너지를 아끼는 것으로서 그리 혁명적인 방식은 아니다. 두번째 의미는 사용된 에너지보다 훨씬 더 많은 에너지를 뽑아내는 시스템을 가리킨다. 실제 사용한 에너지보다 더 많은 에너지가 나온다면 에너지의 순이익이 보장되는 것이다. 이러한 공짜 에너지를 생산하는 장치—현재까지는 이론적인 단계에 머물러 있지만—를 가리켜 '단위 초과' 장치라 한다.

두번째 의미의 공짜 에너지는 논쟁의 여지가 있다. 열역학법칙에 의하면 에너지는 창조되거나 파괴되는 것이 아니고 전이될 뿐이다. 따라서 일반적인 의미에서 본다면 공짜 에너지라는 것은 없다. 이런 열역학법칙은 우주 전체에 적용된다. 하지만 우주에는 영점 에너지(ZPE, Zero-Point Energy)로 알려진 유형의 에너지가 있는데 이것은 우주에 스며들어 있고, 일종의 평행 차원에 연계되어 물질 속을 흐르는 전기적 흐름으로부터 나온다. 유명한 발명가이며 전기공학자인 니콜라 테슬라(Nikola Tesla)는 헨리 모레이(Henry Moray), 월터 러셀(Walter Russell) 등의 동료와 함께 ZPE에 대해 설명했고, 이를 증명하기 위한 전기장치를 고안했다. 따라서 머지않은 미래에 이 에너지를 이용하는

음모론자들이 선호하는 과학자
니콜라 테슬라.

것이 가능해질지도 모른다. 만약 그렇게만 될 수 있다면 오염 없는 동력의 원천을 공짜로 무제한 만들어낼 수 있게 된다.

공짜 에너지의 또다른 원천은 회전의 속도와 중력의 당김 사이의 상관관계에 있다. 디스크(혹은 이와 비슷한 물체)를 아주 빠르게 회전시키면 이 물체의 무게는 감소한다. 정지해 있는 디스크는 일정 거리를 낙하할 때 표준 중력법칙에 의해 일정량의 시간이 걸린다. 그러나 빠르게 회전하는 디스크를 공기저항이 없는 진공 속에서 낙하시키면, 땅에 떨어지는 데 40퍼센트의 시간이 더 걸린다. 회전하는 디스크는 상당부분 중력법칙을 무시하고 있는 것이다. 만약 이 설명이 옳다면 이 현상은 반(反) 중력장치의 가능성을 보여주는 것이다. 더욱 중요한 것은, 일부 전자기장 이론에 의하면 그 현상을 잘 활용하여 상당한 단위의 초과 에너지를 얻을 수 있다는 점이다. 그러나 주류 과학자들은 이와 관련된 실험 결과를 무시한다.

　단위 초과 장치 외에도 추가 비용 없이 상당한 에너지를 만들어내는 다수의 발명품이 있는데 이것이 발표되는 것을 누군가가 막았다는 소문이 있다. 몇몇 자동차 연구가들은 지난 수 년 동안 자동차 개량을 시도해 시속 60마일에서 1갤런당 연비를 300마일까지 높일 수 있는 비결을 알아냈다는 주장을 했다. 그러나 이 주장은 곧 갑자기 잠잠해졌다. 영국의 한 아마추어 과학자는 열을 반사하는 물질(스타라이트)을 개발했다고 주장했다. 이 과학자의 설명에 의하면 가정집에 스타라이트를 설치하면 완벽하게 보온이 되어서 난방비를 거의 제로 수준까지 낮출 수가 있다고 한다. NASA가 수백만 달러를 들여 스타라이트의 특허권을 사들였다고 하는데 그 후 아무런 소식도 들려오지 않는다.

| 먼 저   떠 오 르 는   용 의 자 |

　기득권층 : 관련 산업체들이 획기적인 에너지 절약 장비의 개발을 줄기차게 막고 있다는 추측이 널리 퍼져 있다. 특히 정유업계는 이런 장치가 등장하게 되면 연료의 매출이 줄어들 것이 뻔하므로 무슨 수를 써서라도 이 장치가 일반 시장에 나오지 못하도록 막고 싶을 것이다.

| 다 소   황 당 한   용 의 자 |

　미국 군부 : 미국 정부는 지난 40년 동안 공짜 에너지와 관련된 약 3000건의 특허장치와 특허신청을 보안 유지라는 명목 하에 특별관리를 해오고 있다. 일부 인사들은 미국 군부가 세계 최강의 군사력이라는 엄청난 이점을 그대로 유지하기 위해 이런 좋은 기술을 훔쳐갔다고 생각한다.

NASA를 비롯한 많은 미국 정부기관들이 공짜 에너지 장치에 대한 특허권을 자신들이 보유하고 있다고 주장한다.

| 가 장   그 럴 듯 한   증 거 |

미국의 발명가 톰 오글(Tom Ogle)은 1977년의 한 실험 주행에서 그가 고안한 장치를 5톤짜리 포드 트럭에 사용함으로써 1갤런당 100마일의 연비를 더 올릴 수 있다는 것을 증명했다. 쉘 정유회사의 대리인이 그 장치를 2500만 달러에 팔지 않겠느냐고 제안했지만 오글은 이를 거부했다. 정유회사가 그 장치를 사들인 뒤 처박아둘 것이 뻔했기 때문이다. 오글은 1981년 갑자기 죽었다.

| 가 장   의 문 스 러 운   사 실 |

발명가 데니스 리(Dennis Lee, 공짜 에너지 공동체의 일부 세력은 그를 믿을 수 없는 사람이라고 생각한다)는 기성체제가 개인 소비자들의 에너지 비용을 크게 줄여줄 수 있는 과학기술을 억압하고 있다고 비난했다. 그는 민법의 등록법 위반으로 2년간 복역했는데, 그가 저질렀다는 범죄에 대하여 재판을 받거나 유죄판결을 받지도 않은 채 석방되었다.

| 회 의 론 자 의   견 해 |

공짜 에너지를 얻을 수 있는 기술을 정말로 가지고 있다면 엄청난 돈방석에 올라앉게 될 것이다. 수백만 달러에 이르는 거래에서부터 재정 지원, 기기 판매에 이르기까지 자칭 발명가들은 큰돈을 벌 수 있다. 하지만 그런 장비가 있다는 말만 무성할 뿐 구체적인 물건을 내놓는 발명가는 아직 없다. 그래서 몇몇 논평가들은 이 모든 것이 하나의 사기극에 지나지 않는다고 생각한다.

극초단파를 이용한 심리 조종
MICROWAVE MIND-CONTROL
인간의 심리를 조종하는 신무기를 개발하라

군사분야에서는 극초단파 방사선(Microwave Radiation)의 사용 효과를 연구한 출판물이 꽤 많다. 특히 이것이 사람들에게 미치는 심리적·생리적 효과가 주된 연구 대상이 된다. 미국 정부는 소련 정부, 그 중에서도 특히 KGB가 이러한 유형의 연구를 주도해왔다고 주장했다. 그러나 CIA도 1950년대에 판도라 프로젝트를 시행한 이래 이 분야를 열심히 연구해왔다는 증거가 있다. CIA가 얻은 연구 결과는 NSA와 미국 에너지국에 의해서도 활용되어 왔다.

이 연구의 특정 부분은 언제나 월터 리드 육군연구소(WRAIR, Walter Reed Army Institute of Research)에서 수행되었다. 1973년 이 연구소의 연구원들은 획기적인 발명을 이룩했다. 극초단파 신호를 잘 조작하여 방송하면 그것이 사람의 내이(內耳)를 자극하여 인간의 말과 똑같은 음성신호를 수신한 듯한 착각을 일으킨다는 것이다. 내이의 달팽이관 세포가 특정한 패턴에 따라 진동하게 만듦으로써, 극초단파 청력도는 청각과 관련된 신경체계에 직접 전달될 수 있다. 그 결과 실제로는 있지도 않은 목소리를 듣는 무서운 환청(幻聽) 효과가 발생한다.

《생명과 전기(The Body Electric)》라는 책에서 로버트 베커(Robert Becker) 박사와 개리 셀던(Gary Selden)은 이런 청각 무기의 이용 범위를 다음과 같이 지적했다. "이 장치는 은밀한 작전에서 이용될 수 있다. 주요 공격목표에게 계속 '목소리'를 보냄으로써 그를 정신이상으로 만들거나, 아니면 미리 프로그램해놓은 암살자에게 발각되는 일 없이 안전하게 지시를 전달할 수도 있다." 이 연구는 계속 진행되었고 그 연구 작업을 자세히 적어놓은 과학 논문도 여러 편 나왔는데, 이 가운데 일리노이 대학교 생명공학부의 제임스 린(James

Lin) 교수가 발표한 논문들이 대표적이다. 한편 WRAIR은 살아 있는 대상에 미치는 효과에 주목하여 극초단파 무기(MW)에 관한 논문을 군대 심포지엄에서 발표했다. 그런데 난처하게도 WRAIR 산하의 의료 센터 소속인 군(軍) 정신과 의사는 이런 주장을 폈다. WRAIR이 MW 청력도의 유도방법(피실험자에게 환청을 듣게 하는 것)에 대하여 상부의 허가 없이 실험을 했는데, 그 대상이 정신병원에 장기 입원한 환자들이었다는 것이다.

| 정 말   이 상 한   부 분 |

  아직도 정보계통에서 활약하고 있는 전 CIA 부국장 레이 클라인(Ray Cline)은 군사전략을 논의하는 미국의 기관인 지구전략협의회(GSC, Global Strategy Council)의 의장이다. 이 지구전략협의회는 1991년 국내외에서 사용되는 다양한 극초단파 심리 조종 장치에 관한 백서를 발간했다. 미 육군은 이런 무기들을 공식적으로 '비(非)재래식 무기'로 분류한다. 비재래식 무기와 관련하여 나토에 파견된 미 육군 대표 버넌 시슬러(Vernon Shisler)는 다양한 형태의 에너지 관련 무기들을 미 국방부가 보유하고 있다는 사실을 인정했다. 정부에 대해 비판적이고 적대적인 몇몇 사람들은 자신이 정부로부터 불순분자로 의심을 받고 있기 때문에 이런 무기의 실험대상이 되고 있다고 생각한다. 물론 이 무기들이 목숨을 위협할 만큼 치명적이지는 않다. 아무튼 정부가 이런 사람들을 실험 대상으로 선택했다면 사실상 일석이조의 효과를 올리고 있는 셈이다.

| 먼 저   떠 오 르 는   용 의 자 |

  CIA : MW 연구체제와 관련하여 피실험자들을 학대했다는 비난의 목소리가 높았다. 그것은 MK-ULTRA 프로젝트(1950년대 CIA는 LSD가 마인드 컨트롤과 자백제로 효과가 있는지 알아보기 위해 죄수, 말기 환자, 매춘지역 방문자를 상대로 사전허락 없이 약품을 투여했다—옮긴이)와 MHCHAOS 프로젝트(미국내 반

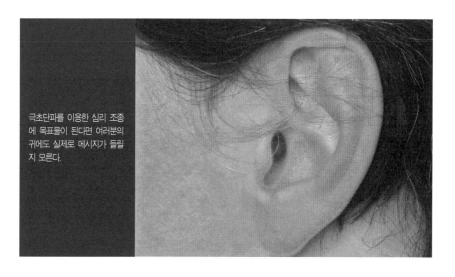

극초단파를 이용한 심리 조종에 목표물이 된다면 여러분의 귀에도 실제로 메시지가 들릴지 모른다.

전세력에 대한 비밀정보수집 및 방첩공작—옮긴이) 진행 중에 CIA가 받았던 비난과 아주 비슷하다. 소련이 붕괴하고 KGB가 해체되면서 CIA는 국제첩보작전에서 다른 분야로 시선을 돌리게 되었다. 그 결과 CIA는 민권운동과 그 운동 지지자들이 제기하는 '위협' 을 과장하면서 MK-ULTRA와 MHCHAOS의 두 프로젝트를 수행했는데, MW 연구와 수법이 너무 비슷하여 MW 역시 CIA가 그 배후가 아니냐는 이야기가 나오고 있다.

| 다소 황당한 용의자 |

마이크로소프트 : 가장 믿어지지 않는 음모론이 마이크로소프트 관련설이다. 심리 조종 실험을 하는 정보기관에 이 회사가 뒷돈을 대주고 있다는 이야기인데, 소프트웨어 업계의 거인이 무엇 때문에 이런 일을 벌이는지 그 이유는 밝혀지지 않았다.

| 가장 그럴듯한 증거 |

CIA가 미국 시민들을 대상으로 실험을 했다는 문서가 발견되었다. 이 때문에 CIA와 군의 실험을 제한하는 규정이 제정되었다. 그리하여 미국 시민에 대한 감시, 개인정보 수집, 비자발적인 대상에게 행하는 실험 등은 모두 금지 되었다. 1992년 상원 소위원회는 미국 국방부가 군 납품업체들의 보호막 뒤에 숨으려는 경향이 있다고 불평했다. 군 납품업체들은 정보기관의 권위를 가지고 행동하면서도 위의 금지 규정의 제한을 받지 않는다. 바로 이 때문에 국방부는 납품업체들을 즐겨 이용하는 것이다.

| 가 장   의 문 스 러 운   사 실 |

MW 무기는 공격 대상의 심리상태를 교란시키는 작전과 함께 사용된다는 소문이 나돌았다. 공격 대상이 교란작전 결과 심한 스트레스를 느낄 때 극초 단파 심리 조종은 더욱 위력을 발휘한다. 민간인 보호를 위하여 설립된 전자 감시프로젝트협회(Electronic Surveillance Project Association)는 관계당국으로부터 괴롭힘을 당했다고 주장하는 많은 사람들을 접촉했다. 그들이 신고한 피해 사례는 다양했다. 가령 전에 친하게 대하던 이웃이 갑자기 냉랭하게 대한다, 전혀 알지도 못하는 사람이 느닷없이 적대적인 태도를 취하면서 조롱한다, 집에 좀도둑이 자주 든다, 스트레스 때문에 건강이 나빠진다, 밤에 잠을 제대로 자지 못한다, 가재도구를 마구 파괴한다, 경찰 · 의사 · 변호사 등 권위 있는 자리에 있는 사람들이 적대적인 태도로 나온다는 등의 내용이었다.

| 회 의 론 자 의   견 해 |

때때로 편집증은 그냥 편집증일 뿐이다. 언론에서는 은박지로 만든 모자를 쓰면 극초단파를 이용한 심리 조종 무기들을 물리칠 수 있다고 가끔 보도하고 있다.

전략방위구상(별들의 전쟁)
STRATEGIC DEFENSE INITIATIVE(STAR WARS)
레이건은 왜 우주에 무기를 배치하려 했을까

로널드 레이건 전 미국 대통령이 소련에 대해 일관되게 유지해온 호전적인 입장에는 하나의 거대한 비전이 있었다. 그는 1983년 3월 이를 일반대중에게 공개했다. 그것은 '악의 제국'으로부터 날아오는 핵무기들로부터 미국을 안전하게 보호할 수 있다는 계획이었다. 이름하여 전략방위계획(SDI, Strategic Defense Initiative)인데 레이건은 이것을 완벽하게 갖추면 미국은 철옹성이 될 것이라고 생각했다.

언론에 의해 '별들의 전쟁'이라고 명명된 SDI는 군사연구작전으로서 단 하나의 목표를 가지고 있었다. 그 목표는 공상과학 소설에서나 나올 법한 미래지향적 무기들로 미국의 영공을 겹겹이 에워싸 소련의 탄도 미사일을 완벽하게 막아내는 방어 시스템을 갖추는 것이었다. 지구 위의 하늘에 떠서 미국을 방어하는 무기에는 아원자 수준의 입자 빔, 핵 엑스레이 레이저, 전자기 레일건 등이 포함되었다.

레이건은 SDI를 철저하게 믿었고 나토와 망설이는 미국 조야(朝野)에 이 아이디어를 받아들이라고 강력하게 밀어붙였다. 이 계획은 요원하기 그지없는 것이었지만 소련의 지도자 미하일 고르바초프는 그래도 걱정이 되었다. 1986년 고르바초프 서기장은 앞으로 15년 이내에 전세계의 핵무기를 폐기하자는 제안을 내놓았는데, 단 미국이 SDI를 포기해야 한다는 단서를 달았다. 핵전쟁의 위협을 완전히 없앨 수 있는 카드가 눈앞에 있는데도 불구하고 레이건 대통령은 자신이 소중히 여기는 '별들의 전쟁' 구상을 포기하지 않았으며 오히려 그 계획을 더 강하게 밀어붙였다.

당초 1000억 달러에서 1조 달러 사이의 예산 집행이 배정된 '별들의 전쟁'

계획은 미국 정부의 최우선 사업으로 지정되었다. 하지만 여러 해가 지나도 이 꿈은 완벽하게 실현되지 못했다. 미국 정부 내에서 SDI를 민간방어체제로 보는 세력들이 늘어났고, 미국 군부에서는 레이저 빔을 사용하여 미군의 핵무기들을 보호하는 데 더 관심을 기울였다. 몇몇 과학자들은 SDI 구상이 각 부분에서 성공적으로 수행된다는 것이 사실상 불가능하며 적들이 쉽게 여기에서 벗어날 수 있다는 것을 깨닫고 이 프로젝트에서 손을 뗐다.

레이건 대통령은 정말로 소련의 위협을 우려한 것인가, 아니면 다른 어떤 것으로부터 미국을 방어하려 했던 것인가? 왜 우주에 무기를 배치하려 했던 것인가?

| 정 말   이 상 한   부 분 |

1987년 9월 21일, 레이건 대통령은 유엔 총회에서 연설을 했다. 그때 레이건은 만약 외계인의 위협에 직면하게 된다면 이 세상은 다양한 의견 차이로 인한 대립을 금방 해소할 수 있을 것이라고 말하여 각국 외교관들을 어리둥절하게 만들었다. 그는 한 대학의 졸업식장에서 한 연설을 비롯하여 다른 연설에서도 외계인의 지구 침공 주제를 여러 번 언급했다.

| 먼 저   떠 오 르 는   용 의 자 |

외계인의 공격 : 미국의 정보기관들은 소련이 곧 붕괴하리라는 것을 알고 있었다. 따라서 SDI의 진정한 목적은 임박한 외계인의 공격으로부터 지구를 보호하는 것이라고 할 수 있다. 입자 빔 무기와 화학 레이저를 갖추고 지구 궤도에 쏘아올려진 인공위성은 침공해오는 외계인들에 맞서는 제1선의 방어 세력이다. 공격이 예상되는 외계인은 그레이의 주인 격으로 알려진 드라콘족(Draconians)이다. 그레이들은 지구에 숨어살면서 세계 각국 정부들과 긴밀하게 협조해 왔다. 허블 망원경의 주된 임무도 성운과 블랙홀 사진을 찍는 것이

아니라, 침공해오는 드라콘족의 항공편대를 미리 감시하는 것이라고 한다. 이 이론은 1947년 뉴멕시코 주 로즈웰에 외계인의 비행접시가 추락했다는 로즈웰 사건과 잘 맞아떨어진다. 로즈웰 사건을 계기로 외계인 그레이와 미국 정부는 긴밀한 동맹관계에 들어갔던 것이다. 그레이와의 거래로 미국 정부는 역공학을 통해 입자 빔 등 최첨단 과학기술을 얻었다. 또한 드라콘족의 노예가 되는 것이 싫은 그레이는 SDI를 운영하는 데 필요한 컴퓨터 연산능력을 제공했다고 한다.

허블 우주망원경은 과학 연구 목적으로 설계되었을까, 아니면 초기 경고 목적으로 설계되었을까?

|다 소 황 당 한 용 의 자|

뉴 월드 오더 : SDI의 설치는 지구의 모든 시민들을 뉴 월드 오더의 멍에 아래 묶어두려는 우주 관련 무기체제의 시작에 불과할 수 있다. 레이건의 뒤를 이어 대통령이 된 조지 부시는 수상하게도 자신의 연설문에서 뉴 월드 오더를 여러 번 언급했다.

낸시 레이건 : 레이건 대통령의 건강이 나빠지면서 그의 아내 낸시 레이건은 미국 정부를 배후에서 조종해온 것으로 오랫동안 의심받아왔다. 그래서 낸시 레이건이 '별들의 전쟁' 계획의 창시자일 수도 있다는 의혹이 제기되었다. 특히 그녀가 점성술사의 조언을 자주 요청한다는 점에서 그러한 의심이 더욱 신빙성을 얻는다.

|가 장 그 럴 듯 한 증 거|

S-4나 51구역 같은 곳에서 추락된 비행접시를 역공학하는 자금은 SDI 예산에서 나왔을지도 모른다. 이 추측은 나름대로 일리가 있다. 왜냐하면 SDI에 사용된 많은 무기체제가 '고도의 실험성 무기'로 분류되었기 때문이다.

|가 장 의 문 스 러 운 사 실|

레이건과 부시 행정부 시절에 SDI 계획에 수십 억 달러가 투자되었다. 하지만 클린턴 행정부는 1993년 슬그머니 이 프로젝트를 포기했다. 클린턴 재임 시절에 외계인들이 전보다 뉴스에 더 많이 등장했다는 사실은 주목할 만하다. 또 화성의 사이도니아 지역을 사진 찍겠다는 약속이 새롭게 확인되었고 클린턴 대통령 자신도 미국 국민들을 상대로 화성에 생명체가 있을지도 모른다는 가능성을 거론했다. 이런 사실들은 외계인에게 친화적인 미국의 태도 변화를 보여주는 것이다.

| 회 의 론 자 의   견 해 |

허블 망원경을 위시한 우주 탐사 기록과 실패로 끝난 몇 번의 화성 탐사가 전부인 미국이 추진하는 SDI는 외계인의 침공 시 앞유리에 붙은 파리 한 마리 만큼의 억제 효과는 있을 것이다.

잠재의식 조종 SUBLIMINAL MESSAGES
광고와 음반에 포함된 잠재의식 메시지로 조작되는 대중의 심리

언론계와 연예계 그리고 무자비한 정부 부처 등이 사용할 수 있는 오싹한 무기 중의 하나가 잠재의식 조종(Subliminal Messaging)이라는 심리조종술이다. 이 기술의 원칙은 간단하다. 우리 인간의 의식이 시각 이미지를 받아들이기 위해서는 일정한 시간, 가령 10분의 1초 정도의 시간을 필요로 한다. 영화와 텔레비전은 10분의 1초마다 하나 이상의 이미지(프레임)를 보여줌으로써 동영상의 환상을 창출한다. 이 프레임을 보여주는 속도를 높임으로써—가령 영화는 초당 60프레임을 보여준다—동영상의 환상이 생겨나는데, 이 영상들은 실은 정지된 그림을 많이 이어붙인 것에 지나지 않는다. 하지만 인간의 잠재의식은 이런 개별 프레임을 따로따로 인식한다. 그 결과 비합리적인 방식으로 그것을 가공하여 모든 정상적인 의식의 통로를 우회한 채 인간의 두뇌 속으로 직접 정보를 쏘아 보낸다.

한국전쟁이 끝나고 심리조종술이 많이 토의되던 시절인 1958년, 뉴저지 주 포트리에서는 한 영화에 '팝콘을 먹어라' '콜라를 마셔라' 같은 광고 메시지를 순간적으로 보여주는 장치를 삽입했다. 워낙 짧은 순간이라 관중은 그 단어를 알아보지 못했다. 광고업체의 사장인 제임스 비카리(James Vicary)는 이 실험과 관련해 잡지와 신문에서 다음과 같이 말했다. 그는 이 잠재의식 조종을 측정하기 위해 6주에 걸쳐 수천 명의 영화 관람객들에게 실험을 해보았다. 영화 상영 내내 5초에 한 번 정도 그 광고 메시지를 비치게 했더니 코카콜라의 매출은 20퍼센트가 늘어났고, 팝콘 매출은 무려 60퍼센트나 증가했다.

당연히 일반대중은 사람들의 심리를 조종하는 이런 광고 기법에 경악하고 또 분개했다. 미국 정부는 잠재의식 광고를 하면 방송면허가 취소될 것이라며 강력하게 대응하고 나섰다. 하지만 이는 수정헌법 제1조에 위배된다고 판정이 나 곧 철회되었다. 잠재의식 광고는 미국에서 오늘날까지 합법적인 것으로 인정되고 있다.

| 정 말   이 상 한   부 분 |

잠재의식 효과에 대한 과학적 연구들은 과연 그런 효과가 발생하는지 입증해주는 증거를 포착하지 못하고 있다. 하지만 일부 음모론자들은 바로 그것이 막강한 음모의 간접적인 증거라고 주장한다. 아주 강력한 음모이기 때문에 그런 효과를 일반대중으로부터 교묘하게 감추고 있다는 것이다.

| 먼 저   떠 오 르 는   용 의 자 |

악마와 그의 부하들 : 잠재의식 메시지는 음반 제작에서도 이용되고 있는데 통칭 백 매스킹(Back-masking)이라고 부른다. 몰래 숨겨놓은 메시지를 명확하게 듣기 위해서는 음반을 거꾸로 돌려보아야 한다. 이론상 잠재의식은 이런 숨겨진 메시지를 들을 수 있으므로 그 음악을 듣는 사람은 숨겨진 메시지에 영향을 받게 된다. 록 음악의 백 매스킹에 감추어진 잠재의식 메시지는 주로 '그냥 해버려(Just do it).' '사랑을 하라(Make love).' 등 성적 암시가 주종을 이

잠재의식 조종은 TV 드라마 〈형사 콜롬보〉에 소개되어 대중의 관심을 처음으로 끌게 되었다.

룬다. 따라서 기독교적 가치를 파괴하기 위해 사탄이 이런 짓을 저지르고 있다는 결론을 내릴 수밖에 없다.

군산복합체 : 이 음모론에 의하면 정부와 대기업이 모든 잠재의식적 영향의 주된 원천이다. 그들은 일반시민들을 유순하고 순종적으로 만들어 관련 제품들을 구입하게 만들려고 잠재의식 광고를 사용한다. 그들은 이러한 방식을 채택해야 국가와 기업의 재정 상태가 건전하게 유지된다고 믿고 있다.

| 다 소 황 당 한 용 의 자 |

마이크로소프트 : 마이크로소프트 윈도 95의 초기 화면에서는 잠재의식 수준의 다양한 그림이 발견된다는 이야기가 있다. 가령 화면 왼쪽에 앞발을 높게 쳐든 성난 말이 있고, 그림 오른쪽 맨 위에는 날개를 활짝 편 커다란 검은 새가 있고, 윈도 로고 바로 오른쪽에는 록 스타가 있고, 로고 왼쪽 중앙을 가로질러서 성교하고 있는 남녀가 있다는 것이다. 이 그림이 무엇을 의미하는지는 아무도 모른다.

베티 포드 클리닉 : 재활병원은 중독자를 필요로 한다. 그렇다면 가장 유명한 클리닉이 잠재의식 광고를 사용하여 사람들을 술주정뱅이로 만들 수도 있다. 왜? 그렇게 해야만 환자가 늘어나 병원 재정이 튼튼해질 테니까.

| 가 장 그 럴 듯 한 증 거 |

1970년대에 광고회사의 사장을 지냈던 윌슨 키가 우리 주위에는 늘 잠재의식 광고가 사용되고 있다고 말함으로써 주목을 받은 적이 있다. 주로 일반 대중의 성적 흥분을 높이는 비밀 메시지가 도처에서 발견된다는 것이다. 이런 메시지는 사람들로 하여금 자기가 지지하는 광고에 더 순종적이게 만든다고 한다. 윌슨 키가 호텔 메뉴판, 담뱃갑, 술 광고 등 그가 보는 거의 모든 것에서 '섹스'라는 단어를 발견한 것은 유명하다. 그는 정부와 대기업이 시민들의 마음을 조종하기 위해 서로 긴밀히 협동하고 있다고 말했다.

| 가 장 의 문 스 러 운 사 실 |

윌슨 키는 잠재의식 광고를 비난한 유일한 전문가이다. 우익 성향의 그리스도교 신자들은 사악한 록 음악을 통한 잠재의식 기법의 위험을 자주 지적한다. 하지만 많은 공공 지도자들이나 정치논평가들은 거의 금욕적인 태도로 이 문제를 회피하고 있다. 재계와 정계는 아예 이 문제에 말려드는 것을 거부하고 있다. 그들은 무엇을 감추고 싶은 것일까?

| 회 의 론 자 의 견 해 |

잠재의식 광고는 과학적인 근거가 없는 것으로 판명났다. 잠재의식 광고에 대한 우려는 반항적인 10대 소년들의 태도를 대신 책임질 희생양을 찾아나선 과격한 그리스도교 이익집단들이 만들어낸 도깨비에 지나지 않는다.

니콜라 테슬라 NIKOLA TESLA
아이디어를 가로채가려는 조직적 음모에 희생된 비운의 천재 발명가

음모론의 세계에서는 어느 영역에서든지 간에 특별히 주목하여 파헤치고 싶은 인물이 있는 것 같다. 2000년 한 음모론 회의에서 행해진 설문조사에서 가수 부문에서는 엘비스가, 배우 부문에서는 존 웨인이 그리고 정치가로서는 리처드 닉슨이 가장 흥미로운 음모론의 대상자로 지목되었다.

과학자 분야에서는 빌헬름 라이히가 간발의 차로 니콜라 테슬라를 제치고 1위를 차지했으며 칼 세이건이 그 뒤를 이었다. 이것은 꽤나 충격적인 결과였다. 나를 포함한 많은 음모론 연구가들이 과학사에서 가장 위대한 발명가 중 하나였던 테슬라에 관하여는 그저 가벼운 관심 이상을 두지 않았기 때문이다.

몇 년 전까지만 해도 전기와 전파 기술의 발견과 발전에 관한 과학사 서적 중 테슬라의 이름이 언급되어 있지 않은 것들이 있었다. 우리가 오늘날까지도 사용하는 교류전기를 발명하고 제2의 산업혁명을 알린 '교류 모터'를 발명한 것이 바로 테슬라였다는 것을 생각하면 이것은 매우 이상한 일이다. 그 덕분에 세계 최초의 수력발전 댐을 나이아가라 폭포에 건설할 수 있었고, 무선통신과 라디오 발명의 기초를 세울 수 있었는데 말이다.

아인슈타인이 그의 시대에서 가장 중요한 인물 중 하나로 테슬라를 지목하였음에도 많은 학자들은 실제로 그의 공헌을 인정하지 않았다. 그는 비주류 연구자로 인식되었고 괴짜 취급을 받았다. 테슬라에 대한 과학계의 평가는 워싱턴의 스미스소니언 박물관이 그를 어떻게 대접했는지를 보면 알 수 있다. 스미스소니언 박물관은 라디오의 발명에 관한 그의 공헌을 부당하게도 마르코니에게 돌렸으며, 전시되어 있는 그의 발명품 중 하나에 엉뚱하게도 토머스 에디슨의 이름을 달았다. 또 스미스소니언에서 출간한 《전기시대의 도래》 같은 책에서도 테슬라의 이름은 아예 빠져 있다. 그러니 음모론자들이 테슬라의 업적을 폄하하기 위한 음모가 있었다고 의심하는 것도 이상한 일은 아니다.

니콜라 테슬라는 1856년 세르비아에서 태어났다. 어렸을 때부터 그는 분명히 무언가 남다른 데가 있는 아이였다. 열 살 때 그는 자신의 첫번째 수차를 만들었으며 언젠가 나이아가라 폭포 아래에 거대한 발전기를 건설하는 것을 꿈꾸었다. 그는 또한 진공 동력기구를 가지고 하늘을 나는 상상을 했으며 그것을 위해 진공 실린더 모형을 개발했다.

학위 취득에 실패했음에도 테슬라는 파리의 에디슨 전화회사에서 일을 하

미치광이 발명가라고 오해받은 위대한 과학자 니콜라 테슬라.

게 된다. 프랑스인 상사는 테슬라를 위해 에디슨에게 보내는 추천장을 써주었다. 거기에는 "나는 두 사람의 위대한 인물을 알고 있소. 한 사람은 바로 당신이고 다른 하나는 이 젊은이요."라는 내용이 담겨 있었다. 에디슨은 동력 터빈의 효율을 향상시킨다면 5만 달러를 주겠다는 조건으로 테슬라를 고용하게 되고, 이듬해 내내 그는 에디슨을 위해 일한다. 마침내 테슬라가 훨씬 더 효율적인 터빈을 개발해내어 약속한 돈을 요구하지만 그의 미국인 상사는 껄껄 웃으며 이렇게 말한다.

"테슬라, 당신은 미국식 유머를 이해하지 못하는군."

그가 에디슨을 위해 일하기를 그만둔 것은 당연한 일이었다. 결국 스스로 회사를 설립하여 자신의 교류전기와 에디슨의 직류전기 중 어느 편이 점점 더 커지고 있던 전기시장을 지배할 것인가를 놓고 전면전을 벌인다. 이 '전류전쟁'을 치르며 에디슨은 속임수와 흑색선전으로 점철된 대규모의 더러운 술책을 썼다. 테슬라 방식의 위험성을 선전하기 위해 교도소 관리인을 매수하여 전기의자에 교류전기를 사용하도록 했으며 코끼리에게 전기충격을 가하기도 했다. 그럼에도 승리는 교류전기에게 돌아갔다. 테슬라는 실내에서 번개를 만들어 조작하고 전광으로 온몸이 둘러싸이는 등의 시범을 대중에게 직접 선보임으로써 신뢰를 얻게 되었다. 이런 실험을 통해 그는 '번개의 거장' '서양의 마법사'라는 별명을 얻기도 했다.

테슬라는 현재 북미방공사령부(NORAD)가 있는 콜로라도 스프링스의 산속 외딴곳에, 훗날 음모론으로 전설적인 명성을 얻게 될 연구소를 만들어 이주했다. 2006년에 나와 인기를 끈 영화 〈프레스티지〉에서 보는 바와 같이 그는 이 시기에 텔레포트, 우주에서 온 무선신호 탐지하는 법, 구전(球電) 만들기, 초저주파(ELF) 전송기, 전선 없이 라디오 신호처럼 전기를 송출하는 방법 따위를 연구하였다.

1901년 은행가 J. P. 모건은 테슬라가 뉴욕 롱아일랜드에 '워든클리프 타워'로 알려진 그의 실험적인 전기 송신기를 건설할 수 있도록 15만 달러를 빌려주었다. 하지만 테슬라는 빚더미를 감당하지 못하였고 계획은 실패로 돌아갔다. 이후 42년간 그는 빚에 쪼들리며 살았고 그의 창조적인 천재성을 특허권을 되찾으려는 싸움에 소모해버렸다.

| 정 말   이 상 한   부 분 |

테슬라가 죽고 나서 FBI는 그와 관련된 대부분의 자료들을 가져가 버렸다. 그후 그의 많은 선구적인 아이디어가 현실화되기 시작했다. 그의 선구적인 전파천문학 연구도 당시에는 웃음거리였으나 결국 우주 연구의 일부로 인정

받게 되었다. 그가 외계문명의 무선신호를 받았다고 믿은 것이 어쩌면 퀘이사(준항성체)와의 최초의 접촉이었을지 모른다.

　군에서의 로봇의 사용과 무인 병기에 대한 그의 생각들 그리고 헬기와 레이더 시스템에 대한 혁명적인 아이디어들 역시 지금은 상식이 되었다. 초저주파 전송기와 구전을 무기나 기상 조절에 사용한다는 그의 생각은 현재까지도 미국 국방부 산하 첨단연구프로젝트국(DARPA)이 수행하고 있는 연구에 영향을 끼치고 있다. 정말 생전에 테슬라의 연구를 방해하고 명성을 해치며 그의 세계를 놀래킬 아이디어들을 가로채고자 하는 음모가 있었던 것은 아닐까?

| 먼 저　떠 오 르 는　용 의 자 |

　발명가와 기업인들의 비밀결사 : 테슬라는 자신의 발명을 가로채려는 에디슨이나 마르코니 같은 동료 발명가들과 기나긴 투쟁을 계속해야 했다. 많은 음모론자들은 발명가들과 기업가들이 비밀리에 결탁하여 그의 특허를 훔치고 명성에 흠집을 내려는 계획을 짰다는 주장을 편다. 그들은 테슬라를 노린 이들이 일부러 그에게 돈을 빌려주어 빚으로 그를 통제하려 했다고 생각한다. 만일 그가 '공짜 에너지'를 완성하거나 구전 무기와 전기 무선송신 등의 연구에 성공한다면 석유와 석탄, 선박, 군수, 에너지 분야에서 그들이 누리던 막대한 이익에 타격을 받을 것이기 때문이었다.

　미국 정부 : 테슬라의 사망 이후 수십 년에 걸쳐서, 그의 상상력 넘치는 실험 중 많은 것들이 계승 발전되어 미군의 손에 넘어가게 되었다. 이 밖에도 그의 관련 서류들이 FBI에 의해 몰수되었다는 사실 역시, 미국 정부가 20세기 내내 테슬라의 상업적인 성공을 방해하고 그의 공로를 인정하지 않는 데 공모했다는 것을 시사하는 이론들을 부추기고 있다. 일단 그러한 상황이 조성되고 나면 테슬라의 연구를 가로채기도 쉬웠을 테니까.

|다 소 황 당 한 용 의 자 |

외계인 : 테슬라의 삶 내내 외계인의 보이지 않는 개입이 있었다고 주장하는 음모론자들이 있다. 어떤 이들은 그가 진보된 기술문명을 공유하게 하기 위해 지구로 보내진 외계인이었으나 지구의 권력자들이 그를 잔인하게 박해했다고 주장하기까지 한다. 또 다른 이들은 그의 전파천문학 연구가 인류의 과학기술문명의 발전을 막으려는 외계인의 주의를 끌어 음모에 빠지게 된 것이라고 믿는다.

공산주의자 : 1970년대에 소련의 과학자들은 초저주파에 관한 테슬라의 아이디어를 실험에 옮겼다. 그들은 카자흐스탄에 자리한 사리샤간 기지에서 그의 구상을 바탕으로 에너지 병기를 개발하려 했다. 1995년에 옴진리교(도쿄 지하철에서 신경가스 테러를 일으켰던 사이비종교 집단)는 호주의 한 목장에서 구 소련에서 입수한 계획에 따라 테슬라가 고안한 무기를 만들어내려고 했다. 이 모든 일련의 사건들은 공산주의자가 개입된 모종의 음모가 숨겨져 있지 않을까 하는 추측을 가능하게 한다.

|가 장 그 럴 듯 한 증 거 |

악명 높은 '고성능 주파수 오로라 연구계획'(HAARP:인공으로 홍수나 가뭄 등 자연재해를 유발할 수 있는 무기 시스템—옮긴이)은 미군이 개발하고 있는 가장 비밀스런 무기 계획 중 하나다. 단순히 연구를 목적으로 이온층의 온도를 높인다는 공식 주장과는 달리, 알래스카와 푸에르토리코의 기지국에서 대량의 초저주파가 대기 중으로 뿜어져 나오고 있음은 의심의 여지가 없다. 이것은 바로 테슬라가 했던 콜로라도 스프링스에서의 실험과 워든클리프 타워의 실험을 모방한 것이다. 극비리에 진행되고 있는 HAARP의 개발이나 그에 대한 테슬라의 영향으로 보아 이 '서양의 마법사'에 관한 떠들썩했던 음모론들이 모두 근거 없는 것만은 아님을 알 수 있다.

| 가 장 의 문 스 러 운 사 실 |

테슬라가 그를 평가절하하려는 어떤 거대한 음모의 희생자였다고 믿는 음모론자들이 자주 지적하는 부분이 있다. 바로 대중 언론 속에서 그가 어떤 식으로 그려지는가 하는 점이다. 확실히 이 위대하고 독특했던 발명가가 잠재적인 위험을 초래할 미치광이로 무시무시하게 그려진 경우가 수두룩했다. 오스트리아계 미국인 천재 애니메이션 작가 막스 플레이셔는 1941년 '미치광이 과학자'라는 제목의 첫번째 〈슈퍼맨〉 애니메이션 편을 제작했다. 이 애니메이션에서 진실과 정의 그리고 미국적인 가치를 지키는 수호신이 맞서 싸우는 상대가 바로 테슬라라고 불리는 악마적인 과학자다. 그 캐릭터가 가련한 니콜라 테슬라를 떠올리게 하는 것은 두말할 나위도 없다. 물론 승자는 슈퍼맨이다.

| 회 의 론 자 의 견 해 |

테슬라의 놀라운 발명들에 대한 이야기는 많이 떠돌지만 교류전기를 제외하고 실제로 유용한 발명품들을 많이 남겼다는 증거는 별로 없다. 언젠가 그는 귀걸이를 하고 있는 여성을 보면 공포를 느끼며 또한 누군가의 머리카락을 만지거나 흥분상태는 편이 났다고 고백한 서이 있었다. 그런 말을 한 길보면 그가 엄청난 괴짜이자 미치광이 과학자로 낙인찍히는 데 꼭 무슨 음모가 필요했던 것만은 아닐 것 같다.

제10부
비극적 사건

에이즈 AIDS

에이즈는 인구 과잉을 해결하기 위한 화학무기였다?

에이즈는 20세기의 흑사병으로 불리고 있다. 너무나 맹렬하고 또 너무나 널리 퍼져 있어서 그 희생자가 수백만 명이 넘는다. 에이즈는 그 치명적이고 치료 불가능한 성질 때문만이 아니라 그에 따라다니는 도덕적 비난 때문에 우리시대의 가장 무서운 질병이 되었다. 에이즈 환자로 진단되면 생명이 위험한 치명적인 질병에 걸렸다는 의미만이 아니라 개인의 도덕적 행동에 대해서도 의심받는 오명을 뒤집어쓰게 된다. 많은 사람들은 은연중에(때로는 노골적으로) 에이즈를 '부도덕함'에 내리는 하늘의 징벌이라고 생각한다.

에이즈라는 질병이 언제 발생했느냐에 대해서는 의견이 분분하지만 대부분의 관계자들은 1970년대 후반에 생겨났다고 보고 있다. 처음에 이 바이러스성 질병은 동성연애자에게만 발생하는 것으로 생각되었다. 그래서 언론은 에이즈가 주로 도시에 사는 동성애자들의 '문란한' 성생활과 관계가 깊은 것으로 보도했다. 그러나 시간이 지나면서 성적 경향과는 상관없이 누구나 걸릴 수 있다는 사실이 밝혀졌다. 연구자들은 체액의 교환(콘돔을 사용하지 않은 섹스), 주사바늘, 수혈 등으로 에이즈에 감염된다는 사실을 발견했다. 또 자궁 속의 태아도 산모로부터 전염되고 이미 태어난 아이는 젖을 먹는 과정에서 전염될 수 있다. 이제 에이즈는 동성애 집단에서만 발생하는 질병이 아니라 전세계 모든 사람을 위협하는 병이 되었다.

에이즈는 자연이 우리 인간의 앞길에 깔아놓은 또 하나의 재앙인가? 인간이 스스로 초래한 질병 가운데 에이즈만큼 치명적인 질병이 또 있을까? 이 질병이 연구자들을 끊임없이 좌절시키자 다음과 같은 질문이 제기되었다. "인류를 말살시킬지도 모르는 이 무서운 바이러스는 혹시 인간이 만든 판도라의 상자에서 새어나온 것은 아닐까?"

| 정 말 이 상 한 부 분 |

에이즈 바이러스는 특정한 인종, 가령 라틴계나 아메리카 원주민, 흑인 등에게 더 잘 감염되는 것으로 보인다. 그리고 일단 에이즈에 걸리면 이들 인종이 다른 인종에 비해 더 빨리 죽는다고 한다. 그래서 '자연적으로 발생하는 바이러스가 왜 인종을 차별하는가?' 라는 질문이 제기되었다.

| 먼 저 떠 오 르 는 용 의 자 |

미국 정부와 군부 : 에이즈가 미국 정부와 군부가 개발한 화학무기의 일종일지도 모른다는 소문이 있다. 에이즈는 원래 인구과잉을 적절히 해결하기 위한 무기로 개발되었는데 그것이 그만 원래의 목적에서 이탈했다는 것이다. 1969년 미국 하원 예산청문회에서 미국 국방부는 생화학전담당 사령부를 통해 질병개발예산을 요청했다. 그 질병은 적의 몸에 침투해 들어가 그 사람의

제3세계 국가에서는 값비싼 치료제를 구할 수 없기 때문에 그 피해가 훨씬 크다.

면역체계를 파괴하는 것이었는데 의회가 그 예산을 승인했다고 한다.

1970년대 초 헨리 키신저는 국가안보비망록을 작성했는데, 그 내용을 보면 제3세계의 인구과밀화를 우려하면서 이 문제의 해결을 미국 외교정책의 우선 사항으로 삼아야 한다고 지적하고 있다. 실제로 인구과밀 문제는 미국의 안보를 위협하는 것으로 간주되었다. 제2차 세계대전 종전 후 미국 군부가 나치와 일본의 세균전 전문가를 다시 고용한 것도 주목할 만한 사항이다.

처음에 에이즈는 동성애자나 걸리는 병으로 치부되었다. 에이즈가 퍼지던 초창기에 많은 사람들은 그것이 일반적인 질병이라기보다 동성애자에 국한되는 주변적인 문제라고 생각하여 적극적으로 대응하지 않았다. 이러한 질병이 어떻게 일반사람들 사이에 파고들게 되었는가에 대해서도 의견이 분분하다. 다만 1978년 샌프란시스코와 뉴욕에서 수천 명의 동성애자들에게 나눠준 헤파티티스 B 백신이 이 병을 널리 퍼뜨린 계기가 된 듯하다.

CIA : 쿠바를 대혼란에 빠뜨릴 목적으로 CIA가 쿠바 주민들 사이에 아프리카돼지콜레라(ASF, African Swine Fever)를 퍼뜨릴 계획을 세웠다는 소문이 있다. 이 계획은 성공을 거두었지만 만만찮은 역효과를 낳았다고 한다. 즉 ASF가 돌연변이를 일으켜 우리가 오늘날 에이즈라고 부르는 질병으로 미국에 되돌아왔다는 것이다.

그 외의 용의자로는 흑인과 동성애자를 겨냥한 블랙 옵스 인종학살 프로그램, 세계보건기구 등이 물망에 오르고 있다.

다소 황당한 용의자

제약회사들 : 제약회사들은 연구시설을 유지하기 위해 막대한 연구기금을 지속적으로 조달하지 않으면 안 된다. 그들은 이 목적을 달성하기 위해 사람들에게 강한 공포심을 심어줄 수 있는 질병을 필요로 했을 것이다. 그래서 여러 가지 질병을 하나로 묶어 에이즈 위기라는 신화를 만들어냈다는 것이다.

의료계에서 에이즈의 치료에 항바이러스제(AZT)나 인테페론 같은 약품을 사용하는 것도 사람들의 의심을 받고 있다. 이러한 약품들은 가격이 비쌀 뿐만 아니라 얻는 것보다는 잃는 것이 더 많다는 의견도 만만치 않다. 하지만 이런 약품의 판매는 의료기관의 수익률을 높여주고 또 관련 회사의 주주들을 행복하게 만들어준다.

살충제 : 제3세계는 언제나 선진국들이 원하지 않는 화학약품들을 내다버리는 쓰레기장 노릇을 해왔다. 그런 화학폐기물 중에는 독성이 아주 강한 살충제도 들어 있다. 특히 오르가노포스파테스(Organophosphates)라는 일단의 살충제들은 정말 독성이 강하다. 이 살충제가 인체에 유발하는 증상은 두통, 발열, 설사 등 감기와 비슷한데, 이런 증상은 에이즈의 경우와 놀랍도록 유사한 것이다.

전세계적인 오염 : 또다른 음모론에 의하면 에이즈는 변종 바이러스에 지나지 않는데 현대적인 기술의 발달로 이 바이러스가 생겨나게 되었다고 한다. 화학제품에 의한 오염이 극에 달하자 지구상에 이런 변종바이러스가 생겨나게 되었다는 것이다. 또 제트 여객기의 빈번한 왕래로 인해 바이러스는 전보다 더 빠르게 세계의 곳곳으로 이동할 수 있게 되었다. 가령 아프리카 더반에서 발생한 어떤 바이러스는 단 하루 만에 일리노이 주 시카고의 바이러스와 만날 수 있다. 이것은 바이러스의 변종이 발생할 수 있는 시간이 그만큼 빨라졌다는 뜻이다.

그 외의 용의자로는 관리부주의로 탈출한 바이러스 감염실험용 원숭이, 인구과밀을 조절하기 위해 치명적인 역병을 만든 대자연 등이 있다.

| 가 장   그 럴 듯 한   증 거 |

미국 국방부는 1969년 하원 예산청문회에 제출한 제안서에서 앞으로 5년에서 10년 이내에 새로운 질병을 널리 퍼뜨릴 수 있다고 말했다. 에이즈의 발병 사실이 처음 보고된 때가 1970년대 후반이므로 국방부의 스케줄이 딱 들어맞은 셈이다.

1978년 뉴욕에서 헤파티티스 B 백신을 맞은 사람들 가운데 절반 이상이 1984년에 에이즈로 진단되었다.

암 연구에 종사하는 사람들이 말한 것처럼 질병을 완치시키는 의사보다는 일시적으로 치료해주는 의사가 더 많은 돈을 번다. 이러한 사정은 정부 실험실에서 만들어진 질병이라고 해서 예외가 되지 않는다. 만약 에이즈가 완치되는 길이 열린다면 곧이어 또다른 치명적인 질병의 구름이 지평선에서 뭉게뭉게 피어오를 것이다. 어쩌면 그런 질병이 벌써 생겨났는지도 모른다. 우리는 그것을 에볼라(Ebola)라고 부른다.

챌린저호 폭발사고 THE CHALLENGER EXPLOSION
미국항공우주국의 태만이 부른 참사

1986년 1월 28일 전세계 언론의 주목을 받던 챌린저호가 발사 직후 폭발해 산산조각이 나버렸다. 이 우주왕복선 안에는 민간인 출신의 여교사 크리스타 매컬리프(Christa McAuliffe)도 타고 있었다. 그녀는 우주로 나가는 최초의 학교 선생이었다. 이 영예로운 임무를 위해 NASA는 특별히 매컬리프를 선발했는데, 그녀는 아름다운 용모와 씩씩한 태도로 곧 언론의 주목을 받는 스타가 되었다.

챌린저호가 지상에서 발사된 지 정확히 73초 후 미국 시민들은 매컬리프의 꿈이 산산조각나는 장면을 공포 속에서 지켜보아야 했다. 폭발 사고가 발생한 우주선 내부에서 뿜어져 나오는 연기가 하늘 가득 퍼져나가고 기체의 파편들이 대서양으로 우수수 떨어져내릴 때, 미국 전역의 국민들은 경악과 공포로 몸을 떨었다. 뭔가 단단히 잘못된 것이 틀림없었다. 챌린저호가 완파되면서 일곱 명의 우주비행사들은 비극적인 죽음을 맞이했다.

NASA가 우주비행사를 희생시킨 것은 이것이 처음은 아니었다. 아폴로 1호 우주탐사계획에서는 세 명의 우주비행사가 사망했다. 하지만 그것은 아주 초창기의 일이었고 챌린저 참사가 일어났을 즈음에 NASA는 그런 비극—특히 홍보면에서 재앙과도 같은 일—은 과거의 일이라고 자신했다. NASA 안에서는 자신감이 충만했고 우주개발계획에 대한 낙관론이 만연해 있었다. 하지만 그런 교만함은 챌린저호의 폭발사고로 산산조각이 났다. NASA의 야심찬 우주개발계획은 그 후 2년 동안 완전 정지 상태로 들어갔다.

| 정 말　이 상 한　부 분 |

그 후 진행된 진상파악조사에서 폭발의 원인은 고무패킹(O-Ring)의 부실로 밝혀졌다. 그 패킹은 우주왕복선을 지구의 중력에서 벗어나게 만드는 견고한 로켓 추진기들 사이에 끼워져 있는 것이었나. 왜 그 패킹이 제 역할을 못했을까? 챌린저호가 발사되던 날의 플로리다 날씨는 예년과는 달리 섭씨 영하2도로 쌀쌀한 편이었다. 고무패킹은 이런 차가운 날씨에는 제 기능을 발휘할 수 없는 재질이었다. 그 결과 고무패킹은 액체 연료 탱크 속으로 고열의 분사가스가 침투하는 것을 막아내지 못했다. NASA 기술자들이라면 누구나 인식하고 있었을 이 뻔한 기술적 문제가 폭발을 일으킨 원인이었다.

| 먼 저 떠 오 르 는 용 의 자 |

NASA : 일부 음모론자들은 NASA의 게으름과 오만함이 참사의 근본 원인이라고 주장한다. 우주왕복선 사업의 엄청난 성공에 일반시민들이 보내는 성원을 등에 업은 NASA는 기고만장했다. 챌린저 호 발사에 대한 엄청난 흥분과 기자들의 카메라와 텔레비전 세례에 도취된 나머지 고무패킹의 문제 따위는 사소한 것으로 치부했던 것이다. NASA의 엔지니어들은 고무패킹이 아주 추운 날씨에서는 제 기능을 발휘하지 못한다는 것을 알았지만 발사를 강행하기로 결정했다. 발사규정에는 그런 무리한 행동을 명백하게 위반으로 명시하고 있는데도 그것을 무시했다. 더욱 심각한 문제는 NASA가 고무패킹 때문에 업무수행에 차질을 빚은 것은 이번이 처음이 아니라는 점이다. 5년 전에도 우주비행 후 고무패킹의 부식이 발견되었지만 그 동안 이 문제를 시정하기 위한 노력을 기울이지 않았던 것이다.

부품제작업체 : 고무패킹을 설계한 회사와 제작사는 이 부품이 추운 날씨에서는 문제를 일으킨다는 것을 1977년에 알게 되었다. 패킹 제작사는 새로운 로켓을 발주한 위원회에 이런 부품상의 문제점을 보고했다. 하지만 또다시 아무런 조치도 취해지지 않았다. 챌린저호의 경우, NASA는 이 제작회사에 고무패킹의 기능에 대한 의문을 철회하라고 압력을 넣기까지 했다. 그런 철회 서류가 있어야만 왕복선 발사를 예정대로 추진할 수 있었기 때문이다. 이 회사는 높은 수익을 보장해주는 발주처를 화나게 만드는 것을 두려워한 나머지 서류를 발급해주고 말았다.

| 다 소 황 당 한 용 의 자 |

그레이 : 인간의 우주개발을 연기시킬 목적으로 외계인 그레이가 챌린저호를 파괴했을 수도 있다. NASA의 꿈을 좌절시키고 우주개발에 대한 일반인의 관심에 찬물을 끼얹은 것은 그레이의 목적에 부합되는 일이다. 왜냐하면 우주

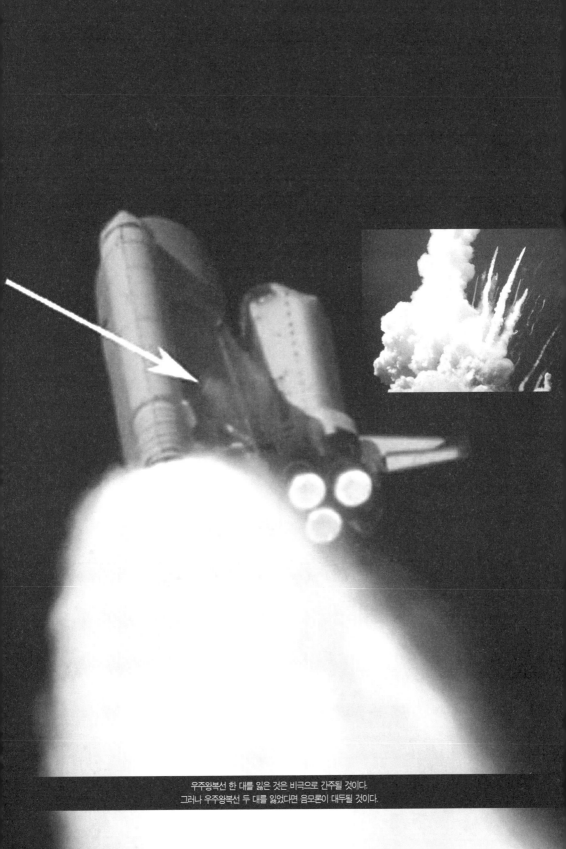

우주왕복선 한 대를 잃은 것은 비극으로 간주될 것이다.
그러나 우주왕복선 두 대를 잃었다면 음모론이 대두될 것이다.

왕복선은 또다른 외계인 종족—그레이의 지배자인 파충류 외계인—의 관심을 끌게 될 것이고 그레이는 그런 상황만은 피하고 싶어할 것이기 때문이다.

NSA : NSA는 그레이가 개입한 것과 유사한 이유로 우주왕복선 파괴에 한 몫을 했을지도 모른다. 다시 말해 NSA는 인류가 외계인들과 접촉하는 것을 막고 싶었을 것이다. 이 기관은 챌린저호가 외계인들과 만날 가능성과 화성 표면의 엉터리 사진을 배포했던 실수 등을 고려해 이런 과격하고 직접적인 행동에 나섰을 수도 있다.

은하괴물 : 미국과 소련의 우주개발계획은 여러 번 전문 기술자들을 난처하게 만든 이상한 문제 때문에 좌절을 겪었다. 화성 탐사작업은 큰 타격을 입었고 비교적 간단한 작업인 지구 궤도 진입에도 역시 문제가 있었다. 이러한 문제들의 원인은 은하괴물 탓으로 돌려졌다. 이 은하괴물은 그레이일 수도 있고 아니면 우주에 살고 있는 정체미상의 존재일 수도 있다.

그밖의 용의자로는 기독교 근본주의자, MJ-12가 통제하는 NASA의 비밀 조직 등이 거론된다.

|가 장 그 럴 듯 한 증 거|

미국 정부와 모튼 티오콜 회사(고무패킹 제작사)는 챌린저호 사고 유가족들에게 수백만 달러에 달하는 엄청난 보상금을 아주 재빨리 지급했다. 이처럼 신속하게 보상금을 건네주었다는 것은 이 사건을 빨리 잊고 싶다는 욕망뿐 아니라 깊은 죄의식 탓도 있었을 것이다. 대개 민간인이 정부를 상대로 소송을 할 경우 그는 온갖 조롱과 야유를 다 견뎌야 하고 또 정부측이 고용한 많은 일류급 변호사들과 힘겨운 싸움을 벌여야 한다. 그래서 피해자 가족들은 그 과정에서 정신적으로 또 금전적으로 많은 어려움을 겪게 된다. 하지만 챌린저호 사고의 경우는 전혀 그렇지 않았다.

|가 장 의 문 스 러 운 사 실|

 그처럼 인명을 경시 내지 무시하면서도 NASA는 여전히 우주에 사람들을 보내고 있다. 챌린저호의 승무원들이 언론에 보도된 것처럼 즉사한 것이 아니라 선체가 바다에 떨어질 때까지 숨이 붙어 있었을지도 모른다는 보도가 흘러나왔을 때도 NASA는 회개하기는커녕 오히려 냉소적인 태도로 나왔다.

|회 의 론 자 의 견 해|

 살인을 저질러놓고도 아무런 책임을 지지 않으려면 어떻게 하면 될까? 피살자들을 영웅이라고 부르면서 미국 대통령으로 하여금 그들에 대한 멋진 조시(弔詩)를 읽게 하면 된다. 이 사고에 음모의 증거는 별로 없지만 정부가 인명을 아주 하찮게 여긴다는 확실한 증거는 있다.

사스 SARS

누가 코로나바이러스의 유전자를 조작해 퍼뜨렸을까?

 64세의 중국 남부 광둥성 의대 교수 리아 지안린은 2003년 3월 홍콩의 친척 결혼식에 참석하러 갔을 때 몇 주 후에 자신이 죽게 되리라고는 상상도 하지 못했다. 물론 자신이 치명적인 바이러스 '사스' 확산을 일으킨 죽음의 사자로 비난받게 될 것도 알지 못했다.

 사스 즉 중증급성호흡기증후군(SARS, Severe Acute Respiratory Syndrome)은 21세기 들어 최초로 전 세계적인 유행병이 되었다. 사스는 바이러스성 결핵과 유사한 질병으로 30개국 이상에 급속하게 확산되었으며 수천 명이 사스에 감염되었고 감염된 환자 중에 최소한 10퍼센트는 사망했다. 사스에 감염된 환자는 심각한 호흡 곤란을 호소하며 오랫동안 고통스럽게 앓다가 사망하는 경우가 대부분이다. 많은 사람들이 처음에는 사스 환자 수가 세계 인구에 비해 적다고 안심했지만, 과학자들이 사스를 원인 모르게 돌연변이를 일으킨 '슈퍼세균'으로 규정하자 사스에 대한 공포가 커지기 시작했다. 또한 과학자들은 1918년부터 1919년 사이 번졌던 '스페인 독감'처럼 사스도 수십억 명의 목숨을 앗아갈 슈퍼독감을 일으키는 인플루엔자 바이러스 '빅 원(Big One)'이 될 수 있다고 우려했다.

세계보건기구는 사스가 발생한 토론토 같은 도시에는 여행 가지 말도록 권고했고, 이에 따른 경제적인 충격이 수십억 달러로 치솟기 시작했다. 전 세계 과학자들이 사스를 연구하기 시작하면서 사스가 광둥 지방에서 처음 발생하여 한 운 없는 결혼식 하객이 중국 밖으로 확산시키기 시작했다는 사실이 밝혀졌다. 또 과학자들은 동물의 유전자와 인간의 바이러스가 유전자를 교환했을 때 사스 코로나바이러스가 나타났으며 이런 바이러스에는 알려진 치료법이 없다는 사실도 발견했다.

중국군이 2002년 12월부터 사스에 대해서 알고 있으면서도 은폐했다는 사실이 확인되자 사스 바이러스는 의학적인 것만이 아니라 정치적인 파장도 일으켰다. 중국 보건장관과 베이징 시장은 사퇴해야 했다. 원자바오 총리와 후진타오 국가주석은 군의 비협조와 초기 은폐를 비난했다. 두 사람은 이렇게 군을 비난하면서 중앙군사위원회 위원장직 사퇴를 거부하던 장쩌민 전 국가주석까지 은근히 비난했다.

놀랍게도 중국 당국은 베이징에서 사스 발발을 은폐했던 사실을 폭로하도록 도운 전 군의관의 입을 막지 않았다. 오히려 중국의 공식 언론은 이와 관련한 유례없는 보도까지 했다. 이는 이번 폭로 전체가 후진타오 국가주석이 자신에 반대하는 군부 세력을 견제하는 권력투쟁의 일환으로 계획한 일이었음을 암시한다. 또한 후진타오 주석이 서양 사회가 중국을 공격하기 위해 사

사스는 아시아인 수백만 명의 일상생활을 위협했다.

스를 만들어냈다는 음모론을 적극적으로 조장함으로써, 중국 정부가 사스를 은폐하고 사스 위기 사태를 미숙하게 처리했다는 사실보다는 사스 자체에 대한 분노에 초점을 맞추도록 했다는 주장도 있다.

사스의 확산이 어느 정도 중단된 것으로 보이자 전 세계 당국은 여러 가지 설명을 쏟아내며, 바이러스가 광둥성의 동물시장에서 처음 발생했다고 전 세계인들에게 확신시키려고 노력했다. 그러나 이 공식 설명으로도 수많은 의문점이 해결되지 않았다.

| 정 말   이 상 한   부 분 |

러시아의 여러 과학자들은 사스가 사람이 만든 병이라고 믿는다. 모스크바의 유행병학자인 니콜라이 필라토프(Nikolai Filatov)가 처음으로 이런 주장을 했으며, 곧 세르게이 콜레스니코프(Sergei Kolesnikov)도 필라토프의 주장을 지지했다. 콜레스니코프의 연구에 따르면 사스 바이러스는 실험실 환경에서만 생성될 수 있다. 시베리아 출신의 이 생물무기 전문가는 사스가 아마 중국 어딘가에 있는 실험실에서 우연히 누출되었을 것이라고 믿고 있다.

| 먼 저   떠 오 르 는   용 의 자 |

중국 군부 : 중국에서 가장 중요한 생물무기 연구센터가 사스의 발원지인 광둥성에 있다는 사실을 고려해 볼 때, 중국 생물무기 연구 과학자들과 이들의 상사인 중국군 관계자들에게 의혹을 제기하는 것은 무리한 일이 아니다. 게다가 이 바이러스가 중국의 군인병원에서 확산되기 시작했다는 사실 때문에 그 의혹은 더 커졌다. 사스가 중국을 고립시키면 계엄령을 발효할 수 있게 되고 그렇게 되면 중국 자유화 정책 흐름을 바꿀 구실을 마련할 수 있을 것이라고 중국 군부 내 강경론자들이 바랐을지도 모른다.

의료단체 : 중국이 사스 때문에 160억 달러 이상의 피해를 보고 있는 동안, 많은 사망자가 발생하는 이 질병으로 인해 재정적인 혜택을 본 집단은 의료 분야다. 사스 발생으로 의학, 약학 부문과 바이러스 연구 관련 회사들의 예산이 크게 늘었다. 또한 사스로 인해 보안과 법 집행 관련 종사자도 혜택을 받았다. 과학단체의 특정 계층이 사스를 만들어 퍼뜨리고 그 잠재적 위험성을 강조하여 자신들의 이득을 늘릴 만큼 도덕관념이 없었던 것일까?

영미비밀결사 : 사스 공포가 한창이던 시기는 영국과 미국 군대가 이라크를 침공하고 있던 시기와 정확하게 일치한다. 영미비밀결사(Anglo-American Cabal)가 사스에 대한 관심을 퍼뜨려서 전쟁에 대한 전 세계 언론의 관심을 돌려놓을 뿐만 아니라 중국에 피해를 주려고 했을 것이다. 중국은 이라크 침공을 반대한 가장 유력한 국가인데다 경제 부문에서 영국과 미국의 가장 강력한 경쟁국이다.

| 다 소   황 당 한   용 의 자 |

알카에다 : 알카에다가 테러에 생물무기를 사용하는 것에 대해 연구했다는

사실은 잘 알려져 있다. 사스는 알카에다가 서양뿐만 아니라 공산국가인 중국을 대상으로 그 잠재력을 시험해보려 한 초기 시약일 것이다. 중국은 변방의 몇몇 성에서 이슬람 분리주의자들의 활동을 탄압하여 알카에다의 분노를 산 바 있다.

세계보건기구(WHO) : 사스는 하나의 바이러스가 어떻게 확산되며 사람들이 '빅 원' 즉 세계 인구 절반의 사망을 몰고 올 병원체가 확산되기에 앞서 어떤 반응을 보일지 알아보기 위한 대규모 사회실험의 일환으로 세계보건기구가 퍼뜨린 작은 바이러스였다.

빌데르베르크 그룹 : 일부 편집증적인 음모론자들은 빌데르베르크 그룹이라는 이름 아래 정기적으로 모이는 전 세계의 실업가들과 부호들이 인구 억제 프로그램의 시운전으로서 사스를 퍼뜨렸다고 믿고 있다. 그렇다면 이들의 궁극적인 목적은 무엇일까? 빌데르베르크 그룹은 세계의 자원을 다 써버리는 가난한 사람들의 숫자를 줄이고, 남아 있는 사람들을 확실히 통제하려고 한다.

| 가 장 그 럴 듯 한 증 거 |

네덜란드 위트레흐트 대학의 페터 로티에(Peter Rottier) 교수는 네덜란드 과학지 팀을 이끌어, 고양이에게 치명적인 코로나바이러스의 유전자 하나를 쥐에서 발견되는 코로나바이러스로 바꿔치기함으로써 쥐에게도 감염시키는 데 성공했다. 로티에 교수는 누군가가 동물과 인간 바이러스 간의 유전자 교환을 통해 사스 코로나바이러스를 만들었을 것이라는 생각이 자신의 연구로 인해 설득력을 얻었다고 인정했다. 남가주대학의 마이클 라이(Michael Lai) 교수는 이를 확인했다.

"코로나바이러스는 유전자가 그렇게 쉽게 조작될 수 있다는 점에서 매우 특이한 바이러스다. 그러므로 이같은 설명은 아주 설득력이 있다."

카디프 대학의 찬드라 위크라마싱(Chandra Wickramasinghe) 같은 영향력 있는 일부 과학자들은 사스가 우주먼지를 통해 외계에서 왔다는 것으로만 그 이상한 특징을 설명할 수 있다고 주장한다. 과학자들이 어려움에 부딪혀 간단한 설명을 하려고 할 때에나 외계설에 찬성한다는 점을 생각할 때, 사스 이면의 진실이 전 세계 과학계를 난처하게 만든 것이 분명하다.

새로운 바이러스보다 더 빨리 전 세계에 퍼지는 것이 있다면 그것은 바이러스에 관한 음모론이다. 슈퍼세균에 대한 말도 안 되는 어리석은 이야기들은 이를 심각하게 받아들이는 사람들에게 위험을 초래할 것이며, 수술용 마스크를 만들거나 엉터리 치료를 하는 사람들이 수단 방법 가리지 않고 돈을 벌게끔 불행을 초래할 뿐이다. 물론 음모론이 급속도로 확산되어 국가지도자에게 향해야 마땅할 분노가 엉뚱한 곳으로 분산되는 것을 보고 기뻐해 마지 않는 정부에게는 그런 이야기가 해가 되지 않는다.

존스타운 대학살 THE JONESTOWN MASSACRE
광신적인 종교집단의 집단자살극

1978년 남아메리카의 존스타운을 찍은 사진들은 정말 끔찍하다. 당시 남아메리카의 뜨거운 태양 아래 수백 구의 시체들이 즐비하게 누워 있었다. 집단자살극의 결과였다. 일부 시체들은 마치 저승에 함께 가려는 듯 어깨동무를 하고 있었다. 그들은 모두 '인민사원(The People's Temple)'이라고 불리는 광신적인 종교집단의 신도들이었다. 그들은 카리스마 넘치는 지도자인 짐 존스(Jim Jones)의 지령에 따라 청산가리가 들어 있는 쿨에이드 음료를 마셨다. 미국인 출신으로 종교지도자이며 신앙치료사라고 불리기도 하는 짐 존스의 시체도 죽은 사람들 사이에서 발견되었다. 하지만 그는 신도들처럼 청산가리를 마시고 죽은 것이 아니라 권총으로 자살한 것으로 알려졌다.

이런 대규모 집단자살극(죽은 사람이 900명이 넘었다)을 가져온 일련의 사건들도 기이하기 짝이 없다. 인종차별을 철저하게 신봉하는 KKK에서 활동했던 사람의 아들인 존스는 놀랍게도 인종차별이 없는 세상을 설파했다. 그는 지상에 유토피아를 건설해야 한다는 꿈을 가지고 있었다. 자기 자신을 예수 그리스도뿐만 아니라 레닌의 화신으로까지 생각한 존스는 캘리포니아 주 유키아에 인민사원을 건립했다. 주로 흑인으로 구성되어 있는 신도들은 존스의 경호부대에게 통제를 받았다. 이 경호원들은 신도들이 갖고 있는 돈을 모두 회수했다. 그 돈은 대부분 정부보조금의 형태로 가난한 신도들에게 지급되는 것이었다.

인민사원을 떠나려고 하는 신도들이 폭행을 당하고 때로는 사망했다는 소문이 떠돌면서, 존스는 좀더 인적이 드문 샌프란시스코 주변지역으로 옮겨갔고 여기에서 인민사원의 조직을 크게 확대했다. 그러나 언론이 계속 추적해오자 존스는 1977년 남아메리카의 깊은 정글 속의 한 지역을 자신의 '유토피아'로 점찍었다. 신도들은 아무런 의심 없이 그를 따라갔고 그는 그곳에 자신만의 왕국인 '존스타운'을 건설했다.

하지만 학대와 폭행에 대한 소문은 계속 흘러나왔다. 1978년에 이르러 존스타운에 대한 비난의 목소리가 너무나 거세지자 미 하원의원인 레오 라이언(Leo Lion)이 남아메리카의 가이아나로 내려가 사태를 직접 조사하게 되었다. 1978년 11월 18일, 레오 라이언은 몇 명의 호기심 많은 기자들과 가이아나 주재 미국공관의 부영사인 리처드 드와이어(Richard Dwyer)와 함께 존스타운으로 들어갔다. 그들이 조사를 마치고 인근 공항에서 귀국하려는 순간, 조사단 전원(이상하게도 드와이어만 빼고)이 총격을 받아 살해되었다.

공항에서 학살극이 벌어진 직후, 그 총격을 지시한 것으로 여겨지는 존스는 신도들에게 집단자살을 명령했다. 그 후 몇 시간 만에 인민사원은 시체보관소로 변해버렸다. 존스타운은 광신적인 종교의 치명적인 위력을 보여주는 비극적 사례였다. 하지만 시간이 흘러가면서 존스타운에는 종교적 광신 이상의 것이 있다는 것이 밝혀졌다. 미국 정부의 고위층이 연루되었다는 소문이 나돌았고 그리하여 이 끔찍한 비극에 새로운 공포가 더해졌다.

| 정 말   이 상 한   부 분 |

교주 존스는 시체더미 속에서 권총자살한 상태로 발견되었지만 자살에 사용된 권총은 그의 시체에서 60미터나 떨어진 곳에서 발견되었다. 이것은 존스가 타살되었거나 아니면 존스의 시체가 실은 존스가 아니라는 뜻이 된다. 시체를 면밀히 조사해본 결과 원래 존스의 몸에 새겨져 있던 문신이 시체에는 없는 것으로 밝혀졌다.

| 먼 저   떠 오 르 는   용 의 자 |

짐 존스 : 존스의 인생 경력을 살펴보면 그가 단순한 신앙치료사 이상이었음을 알 수 있다. 그는 탄핵받아 퇴진한 리처드 닉슨 대통령 등 여러 정치가들을 위해 자금 모집책으로 활약했다. 그는 지상의 유토피아 건설이라는 장대한 계획을 품은 동시에 강력한 공화당 지지자였던 것이다. 1961년 브라질에서 1년 동안 일한 적이 있는데, 이때 CIA 첩자 노릇을 했다는 소문이 나돌았다. 그는 그렇게 번 돈 1만 달러를 가지고 캘리포니아 주 유키아에 첫 사원을 건립했다. 존스타운 시절 그의 신도들은 마약에 중독되었고, 음식을 거의 제공받지 못했으며, 노예처럼 일을 해야 했고, '자살연습'이라는 훈련을 강

요당했다. 존스는 CIA의 도움을 받아가며 대규모 심리조종 실험을 했는지도 모른다. 라이언 의원의 방문으로 그런 사실이 온 천하에 밝혀지게 되자 존스는 증거를 인멸하려고 집단자살을 명령했는지도 모른다.

CIA : CIA와 존스를 이어주는 연결고리는 여러 가지가 있다. 그가 브라질에서 1년간 CIA 첩자노릇을 한 것을 제외하고도, 존스의 친구들 중에는 이상한 사람이 여럿 있었다. CIA가 지원하는 앙골라군 '앙골라의 완전독립을 위한 국가동맹(UNITA)' 의 멤버도 있었고, 또 CIA가 재정을 후원하는 국제경찰 아카데미의 직원 댄 미트리오니(Dan Mitrione)도 있었다. 존스가 가이아나에서 벌인 심리조종 실험은, CIA가 언론의 눈을 피해 오지에서 실시하던 MK-울트라 프로젝트의 일환일 수도 있다. 실제로 MK-울트라 프로젝트에 사용된 마약이 존스타운에서도 발견되었다. 라이언의 일행 중 유일한 생존자인 드와이어의 이름이 《CIA 인명록(Who's Who in The CIA)》이라는 책에 올라 있다는 것도 흥미롭다.

미국 정부 : 미국 대사관은 존스가 그의 사원을 가이아나로 옮길 때 도움을

존스타운에서 청산가리가 든 쿨에이드 음료를 마시고 사망한 광신도들.

주었다. 신도들이 독약을 먹고 자살한 것이 아니라 총에 맞아 죽었다는 보도
가 나왔을 때, 그 지역에 일단의 미국 그린베레(공수부대)가 있었다는 사실이
밝혀졌다. 그린베레는 은밀한 암살작전에 능한 것으로 소문이 자자하며 베트
남에서도 맹활약을 했다. 미국 정부가 신도들의 유해를 유가족에게 돌려주는
것을 꺼리는 듯한 인상을 주자 혹시 무엇인가 은폐하려는 의도가 있는 것은 아
닌가 하는 의문이 제기되었다. 대부분의 시체들은 '우연히' 화장되고 말았다.

| 다 소 황 당 한 용 의 자 |

월드비전 : 전세계적인 복음교단인 월드비전은 오랫동안 CIA에 협조하고
있다는 의심을 받아왔다. 존스타운의 자살극 이후 월드비전은 전에 CIA 밑에
서 일했던 라오스 용병들을 그 마을에 주둔시켰다. 전에 월드비전 직원이었
던 인물로는 존 힝클리 주니어(레이건 대통령 살해미수범)와 마크 데이비드 채
프먼(존 레넌 암살범) 등이 있다. 어떤 음모론자들은 이 두 암살범은 암살을 감
행하는 순간 심리 조종의 영향으로 자기가 무슨 짓을 하고 있는지 몰랐다고
말한다.

흑인종 학살계획 : 존스타운은 나치의 '최종해결' 같은 인종학살 계획의 시
작일지도 모른다. 단지 그 목표가 유대인이 아니라 흑인이라는 점만 다를 뿐
이다.

| 가 장 그 럴 듯 한 증 거 |

검시의사 C. 레슬리 무투(C. Leslie Mootoo)가 존스타운 사고는 자살이 아
니라 타살이라고 말하며 조사의 필요성을 제기했는데도, 미국 육군은 그런
주장을 묵살했다. 그리고 신도들의 시체는 땡볕 속에서 썩어가도록 방치되
었다.

| 가 장   의 문 스 러 운   사 실 |

존스타운의 진실을 증언해줄 수 있는 여러 명의 사람들이 살해되었다. 가령 전에 존스의 측근이었던 마이클 프로크스(Michael Prokes), 조사 전문작가인 지니 밀스(Jeanie Mills)와 앨 밀스(Al Mills)는 살해된 채로 발견되었다.

| 회 의 론 자 의   견 해 |

존스는 돈이 있었고 그 힘을 바탕으로 소수인종을 희생자로 삼겠다고 마음먹었다. 이렇게 볼 때 이 사건에 특별히 소란을 피울 필요는 없을 것 같다. 광신도집단의 집단자살극은 비극적이지만 그리 놀라운 일은 아니다. 그 이전에 다른 종교집단들도 그런 일을 저지른 적이 있었고, 또 존스 같은 교주가 존재하는 한 앞으로도 이런 비극이 벌어질 개연성은 얼마든지 있다.

오클라호마 폭발사고 THE OKLAHOMA BOMBING

클린턴 대통령의 횡령 사건을 무마하기 위한 희생양

1995년 4월 19일, 오클라호마 주 오클라호마 시티의 연방정부 건물에 대규모 폭발사고가 발생하여 그 안에서 근무하던 많은 사람들이 사망했다. 이 사고가 일어나기 전까지만 해도 미국은 테러리스트 공격에서 자유로운 나라라고 생각하는 등 자만심을 품고 있었고 그래서 세계무역센터에서 발생한 폭발물사고도 대단치 않은 것으로 여겼다. 그러나 오클라호마 폭발사고는 전세계의 이목을 집중시켰다. 이 사고는 수많은 사상자를 내었을 뿐만 아니라 미국

9/11 테러 발생 전까지 오클라호마시티 폭발사고(왼쪽)는 미국에서 발생한 최악의 테러였다.
오클라호마 폭탄 테러로 유죄 판결을 받은 티모시 맥베이(오른쪽).

인의 정신에 엄청난 상흔을 남겼다.

걸프전 참전용사 티모시 맥베이(Timothy McVeigh)가 폭발사고의 범인으로 검거되었다. 그가 이런 짓을 저지를 정도로 괴팍한 사람이라는 증거는 많이 있었다. 그는 폭발사고 전 누나에게 여러 통의 편지를 보내 자신의 '분노와 소외감'을 표출했다. 이 편지들은 또한 자살 가능성, 사회에서 떠나 은둔하기, '악의 왕'의 정부 등을 언급하고 있다. 그 편지들은 너무나 위협적이었기 때문에 맥베이의 가족들은 오클라호마 폭발사고 직후 맥베이가 범인일 것이라고 짐작했다. 그의 누나는 남동생이 정부를 광적으로 미워하게 된 것은 미국 육군이 맥베이에게 빌려준 1000달러를 상환하라고 집요하게 요구했기 때문일 것이라고 말했다.

맥베이는 과거에 특수부대 훈련에 지원했으나 심사과정에서 불합격되었다. 그는 누나에게 보낸 편지에서 만약 포트 브래그 군사기지의 심사에 합격했더라면 몇몇 불미스러운 임무를 수행해야 되었을 것이라고 말했다. 특수부대요원은 민간경찰과 협조하여 국가안보에 위협이 되는 인물을 침묵시키는—살해하는—일을 해야 했다고 맥베이는 편지에서 주장했다. 또 "CIA가 은밀한 작전자금을 마련하기 위해 미국으로 밀반입하는 마약"사업도 도와주어야 한다고 말했다. 바로 이런 사악한 임무에 회의를 느낀 맥베이는 미국 정부에 결정적으로 등을 돌리게 되었다고 한다.

하지만 맥베이는 정말 유죄일까? 오클라호마 폭발사고는 좀더 중요한 사건으로부터 사람들의 관심을 돌려놓기 위해 대통령 경호실 요원들이 꾸민 사고라는 주장도 제기되어왔다. 그 중요한 사건은 또 무엇일까? 실은 미국 군부의 고위 지도자들이 미국 정부에 대해 반란을 일으키려 했다는 것이다. 군사반란의 원인은 무엇이었을까? 이들은 클린턴 대통령 부부의 비행(非行)에 심한 혐오감을 느꼈다고 한다. 하지만 클린턴 대통령의 섹스스캔들은 혐오의 대상이 아니었다. 그들은 미국 정부의 준비금 중에서 5000만 달러를 횡령한(것으로 추정되는) 힐러리를 극도로 증오했고 또 이스라엘 정부에 핵 미사일 발사암호를 불법판매한(것으로 추정되는) 빌 클린턴을 아주 못마땅하게 생각했다. 그래서 도덕적으로 강직한 육군과 해군의 장교들이 쿠데타를 일으킨 다음 클린턴 대통령을 체포하여 그의 비리를 폭로하려 했다는 것이다.

하지만 이 음모단은 곧 발각되어 전원 살해되었다. 그 직후 오클라호마 폭발사고가 발생했는데 그 사건은 음모단의 피살사건을 은폐하기 위한 언론대책의 일환이었다는 것이다. 또 이렇게 함으로써 하급장교들의 관심을 대통령의 스캔들로부터 다른 곳으로 돌려 인명구조작전에 몰두하게 하는 효과도 있었다. 맥베이는 평소 정부에 대해 광적으로 험담을 하고 돌아다녔기 때문에 범죄를 뒤집어씌우기에 아주 좋은 인물이었다.

정말 이상한 부분

『미디어 바이패스(Media Bypass)』는 정보기관의 활동상을 폭로하여 진실을 일반대중에게 알리는 소규모 잡지이다. 오클라호마 폭발사고가 벌어지던 날

아침, 폭탄교범과 기타 위기탈출법에 관한 전문 필자이며 미국 군부와도 연줄이 있는 로렌스 마이어스(Lawrence Myers)는 『미디어 바이패스』 사무실에서 취직을 위한 면접을 보고 있었다. 그는 취직이 결정되면 연쇄폭파범에 대한 글을 쓰기로 되어 있었다. 그가 면접을 보는 동안 오클라호마 사건이 터져서 국내외에 충격을 주었다. 그는 즉석에서 채용되었고 곧 이 잡지의 편집책임자가 되었다.

| 먼 저   떠 오 르 는   용 의 자 |

CIA : 클린턴 행정부를 지키고 미국을 약화시킬 수 있는 스캔들을 피하기 위해 CIA는 반클린턴 음모꾼들을 처치했다. 그런 다음 정부 내의 내분을 감추기 위하여 하나의 연막전술로 오클라호마 폭발사고를 연출했을 수도 있다. 이러한 일련의 과정을 빈틈없이 수행하기 위하여 CIA는 적어도 일주일 이상 여러 명의 모의 암살과 그 후의 폭발사고를 연습했을 것이다.

| 다 소   황 당 한   용 의 자 |

크리스천 아이덴티티 : 미국의 백인들이 모세의 진정한 후예라고 주장하는 이 단체는 브리티시 이스라엘라이트(British Israelite) 운동의 미국식 버전이다. 이 단체는 극우 과격분자들에게 인기가 아주 높은데 오클라호마 폭발사고에 관여되었을 것으로 추정된다. 맥베이가 그리스도의 재림이라는 예언성취를 위해 강력한 크리스천 아이덴티티 지도자들의 사주 아래 폭발사고를 저질렀다는 이야기도 나돌았다.

| 가 장   그 럴 듯 한   증 거 |

1995년 4월 17일 월요일, 특별검사 케네스 스타(Kenneth Starr)는 클린턴 대통령 부부가 4700만 달러를 횡령했고 또 이스라엘에 미사일 발사암호와 추적암호를 건네주고 그 대가로 금전을 받았다는 내용의 고발장을 제출했다고 한다. 그날 밤 미국 군부와 정보기관의 고위직 인사 여러 명을 태운 비행기가 앨라배마에 추락하여 탑승객 전원이 사망했다. 목격자들은 지상에서 추락의 폭발음이 들리기 전에 공중에서 두 번의 폭발 소리가 났다고 말했다. 이것은 사보타주나 미사일 요격을 의미하는 것이다. 사망자 명단에는 NSA와 ASA(Army Security Agency, 미 육군 보안부대)의 감독위원회 위원으로 있는 육군장교가 포함되어 있었다. 그리고 36시간 뒤, 케네스 스타의 밀봉된 고발장이 공표되기 직전 오클라호마 폭발사건이 발생했다. 이런 대규모 참사가 벌어지자 스타 특별검사의 고발장 제출에 따른 기소절차는 자연히 연기되었고, 국난을 당한 국민의 공식적인 지지는 대통령 쪽으로 돌아섰다.

| 가 장 의 문 스 러 운 사 실 |

『미디어 바이패스』는 마이어스를 해고하려고 결심하고 통지까지 했으나, 그가 갑자기 맥베이와 인터뷰를 하게 되자 해고건을 없던 일로 하고 그를 다시 고용했다. 마이어스가 고용을 보장해주는 조건으로 맥베이와의 인터뷰 기사를 내놓겠다고 잡지사에 제안했기 때문이다(당시 맥베이는 경비가 철통 같은 교도소에 들어가있었고 아주 특별한 기자들에게만 면회가 허용되었다).

| 회 의 론 자 의 견 해 |

사소한 군사반란에 대한 언론의 관심을 다른 곳으로 돌리기 위한 것이든 혹은 CIA 요원을 언론사에 취직시키기 위한 것이든 수십 명의 무고한 공무원을 살해한다는 것은 과잉조치임에 틀림없다. 언론의 관심을 다른 데로 돌릴 목적이라면 그 반란사건을 국가안보에 관련된 사건이라면서 언론의 접근을 봉쇄하면 되었을 것이다. 또 마이어스를 취직시키는 것이 목적이라면 좀더 그럴듯한 이력서를 작성해주면서 지원하게 하는 것이 더 나은 방법이 아니었을까?

웨이코 WACO

종교적 광신과 정부의 무자비함이 부른 비극

1993년 2월 28일 일요일 오전 9시 30분. 미국 알코올 · 담배 · 무기류 단속국(BATF, Bureau of Alcohol, Tobacco and Firearms)은 한 종교적 광신도집단이 점유하고 있는 건물에 대한 강제수색을 시도했다. 그 종교 집단은 텍사스 주의 웨이코에 자리잡은 그들의 근거지를 가르멜 산(Mount Carmel) 요새라고 불렀다. BATF는 세상의 종말을 신봉하는 다윗 지파(Branch Davidians) 사람들이 불법 무기류를 소지하고 있다는 혐의를 잡고 건물을 강제 수색하는 한편, 그 집단의 카리스마 넘치는 지도자인 데이비드 코레시(David Koresh)의 체포영장을 집행하려고 했다.

하지만 그 과정에서 일이 크게 잘못되고 말았다. BATF 요원들과 다윗 지파 사람들 사이에 총격전이 벌어져서 네 명의 요원이 사망하고 16명이 부상했다. 다윗 지파 사람들도 여러 명이 죽거나 다쳤다. BATF 요원들은 황급히 철수했고 그 후 51일 동안 가르멜 산 요새에 대한 포위전이 전개되었다. 이 작전에는 FBI, 법무장관 재닛 리노(Janet Reno), 빌 클린턴 대통령 등이 개입했다. 이 포위전은 이상한 화재로 끝이 났고, CNN은 가르멜 산 요새가 불타서 재로 변하는 과정을 생중계했다. 잿더미 사이에서 수사관들은 17명의 어린이와 60여 명의 어른 시체를 발견했다. 시체 더미에는 코레시의 시신도 들어 있었다.

494

50일 동안 비교적 평화롭게 협상이 전개되고 있었는데 어떻게 갑자기 그 대치전이 통제 불가능한 상태로 빠져들게 되었는가에 대해 많은 의문이 제기되었다. FBI는 전투지원 차량에서 가르멜 산 단지 안으로 최루탄을 쏘는 한편 기계를 동원하여 단지 벽을 부수었다. 이 과정에서 단지 안에 있던 어린아이 여러 명이 죽은 것으로 보인다. 정부가 언론을 통해 그토록 여러 번 보호할 것이라고 장담했던 어린이들이 전혀 보호를 받지 못한 것이다. 이날 오후 늦게 발생한 화재도 의문투성이인데, 양측은 서로 상대방에게 책임을 전가했다.

1993년의 그 운명적인 날 이래, 웨이코는 종교적 광신이나 자신의 실수를 은폐하려는 정부당국의 무자비함 등을 상징하는 단어가 되었다.

| 정 말   이 상 한   부 분 |

신임 법무장관 재닛 리노는 가르멜 산으로 최루탄을 쏘아야 되었던 이유로 다윗 지파가 단지 내에서 어린아이들을 구타한다는 사실을 들었다. 재닛 리노는 FBI 정보를 그대로 믿었으나 FBI는 나중에 그런 구타 사실에 대한 증거는 없었다고 인정했다.

| 먼 저   떠 오 르 는   용 의 자 |

BATF와 FBI : 대치 상태에서 누가 먼저 총을 쏘았느냐 하는 문제에 대해서는 아직도 의문이 남아 있다. BATF가 너무 쉽게 총을 뽑았거나 아니면 단지 내의 진입공격을 너무 쉽게 생각했다는 소문도 나돌았다. 비극적 참사로 끝난 포위전에 관한 의회청문회에서 BATF 요원들은 다윗 지파가 먼저 총을 쏘았다고 말했다. 하지만 공격 직후 먼저 총을 쏜 것은 BATF인데 이때 총에 맞은 것은 개였다고 증언했다. 이 요원은 나중에 이 증언을 취소했다. 다윗 지파는 당국이 먼저 총을 쏘지 않는다면 총을 쏘지 않겠다는 약속을 지켰다. BATF는 코레시의 신도들이 메타암페타민(각성제)을 제조했다고 주장했지만

록스타로는 성공하지 못했지만 사이비종교 지도자로는 카리스마를 발휘했던 데이비드 코레시.

이것 역시 나중에 거짓말로 밝혀졌다.

또한 FBI는 상황을 악화시키는 데 한몫 한 혐의를 받고 있다. FBI 요원들 가운데 한 팀은 밤새 음악(티베트 송가나 크리스마스 캐럴 등)을 커다랗게 틀어놓거나 단지 내에 백열등을 내리쪼이거나 단지 내의 전기를 끊어버리는 등 다윗 지파를 의도적으로 괴롭혔다. 협상을 진행한 팀은 이런 행동이 대치전을 평화롭게 마감하려는 그들의 노력에 찬물을 끼얹었다고 생각했다. FBI는 재닛 리노에게 한 점 거짓 없이 충실한 보고를 올린 것도 아니었다. 리노는 단지 내로 공격해 들어가는 것을 주저했지만, FBI의 한 요원이 아동학대의 위험이 있다고 보고하자 마음을 바꾸었다. 하지만 아동학대의 증거는 발견되지 않았다. BATF의 복수심도 중요한 역할을 했을 것으로 보인다.

데이비드 코레시 : 코레시는 자신을 예수 그리스도의 화신이라 생각했고 가르멜 산에 대한 정부의 공격은 그의 묵시록적인 비전에 어떤 현실감을 부여할 것이라고 판단했다. 그는 〈요한 묵시록〉에 매료되어 있었고 대치전 내내 일곱 개의 봉인(〈요한 묵시록〉에 나오는 것으로서 이것을 모두 떼면 세상의 종말이

온다)을 설명하는 원고를 써야겠다고 말했다고 한다. 그는 자신이 하느님과 접촉하고 있으며 대치전의 시련을 겪는 동안 하느님이 그에게 직접 조언을 주고 계신다고 말했다. FBI는 코레시와 통화하는 도중 여러 번 지겨운 설교를 묵묵히 듣고 있어야만 했다. 코레시의 메시아적 관점에서 본다면 가르멜 산 요새가 불에 타 최후를 맞이하는 것은 멋진 종말이었다. 왜냐하면 그가 애독하는 〈요한 묵시록〉은 이 세상이 대화재 속에서 끝난다고 말했기 때문이다. 이것은 다윗 지파가 '불길이 기다리고 있다'라고 적힌 현수막을 내건 배경을 설명해주기도 한다.

빌 클린턴 : 클린턴 대통령은 단지 내의 어린아이들에 대해서는 우려를 표명했지만, 단지를 공격하라고 지시를 내린 것은 재닛 리노의 단독결정이었다고 말했다. 이렇게 하여 클린턴 대통령은 이 사건의 책임에서 완전히 면제되었다. 또한 웨이코 비극을 통하여 일체의 난센스를 용인하지 않는 확고한 대통령이라는 이미지를 한결 강화하게 되었다.

| 다 소 황 당 한 용 의 자 |

뉴 월드 오더 : 극우파들이 즐겨 인용하는 스토리는 이러하다. 웨이코 사건은 하나의 세계정부(뉴 월드 오더의 최종적 구상)를 앞당기기 위해 모든 미국 시민을 무장해제시키려는 유엔의 음모이다. 그렇지 않다면 모든 주민의 권총 휴대가 당연시되는 텍사스에서 권총 몇 자루밖에 가지고 있지 않은 종교 단지를 그런 식으로 무자비하게 공격할 수 있었을까?

새로운 나치 음모 : 데이비드 코레시와 다윗 지파는 국제 나치 음모의 앞잡이일지도 모른다. 국제 나치는 제3제국을 부활시키고 히틀러의 이미지를 보다 긍정적으로 각색시키려는 집단이다. 이 음모에 가담한 다른 세력으로는 패트 뷰캐넌(Pat Buchanan) 같은 우익보수주의자들, 인종차별적인 스킨헤더(머리를 깨끗이 면도한 자)들 등이다. "웨이코를 기억하라."는 미국에서 새로운 나치의 전투구호가 되었다.

권총소지금지 지지자들 : 웨이코는 권총소지금지 지지자들이 벌인 사건일지도 모른다. 이들은 클린턴의 민주당과 긴밀히 협조하고 있는데 미국 국민이 자유롭게 권총을 소지하도록 허용하는 조치의 위험성을 극적으로 증명하기 위해 이런 일을 꾸몄는지도 모른다.

가 장   그 럴 듯 한   증 거

불길이 가르멜 산 요새를 거세게 휩싸는 동안 단지 내에서는 총성이 들렸다. 코레시가 그의 묵시록적 종말관에 입각하여 신도에게 총을 쏜 것인지 아니면 BATF와 FBI 요원들이 복수전을 벌인 것인지는 알 수가 없다. 아마도 이에 대한 진상은 영원히 밝혀지지 않을 것이다. 하지만 단지 내에서 총을 쏜 사람이 뭔가 감추려 했음은 의심의 여지가 없다.

가 장   의 문 스 러 운   사 실

웨이코의 대화재가 진화된 뒤 발굴된 시신들은 대부분 신원 확인이 어려웠다. 그래서 많은 사람들은 코레시가 화재통에 몸을 피해 달아났을 것이라고 생각하게 되었다.

회 의 론 자 의   견 해

만약 코레시가 양복을 말끔하게 차려입고 텔레비전 쇼에 나가서 설교를 할 수 있었다면 아무도 그에게 시비를 걸지 않았을 뿐만 아니라 그를 공동체의 지주라고 불렀을 것이다.

혜성과 지구의 충돌 COMET IMPACTS

2028년 지구를 향해 날아오고 있는 소행성

지구의 역사에서 혜성이 지구와 충돌하여 역사의 방향을 바꾸어놓은 적이 여러 번 있었다. 태양계의 모든 행성에서 소행성 및 혜성과의 충돌이 발생한다는 것은 잘 알려진 사실이다. 몇 년 전만 하더라도 목성은 수백만 메가톤의 위력을 가진 슈메이커-레비 혜성과 충돌했다. 조만간 거대한 혜성이 지구와 충돌하여 우리의 세상을 핵겨울 비슷한 상태로 만들어버릴지도 모른다.

빈 대학에 재직하고 있는 국제적으로 저명한 지질학 교수 알렉산더 톨만(Alexander Tollmann)은 노아의 홍수가 실은 1만 2000년 전 혜성과 지구의 충돌로 인해 발생한 것이라고 주장했다. 홍수는 세계의 여러 종교경전에 기록되어 있다. 종교경전은 역사적 정보의 원천으로는 신통한 자료가 되지 못하나, 종교경전에서 말하는 홍수 이야기는 거의 모든 선사사회의 신화와 전설에 의해 뒷받침되고 있다. 대홍수시대가 아주 오래 전 이야기여서 확실한 정보는 단편적으로 발굴되고 있지만, 아무튼 언어학적 · 인류학적 연구는 이런 전설의 기원을 대략 기원전 1만 년 전으로 잡고 있다.

대홍수시대에 심어 있었던 나무들이 화석에서 탄소-14 방사성물질이 다량 검출되었다는 과학적 증거가 나와 있다. 혜성충돌의 충격으로 오존층이 파괴되었고 그리하여 탄소-14 방사능동위원소가 많이 생겨나게 된 것으로 보인다. 톨만은 일곱 개의 불타는 태양과 기타 대참사를 말해주는 신화들을 언급하면서 혜성충돌의 연대를 정확하게 기원전 9600년으로 추정할 수 있다고 말했다.

과학계는 다른 혜성들의 충돌사건도 인정하고 있다. 1905년 한 혜성이 시베리아 퉁구스카에 강도 30메가톤으로 충돌하여 반경 8제곱킬로미터를 파괴했다(물론 그것이 혜성이 아니라 외계인의 비행접시일 수도 있지만……). 또한

스미스소니언 천체물리학관측소는 우리가 2028년에 멸종할 것이라고 이미 경고했다.

6500만 년 전 공룡이 멸종한 것도 거대한 혜성 충돌로 인해 수천 년에 걸쳐 진행된 기상 변화의 결과라는 학설도 있다.

| 정 말   이 상 한   부 분 |

1998년 3월 11일, 스미스소니언 천체물리학관측소는 1997년 12월 애리조나 대학교의 짐 스코티(Jim Scotti)가 발견한 소행성 1997XF11이 2028년에 지구에서 아주 가까운 곳을 지나갈 것이라고 발표했다. 직경이 2킬로미터에 달하는 이 거대한 돌덩어리는 지구에서 7만 7000킬로미터 떨어진 아주 가까운 지점을 통과할 것으로 예상되었다. 소행성 1997XF11은 잠재적으로 위험한 소행성(Potentially Hazardous Asteroid) 리스트에 올랐다. 이 소행성의 진로를 계산하는 데 사용한 여러 가지 요인들이 조금만 바뀌어도 지구가 이 소행성의 진로에 들어설 가능성이 있기 때문이다. NASA의 연구팀은 이 소행성이 지구와 충돌할 가능성은 전혀 없다면서 그런 조치에 반대했다. 그 다음날 스미스소니언 팀은 NASA의 의견에 동의한다면서 그들의 주장을 철회했다.

| 먼 저 떠 오 르 는 용 의 자 |

NASA : NASA는 1997XF11 같은 주요 소행성과 지구의 충돌이 임박했음을 은폐하고 싶어할지도 모른다. 이런 잠재적인 재앙을 비밀에 붙임으로써 NASA는 앞으로 남아 있는 30년 동안 지하대피소와 비상식량을 준비하면서 혜성과의 충돌에 충분히 대비하려고 한다. 일단 소행성이 지구와 충돌하면 NASA는 이 세상의 남아 있는 부분을 임의로 접수하여 그들의 계획대로 세상을 재건할 수 있을 것이다. 2028년에 발생할 것으로 예측되는 주요 참사의 세부사항을 지금 발표한다면 그것은 일반대중에게 엄청난 공포심을 불러일으킬 뿐만 아니라 향후 30년간의 대혼란을 유발할 우려도 있을 것이다.

| 다 소 황 당 한 용 의 자 |

선사문명인 : 일부 음모론자들은 우리보다 앞서서 지상에 선진문명을 이룩한 사람들이 있다고 보는데 그들을 가리켜 선사문명인이라고 한다. 대부분의 선사문명인들은 지구상의 대격변—아마도 혜성 충돌에 의한 재앙—때문에 거의 멸종했으나 일부 살아남은 자들이 지난 수천 년 동안 소수의 비밀결사를 통해 우리 인류의 운명을 조종해왔다고 한다. 선사문명인 가운데 살아남은 자들의 목적은 인류가 충분한 기술 발달을 이룰 수 있도록 도와 다음번의 거대한 혜성 충돌에 살아남을 수 있도록 대비하기 위함이라고 한다.

| 가 장 그 럴 듯 한 증 거 |

옥스퍼드 대학교 천체물리학과 교수인 빅터 클럽(Victor Clube)은 노아의 대홍수가 일어난 원인이 혜성의 충돌 때문인지도 모른다는 톨만의 음모론에 동의했다. 또한 클럽은 1500년 전 거대한 혜성이 지구와 충돌하여 그때까지의 유럽 문명이 파괴되고 그 결과 암흑시대가 시작되었다는 주장을 폈다.

| 가 장   의 문 스 러 운   사 실 |

텍사스의 신문기자인 마이클 벤추라(Michael Ventura)는 『오스틴 크로니클(Austion Chronicle)』에 이런 주장의 기사를 실었다. 스미스소니언 관측소의 발표가 있은 지 몇 시간 후 대통령 과학자문 비서관이 소행성 1997XF11의 충돌가설을 비난하고 나섰지만 사실 그 비서관은 그 정보를 제대로 연구해보지도 않고 그런 비난 발언을 했다는 것이다. 벤추라는 그 소행성이 무엇보다도 백악관에 커다란 위협이 되었다고 말했다. 1997XF11은 2008년에도 지구 가까운 곳을 통과할 것으로 보인다(소행성은 1.75년마다 태양을 한 바퀴 돈다). 하지만 벤추라는 이 정보가 철저히 통제되고 있기 때문에 요 몇 년 동안 소행성 이야기가 전혀 나오지 않고 있다고 주장했다.

| 회 의 론 자 의   견 해 |

스미스소니언과 NASA가 1997XF11에 관한 자료를 처음 평가했을 때 그들은 아주 적은 정보밖에 없었다. 따라서 그들의 예측은 오차율이 아주 높은 것이었다. 그러나 언론에서 겁먹은 보도를 계속 내보내자, 다른 연구자들이 더 많은 자료를 내놓기 시작했다. 그 후 24시간 이내에 모든 관계 당사자들이 궤도에 관한 자료를 8년간 검토한 연구자료에 의거하여 소행성의 진로를 세밀하게 계산했다. 이렇게 하여 오차폭을 크게 줄일 수 있었다. 계산 결과 소행성은 수십만 킬로미터의 거리를 두고 지구를 비켜갈 것으로 예상되었다.

걸프전증후군 GULF WAR SYNDROME
걸프전 참전 군인에게 엄습한 이름모를 병

1991년의 걸프전은 언론과 미국 정부에 의하여 성공한 전쟁으로 평가되었다. 사담 후세인이 이끄는 이라크 군대는 미국과 연합군의 막강한 화력에 밀려 쿠웨이트에서 쫓겨났다. 그런데 조지 부시와 콜린 파웰(Colin Powell)이 영광된 승리의 기쁨을 마음껏 즐기고 있는 동안, 걸프전에 참가했던 수천 명의 병사들을 괴롭히는 악성 질병이 등장했다. 그것은 의사들을 난처하게 만들고 감염 환자들의 목숨을 앗아가는 고약한 질병인데 통칭 걸프전증후군(GWS, Gulf War Syndrome)이라고 했다.

걸프전증후군에는 여러 가지 파괴적인 증상이 있는데 밤중의 오한, 신경계 장애, 종양, 과도한 체중 감소, 설사, 불면증, 만성피로, 극심한 관절염, 기이한 발진, 성격 변화, 정신적 기능의 상실 등 다양하다. 또 과도한 출혈도 보고되었다. 걸프전증후군은 아주 고약하고 악질적인 질병으로서 때때로 환자를 심한 우울증에 빠뜨리며 심하면 자살로까지 유도한다.

병사들이 조국을 위해 싸우다가 이 질병에 걸렸다는 확고한 증거가 있음에도 불구하고 미국을 포함하여 많은 나라의 정부들은 걸프전증후군의 존재를 부인한다. 걸프전에 참가했던 병사들은 전쟁이 인간의 자유보다는 석유 가격의 유지 때문에 벌어졌다는 것을 알게 된 지금, 자신들이 정부로부터 버림을 받았다는 생각을 가지고 있다.

| 정 말   이 상 한   부 분 |

걸프전증후군의 증상은 에이즈의 증상과 유사성이 많다. 가령 원인 모를 발진, 불면증, 체중 감소 등이 그러하다. 어떤 경우에 걸프전증후군 환자들은 에이즈 테스트에 양성으로 판정되기도 하지만 이상하게도 에이즈 바이러스의 표시는 없다.

| 먼 저   떠 오 르 는   용 의 자 |

사담 후세인 : 후세인은 그의 적들에게 생화학무기를 실험하고 또 사용해왔는데, 가령 걸프전 이전에는 쿠르드족에게 이 무기를 사용하여 몇 개의 마을 전체를 싹쓸이 해버린 적도 있었다. 후세인은 스커드미사일에 치명적인 생화학무기를 탑재하는 등 연합군을 상대하여 세균무기를 사용한 것으로 추정된다. 이런 치명적인 물질은 연합군에 의해 파괴된 화학약품 공장이나 이라크 무기 벙커에서 흘러나왔을지도 모른다. 그것이 사막의 바람을 타고 공중을 떠돌다가 병사들에게 전염되었을 수도 있다. 후세인은 어쩌면 일부러 자신의 병사에게 감염시켰을지도 모른다. 그들이 전투 중에 죽으면 시신을 수습해주는 사람들도 자연히 감염될 것이기 때문이다.

강제 접종 : 생화학전에 대비하여(하지만 미국은 이런 전투가 벌어지지 않았다고 주장한다) 미군과 연합군의 병사들은 강제로 예방약을 먹었고 또 접종을 했다. '피리도스티그민 브로마이드' 라는 이름으로 알려진 이 알약과 예방접종(탄저병 예방접종 포함)약은 매우 실험적인 약물이었다. 이런 접종이 걸프전 증후군의 직접적인 원인이 아니라고는 해도, 그 증후군의 확산에 일조했을 것으로 생각된다.

| 다 소   황 당 한   용 의 자 |

러시아인 : 후세인은 소련의 무기고에서 맹독성 생화학무기를 일부 얻었을 것으로 생각되고 있다. 가공할 '노비초크' 시리즈는 인간이 개발한 독극물 중 가장 무서운 것의 하나로 알려지고 있는데 어쩌면 이라크인의 손에 들어갔을지도 모른다.

| 가 장 그 럴 듯 한 증 거 |

감염된 병사들의 수는 이 질병이 얼마나 무서운지 대변해주고 있다. 약 15만 명 이상이 걸프전증후군에 감염되어 그중 10만 명은 이미 사망한 것으로 추산된다(이 수는 최소한의 수치이다). 걸프전증후군을 면밀히 검토해보면 해당 바이러스가 자연스럽게 생겨난 것이 아니라 실험실에서 만들어졌다는 것을 알려주는 특징들을 다양하게 보여주고 있다. 걸프전증후군의 주범은 '미코플라스마 페르만탄스(정체미상의 뜻)'라는 제조된 약제로 알려지고 있다. 이 약제는 에이즈 바이러스 외피 유전자의 대부분을 포함하고 있는데 실험실에서 추가되었을 것이라는 의심을 받고 있다. 걸프전 연합군에 참가한 나라들 중에서 프랑스만 예방접종을 거부했다. 현재까지 프랑스 병사들 사이에는 걸프전증후군이 보고되지 않았다.

| 가 장 의 문 스 러 운 사 실 |

걸프전증후군은 아주 감염성이 높아서 감염된 병사의 아내나 여자친구에

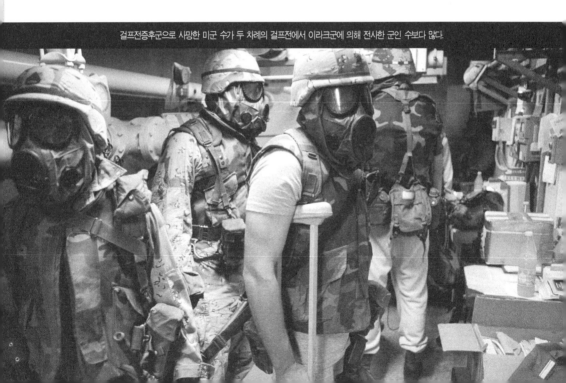

걸프전증후군으로 사망한 미군 수가 두 차례의 걸프전에서 이라크군에 의해 전사한 군인 수보다 많다.

게 쉽게 전염될 수 있다. 감염된 여자들에게서 나타나는 증상은 성병에 의한 자궁경부암과 아주 유사하다. 걸프전증후군은 가벼운 접촉이나 성교, 공기접촉 등으로도 감염이 되는 것으로 알려졌다. 임산부에게 아주 유해하여 눈이나 사지가 없는 기형아를 낳을 가능성도 있다고 한다. 걸프전증후군의 가장 악질적인 점은 환자의 애완동물까지도 전염시켜 죽게 만든다는 것이다. 만약 걸프전증후군이 이종(異種) 간에도 전염이 된다면 그것은 인간뿐만 아니라 지구상의 모든 생명체에게 위협이 될 것이다.

| 회 의 론 자 의   견 해 |

결국 문제의 핵심은 돈이다. 각국 정부는 걸프전에서 화학무기가 사용되었다는 것을 철저하게 부인하고 있고 또 강제 예방접종이 걸프전증후군의 원인일 수도 있다는 점을 인정하지 않고 있다. 만약 인정했다가는 당연히 법적 책임의 문제가 뒤따르기 때문이다. 그러니 정부가 자발적으로 인정하는 일은 결코 없을 것이다.

TWA 800편 민간항공기 TWA FLIGHT 800
FBI는 왜 목격자들의 목격담을 무시했을까

비행기 여행을 하는 사람들이 가장 우려하는 것은 혹시 그들이 탄 비행기가 추락하지 않을까 하는 것이다. 많은 사람들이 비행기 여행은 안전하다며 큰소리치지만 그래도 비행기를 타고 가는 어느 순간에 사고가 나면 어쩌나 하는 순간적인 공포를 물리치지는 못한다. 1996년 7월 17일 TWA 800편 민간항공기에 탑승한 승무원과 승객들은 그런 끔찍한 공포를 몸소 체험했다. 이 파리행 보잉 747기는 뉴욕의 케네디 공항을 이륙한 지 11분 만에 롱아일랜드 근처 상공에서 갑자기 폭발했고 탑승자 전원은 사망했다.

재빨리 사고 원인에 대한 조사 작업이 착수되었고 여러 척의 보트를 바다로 내보내 비행기의 잔해를 수거했다. 폭발의 원인을 알려주는 단서를 찾기 위해서였다. 그러나 나중에 발견된 사고 비행기의 블랙박스(비행 기록기)에 의하면 비행기는 갑자기 폭발했다. FBI, CIA와 함께 열심히 사고 원인을 추적해온 미국 항공청은 마침내 800편 사고는 왼쪽 날개에 있는 연료 탱크의 폭발 때문이었다고 발표했다. 합선으로 생긴 불꽃이 제트기의 휘발성 높은 연료에 옮겨붙으면서 이런 사고가 발생했다는 것이다. 조사는 그것으로 종결되었다.

많은 사람들이 이러한 사고보고서에 의문을 표시했다. 목격자들은 800편을 뒤따라가는 반원형의 물체를 보았는데 그것이 지대공 미사일일지도 모른다고 생각했다. 800편은 테러리스트에게 공격당했는가, 아니면 미국 군부가 발사한 미사일에 격추된 것을 미군 당국이 숨기는 것인가? 미국 정부의 입장에서 볼 때 이 사건은 이미 종결된 것이었다. 하지만 군부와 항공업계 사람들을 포함하는 음모론자들의 눈으로 볼 때 이 사건에는 정확한 조사는 없고 단지 은폐만이 있을 뿐이었다.

| 정 말   이 상 한   부 분 |

미국 항공청의 이사로 근무한 버넌 그로스(Vernon Grose) 박사는 당초 800편 추락사고에 대한 항공청의 공식적인 설명을 지지했다. 그 후 그는 마음을 바꿔 뭔가가 은폐되었다고 느끼기 시작했다. 그는 FBI가 은폐의 배후세력이며, FBI는 미사일로 보이는 어떤 것이 800편을 격추시켰다는 목격자들의 증언을 묵살했다고 말했다.

의심스런 폭발사고를 일으킨 TWA 800편의 잔해.

| 먼 저   떠 오 르 는   용 의 자 |

미국 군부 : 미국 군부는 롱아일랜드 남동 해안에 있는 W-105 해역에서 미사일 발사를 포함한 해상 군사작전을 수행했을지도 모른다. 해군의 '뜨거운 해역'인 W-105는 TWA 800편이 갑자기 폭발해버린 곳에서 약 50킬로미터 떨어진 지점이다. 군사작전의 치명적인 실수로 인해 사고가 발생했다는 맨 처음 보고는 펜타곤에서 흘러나오지 않았을까 생각된다. 하지만 보안을 의식한 군부는 재빨리 그 보고를 은폐하는 작업에 들어갔다. TWA 800편이 비행하던 그날 밤 주위에는 군용 비행기가 많이 떠 있었는데, 이는 군부의 개입을 다시 한 번 암시하는 것이다.

『파리 마치(Paris Match)』에 실린 린다 케이벗(Linda Kabot)의 사진을 보면 800편이 폭발하던 시점에 하늘에는 분명 미사일이 있었다. 꽁무니에 배기 가스의 연한 빛을 매달고 있는 원통형의 물체를 뚜렷하게 볼 수 있다. 린다 케이벗의 사진은 그녀가 그 물체를 찍을 때 실제 폭발 장면에 등을 돌리고 있었다는 점 때문에 관계당국에 의해 증거 가치가 없는 것으로 판정되었다. 이런 당국의 태도는 그렇다면 오히려 그 시점에 하늘을 나는 미사일이 여러 개였다는 말인가 하는 의문을 제기한다. FBI가 조사활동 과정에서 이런 목격자의 보고를 무시해버린 것도 특기할 사항이다.

테러리스트 : 또다른 용의자로 테러리스트가 소형 보트 위에서 로켓을 발사했을 가능성을 생각해볼 수 있다. 하지만 미사일은 너무 무겁기 때문에 이런 식으로 발사될 수 없다는 것이 문제이다. 언론에서는 이런 사실에 기죽지 않고 이 음모론을 기꺼이 받아들였고 또 로켓의 무게가 테러리스트의 음모에 완전한 알리바이를 제공하는 것은 아니라고 주장했다.

| 다 소 황 당 한 용 의 자 |

UFO의 공격 : 800편은 해상의 군사작전을 감시하던 UFO와 맞닥뜨렸을 수도 있다. UFO는 자신의 정체가 발각되자 그 비행기를 파괴할 수밖에 없었을 것이다.

군대의 블랙 옵스 : 800편이 추락한 지역 근처에 군사 비밀기지가 있다는 소문이 나돌았다. '프로젝트 피닉스'는 겉으로는 폐기된 것처럼 보이는 몬타우크 공군기지의 지하에 있는 초특급 비밀기지이다. 800편은 이 비밀기지에서 발사된 비밀무기에 의해서 파괴되었을 가능성이 있다. 그래서 미국 정부는 국가안보 운운하며 황급히 이 사고의 은폐에 나섰던 것이다.

| 가 장 그 럴 듯 한 증 거 |

인근의 항공 관제탑에서 나온 자료에 의하면 레이더 스크린 상에 분명히 하나의 광점(光點)이 떠올랐다는 것을 알 수 있다. 이 광점은 곧 위로 치솟더니 800편을 따라가기 시작했다. 이 점은 먼저 비행기의 앞쪽으로 움직였다가 다시 뒤로 돌아와 비행기의 항로와 겹쳐졌다.

| 가 장   의 문 스 러 운   사 실 |

해군은 위치파악 기기의 전원이 고장나서 보이지 않는다며 일주일 동안 800편의 블랙박스를 찾지 못했다. 나중에 조사한 바에 따르면 이 말은 사실이 아니었다. 블랙박스는 보도된 것보다 훨씬 일찍 발견되었고 군부의 의도대로 기록 자체가 조작되었다고 한다.

| 회 의 론 자 의   견 해 |

만약 미사일 격추설이 사실이라면 책임자들이 피하고 싶은 것은 딱 두 가지일 것인데 하나는 소송이고 다른 하나는 막대한 손해배상일 것이다.

9/11

부시 정부는 테러를 미리 알고도 왜 막지 않았을까?

2001년 9월 11일 오전 7시 59분 보스턴 로건 국제공항에서 아메리칸 에어라인 11편이 이륙했다. 그리고 오전 8시 46분 세계무역센터 쌍둥이 건물 중 북쪽 건물에 충돌했다. 오전 8시 14분 유나이티드 에어라인 175편은 로건을 출발하여 로스앤젤레스로 향했다. 그리고 오전 9시 3분에 남쪽 건물에 충돌했다. 오전 8시 10분에는 아메리칸 에어라인 77편이 워싱턴의 덜레스 국제공항을 출발해 오전 9시 43분 펜타곤에 충돌했다. 유나이티드 에어라인 93편은 뉴어크를 출발하여 오전 10시 10분에 펜실베이니아의 들판에 추락했다. 두 시간여 만에 세계 80여 나라 출신의 무고한 시민 3000명 이상이 사망했다. 세계는 영원히 바뀌었고, 많은 이들이 이 사건을 텔레비전 생방송으로 목격 했다.

조지 W. 부시 미국 대통령은 테러 직후에 이 사건을 "우리 시대의 진주만" 이라고 부르며 미국과 서방 세계 대부분의 분위기를 묘사했다. 사악한 테러 의 충격 속에서 이틀이 지나고 난 후 콜린 파월 미 국무장관은 오사마 빈 라 덴이 주요 용의자라는 소식을 알렸다. 그리고 대통령이 '테러와의 전쟁'을 선포했을 때 아무도 놀라지 않았다.

왜 이런 비극이 일어났는지 이해하려고 귀 기울였을 때 우리 대다수는 공 식적인 설명을 의심없이 받아들였다. 공식 설명에 따르면, 비행기 공중납치 는 미리 막을 수 없는 일이었고 알카에다 테러조직이 단독으로 계획한 공격 이었으며 이 조직 이외에는 누구도 이 계획을 미리 알고 있지 못했다. 조지 W. 부시 대통령은 다음과 같이 연설했다.

"9월 11일 테러와 관련된 터무니없는 음모론을 묵인하지 맙시다."

보통사람들은 이 연설이 전적으로 일리가 있으며 감동적인 호소라고 생각 하겠지만, 어떤 사람들은 이 연설이 이 끔찍한 사건에 대한 공식 설명의 모순 점들을 계속 증명하려는 사람들을 은근히 위협하며 공포감을 조성하기 위한 부시 대통령의 필사적인 시도라고 생각한다.

사람들은 분명히 이해하기 힘든 일의 의미를 파악하기 위해서 음모론이 필 요하다고 생각하기도 한다. 그러나 9/11 테러처럼 감정을 뒤흔드는 끔찍한 대형사건에 대한 음모론은 믿지 않으려는 경향이 강하다. 하지만 어떤 의문 점들은 쉽게 잊히지가 않는다. 9/11 테러를 둘러싼 음모론 다수의 핵심은 테 러 공격을 미리 막을 수도 있었던 통상적인 안보예방책을 취소하거나 줄일 권한이 누구에게 있었는가 하는 질문으로 요약된다. 9/11 음모론에 대한 어 떤 이야기도 듣고 싶어하지 않는 보통사람들에게도 정말 믿기 힘든 점들이 있다. 민간 항공기 두 대가 이미 세계무역센터 건물에 충돌한 후, 최고의 비상경계 상태였어야 하는 동안에도 민간 항공기 또 한 대가 비행 금지 구역을 지나 비행할 수 있었다. 그리고 이 항공기는 세계 역사상 가장 강력한 군대의 본부에 충돌할 수 있었다. 미군이 이를 막기 위해 아무런 조치도 취하지 않았다니……. 어떻게 이런 일이 일어날 수 있었을까?

북미방공사령부(NORAD)와 다른 모든 미국 국방정보시스템 기관들이 테러 공격이 임박한 사실을 알고 있었음을 보이는 수많은 증거가 테러 당일부터 밝혀졌기 때문에 이런 의문들은 점점 더 중요해졌다. 애쉬크로프트 미국 법무장관은 9월 11일에 개인 전용기로만 여행하라는 권고를 받았고, 그 전날 밤 미국 국방부 고위 관리들은 갑자기 치안 문제를 이유로 9월 11일 여행 계획을 취소했다.

2002년 3월 25일 조지아 주의 신시아 맥키니(Cynthia Mckinney) 민주당 하원의원은 라디오 인터뷰에서 다음과 같이 주장했다.

"9월 11일에 사건이 일어날 것이라는 수많은 경고가 있었던 사실을 우리는 알아냈습니다. 9월 11일 테러 사건에 대해 이 행정부는 무엇을 알고 있었으며 언제 알고 있었을까요? 그밖에 누가 알고 있었으며 그들은 왜 뉴욕 시민들에게 미리 경고하지 않고 무고한 시민들이 불필요하게 살해되도록 두었을까요?"

대통령 대변인은 맥키니 의원이 "음모론 명예의 전당 후보에 올라야겠다."라고 공격했지만, 몇 달 후 맥키니 의원의 말이 옳은 것으로 드러났다. 심지어 빈 라덴이 미국을 공격하기로 결정했으며 비행기를 공중납치할 가능성이 가장 높다는 자세한 내용을 2001년 8월 6일 대통령이 직접 브리핑받은 증거도 밝혀졌다.

이를 비롯한 놀라운 폭로 수십 가지를 종합해보면, 미국 행정부와 미국 정보기관, 특히 CIA와 NSA는 테러 공격이 임박했다는 사실을 알고 있었다. 그들은 미국 국민들에게 마땅히 경고해야 할 위치였다. 그러나 미 당국은 그렇게 하지 않기로 결정했다. 왜 그랬을까? 권력자들이 9/11 공격 계획을 사전 경고할 수 있을 뿐만 아니라 예방할 수도 있었다는 것이 정말 사실일까?

| 정 말 이 상 한 부 분 |

토니 블레어 내각에서 6년간 장관직을 역임한 영국 정치인 마이클 미처 (Michael Meacher)는 미국 정부가 뉴욕의 9월 11일 테러 공격에 대해서 알고 있었지만 전략적인 이유 때문에 그 경고에 조치를 취하지 않기로 결정했다고 주장했다. 미처는 다음과 같이 말했다.

"미국이 9월 11일 공격을 막지 않은 것은, 그것이 미리 확실하게 잘 준비한 아프가니스탄과의 전쟁을 시작할 수 있는 중요한 구실이 되기 때문이었다. 이 정치적인 연막의 우선적인 동기는 미국과 영국에 확실한 탄화수소 에너지 공급이 부족해졌기 때문이다."

| 먼 저 떠 오 르 는 용 의 자 |

CIA와 미국 석유회사 : 미국의 거대 석유회사들은 탈레반과 협상하여 아프가니스탄에 송유관을 지어 카자흐스탄과 다른 구소련 독립국가들의 풍부한 석유 자원을 수송해오려고 했다. 클린턴 대통령이 탈레반에 강경 노선을 취하자 미국의 석유회사들은 CIA와 함께 9/11 테러를 모의하여, 미국이 아프가니스탄을 침공하고 카불에 미국 석유회사들과 가까운 꼭두각시 정권을 세우도록 했다.

이스라엘 : 모사드는 미국의 국방·정보계에 심어놓은 조직과 동면첩보원들의 광대한 조직을 이용해 빈 라덴에게 사상 최대의 큰 죄를 뒤집어씌움으로써 미국이 이슬람 세계와 오랫동안 분쟁을 벌이도록 만들었다. 미국의 보복 공격으로 미국과 걸프 지역 및 근동 동맹국들 간의 분열이 조장되고, 이슬람 극단주의자들과 현재 최전선에서 싸우고 있는 이스라엘과 미국이 더 가까워진다면 이스라엘로서는 더 바랄 게 없을 것이다.

| 다 소 황 당 한 용 의 자 |

중국 : 이슬람 극단주의자들이 중국의 변방 성들에서 문제를 일으키고 있고, 미국이 대만과 동남아 대부분의 국가를 침공하려는 중국의 계획을 막고 있다면? 중국은 어떻게든 최대의 두 경쟁 상대가 서로 싸워서 난국에 봉착하는 상황을 만들고는 자신들은 물러앉아서 웃으려 할 것이다.

마약왕 : 아프가니스탄의 탈레반 정권은 세계 최고의 생산량을 자랑하는 아편 농장을 거의 폐쇄했다. 주요 마약 카르텔의 지도자들은 9/11 테러를 조직하여 알카에다를 끌어들이고 미국으로 하여금 전쟁을 일으키게 해 탈레반을 축출하고 아프가니스탄의 아편 생산과 수출을 재개시키려 했을 것이다. 만일 이런 계획이 정말 있었다면 분명히 성과를 거두었다.

| 가 장 그 럴 듯 한 증 거 |

북아메리카의 영공을 보호하는 임무를 맡은 기구인 NORAD가 엄청나게 무능한 모습을 보인 것에 많은 사람들이 의문을 제기하고 있다. 왜 NORAD는 77편기를 조사하기 위해 워싱턴에서 209킬로미터 이상 떨어진 랭글리 공군기지의 제트기들을 긴급 발진시켰을까? 왜 워싱턴에서 16킬로미터밖에 떨어지지 않은데다 수도를 적의 공격으로부터 방어할 의무가 있는 앤드류스 공군기지의 제트기들을 보내지 않았을까? 결국 77편기가 펜타곤에 충돌하고 나서 거의 15분이 지나서야 워싱턴을 방어해야 할 항공기들이 도착했으므로, 이것은 꼭 따져봐야 할 문제다.

| 가 장 의 문 스 러 운 사 실 |

비행기 공중납치범이라고 알려진 모하메드의 여권은 현실성이 없는 것 같다. 보통 희생자들의 신원을 확인하는 데 DNA 판독법이 사용되었지만, 모하

9/11 테러 때 영웅이 누구였는지는 분명하다. 하지만 진짜 악당은 누구였을까?

메드의 경우는 멀쩡하게 남은 여권으로 확인할 수 있었다. 그의 여권은 11편기가 파괴된 엄청난 폭발 속에서도 흠집 하나 없었고 놀랍게도 160만 톤이나 되는 잔해 속에서 몇 시간 만에 발견되었다. 이 튼튼한 여권이 비행기 탑승객을 찾던 FBI 수사관들에게는 분명 행운이었다.

| 회 의 론 자 의 견 해 |

9/11 테러는 JFK 암살사건을 제외하고 미국 역사상 다른 어떤 사건보다 많은 음모론을 양산했다. 이 테러가 낳은 상처와 분노를 생각할 때 누구도 이에 놀라지 않을 것이다. 우리는 그런 음모론들을 믿을 수도 있고 상처입은 국가의 증후군이라고 볼 수도 있고 조롱할 수도 있다. 운 좋게도 우리에게는 아직 이렇게 선택할 자유가 있다.

마르크 뒤트루 MARC DUTROUX
벨기에 역사상 가장 극악한 성범죄자는 누구의 하수인이었을까?

유럽에서 가장 지루한 나라라는 오명을 쓰고 있는 벨기에의 문화상품 중에서 세계적으로 알려진 것이라곤 고작 만화 주인공 '땡땡'과 맥주 제조기술뿐이다. 하지만 늘어선 공장과 텅 빈 창고, 썰렁한 거리(다 쓰러져가는 작은 농장들이 있는 황량한 교외로 연결된다)가 특징인 도시들로 이루어진 남쪽의 '녹슨' 지대 때문에 벨기에는 음모론의 지도에서 중요한 위치를 차지하는 나라가 되었다.

그것은 과거 산업지역이었던 이유로 매연의 흔적으로 가득한 지저분한 도시 샤를르루아 근처에서 마르크 뒤트루의 가증스런 범죄가 세상에 밝혀지기 시작했기 때문이다. 1986년 뒤트루와 당시 그의 아내였던 미셸 마르탱은 다섯 명의 여자아이를 유괴하여 성폭행한 혐의로 체포, 수감되었다. 그로부터 3년 후, 뒤트루는 13년 6개월의 징역형을 그리고 마르탱은 5년형을 선고받았다.

하지만 아이들에게 계속적으로 가시적인 위험이 될 수 있는 뒤트루와 같은 아동 성폭행범이 놀랍게도 1992년 석방되어 나왔다. 풀려나고 며칠 후, 직업을 쉽게 가지리라고는 추측하기 어려운 상황이었음에도 그는 집 한 채와 한 구획의 땅을 사들이고자 250만 벨기에프랑의 현금을 입찰한다. 이후 3년에 걸쳐 그는 계속해서 여섯 채의 집을 더 구매했다.

1995년 6월, 여덟 살 난 여자아이인 쥴리 르쥔과 멜리사 뤼소가 벨기에 동쪽 그라스-올로뉴의 집 근처에서 실종된다. 뒤트루와 마르탱 그리고 마약중독자이자 약물 공급의 대가로 그들을 도와 범행을 한 베르나르 바인슈타인이 그들을 유괴한 것이다. 그들은 여자아이들을 샤를르루아에 위치한 뒤트루의 소유지로 데려가서는 지하실의 토굴 감방(그곳으로 통하는 비밀 문은 책꽂이로 위장돼 있었다)에 가두었다. 그로부터 몇 달 간, 아이들은 끔찍한 성폭행을 당해야 했고 뒤트루는 그 장면들을 매일 비디오로 촬영했다.

첫번째 납치가 있고 나서 두 달 후 어느 공휴일, 열일곱 살의 안 마샬과 열아홉 살의 에프예 람브렉스가 오스텐데에서 납치되었다. 지하감방이 이미 사용 중이었으므로 뒤트루는 그들을 다른 방의 침대에 묶어두었다. 몇 주 지나지 않아 그들 둘이 죽었고, 이어서 베르나르 바인슈타인 역시 죽임을 당했다. 뒤트루는 그에게 약을 먹인 뒤 안과 에프예를 묻은 정원에 산 채로 매장했다.

1996년 5월, 뒤트루와 그의 새로운 공범 미셸 르리에브르는 열두 살 된 사빈 다르덴을 학교 가는 길에 납치, 지하감방에 가둔다. 8월 9일 두 사람은 다시 열네 살의 레티시아 델레즈가 수영장에서 집으로 돌아가는 길에 유괴한다. 그러나 그 장면을 목격한 사람이 뒤트루의 승용차 번호를 기억해냄으로써 8월 13일 뒤트루와 마르탱, 르리에브르, 세 사람은 체포되었다.

그로부터 이틀 뒤 뒤트루가 형사들에게 사빈과 레티시아가 있는 곳을 털어

희생자들을 가둬두었던 자신의 아지트를 나서는 마르크 뒤트루.

놓음으로써 두 소녀는 지하감방에서 구출되었다. 8월 15일 경찰은 이 유괴사건과 연루된 미셸 니울(Michel Nihoul)이라는 62세의 사업가를 체포했는데, 그는 정치가들과 마약거래상 그리고 브뤼셀에 있는 섹스숍들과 연계되어 있었다. 9월 초에 경찰은 뒤트루가 살해한 모든 이들의 시신과 더불어 어린이들이 폭행당하는 장면을 찍은 수백 개의 비디오테이프를 발견했다.

| 정 말   이 상 한   부 분 |

뒤트루가 체포된 후 경찰은 1991년 살해당한 벨기에 사회당의 리더 앙드레 쿨스(Andre Cools) 사건 수사에 돌파구를 열게 된다. 경찰은 쿨스와 같은 프리메이슨 지부 소속이었으며 전 사회당 동지였던 인물을 포함한 여섯 명을 검거했다. 살해당하기 전에 쿨스는 범죄조직과 연루된 정치인들의 부패를 조사하던 중이었다.

그러나 뒤트루 사건의 책임판사이자 쿨스 살인사건과 관련 있는 재판도 맡았던 코느로트가 갑자기 직위에서 물러나게 되었고, 또 다른 판사인 기 퐁슬레도 경찰관이었던 아들이 뒤트루 사건을 조사하던 중 살해당했다고 주장했다. 동시에 뒤트루는 자신이 다른 이들의 조직을 위해 범행을 저질렀다고 증언했다.

30만 명 이상의 벨기에인들이 거리로 뛰쳐나와 코느로트 판사의 부당한 해임에 항의했다. '백색 행진'이라고 이름 붙은 이 평화시위는 이 사건에 고위급 정치인과 경찰, 사법부 관계자들이 연루된 커다란 음모가 있다는 광범위하게 유포된 믿음에 근거한 항의시위였다.

| 먼 저   떠 오 르 는   용 의 자 |

아동 매춘 조직 : 이 사건과는 별개로 이루어진 아동 매춘 조직 수사에 증인으로 나선 레지나 루프는 그녀와 다른 아이들이 성폭행을 당하던 현장에서

뒤트루와 미셸 니울을 보았다고 증언했다. 그 혐오스런 자리에는 정치가들과 법조계 인사들, 유럽 연합의 위원들과 벨기에의 저명한 은행가들을 포함한 많은 사회지도층 인사들이 있었다. 루프와 또 다른 증인들의 말을 종합해 볼 때 뒤트루가 한 주장, 즉 권력 있는 소아성애자들 무리에 의해 자신이 이용당했다는 주장은 설득력이 있다. 만일 그런 무리가 존재한다면, 그들이 뒤트루의 이전 구속에도 영향력을 행사했을 것이다.

사탄주의자 : 뒤트루의 공판 중에 그가 살해한 공모자 베르나르 바인슈타인이 '아브라삭스'라는 사탄주의 집단에 속했다는 사실이 밝혀졌다. 많은 음모론자들은 뒤트루가 이 조직뿐만 아니라 더 광범위하고 비밀스런 사탄주의자들의 조직과 관련을 맺고 피해자들을 성폭행하는 의식을 행했다고 믿고 있다.

프리메이슨 : 뒤트루 사건과 관련하여 부패나 직무 소홀 혐의로 조사를 받은 경찰들 중 일부는 프리메이슨 단원이었던 것으로 밝혀졌다. 뒤트루 사건과 관련하여 살해당했다고 믿어지는 정치가 앙드레 쿨스 역시 프리메이슨이었으므로, 반(反)프리메이슨 성향의 음모론자들에게는 일련의 사건들이 이 악명 높은 조직과 관계가 있다는 것을 찾아내는 것이 어렵지 않을 것이다.

| 다 소   황 당 한   용 의 자 |

마피아 : 이탈리아 마피아가 벨기에 남부에서 활발히 활동하고 있다는 것은 인터폴에게도 널리 알려져 있다. 몇몇 조사에서 마피아가 벨기에 정치가들에게 자금을 대고 있다는 사실이 밝혀졌다. 뒤트루가 마피아 조직을 위해서 아동 포르노물을 제작하여 막대한 수익을 벌어들였다고 여기는 연구가들도 있다.

DGSE : 프랑스의 대외정보부인 DGSE가 뒤트루 사건의 배후에 있다는 의심을 받았다. 이 추문은 확실히 벨기에 정부를 동요시켰으며 불명예스럽게 하였다. 뿐만 아니라 프랑스어를 사용하는 남부의 왈론족과 네델란드어를 사용하는 북부의 플라망족 사이의 전통적인 갈등관계를 악화시키기도 했다.

DGSE가 벨기에 남부 왈로니아를 자국의 영향력 아래 두고자 배후에서 분열을 조장한 것일까?

| 가 장   그 럴 듯 한   증 거 |

17개월간 지속된 벨기에 국회의 조사위원회는 뒤트루가 경찰 사법부 고위 인사들과 공모한 바 없다고 공식 보고하였다. 그가 단지 그들의 부패와 부주의 그리고 무능력을 이용했던 것뿐이라는 내용이었다. 대다수의 벨기에인들은 그러한 조사 결과를 신뢰하지 않았으며 경찰이 뒤트루의 가증스런 범죄를 눈감아주고 있었다고 믿었다. 저명한 벨기에의 수감자 정신건강의는 1992년 뒤트루의 조기 석방은 매우 의심스러운 일이며 상부의 압력이 없었다면 불가능했을 특별한 경우라는 신념을 피력했다.

많은 조사자들은 국회 보고서가 어째서 경찰이 뒤트루가 여전히 어린 소녀들을 억류하고 있다고 한 그의 어머니와 누이의 증언을 무시했는지에 대해 설명하지 못한다고 지적한다.

더욱 이상한 점은 경찰이 뒤트루를 전혀 상관없는 자동차 절도 혐의로 체포하여 그의 집을 수색했을 때 쥴리 르죈과 멜리사 뤼소, 두 소녀의 구해달라는 비명을 들었다는 사실이다. 그럼에도 그들은 그 소음이 거리의 아이들이 내는 소리라는 뒤트루의 해명을 믿었다는 것이다. 더군다나 아동 성폭행 전과자의 집에서 수갑과 마취제, 산부인과용 거울 같은 수상한 물건들을 발견했는데도 말이다. 이러한 실수들에 덧붙여, 그의 체포 후, 아이들을 폭행하기 위해 그 비밀 지하감방을 드나들었던 이들의 신원을 추적할 수 있는 DNA 증거를 비롯한 생물학적 증거들이 의심스럽게 분실되었다는 것 역시 특기할 대목이다.

| 가 장   의 문 스 러 운   사 실 |

'벨기에 역사상 가장 극악한 성범죄자'였음에도 감옥에서 뒤트루에 대한 관계 당국의 감시는 다소 허술했다. 사건이 계류 중인 동안 구치소에서 15세 소녀와 펜팔을 할 수 있도록 허락되었다. 더 이상한 것은 이 '벨기에에서 가장 혐오스런 인물'이 1998년 몇 시간 동안 감옥에서 나와 돌아다닐 수 있었다는 사실이다. 6년 후 일상적인 형무소 점검에서 누군가 그에게 감방과 수갑의 열쇠를 주었음이 드러났다.

| 회 의 론 자 의   견 해 |

혐오스런 범죄를 저지른 뒤트루와 그 일당들은 단지 재판에서 형을 조금이나마 감면받기 위해 음모가 숨겨져 있다고 부르짖었을지도 모른다. 이 사건을 수사한 경찰의 무능함이 너무나 두드러지고 실수가 곳곳에 눈에 띄기 때문에 뭔가 냄새가 있는 것 같이 보이는 것은 사실이다. 그러나 너무나 분명해 보이는 의혹들이 단지 멍청한 실수를 숨겨서 자리를 유지하고자 하는 관리들의 소행에 불과할 때가 있다.

보이지 않는 권력이 음흉한 사건을 배후에서 조종하고 있다는 믿음이 널리 퍼져 있기는 하지만, 그것은 평범한 한 개인이 그토록 가증스런 범죄를 벌일 수 있다는 사실을 인정하고 싶지 않은 대중들의 자연스런 반응이라고도 할 수 있다.

모든 음모론의 95퍼센트는 쓰레기다

나는 이렇게 단언한다. 이것이 대부분의 음모론자들이 공공연히 인정하기 꺼려 하는 불편한 진실이다. 아마도 이제 친애하는 런던의 사교계에서 동료 연구가들은 슬슬 나를 피하리라. 음모론 연구학회의 초청장도 내 우편함에서 사라질 것이며, 사람들이 데이비드 아이크식의 괴소문을 내 뒤에서 수근거릴 지도 모른다.

하지만 독자들이여, 내가 20년간 음모론과 밀실정치에 대해 연구한 끝에 단언하노니 여러분이 이제껏 읽은 음모론들 대부분은 헛소리에 불과하다. 지구 표면 밑에 살고 있다는 두더지 인간들과 UFO 목격과는 하등 관계가 없으며, 사탄주의자들이 미 국방부를 지배하는 것도 아니다. 그 저주받은 날, 케네디를 저격한 것도 비밀 정보요원이 아니었다. 명백하게 현실성 있어 보이는 이론들조차 대부분 객관성, '오캄의 면도날'과 같은 간명함 그리고 신문 지상에 보도되기 위해 요구되는 최소한의 증거라는 요건을 충족시키지 못한다. 음모론의 세계에도 헤아릴 수 없을 만큼 많은 사기꾼이 존재하는 것이다.

무엇보다 가장 어처구니없는 이론은 '거대 음모론'이다. 모든 것을 한통속으로 묶으려 하고 비난의 화살을 한 집단에 집중적으로 돌리려 하는 시도들말이다. 지난 300년간 유대인이나 프리메이슨, 로마 교황청이나 공산주의자들이 그런 집단으로 비난을 받아왔다. 누군가를 희생양으로 삼아 박해하는 것을 정당화하기 위해 음모론이 동원된 것은 기원전 14세기 파라오 아크나톤의 시대까지 거슬러 올라간다.

가장 끈질기게 제기되었고 노골적으로 극심한 편견을 드러냈던 '거대' 음모론 중 하나가 유대인들이 비밀리에 세계를 장악하고 있다는 것이다. 이런 음모론에 대한 증거가 종종 제기되곤 하지만 그러한 증거는 완전히 허무맹랑할 뿐이다. 유대인의 세계지배 음모의 증거로 '시온 의정서'를 제시하는 이들에게는 도서관에 가서 윌 아이스너(Will Eisner)의 《플롯(The Plot)》을 한번 읽어보라고 권하고 싶다. '의정서'는 처칠이나 헨리 포드 같은 사람들에 의해 공공연히 인정받았고 비밀스런 세계지배의 뛰어난 청사진이기는 하지만, 그것이 증명하는 유일한 사실이란 거대한 거짓이 실제로 존재한다는 것뿐이다. 이스라엘 건국 과정 배후에 수많은 비밀스런 일들이 있었다는 객관적인 정황 역시 세상의 모든 악을 설명할 수 있는 대대적인 유대인들의 음모가 존재한다는 실제적인 증거는 아니다.

반유대주의적 거대 음모론을 애호했던 히틀러는 '의정서'와 같은 조작된 증거들을 이용해 희생자들을 쉽사리 죽음의 수용소로 보낼 수 있었다. 나치는 동성애자, 집시, 공산주의자, 여호와의증인 등 수용소에서 사라져간 다른 집단들에게도 비슷한 음모론을 들이댔다. 거대 음모론은 모든 음모론 중에서도 가장 쓰레기지만 그럼에도 이처럼 치명적일 수 있다.

근거 없고 위험한 난센스를 퍼뜨리는 음모론자들이 설쳐대고, 부정확하고 단편적이고 공허한 정보들이 인터넷상에 넘쳐나는 작금의 상황에서, 많은 학자들이 그러한 이론들을 추잡하다고 치부한다 해도 전혀 이상할 게 없다. 테러리즘과 비밀작전 분야에서 세계 최고 전문가인 제프리 베일(Jeffrey Bale) 박사는 "정치적 음모의 역사적 중요성이나 효용에 관한 믿음처럼 학계에서 지적인 저항과 적개심, 조롱을 유발하는 것도 없다."라고 말한 바 있다.

그러나 음모의 과정, 매우 실제적인 음모들이 현실에서 벌어지고 있는 일들의 일부를 이루는 것은 분명한 사실이다. 정치인, 스파이 그리고 범죄자는 본질적으로 음모와 관계 있는 직업이다. 나는 정보국이 대중매체를 이용해 대중들에게 테러의 위협을 숨기는 것을 직접 보았다. 또한 거대 다국적기업이 철수하겠다고 위협함으로써 그 나라의 총리에게 문제의 정책을 취하지 말도록 압력을 가하는 것도 목격했다. 기자로서 나는 한 유명인의 에이전트가 그의 섹스 스캔들에 관해 보도하지 않는 대가로 다른 유명인의 치부를 알려주겠다는 거래를 제안하는 것을 목격하기도 했다. 이런 것들이 모두 일상적인 음모의 행위다. 크고 작은 음모들이 세상을 움직이는 데 한몫을 담당하고 있는 것이다.

흔한 일이면서도 별로 지적되지 않는 음모의 예를 들자면, 전쟁에서 양측이 상대가 민간 희생자를 냈다는 사실을 과장하기 위해 사진을 조작하는 것이다. 그것은 전 세계 어디에서나 사용되는 선전의 방법인데, 2006년 '카나(Qana) 음모'라고 불리는 사건을 통해서 이러한 행위에 국제적 분노가 표출되었다.

이스라엘과 미국의 군 지휘부는 이스라엘의 레바논 침공을 정당화하기 위해 고심하던 중 레바논 남동부에 위치한 카나에서 폭격으로 32명의 어린이를 포함한 57명의 민간인 사망자가 발생했다는 헤즈볼라의 비난을 받게 되었다. 그들은 헤즈볼라가 국제 여론을 조성하고 동정을 구하기 위해 다른 지역에서 시신을 가져온 것이라고 비난했다. 아주 근거 없는 비판은 아닌 것처럼 보였다. 과거에도 양측은 비슷한 종류의 사진 조작으로 서로를 비난한 적이 있었기 때문이다. 놀라운 일은 '카나 음모'가 국제 언론에 의해 곧바로 드러나고 폭로되었다는 점일 것이다.

그러나 카나에서 실제로 일어났음에도 제대로 밝혀지지 못한 사실은 음모론계의 케케묵은 잠언을 상기시킨다. 즉 음모론이 널리 믿어지기 위해서 그것이 꼭 사실일 필요는 없다는 것이다. 결국 공정한 조사에 의해 헤즈볼라가 꾸며낸 일과 그렇지 않은 것을 구분할 수 있었는데, 실제로는 41명의 민간인 사망자가 발생했고 그중 16명이 어린이였다. 죽은 어린이들의 사진을 마주한 이스라엘 지지자들의 자연스런 반응은 전쟁의 소름끼치는 진실을 직시하기보다 음모가 있었다고 부르짖는 것이었다.

음모론은 주로 사람들이 진실을 받아들이기를 원하지 않는 상황에서 무럭무럭 자란다. 엔론 사의 회장 케네스 레이가 형무소에 가기도 전에 사망함으로써 정의는 실현되지 않았다. 이 사실을 받아들이기 어려웠던 피해자들은 수많은 음모론을 양산해냈다. 그의 죽음은 친구인 부시 대통령의 도움으로 조작된 것이라는 의혹이 제기되었다. 레이가 단순한 심장마비가 아니라 뭔가 수상쩍은 힘의 개입에 의해 정의를 피해갔다는 주장이 어떤 이들에게는 더 받아들이기가 쉬웠기 때문이다. 눈먼 운명에 의해 좌우되었던 것이 아니라 의심스런 세력의 개입이 있었다고 믿어버리면 비난을 쏟아 부을 대상이 생기게 된다. 인류의 역사는 무언가 일이 원하는 대로 되지 않을 때 비난의 대상이 되는 누군가가 존재하는 편이 우리를 편하게 해준다는 것을 보여주고 있다.

가장 대중화된 음모론은 유명하고 인기 있던 이들의 죽음과 관련된 것이다. 팬들이란 자신들의 영웅이 무정한 우연의 사고나 스스로의 멍청한 약물 과용에 의해 죽을 수 있다는 사실을 받아들이기가 어려운 법이다. 그들은 직시하고 싶지 않은 사실(영웅들도 우리처럼 쉽게 죽음에 이를 수 있다는)을 회피하고자 터무니없는 이야기를 지어낸다.

안나 니콜 스미스(Anna Nicole Smith)의 약물 과용에 의한 사망과 관련한 음모론이 나돌기 시작했을 때, 내가 놀란 점은 음모론으로 세상을 떠들썩하게 할 수 있을 정도의 유명인 기준이 매우 낮아졌다는 사실이다. 몇 해 전까지만 해도 마릴린 먼로 정도의 우상은 되어야 음모론의 대상이 될 수 있었지만 이제는 먼로의 아류 정도만 되어도 그것이 가능해졌다. 스타가 쏟아져 나옴과 동시에 유명인 관련 음모론도 폭증하고 있다. 요즘에는 유명인의 아주 사소한 일도 3류 음모론자들이 꾸며낸 황당하고 기이한 이야기의 주제가 되곤 한다.

각각의 음모론을 따로 떼어서가 아니라 하나의 전체로서 연구해보면 그들 사이에 어떤 유사점이 발견된다. 연구자들에 따르면 7가지의 기본적인 이야기가 있다고도 하고, 12가지 정도의 이야기 구조가 기본이 된다고도 한다. 주모자와 희생자의 이름은 시간이 흐르면서 바뀌지만 같은 이야기가 항상 반복된다. 조류독감과 사스(SARS)에 관한 음모론을 비교해보면 거의 동일한 구조를 가지고 있음을 알 수 있다. 심지어 중국 군부나 세계보건기구, 빌데르베르크 그룹 같은 용의자가 똑같이 거론되기도 한다.

음모론에서 또 하나의 중요한 단어는 바로 '플롯'이다. 플롯 즉 내러티브가 있는 가공된 이야기들로 불가능해 보이는 사실들을 설명해내려고 한다. 전 지구적인 빈곤이 여전히 맹위를 떨치고 있다는 것 그리고 지금껏 인류가 개발해온 과학기술로도 암을 정복하지 못한다거나 공해 없는 에너지를 만들어내지 못한다는 사실들은 너무도 믿기 어렵고 이치에 맞지 않아 보이므로 그러한 음모론이 고개를 드는 것이다. 음모론은 대안적인 이야기에 불과하지만 때때로 우리 내부의 공포감을 완화시키기에 공식적인 설명보다도 더욱 그럴듯하게 들린다. 지구의 빈곤을 아무개 집단의 책임으로 돌리는 편이 정치 지도자를 뽑을 때 그 문제를 가장 중요한 이슈로 삼지 않는 우리 자신의 잘못을 인정하는 것에 비하면 얼마나 편리한가.

사람들은 가끔 내게 어떠한 음모론을 실제로 믿고 있는지 물어보곤 한다. 내 대답은 "의심할 수 없이 확실한 증거가 있는 것"이다. 음모에 대한 너무나 많은 정황증거가 있어서 더 이상 이론이 아니라 사실이라고 말할 수 있는 경우는 단연 로버트 케네디 암살사건이나. 난시 세부 기독(10발의 총알이 발사되었는데, 용의자의 총은 8발의 총알만 장착할 수 있는 것이라는 점)만으로도 이론을 불온한 사실로 만들기에 충분하다.

그런데 중요한 미국의 정치가 중에서 대선 공약으로 로버트 케네디 사건을 재수사할 것을 내세웠던 인물이 있었던가? 그렇게 명백한 의혹을 남겨두고 사건이 종결되는 것을 국가적인 수치라고 주장하는 신문이나 방송국이 있었던가? 하나도 없었다. 그 역할은 개개인에게 맡겨졌을 따름이다. 배우 로버트 본(Robert Vaughn)이 친구인 바비(로버트 케네디)를 위해 정의를 되찾고자 쉼 없이 투쟁했던 것처럼. 이렇듯 이 세계는 깨어나서 명백한 음모를 직시하고 진실을 위해 싸울 더 많은 로버트 본을 필요로 한다.

모든 음모론의 95퍼센트는 쓰레기에 불과하다. 그러나 쓰레기가 아닌 5퍼센트가 당신을 한밤중에도 깨어 있게 할 것이고 너무나 억울해서 구역질이 나게 할 것이다. 그 5퍼센트가 당신의 수동적인 태도를 고칠 명약이다. 그 5퍼센트가 우리를 대상으로 음모를 꾸미는 세력들에 대항하여 당신이 무언가를 할 수 있도록 대비하게 해줄 것이다. 그들이 단 한 사람만을 희생양으로 삼을 음모를 꾸민다 할지라도.

우리는 왜 음모론을 필요로 하는가

이 책은 전 세계의 가장 유명한 음모론 100가지를 10개 분야로 나누어 편집해 놓은 책이다. 각 분야의 제목만 대충 훑어보아도 흥미진진한 내용이 전개되리라는 것을 금방 알 수 있다. 이 책의 일러두기는 음모론을 가리켜 "그 성격상 진실일 수도 있고 진실이 아닐 수도 있는 의견이다."라고 규정하고 있다. 다시 말해 음모론 속의 사실과 의견은 서로 일치할 수도 있고 또 그렇지 않을 수도 있다는 것이다.

이 책에서 다루어진 음모론은 먼저 사실에서 출발한다. 가령 1941년 12월 7일 일요일에 일본이 진주만을 침공했다는 것은 사실이다. 그리고 그 당시 해군력의 꽃이라고 할 수 있는 미군 항공모함들은 모두 샌디에이고에 가 있었다. 이것 또한 사실이다. 그런데 이 두 사실로부터 "미국의 주요 전력을 이런 식으로 빼돌린 것을 보면 사전에 일본이 공격할 것을 알고 미리 대비한 것이 아닐까?"라는 생각이 나올 수 있는데, 그것은 의견이 된다. 그리고 다시이 의견은 "루스벨트 대통령이 당시 미국 내 참전 반대 여론을 무마하고 결정적인 참전의 계기를 잡기 위하여 진주만 침공을 사전에 알았으면서도 일부러 방치했다."라는 해석으로 발전한다. 이렇게 볼 때 음모론에는 사실, 의견, 해석이 뒤섞여 있음을 알 수 있다. 그러면 어떤 경로를 통해 사실에서 의견이 나오고 그 다음에는 파격적인 해석이 뒤따르게 되는 것일까. 이 책에서 다루어진 음모론 몇 가지를 살펴보면 그 답을 금방 얻을 수 있다.

가령 마릴린 먼로의 자살이나 히틀러의 등장은 사람들이 쉽사리 받아들일 수 없는 충격적인 사건이다. 이런 충격을 당하면 사람들은 표면적으로 드러난 설명과는 다른 어떤 의견이나 해석을 내놓으려는 경향을 보인다. 자신이 열광적으로 좋아하는 여배우인 마릴린 먼로가 자살했을 리 없다고 생각하는 사람들은 그녀가 타살당한 것이 아닐까 의심을 품게 되고 그것을 확인하고 싶어한다. 그런 소망이 강력하게 작용하면 그녀를 죽인 배후는 그녀와 내연 관계에 있던 케네디 형제일지도 모른다는 해석을 하게 되는 것이다.

또한 5200만 명의 인명을 희생시킨 히틀러가 준 충격이 너무나 커서 사람들은 아직도 과연 히틀러가 죽은 것이 확실할까, 라는 의문을 품게 된다. 이런 심리상태 때문에 히틀러가 죽지 않고 남미에 갔다더라, 아니 지구의 텅 빈 내부로 달아났다더라, 심지어 달에 건설해놓은 식민지로 갔다더라, 히틀러는 사탄을 추종하는 조직의 회원으로 대(大)악마의 지도를 받았다더라 등의 음모론이 생겨나는 것이다.

1947년 이후 현대과학은 눈부시게 발달하여 1969년 드디어 인간이 달에 가게 되었다. 이런 사태의 발전에 호응하여 우주에 대한 관심이나 외계인에 대한 관심이 높아지게 되었다. 신비한 것에 대해서는 더욱 알고 싶어지는 것이 인간의 본성이므로 외계인은 음모론의 단골 메뉴로 등장하게 되었다. 심지어 로즈웰 사고가 1947년에 있었고 이때 이후 과학이 눈부시게 발전한 것을 기발하게 서로 연결시켜 미국의 뛰어난 과학발전은 1947년의 외계인 추락사고(로즈웰 사고)가 그 시발점이며 외계인의 기술 전수가 있었기 때문에 가능했다고 해석하는 사람들도 나왔다. 이 외계인 이야기는 외계인을 따라서 외계로 가고 싶다는 욕망으로 연결되어 사교(邪敎)의 탄생을 가져왔다. 인민사원, 웨이코의 다윗 지파, 태양신전의 교단 같은 것이 그것인데, 태양신전 교단의 교주는 이 세상의 종말이 이제 가까이 다가왔으니 핼리 혜성의 꼬리에 올라타 시리우스라는 천년지복의 다른 별(외계)로 가려면 집단자살을 해야 한다고 설교했다.

이상과 같이 몇 개의 음모론 속에서 우리는 사실, 의견, 해석의 상호작용을 읽어볼 수 있다. 그런데 이 책에 소개된 음모론들은 대부분 사실과 의견의 경계가 대단히 모호하다. 일례로 케네디 대통령 암살사건의 경우, 이 사건에 대한 미국 정부의 공식발표는 용공주의자 리 오스왈드가 단독범행을 저질렀다는 것이다. 그러나 아무도 이 사실을 액면 그대로 믿지 않는다. 오히려 그 설명을 다시 설명하려는 의견과 거대한 음모를 획책하는 어떤 기관이 개입된 것이 틀림없다는 심원한 해석이 더욱 설득력을 얻고 있는 실정이다. 사정이 이렇다 보니 케네디 대통령이 암살된 지 40년이 넘었는데도 암살의 배후는 FBI와 CIA라더라, 아니 마피아라더라, 아니 존슨 부통령이라더라 등등의 음모론이 계속 나오고 있다.

음모론의 또다른 배경으로는 왜소한 인간의 거대한 욕망을 들 수 있다. 중국의 고사에 진나라 충신 공손교가 길을 걸어가는데 사람들이 진나라 임금(진평공)의 실정을 불평하며 떠드는 소리가 들려와 그곳에 가보니 사람은 없고 13개의 바위가 웅성웅성 떠들고 있었다는 이야기가 나온다. 이 고사의 해석에 의하면 바위는 입이 없으므로 말을 못하는데 사람들의 생각이 그 바위에 붙어서 그런 말을 시켰다는 것이다. 이 말을 뒤집어서 생각해보면 사람들의 생각이나 욕망은 어떻게든 바으로(설혹 그것이 바위가 말을 한다는 식의 초현실적 형태를 취하더라도) 표현된다는 뜻이다. 이렇게 볼 때 음모론은 바위가 떠드는 소리와 같다. 가령 이 세상을 완전히 제압하여 자기 마음대로 하고 싶어하는 비밀결사에 대한 이야기는 왜소한 개인의 전도된 욕망이 거대하게 구체화된 것이라 할 수 있다. 그러니까 세상일에 심한 스트레스를 느끼는 왜소해질 대로 왜소해진 개인이 자기 마음대로 지배할 수 있는 세상에 대한 과대망상의 욕망을 바위덩어리(비밀결사)에 의탁하여 표현하고 있는 것이다.

음모론은 이처럼 정신적 충격, 피해의식, 욕망의 표현 등 다양한 동기를 갖고 있기 때문에 그 해석이라는 것이 참으로 절묘한 경우가 많다. 얼마 전 신문 보도를 보니, 다이애나 왕세자비의 죽음을 몰고 온 교통사고가 윈저 왕가의 음모일지도 모른다고 믿는 영국 국민이 46퍼센트나 된다고 한다.

엉뚱한 의견과 파격적인 해석은 음모론의 범위 내에서만 본다면 부정적인 측면도 있는 것이 사실이나 시각의 범위를 조금만 넓혀본다면 고정관념의 틀을 깨뜨리는 데 커다란 도움을 준다. 가령 텅 빈 지구의 내부에 인간보다 뛰어난 종족이 살고 있다거나 화성에 생물이 존재하는데 NASA가 외계인의 존재를 감추기 위해 그 사실을 은폐하고 있다거나 모니카 르윈스키와 부적절한 관계를 맺은 빌 클린턴은 실은 진짜 클린턴이 아니고 복제된 클린턴이었다라는 등의 주장은 그 사실 여부를 떠나서 그런 기발한 생각을 해낼 수 있는 인간의 능력을 먼저 평가해주어야 한다. 그것은 말하자면 창조정신의 비약인 것이다. 아인슈타인은 먼저 생각이 있어야 사물을 볼 수 있다고 말했는데, 그는 "공간이 휘어져 있다면 어떨까?" 하는 황당한 생각을 먼저 했기 때문에 저 유명한 상대성 이론을 정립할 수 있었다.

여기에 소개된 음모론들은 휘어진 공간의 착상에는 미치지 못한다 할지라도 기발하고 파격적이라는 점에서는 일맥상통하는 바가 있다. 그것은 또한 생각의 힘이 정말 대단하다는 것을 느끼게 해준다. 심외무물(心外無物)이라는 말도 있듯이 인간의 생각은 엄청난 힘을 갖고 있다. 오래 전 노르웨이의 한 나비채집가가 어떤 나비의 날개에 T자의 자연 무늬가 새겨져 있는 것을 보고 이 세상의 나비를 잘 관찰하면 영어 알파벳 26자를 모두 찾아볼 수 있지 않을까 생각하여, 온 세상을 돌아다닌 끝에 마침내 알파벳 26자를 닮은 무늬를 모두 찾았다고 한다. 독자 여러분도 이 책 속에 날아다니는 음모론의 나비들을 잘 관찰하여 자기 자신만의 알파벳 문자를 찾아보기 바란다.

음모론의
주역들

국방정보국 DIA, DEFENCE INTELLIGENCE AGENCY

미국 정보공동체의 일원인 DIA는 맨 인 블랙 요원들을 배후조종하고 UFO 은폐를 지휘하는 등 영국의 SI8과 비슷한 기능을 한다고 비난받아왔다. 캘리포니아 주의 한 흑인여성은 미국 정부를 상대로 DIA를 피고로 지목하면서 56억 달러의 손해배상소송을 청구했다. 그녀는 자신이 미국 내 흑인여성들을 은밀히 학살할 목적으로 프로그램된 사이보그(인조인간)라고 주장했다. DIA가 배후에서 개입했는지는 알 수 없지만 이 소송은 기각되었고 그 흑인여성이 밝히려던 음모는 영구히 풀리지 않은 수수께끼로 남았다.

뉴에이지 신봉자 NEW AGERS

뉴에이지 신봉자는 기독교 근본주의를 지지하는 음모론자들에게 자주 공격을 받고 있다. 공격의 이유는 뉴에이지 신봉자들의 이론과 실천이 기독교 신앙을 파괴하여 사탄의 숭배를 촉진하기 위한 거대한 음모라는 것이다. 뉴에이지의 등록상표인 타로 카드나 수정공으로 미래를 예측하기, 돌고래와 의사소통하기 등은 사람들에게 초자연적인 힘과의 교감이 가능하다고 오판하게 만드는 사악한 수단이라고 본다. '하늘의 문' 광신도집단 등에 의한 대규모 자살사건은 올드 닉(Old Nick, 악마를 유머러스하게 가리키는 말)에게 바치는 의식적 희생 행위로서, 광신도의 비극적 사건이라기보다 세상의 종말을 가져오려는 대담하고 거대한 음모라는 것이다.

루스벨트 대통령 FRANKLIN D. ROOSEVELT

미국 대통령 프랭클린 루스벨트는 많은 음모론에 등장하는데, 그중 가장 악명 높은 것이 이동주택 주차장의 조성이다. 현재 나돌아다니는 이동주택 주차장 음모론은 이렇다. 알려진 것처럼 대통령이 대공황기의 주택문제 때문에 참모들에게 이동주택 아이디어를 내놓으라고 요구한 것이 아니라, 이동주택에 가난한 사람들을 집어넣은 다음 허리케인이 자주 불어오는 지역에 보내 몰살시키기 위해 그 아이디어를 밀어붙였다는 것이다. 이렇게 함으로써 미국의 최빈층 인구들을 효과적으로 제거하려는 것이 목적이었다. 하지만 정작 루스벨트 자신은 이동주택 주차장을 조성함으로써 그 후 몇 세대에 걸쳐 자신이 음모론자들의 타깃이 될지도 모른다는 것을 꿈에도 생각하지 못했다.

미국 식품의약청 FDA, FOOD AND DRUG ADMINISTRATION

널리 알려진 바와 같이 FDA는 미국 내에서 만들어지는 모든 의약품에 허가를 내주기 때문에 의료관련 음모론에서 반드시 등장하는 기관이다. 일반대중의 질병이 잘 낫지 않도록 방치하여 제약회사와 의사, 병원이 큰돈을 벌 수 있도록 하는 배경에 FDA가 있다는 것이다. 또한 FDA의 구성원이 공산주의자라거나 독일 신비주의자들의 비밀집단 소속원이라는 등의 많은 소문이 나돌고 있다. 아무튼 FDA는 오르가슴 전문가인 빌헬름 라이히에게 치명타를 안겨주었다. 라이히는 자신이 만든 오르곤 생성기(Orgone Generator)가 모든 병을 치료해준다고 주장했으나 FDA는 그것이 사실과는 다르다고 발표했다.

미국의학협회 AMERICAN MEDICAL ASSOCIATION

현재 유포 중인 가장 편집증적인 음모론은 이 단체가 암에서부터 에이즈에 이르는 각종 치명적 질병을 위한 대체 치료약의 시중 배포를 막고 있다는 주장이다. 이 음모론의 괴이한 논리적 배경은 이렇다. 미국의학협회는 건강을 증진시키는 데 별 관심이 없다. 그 이유는 건강한 사람들은 비싼 의료 서비스를 필요로 하지 않기 때문이다. 물론 미국의학협회 단독으로 이런 악마적인 음모를 꾸미는 것은 아니며, 이 단체는 재벌 제약회사와 미국 과학원을 끼고서 그런 행위를 저지르고 있다. 일부 음모론자들은 이 단체가 외계인 그레이들과 연계되어 있다고 주장한다. 지구인을 납치해 몸에 임플란트를 박아넣은 그레이가 그 증거를 은폐하기 위해 이 단체에 돈을 주었다는 것이다.

미오니아 MEONIA

미오니아는 영국 제도(諸島)의 보호, 대영제국의 창조, 새로운 황금시대의 촉진 등을 주된 임무로 여기는 비밀 신비단체이다. 과거에 이 단체에 가입한 저명한 인물을 몇 명만 꼽는다면 스코틀랜드의 메리 여왕, 아이작 뉴턴 경, 유명한 신비주의자 겸 시인인 W. B. 예이츠 등이 있다. 이 조직이 제2차 세계대전 때 독일의 툴레회와 대결하면서 실제적인 힘을 행사했는지 여부는 알 수 없다. 그러나 일부 연구자들은 다이애나 왕세자비의 조상이 미오니아와 연결되어 있었기 때문에 다이애나가 일찍 죽게 된 것이라고 생각한다.

베스트팔렌 형제회 WESTPHALIAN BROTHERHOOD

이 단체는 고위직 프리메이슨, 마피아, 템플 기사단, 많은 현대의 신비교단 등을 배후에서 조종하는 비밀조직으로 알려져 있다. 베스트팔렌 형제회는 1600년대 초부터 활약해온 다채로운 일루미나티 그룹을 총괄적으로 부르는 이름이다. 이 단체의 운영방식은 기존의 비밀결사에 침투해 들어가 그 조직을 접수하는 것이다. 이 단체의 아주 철저한 보안유지 시스템으로 인해 세계제패라는 목적 이외에 이 조직의 임무에 관해 알려진 것이 거의 없다. 형제회는 단체의 이름(베스트팔렌)을 제공한 독일 지역에 특별한 애착을 느끼고 있고 이 회와 긴밀한 관계를 유지했던 하인리히 힘러는 베스트팔렌을 중세풍의 요새로 만들려는 계획을 세웠다는 것이다. 나치의 결성과 집권을 도운 사람들 중에는 베스트팔렌 출신이 많다.

불바퀴 대교단 GRAND ORDER OF THE FIERY WHEEL

간단히 줄여서 '바퀴'라고 불리는 이 조직은 비밀단체 중에서도 으뜸가는 단체로 알려져 있고 또 모든 음모론의 배후로 지목된다. 일종의 오컬트(신비) 그룹인 이 단체는 프리메이슨이나 템플 기사단 같은 저명한 음모집단의 배후로 알려져 있다. 1754년 이 단체가 통제하는 비밀결사 중 하나인 일렉트 코헨스(The Elect Cohens)가 출판한 무명 소책자에 잠시 언급된 것 외에, '바퀴'는 완전한 베일에 싸여 있었다. 이 사실 하나만으로도 이 단체가 전세계의 모든 일을 통제하면서 전설적인 힘을 발휘한다는 것을 알 수 있다.

브릴회 VRIL SOCIETY

또다른 신비집단인 브릴회는 나치 주요인사들의 사상 형성에 많은 영향을 끼친 것으로 추정된다. 이 회는 특히 나치의 비행접시 제작기술과 깊은 관련이 있는 것으로 알려져 있다. 툴레회의 회원들은 제2차 세계대전 종전 후에 지하로 잠적함으로써 사람들의 추적을 피한 것으로 알려져 있지만, 브릴회 회원들은 오늘날 UFO라고 알려진 나치의 실험비행선을 타고 달아났다는 소문도 있다. 물론 제2차 세계대전이 아직 끝나지 않았다는 사실을 감추기 위해 이런 도피 사실은 철저하게 비밀에 붙여졌다는 것이다.

선사문명인 ELDER RACE

일부 정통파 고고학자들은 스핑크스에 난 물에 의한 침식의 흔적을 보고 스핑크스가 기원전 9000년경에 제작되었음을 인정하고 있다. 그 결과 우리의 현재 문명보다 1000년 정도 앞선 문명이 존재했다는 음모론이 힘을 얻고 있다. 미국 군부는 선사문명인들이 남겨놓은 기술을 활용하고 있는데 이 사실이 밝혀지지 않게 막으려는 음모가 진행 중이라는 것이다. 이를 입증하기는 어렵지만 음모론 열광자의 시선으로 NASA, 이집트의 기자 고원, 군산복합체 등의 연결고리를 살펴본다면 이런 음모론이 그리 황당한 것도 아니다. 이들이 선사문명인들이 남긴 기술을 쉬쉬하며 은폐하려 한다는 주장은 확실히 TBTB에 포함된다.

수피 SUFIS

이슬람 신비단체인 수피는 템플 기사단, 휠링 더비시(Whirling Dervishes), 중국의 통(Chinese Tongs), 암살자 숭배자들, 프리메이슨, 이슬람의 이단을 신봉하는 검은 세력 등과 관련이 있는 것으로 알려져 있다. 또 이 단체는 '렌디(Rendi)'라는 개념을 철저하게 신봉한다. 렌디는 다른 사람의 모습을 빌려쓴 채로 남몰래 자기 자신의 욕망을 달성하는 것을 말한다. 이 때문에 이 집단은 고도의 음모를 꾸미고 돌아다닌다는 비난을 받게 되었다. 철저한 비밀 유지와 불가해성 덕분에 수피 음모의 목적은 잘 알려지지 않는 경향이 있다. 하지만 그들도 유머 감각을 가지고 있다. 모리스 댄싱(메이 데이에 추는 가장무도회)이라는 영국의 전통은 이 단체가 만들어낸 것으로 알려져 있다.

시온주의자 점령 정부 ZOG, ZIONIST OCCUPATIONAL GOVERNMENT

미국의 시민군 운동, KKK, 반유대인 단체 등을 연구하는 음모론 자들은 시온주의자 점령 정부가 사실상 미국 정부를 통제한다고 생각한다. 그래서 시온주의자 점령 정부라는 이름을 얻게 되었다. ZOG는 여러 가지 악마적인 계획의 배후로 지목되고 있다. 인종차별적인 선동활동과 기타의 증거 자료로 무장한 이들은 온 세상이 전세계에 퍼져 있는 유대인 음모단에게 위협받고 있으며 미국은 이미 그 음모단의 손아귀에 넘어간 상태라고 믿고 있다. 금융제도, 검은 헬리콥터, 상수도에 불소(弗素)를 살포한 것 등이 ZOG의 소행으로 자주 인용된다.

아이비엠 IBM

음모론 지지자들은 대기업들도 우리시대의 주요 음모에 가담했다고 생각한다. 회사가 클수록 이런 음모론의 표적이 되는데, IBM도 그런 회사이다. 이 회사가 추락한 외계인의 비행접시에서 나온 기술에 대한 역공학을 통하여 현대의 컴퓨터 기술을 빼냈다는 소문이 있다. 또 실리콘칩이 악마의 작품이라고 믿는 사람들은 그 음모론에 반드시 IBM을 등장시킨다. 그리고 컴퓨터 산업에 분명 이런 음모론이 존재하고 있지만 사람들의 생각을 통제할 수 있는 컴퓨터 칩의 대량 판매가 더 중요하기 때문에 당국이 눈감아준다고 보고 있다.

엑스이스트 XISTS

'서브지니어스 교회(The Church of SubGenius)'라는 음모론자들의 집단에 의하면, 엑스이스트는 인간의 편에 서서 싸우는 외계인을 말한다. 이 외계인은 인간에게서 모든 자유와 재미를 빼앗으려는 거대한 규모의 음모인 콘(The Con)으로부터 지구를 구하게 된다. '교회'의 창시자이자 신비에 싸인 인물인 일명 "파이프 담배 스모커" 봅 도브스(Bob Dobbs)를 열광적으로 따르는 사람들은 이렇게 주장한다. 엑스이스트는 무시무시한 '콘' 뒤의 실세인 나쁜 외계인들의 음모를 분쇄하기 위해 결성된 많은 비밀결사와 반(反)음모 단체들을 배후에서 지휘한다. '교회'의 신봉자들에 의하면, 땅 밑의 세계와 출근할 때 넥타이를 매는 관습 등 수많은 현상들이 엑스이스트와 외계인 적들 사이의 지속적인 전쟁이라는 측면에서 설명된다고 한다.

엘리자베스 1세 여왕 QUEEN ELIZABETH I

영국의 '처녀 여왕' 엘리자베스 1세에 대해서는 그 정체와 성별(性別)에 대해서도 숱한 소문이 나돌아다닌다. 하지만 여왕은 이런 소문 외에도 후대의 여러 세기를 통하여 영국 왕실의 특징이 되었던 음모와 배신의 그물망에서 중심적 위치를 차지하고 있다. 영국 역사상 가장 유명한 신비주의자인 존 디(John Dee) 박사는 여왕의 개인 주치의, 해외 파견 간첩, 신비주의 자문관 등으로 활약했다고 기록되어 있다. 많은 음모론자들은 두 사람의 강력한 파트너십이 무수한 비밀단체 및 마법교단(대영제국과 왕권을 수호하기 위한 단체들)의 근원이 되었다고 생각한다.

예수회 JESUITS

이 종교집단의 창시자는 이런 말을 했다. "나에게 어린아이를 다오. 그러면 어른을 만들어주겠다." 이런 말 때문인지는 몰라도 음모론자들은 이 단체를 음모론의 주역으로 자주 등장시킨다. 사람들의 심리조종을 한다, 어린이 포르노그라피 제작의 배후이다, 세상을 제패하기 위한 교황의 친위 돌격대이다, 그리스도에 대한 진실을 감추는 세력이다 등등의 비난이 이 단체에 쏟아졌다. 심지어 맨 인 블랙 요원들까지 예수회의 일원으로 보는 이러한 음모론들이 객관적 증거에 바탕을 둔 것인지 아니면 종교적 편견 때문인지는 명확하게 밝혀지지 않았다.

윈저 가 HOUSE OF WINDSOR

영국 왕가는 다양한 음모의 배후조종자로 알려져 있는데, 특히 과거 대영제국에 속해 있던 지역에서 이런 믿음이 강하다. 이란의 음모론 열광자들은 윈저 가가 영국뿐만 아니라 다양한 비밀조직을 통해 미국과 독일도 통제하고 있다고 믿는다. 현재 영국이 과거 대영제국의 면모를 전혀 갖추지 못하고 또 언론의 영국 왕실 폭로기사를 통제하지 못하는 것은 진상을 은폐하기 위한 방편에 불과하다는 것이다. 윈저 가의 엄청난 재산과 프리메이슨과의 폭넓은 연계를 감안하면 음모론 열광자들의 주장을 일방적인 헛소리로 매도하기도 무척 어렵다.

유엔 UNITED NATIONS

유엔은 비록 제한적으로 권력을 사용하고 있지만 여러 면에서 일종의 세계정부 노릇을 하고 있다. 이 때문에 검은 음모와 비밀 프로젝트에 유엔이 개입되어 있다는 음모론자들의 주장은 별로 놀라울 것이 없다. 많은 사람들이 유엔 평화유지군의 파란색 철모가 분쟁으로 얼룩진 지역에 파견된 축복이라고 생각하지만, 음모론 분야의 연구자들은 그렇게 생각하지 않는다. 무력으로 하나의 세계정부를 세우려는 지구군의 초기형태 정도로 생각하는 것이다. 일부 음모론자들은 유엔이 1947년에 설립되었다는 사실을 지적한다. 바로 이 해에 뉴멕시코 주 로즈웰에서 UFO가 추락했다. 따라서 이들은 유엔이 외계인을 대리하여 하나의 세계정부를 강제 집행하려는 음모를 꾸밀지도 모른다고 생각한다. 이런 유엔의 음모에 가담한 자들은 고위직 프리메이슨들이 내세운 앞잡이들이다.

카타르 CATHARS

기독교 내에서 이단 취급을 받는 집단인 카타르는 교황이 주도하는 십자군에 의한 무자비한 탄압을 받으며 유럽으로부터 축출되었다. 일부 음모론자들은 카타르가 아직도 몇몇 음모사건의 배후에서 작용하고 있다고 믿는다. 이 집단에 대해서는 여러 소문이 떠돌고 있다. 프랑스의 몽세귀르 지역에 있는 그들의 예전 요새에는 템플 기사단 부흥의 자금원이 될 수 있는 보물이 감추어져 있다고 한다. 또한 이 집단은 중세의 교회를 일거에 박살낼 수 있는 예수 그리스도에 관한 특별한 지식을 가지고 있다고 전해진다. 하지만 오늘날 이 소문의 진위를 밝히기는 어렵다. 현대의 음모론자들은 카타르의 궁극적 목적이 프랑스와 교황청에 복수하고 세상을 지배하는 것이라고 보고 있다.

크렘린 KREMLIM

한때 음모론이 있는 곳에 제일 먼저 등장했던 주역이었지만, 이제는 그들이 제12호 보드카 공장 앞에서 술 파티를 벌일 능력조차 없다고 사람들은 믿고 있다. 그러나 속지 말라. 노련한 음모론자들과 크렘린 관측통들에 의하면 소련의 해체는 서방을 속여서 느슨한 안보의식을 갖게 만들려는 속임수라고 한다. 이제 세상사람들이 크렘린을 더 이상 심각한 위협으로 생각하지 않기 때문에 사람들의 이목을 피해가며 은밀히 이 세상을 좌지우지할 수 있는 길이 열렸다는 것이다.

툴레회 THULE GESELLSCHAFT

툴레회는 나치 결성 초기에 상당한 역할을 했고 또 나치의 황당무계한 아리아인 이데올로기('아리아인이 최고다')의 이념적 배후로 활약했다. 이 비밀단체의 위력은 나치가 집권하면서 더욱 커졌다. 툴레회가 히틀러 배후의 진정한 실세였다는 소문은 확인할 길이 없지만 그들이 무시무시한 SS(나치의 비밀경찰)에 영향력을 행사한 것만은 분명하나. 사람들은 제2차 세계대전의 종식이 툴레회의 세계지배 야망을 끝장냈다고 보지 않는다. 남극의 지하사령부에 숨어 있을 것이라고 추측되는 툴레회 회원들이 NASA를 사실상 지배하고 있다는 소문이 있다. 제2차 세계대전 종전 후 미국이 데려간 나치의 로켓 과학자들을 통하여 이 기관에 침투했다는 것이다. 그 외에 다양한 친나치 비밀조직이 툴레회에 의해 통제되고 있다고도 한다.

티모시 리어리 TIMOTHY LEARY

리어리는 아주 파란만장한 삶을 살았다. 그는 미국 내에서 마약혁명을 주도했고 감옥에 가지 않으려고 미국에서 도망쳐 알제리의 '블랙 팬더' 단체와 함께 보냈다. 이런 경력 때문에 티모시 리어리가 음모론 주역의 리스트에서 선두를 차지하는 것은 그리 놀라운 일도 아니다. 그가 천사의 편이었느냐, 악마의 편이었느냐에 대해서는 의견이 엇갈린다. 하지만 그가 마약의 일종인 LSD를 공개적으로 옹호한 것은 CIA와 그가 연계되어 있다는 것을 보여주는 것이다. 미국 군부에 인터넷의 아이디어를 제공한 것도 리어리였다고 추정된다.

프로젝트 피닉스 PROJECT PHOENIX

프로젝트 피닉스가 무엇인지, 그리고 과연 그런 것이 존재하는지 아무도 정확하게 알지 못한다. 하지만 이것이 음모론계에서 많은 관심을 끌게 된 데에는 두 가지 그럴듯한 이유가 있다. 피닉스라는 이름으로 미루어볼 때, 이 프로젝트는 외계인의 기술과 선사문명이 남긴 기술을 이용하려는 계획이었을 것이다. 미국 의회는 1958년 이 계획을 취소했으나 미국 군부의 악명 높은 검은 예산 덕분에 오늘날까지 지속되어온 것으로 보인다. 이 프로젝트는 UFO 은폐, 케네디 대통령 암살사건, 미국 군산복합체의 등장 등과 관련되어 있다고 여겨지기 때문에 프로젝트의 배후 인물은 전세계적인 거물급 음모꾼일 것으로 추정된다.

해군연구청 ONR, OFFICE OF NAVAL RESEARCH

미국 군부의 지부인 이 기관은 UFO 현상과 관련된 음모론에 자주 등장한다. 해군연구청은 제2차 세계대전 당시의 흥미로운 두 사건에서 주역을 담당한 것으로 알려져 있다. 하나는 물리학법칙의 비밀을 파헤치는 프로젝트였고(성공 여부는 알 수 없다), 다른 하나는 1943년에 레이더에 걸리지 않는 배를 만들려 했던 것이다. 해군연구청은 이 두 프로젝트의 배후로서 철저히 보안을 유지했으며 1944년 핵 장치를 실험하다가 우발적으로 폭발한 사고를 은폐한 혐의도 받고 있다. 이 사고는 통칭 시카고 항 참사라고 하는데 300명 이상의 미군 해병이 사망했다.

황모회 YELLOW HATS

티베트 신비주의자들로 구성된 신비교단. 티베트어로는 '두그파(Dugpha)'라고 한다. 이 조직은 이 세상의 운명을 실제로 좌지우지하는 집단인지도 모른다. 많은 음모론자들은 역사적인 사건들과 그 진행 방향에서 이 조직의 손길을 느낀다. 이 조직의 회원들은 5세기에 티베트에 소개된 '본(Bon)교'를 믿으며, 지하에 샴발라라는 신비한 세계가 있다고 생각한다. 이 신비교단도 샴발라에서 나온 것이다. 20세기에 들어와 황모회는 나치의 신비주의자 당원들과 깊은 교류를 가졌고 또 악명 높은 몬타우크 프로젝트의 중심에 있는 미국 공군기지 캠프 히어로에서 실시된 시간여행 실험에도 참가했다고 한다. 노란 모자를 쓰고 다니기 때문에 이런 이름을 얻었으나 회원들을 직접 목격하기는 대단히 어렵다. 아무튼 황모회는 음모론 분야에서는 무시할 수 없는 세력이다.

흑주술사 BLACK MAGICIANS

우리의 문화에서 전통적으로 좋은 사람들이라고 알려진 사람들이 보통 사람들을 상대로 어떤 끔찍한 음모를 꾸민다면 그 상황을 어떻게 이해해야 할까. 이에 그 근본원인을 설명해주는 인간의 전통적인 악을 이해할 필요가 있다. 가축의 떼죽음이나 도살에서부터 괴물의 발자국(Big Foot)을 남기는 짓에 이르기까지 흑주술사는 각종 사악한 일에 가담하면서 사회 전체에 해악을 끼치고 있다고 여겨진다. 이러한 주장이 신빙성 있는 것이라면, 흑주술사가 된다는 것은 출세의 지름길이다. 가까이는 할리우드 영화의 주연으로 진출할 수 있고 멀리는 백악관에 입성할 수도 있다.

검은 예산 BLACK BUDGET

돈은 권력이다. 오늘날의 세상에서 음모가 성공을 거두려면 상당한 재정적 뒷받침이 있어야 한다. 많은 음모 집단과 음모 프로젝트에 뒷돈을 대는 주된 원천은 검은 예산이다. 분식회계와 노골적 회계부정을 통해 정부의 예산이 검은 예산으로 흘러들어간 뒤 은밀한 프로젝트와 작전을 지원하는 데 쓰인다. 검은 예산은 마약 밀매, 돈세탁, 무기 거래 등의 불법적인 행위를 거들어줌으로써 조성된다. 유명한 이란 – 콘트라 스캔들도 미국에서 검은 예산의 메커니즘을 보여주는 한 가지 사례인데 그만 들켜버렸던 것이다.

군산복합체 MILITARY INDUSTRIAL COMPLEX

아이젠하워 대통령은 임기 말에 행한 한 연설에서 이런 이상한 말을 했다. "군산복합체의 막강한 권력은 앞으로 미국의 정치제도와 미국인 개인의 자유를 침해할지 모른다." 장군 출신 아이젠하워 대통령이 무슨 의도로 이런 말을 했는지는 알려지지 않았다. 하지만 그의 우려는 퇴임 후 얼마 지나지 않아 현실로 나타났다. 군산복합체는 미국 의회를 강요해 값비싼 베트남 전쟁을 치르게 했다. 이 때문에 미국의 주요 무기제작 회사들은 여러 해에 걸쳐 큰 이익을 보았다.

그레이 GREYS

지구를 방문한 외계인들 중 가장 흔한 타입. 회색을 띤 백색 피부에 곤충처럼 커다란 검은 눈을 가진 그레이는 음모론에서 아주 흔하게 언급되는 존재이다. 로즈웰 UFO 추락사건, 가축의 떼죽음, 로널드 레이건 대통령 암살미수사건 등 거의 빠지지않고 등장한다. 그레이는 은밀한 작전을 자주 펼치며 종종 정부와 비밀조약을 맺고 또 인류에게 해를 끼치는 음모를 꾸미기도 한다.

블랙 옵스 BLACK OPS

정부 몰래 혹은 정부 승인 없이 정보기관에서 수행하는 비밀작전을 가리켜 블랙 오퍼레이션(검은 작전), 줄여서 블랙 옵스라고 한다. 이 작전은 관계당국이 승인하거나 지휘하지 않음은 물론 관계당국에 공식적으로 알리지도 않는다. 그 때문에 블랙 옵스는 MI6, CIA, KGB 등을 조종하거나 침투한 음모단체들의 중요한 수단이 된다.

비밀결사 SECRET SOCIETY

사람들이 프리메이슨, 쉬라이너, 불바퀴 대교단 등의 존재를 믿든 말든 대부분의 음모 뒤에는 일종의 비밀결사가 버티고 있다. 비밀결사란 무엇인가? 그 조직원, 목적, 영향력을 외부 사람들에게 알리지 않는 단체이다. 세계제패를 기본 목표로 하는지 여부는 단지 선택사항에 지나지 않는다.

비밀교단 MYSTICAL ORDER

비밀교단은 조직원의 음모와 은밀한 활동이 좀더 높은 정신적 목적에 봉사한다는 믿음을 갖고 있다. 이 때문에 많은 비밀교단이 주요 음모론의 배후로 등장한다. 일부 오컬트(신비) 교단과는 달리 초자연적 힘을 주장하지는 않지만, 그래도 비밀교단은 이상한 복장, 독특한 입회식, 고대의 다양한 신들에 대한 봉사 등을 주요 특징으로 하고 있다.

심리 조종 MIND CONTROL

음모꾼이나 음모단체가 볼 때 가장 중요한 것이 세계제패이고, 그 다음 중요한 것이 한 나라 혹은 전세계 사람들의 심리를 마음대로 조종하는 것이다. 심리 조종은 권력을 강요하는 가장 편리한 도구이다. 어떤 사람이든 그의 심리를 마음대로 조종할 수 있으면 그를 암살자로 만들 수도 있다. 성공적인 심리 조종으로 가는 길은, 음반에 끼워넣는 잠재의식 오디오 메시지, 식수에 불소 타기 등 다양하다.

언론 통제 MEDIA CONTROL

음모가 효과를 발휘하고 커밸(음모단)이 실권을 장악하려면 비밀을 유지해야 하고 그 음모에 대한 부정적인 정보가 공공의 영역에서 유포되는 것을 사전에 차단할 수 있어야 한다. 오늘날 언론이 미치는 광범위한 영향력을 감안할 때, 언론을 검열하고 통제하는 능력은 음모의 성공에 필수적인 요소이다. 이런 통제력을 획득하는 가장 좋은 방법은 언론사를 소유하는 것이다. 그래서 일부 음모론자들은 언론 재벌 루퍼트 머독과 테드 터너를 의심스러운 눈초리로 보고 있다.

엔아이엔피 NINP

'불가능하지는 않지만 증명할 수 없어(Not Impossible, Not Provable)'의 머리글자 합성어. 음모론계에서 NINP라는 딱지는 아주 그럴듯하지만 객관적인 증거를 들이댈 수 없는 이론에 붙여진다. 대부분의 음모꾼들에게 아주 다행스럽게도 NINP는 TBTB라는 딱지가 붙은 음모론을 빼놓고 모든 음모론에 붙일 수가 있다.

엘비스 흉내 DOING AN ELVIS

많은 음모론 열광자들은 엘비스가 죽지 않았다고 믿는다. 그는 자신의 죽음을 성공적으로 위장하고 있을 뿐이다. 그 결과 '엘비스 흉내'는 유명세, 파파라치, 세무원, 사람의 목숨을 노리는 마피아 요원 등으로부터 성공적으로 달아나기 위해 자신의 죽음을 가짜로 꾸미는 모든 행위를 가리키게 되었다.

역음모 COUNTER-CONSPIRACY

음모는 상당수가 어떤 음모의 소행을 막기 위한 시도이다. 가령 이런 식이다. 로마 가톨릭 교회가 세계제패의 음모를 꿈꾸자 유럽의 왕가들이 내밀한 비밀결사의 연결망을 조직하여 그것을 제지하는 작업에 나선다. 만약 원래의 음모라는 것이 없었더라면 역음모라는 것도 없었으리라. 원래의 음모가 존재한다는 것을 증명하기 위하여 사람들은 이런 논리를 자주 동원하고 있다.

역정보 MISINFORMATION

정보기관의 주된 임무는 정보 수집이지만 역정보를 흘리는 것도 그에 못지않게 중요한 임무이다. 정보기관은 그들이 은폐하고 싶어하는 사항에 대한 대중의 관심을 다른 데로 돌리기 위해 역정보를 계속 흘려야 한다. 이런 역정보는 다양한 음모론의 주된 요소가 된다. 가령 실험적인 비행기를 남몰래 시험비행하고 싶다면 외계인 비행접시의 소문을 널리 유포시키는 것이다. 음모꾼들은 자신들에 대한 초점을 분산시키기 위해 아주 황당한 계획에 관한 역정보를 만들어내는 것으로 알려져 있다. 그렇다면 처음부터 끝까지 음모론으로 가득한 이 책도 역시 그런 역정보의 일종일까?

오컬트 교단 OCCULT ORDER

'비밀교단' 과 유사한 단체. 오컬트 교단의 조직원들은 비밀교단과는 달리 초자연적인 힘을 가지고 있어서 이 힘으로 그들의 목표를 달성한다. 신비한 의식을 거행하고 또다른 오컬트 교단들과 잘 싸우는 것으로 알려진 이 비밀단체는—초자연적인 힘을 가지고 있음에도 불구하고—가까운 장래에 세계를 제패할 것 같지는 않다.

은폐 COVER-UP

암살사건, UFO 착륙, 살인사건, 종교의 기원, 대기업 카르텔, 패스트푸드 체인점에서 아침식사 대용 치즈버거를 사기 어려운 이유 등의 진실을 은폐하기 위하여 엄청난 음모가 꾸며진다. 성공적인 은폐의 주된 요소는 노골적인 거짓말, 목격자 깎아내리기, 증거 인멸하기, 그럴듯한 커버스토리(머리기사) 생각해내기, 언론을 통제하는 능력 등이다.

음모론 연구가 CONSPIRIOLOGISTS

음모론자들이 자신들을 가리킬 때 써주기를 바라는 용어. 다양한 검은 음모 뒤에 도사린 진실을 파헤치려는 사람이라면 모두 음모론 연구가라고 할 수 있다. 음모론 열광자(Conspiracy Buff)라는 말과 함께 사용된다. 하지만 음모론에 대하여 회의적인 사람들은 이 단어를 잘 사용하지 않고 그 대신 망상과 편집증에 사로잡힌 광신자라는 말을 쓴다.

커버스토리 COVER-STORY

음모를 성공적으로 은폐하기 위해서는 그럴듯한 커버스토리가 반드시 필요하다. 커버스토리는 아주 그럴듯하여 대부분의 사람들이 그 스토리를 공식적인 사건 설명으로 믿을 수 있어야 한다. 이때 그 스토리를 믿는 사람들이 자칫 편집증 환자라는 비난을 받지 않도록 각별히 유의

해야 한다. 사실 음모론자들은 진정한 사실을 무시하고 커버스토리를 믿는 것은 편집증적인 행동이라고 매도하기 때문이다.

커밸 CABAL

이 단어의 본뜻은 '음모를 꾸미는, 혹은 은밀하게 행동하는 파워 엘리트'이다. 일부 음모론자들은 이 단어가 '카발라(Cabala)'—고대 유대의 신비주의—에서 나왔다고 본다. 하지만 '커밸'은 영국왕 찰스 2세에게 충성을 바쳤던 비밀 정책입안자들의 이름에서 머리글자를 딴 것이라고 보는 것이 더 일반적이다. 그 정책입안자들은 각각 클리포드(Clifford), 알링턴(Arlington), 버킹엄(Buckingham), 애쉴리(Ashley), 로더데일(Lauderdale)이다. 지금 손에 들고 있는 이 책 자체가 음모론의 일환이라고 생각하는 독자는 최초 커밸의 사무총장이 로버트 사우스웰(이 책 저자의 조상)이었음을 주목하라.

콘 THE CON

20세기 후반에 결성된 '서브지니어스 교회' 광신도들이 처음으로 사용한 용어. 그 후 이 용어는 많은 음모론자들에 의하여 널리 채택되었고 또 오용(誤用)되어 왔다. 콘은 콘스피러시(The Conspiracy)를 줄인 말이다. 이 단어는 널리 유포되는 각종 음모—너무나 성공적이어서 일반 사람들은 그런 것이 존재하는지도 모르는 음모—들을 배후에서 조종하는 단체를 가리킨다. 이것은 모든 사람을 음모의 주역으로 포함시키지만 기존의 그 어떤 그룹도 비난하지 않는 통합음모론이다.

통합음모론 UNIFIED CONSPIRACY THEORY

일명 점보 음모론이라고도 한다. 통합음모론은 이 세상에 나와 있는 모든 음모론을 하나의 거대한 음모론으로 통합시키는 것이다. 이 이론에서는 모든 것이 상호 연결 관계를 가지고 있다고 설명된다. 가령 피라

미드, 예수, 조지 워싱턴, 영국 은행, 로즈웰 사건, 케네디 암살사건, 조지 루카스의 영화 등이 하나의 보이지 않는 손에 의해서 이루어진 사건들이며 그 배후는 프리메이슨과 제타 레티쿨란 외계인 조직의 연합단체라고 설명하는 것이다.

티비티비 TBTB

'너무 괴이하여 믿을 수 없어(Too Bizarre To Believe)'의 머리글자 합성어. 너무나 괴상하여 아무도 그것을 믿어주지 않으므로 수사망을 피할 수 있어 결과적으로 소기의 목적을 달성하는 그런 음모이다. 이 음모를 꾸미는 배후세력들이 누리는 또다른 이점은 객관적 증거를 누구나 볼 수 있는 곳에 놓아둘 수 있다는 것이다. 왜? 그 증거가 너무나 극단적인 성격을 띠고 있어서 아무도 믿어주지 않기 때문이다. 가장 대표적인 사례는 로큰롤을 좋아하는 외계인이 엘비스 프레슬리를 납치해갔다는 설이다.

편집증 PARANOIA

세상에 널리 받아들여지고 있는 현실의 이면에서 음모단의 어두운 음모를 파헤쳐 들어갈 때 음모론 열광자들이 느끼게 되는 심리상태. 음모꾼들은 그들의 음모의 본질을 낯선 사람에게 들켰을 때 그 사람을 편집증 환자처럼 보이도록 교묘하게 꾸며놓고 있다. 따라서 편집증은 어떻게 보면 음모론자의 직업병 같은 것이다. 하지만 이 사실을 기억하라. 당신이 편집증 환자라고 해서 음모꾼들이 당신에 대한 음모를 그만두지는 않는다는 것을.

하나의 세계정부 ONE WORLD GOVERNMENT

음모론계에서 하나의 세계정부라는 것은 유엔 비슷한 국제조직을 통해 전세계를 지배하는 것을 말한다. 사실 많은 사람들이 주권국가의 소멸과 지구촌의 평화 실현을 그리 나쁜 아이디어라고 생각하지는 않는다. 하지만 자신이 직접 뽑지 않은 사람들에게 복종해야 한다는 사실에는 그리 달가워하지 않는다. 그 결과 하나의 세계정부 계획을 가지고 있는 사람들은 그들의 목표를 달성하기 위하여 악마 같은 음모를 꾸미지 않을 수 없다.

회의론자 SCEPTIC

음모론자의 입장에서 볼 때, 회의론자는 음모론의 진실을 인정하지 않으면서 음모론자가 소중하게 쌓아올린 이론에 구멍을 뚫으며 쓸데없이 시간을 낭비하는 사람이다. 음모론 지지자를 상대로 상식적인 설명을 받아들이도록 하는 데 많은 에너지를 소비하는 일부 회의론자들을 가리켜 '전문적 회의론자'라고 한다. 이들 전문적 회의론자는 음모론 연구가들이 볼 때 실은 음모꾼들의 돈을 받는 앞잡이에 불과하다. 다시 말해 음모꾼들의 은폐 전술의 일환인 것이다.

희생양 PATSY

음모꾼들이 그들의 비행을 대신 뒤집어씌울 목적으로 앞에 내세운 인물. 주요 음모사건과 관련하여 가장 좋은 희생양의 사례는 리 하비 오스왈드이다. 존 F. 케네디 대통령을 살해한 사람들은 그를 앞에 내세워 모든 죄를 뒤집어쓰게 했고 그의 단독범행이라며 일반대중을 설득시켰다. 오스왈드가 희생양의 역할을 못마땅하게 생각하고 "나는 희생양일 뿐이다."라는 유명한 말을 언론에 털어놓았을 때, 몇 분 지나지 않아 잭 루비라는 자객이 등장하여 그를 살해한 것은 그리 놀라운 일도 아니다.

사진
저작권